du RÉVEIL des CONSCIENCES à la RÉSISTANCE CIVILE

Discovery Publisher

Titre original : The Conscious Resistance

Auteurs : Derrick Broze, John Vibes
Traduction : Charlotte Armengaud,
Marie-Lou Cazillac, Jessica Tcheutchemi
Relecture : Lisa Forrler

616 Corporate Way
Valley Cottage, New York
www.discoverypublisher.com
editors@discoverypublisher.com
Fièrement pas sur Facebook ou Twitter

New York • Paris • Dublin • Tokyo • Hong Kong

TABLE DES MATIÈRES

du RÉVEIL des CONSCIENCES à la RÉSISTANCE CIVILE

Introduction

Cela fait cinq ans que nous nous sommes lancés dans l'écriture de *Du réveil des consciences à la résistance civile*. Le but principal de ce projet était d'ouvrir la voie à un débat concernant le croisement entre la philosophie politique anti-autoritariste et la quête de sens au niveau spirituel. Depuis la publication de cet ouvrage, nous avons remarqué que ces deux sujets avaient suscité un immense intérêt auprès des lecteurs. Alors même qu'autrefois les débats sur l'anarchisme et la religion tournaient presque exclusivement autour de l'athéisme[1], aujourd'hui, nous constatons une abondance de discussions qui réduit le fossé entre le monde spirituel et le monde anarchiste.

Nous avons remarqué que ces changements d'opinions se manifestent au cours de conférences et de festivals sur l'anarchie, et sur le spirituel ou le changement transformationnel. Ces évènements qui, auparavant, se concentraient exclusivement sur l'anarchisme ou les débats politiques mettent aujourd'hui en place de plus en plus d'ateliers et de conférences avec des invités abordant la permaculture[2] et le développement spirituel personnel. D'un autre côté, les évènements sur les changements transformationnels qui comprennent déjà cette notion du besoin d'émancipation et de guérison spirituelle sont aussi ouverts aux concepts d'anarchisme holistique, que nous promouvons sans relâche depuis ces cinq dernières années.

Bien que nous soyons ravis d'observer ce creuset d'anarchisme et de spiritualité se développer, nous reconnaissons également que le monde a rapidement évolué ces cinq dernières années. L'État n'a cessé de s'étendre : la politique divise les amis et les voisins, et les entreprises continuent de faire passer les bénéfices avant la vie humaine. Évidemment, la quête de sens a conduit de nombreuses personnes à remettre en question ces systèmes politiques et à commencer à travailler sur la manière de guérir leur propre traumatisme… Néanmoins, où se situe l'anarchiste spirituel dans ce chaos apparent ? Comment les idées de *Du réveil des consciences à la résistance civile* peuvent-elles s'intégrer dans le monde de 2020 et dans le futur ?

Nous pensons que nos ouvrages ont pris plus d'importance de nos jours que lorsque nous les avons écrits et publiés pour la première fois. Au moment où nous écrivons une version plus longue de notre travail, le monde est confronté à des forces autoritaristes grandissantes, à gauche et à droite de l'échiquier politique[3]. Cet essor progressif autoritariste a également réveillé des esprits ensom-

1. La considération qu'il n'existe aucune notion de divinité plausible.
2. Science de conception de cultures, de lieux de vie et de systèmes agricoles humains utilisant des principes écologiques et le savoir des sociétés traditionnelles.
3. Expression qui rapproche métaphoriquement la politique d'une société au position-

meillés. Tandis que nous nous consolons du fait que de nombreuses personnes ont perdu foi dans les institutions de leurs gouvernements, nous notons aussi la façon dont certaines sont victimes de l'archétype de l'« homme puissant » ou tout simplement, comme certaines personnes patientent jusqu'à ce qu'un quelconque sauveur fasse son apparition sur son cheval blanc. Parallèlement, la pandémie de la Covid-19 a bouleversé le monde que nous connaissions. Les gouvernements se servent de cette crise pour étendre leur emprise tyrannique sur la population et mettre en place davantage de systèmes de surveillance.

Nous vivons au début d'une décennie au cours de laquelle une augmentation du pouvoir gouvernemental se fera sûrement ressentir et cette emprise du pouvoir renforce un besoin d'introspection et de guérison profonde. « Pourquoi les personnalités politiques d'un gouvernement semblent-elles toujours chercher à obtenir plus de contrôle sur la vie des autres ? Pourquoi nous, la population, nous focalisons-nous souvent à pointer du doigt les autorités, en les désignant comme uniques responsables, alors que nous ignorons le rôle que nous jouons dans la manifestation de notre réalité ? ».

Nous avons tenté de répondre aux questions présentes dans la première version de notre trilogie. De notre point de vue, les différentes parties qui constituent *Du réveil des consciences à la résistance civile* forment des parties distinctes de l'ensemble d'un plus grand livre. La première partie, *Réflexions sur l'anarchie et sur la spiritualité*[1], se présente comme une introduction à notre philosophie et au fondement de nos idées. On peut le considérer comme le « corps » de notre travail. Quand nous avons écrit *À la recherche de la liberté dans une époque bouleversée*[2], nous avons voulu nous concentrer sur les aspects plus émotionnels et centrés sur le cœur de notre philosophie, car ils représentent le cœur de notre travail. Enfin, *Le manifeste de l'homme libre*[3] se présente comme l'esprit dans lequel nous explorons les arguments intellectuels que les libres penseurs trouvent aussi souvent par eux-mêmes lorsqu'ils débattent sur la possibilité d'une société sans État. Mis bout à bout, ces travaux symbolisent le mouvement que nous appelons *Du réveil des consciences à la résistance civile*.

Au sein de notre monde en constante évolution, nous avons découvert de nouveaux moyens passionnants pour illustrer notre point de vue philosophique, et des connaissances supplémentaires ont nuancé notre vision du monde. Bien que nous restions fiers de toutes les pages que nous avons écrites dans les versions précédentes de cet ouvrage, nous pensons que notre récolte d'informations est suffisante pour apporter de nouvelles preuves corroborant nos arguments et couvrant de nouveaux sujets qui se sont ancrés dans la conscience collective ces dernières années. Nos points de vue ont également évolué sur certains thèmes.

---

nement des pièces sur un échiquier.

1. Titre original : *Reflections on Anarchy and Spirituality.*
2. Titre original : *Finding Freedom in an Age of Confusion*
3. Titre original : *Manifesto of the Free Humans*

Nous avons conscience que ces livres n'ont pas valeur de vérités absolues sur ce sujet. Depuis le lancement de cette série de livres, notre objectif principal était d'engager une discussion que nous trouvions extrêmement importante pour tous les êtres vivants sur cette planète, et nous encourageons quiconque se sentirait inspiré par nos mots à donner son propre avis sur le sujet et à prendre part au débat. Les critiques personnelles sur nos pensées sont les bienvenues. Nous ne revendiquons ni ne souhaitons faire autorité sur quoi que ce soit, nous voulons simplement faire partie de ce dialogue et nous espérons que vous vous y joindrez aussi.

Au cours des siècles précédents, les anarchistes et les libres penseurs faisaient valoir toutes leurs idées t en les exposant au jugement de tous, et acceptaient volontiers des objections, et même de voir leurs théories discréditées. C'est dans cet état d'esprit que nous espérons que toutes les personnes qui considèrent notre travail comme fascinant (ou bien horripilant) prendront le temps de soumettre des idées alternatives à ce que nous avons écrit. Même si nous croyons sincèrement pouvoir créer un monde meilleur (où la propriété de soi, la liberté individuelle, la vérité et la justice sont respectées), cela exigerait un effort collectif entre les cœurs et les esprits libres de ce monde.

Nous vous remercions de vous joindre à ce voyage.

—John Vibes et Derrick Broze

I

RÉFLEXION SUR L'ANARCHIE ET LA SPIRITUALITÉ

1
RÉFLEXIONS SUR L'ANARCHIE ET SUR LA SPIRITUALITÉ

Le contexte

Les premiers germes de ce projet virent le jour à la fin de l'année 2012, lorsque Derrick quitta sa maison située à Houston pour effectuer un stage dans le domaine des médias, près de la capitale, Washington DC. C'est lors de ce voyage que Derrick et John se rencontrèrent par l'intermédiaire d'un ami commun. Presque immédiatement, les deux anarchistes en herbe s'engagèrent dans une discussion très sérieuse et envisagèrent très rapidement une future collaboration. Alors que Derrick quittait Washington DC pour retourner dans sa ville d'origine, Houston, John le recommanda auprès de son nouveau réseau de professionnels constitué de médias indépendants, ce qui permit à Derrick d'obtenir son premier poste de rédacteur. Les mois suivants, John apparut plusieurs fois dans l'émission de radio en ligne de Derrick, appelée « Du réveil des consciences à la résistance civile », dans laquelle étaient traités des problèmes selon eux sous-estimés, aussi bien dans la culture populaire que dans la contre-culture[1].

Le sujet principal et récurrent était le manque d'échanges ouverts concernant l'aspect spirituel de la lutte mondiale contre la tyrannie. De nombreux anarchistes se considéraient comme des personnes logiques et rationnelles ayant tendance à éviter les conversations au sujet de Dieu, de l'esprit et de toutes autres formes de phénomènes souvent inexpliqués. Certains de ces matérialistes réduisaient le monde à l'expérience des cinq sens qu'ils considéraient comme suffisamment séduisante, et fermaient leur pensée et leur cœur au monde de l'esprit. Cependant, lorsque John et Derrick commencèrent à explorer ces concepts d'un point de vue anarchiste, à la recherche d'intersections de ces sujets à examiner, ils constatèrent que leurs interlocuteurs avaient soif d'en savoir plus. C'est ainsi que leurs premiers podcasts constituèrent la base de leurs *Réflexions sur l'anarchie et sur la spiritualité*.

Une autre pièce du puzzle trouva sa place en avril 2013, lorsque Derrick se rendit à New York pour participer à la conférence « La lutte des classes anarchistes[2] » de New York. C'était la première fois que Derrick prenait la parole en public en dehors de sa communauté à Houston. Son court discours s'intéressait au croisement entre le bouddhisme et l'anarchisme, qui, plus tard, constituerait les bases d'un chapitre de cet ouvrage. Bien qu'il partageât la scène avec des intervenants se revendiquant athées, Derrick fut agréablement surpris par les tonnerres d'applaudissements qu'il reçut et par l'intérêt immédiat du public. Certains anarchistes parmi l'auditoire souhaitèrent obtenir plus de détails sur cette thèse du croisement entre la spiritualité et l'anarchisme, tandis que

1. Courant culturel qui se définit en opposition à la culture dominante.
2. Class Struggle Anarchist

d'autres partagèrent leurs pratiques de médiations préférées.

C'est au cours de ce même discours que Derrick prononça sa fameuse expression qui illustrerait parfaitement la comparaison entre la religion et la spiritualité, et l'État et l'anarchisme : « L'anarchie est à l'étatisme[1] ce que la spiritualité est à la religion. » Ce concept allait également faire son chemin à travers les pages de *Réflexions sur l'anarchie et sur la spiritualité* :

> « L'anarchie est la manifestation physique de la liberté, et la spiritualité est une manifestation mentale de la liberté. À l'opposé, l'étatisme est le contrôle au sens physique et la religion est le contrôle au sens psychologique et spirituel. »

Ce discours marqua un tournant dans la diffusion de leur message sur « Du réveil des consciences à la résistance civile » : peu de temps après, John et Derrick décidèrent d'écrire un livre à ce sujet.

En 2014, John se rendit à Houston pour s'exprimer publiquement lors d'un festival d'arts et de musique que Derrick organisait, ainsi que pour commencer à mettre sur papier ses premières idées. Ils travaillèrent ensemble un jour durant, et jusqu'à très tard dans la nuit afin de préparer les grandes lignes de ce qui allait devenir par la suite le premier tome de la trilogie de *Du réveil des consciences à la résistance civile*. Tout au long de l'année, ils collaborèrent sur ce projet en utilisant un document partagé sur leur *cloud* et réussirent à terminer d'écrire leur travail à temps pour le présenter lors d'une conférence intitulée « Libérez votre esprit[2] » à Philadelphie, en 2015. À la suite de leur présentation des *Réflexions sur l'anarchie et sur la spiritualité*, John et Derrick offrirent gratuitement des centaines d'exemplaires de leur travail à tout le public présent.

Cinq années se sont écoulées depuis la première publication du livre. Dans cette nouvelle version, la plupart des chapitres sont restés identiques, hormis l'ajout de quelques textes et de notes de bas de page supplémentaires. Les nouveaux chapitres inclus sont indiqués dans la table des matières. Bien que ce livre ait fini par devenir le premier tome de la trilogie, à l'origine, nous l'avions écrit comme s'il était la conclusion de nos réflexions sur ces différents thèmes. Ce livre se veut donc être une introduction à de multiples sujets qui s'entrecroisent, mais il représente également les fils conducteurs de nos deux vies. Ces fils conducteurs sont les chemins que nous empruntions dans notre quête perpétuelle vers la connaissance et la guérison. Ces écrits ont constitué notre premier message délivré au monde. Nous vous prions de bien vouloir lire ces mots tels qu'ils se présentent à vous, sans construire d'attentes particulières au regard des tomes suivants.

Nous vous remercions pour votre soutien.

---

1. Doctrine politique préconisant l'extension du rôle de l'État dans la vie économique et sociale.

2. Free Your Mind

Chapitre 1

Qu'est-ce que la résistance consciente ?

Il existe dans ce monde une lutte incessante qui remonte à des milliers d'années et qui a provoqué un nombre incalculable de souffrances : c'est la lutte pour la liberté et la paix, qui ne cesse de se déployer au sein des prétendues « civilisations » du monde, ravagées par l'esclavage, les génocides et les guerres. Aujourd'hui, un bon nombre d'entre nous vivent dans l'illusion que ces cauchemars appartiennent au passé ou sont des problèmes rencontrés par les habitants de terres lointaines, cependant, ils sont tout aussi réels aujourd'hui qu'au temps de nos ancêtres, et tout aussi réels aux États-Unis qu'ils le sont dans le reste du monde.

De nombreux changements politiques et sociaux doivent être mis en place pour guérir le monde de cette immense souffrance. L'ensemble des structures de la société doit changer afin d'accéder à la paix et à la liberté pour tous. Bien qu'une telle utopie soit probablement impossible, un monde dans lequel aucune violence systémique ou sociale ne serait tolérée serait probablement un véritable paradis, comparé au monde dans lequel nous vivons aujourd'hui.

Pour mettre en place ces changements politiques et sociaux nécessaires afin de mettre fin aux violences, il faut utiliser une méthode différente de celles qui ont été expérimentées dans le passé. Nous ne pouvons pas seulement prendre d'assaut les portes du château et pendre les maîtres aux arbres les plus hauts, aussi tentante cette idée soit-elle. Cela aura seulement pour conséquence de faire accéder à ce même trône un nouveau maître, tout comme nous l'avons sans cesse observé au cours de l'Histoire.

C'est à l'intérieur du système que doit avoir lieu un véritable changement durable. Afin de mettre un terme à ce cycle de folie, une prise de conscience est nécessaire. L'État, ainsi que tous ses membres prédateurs, incluant les ensembles de sociétés industrielles et militaires, représentent plus qu'un groupe de personnes armées qu'il faut renverser. Ils sont l'image d'idées erronées qui peuvent être rendues obsolètes, en associant correctement les bonnes idées.

C'est en combattant pour la liberté que l'humanité comprit le sens réel de ce mot. Le désir de comprendre la recherche de la « liberté » est né en même temps que les premiers êtres conscients de cette planète. Au cours de l'Histoire, chaque culture porta en elle des idées et une appréhension de la liberté qui lui sont propres. Tout au long de cet ouvrage, nous veillerons à définir les termes essentiels, qui peuvent avoir des significations différentes selon chaque individu.

Il existe deux façons de définir des termes à la fois philosophiques et politiques tels que «gouvernement», «étatisme», «démocratie», «capitalisme», «communisme», «liberté», «esclavage», etc. Nous pouvons nous intéresser à une définition théorique de ces termes ou bien nous pouvons les définir selon leurs manifestations concrètes et leurs conséquences dans la réalité.

Par exemple, beaucoup de personnes considèrent désormais le mot «propagande» comme étant un terme péjoratif utilisé pour décrire les manipulations psychologiques. Grâce à Edward Bernays et à sa propagande durant les années 1920, la plupart des personnes comprennent aujourd'hui ce mot signifie comme un moyen permettant de manipuler ou d'influencer de manière négative. Toutefois, le terme propagande peut également être utilisé comme alternative aux mots «les médias». Il existe de nombreux termes modernes qui sont en grande partie définis théoriquement plutôt que dans leurs manifestations dans la vie réelle. Tout au long de cet ouvrage, lorsque nous définirons un terme, nous ne nous contenterons pas simplement d'examiner sa définition standardisée issue d'un dictionnaire, mais nous décortiquerons également es implications réelles de ce mot à travers l'Histoire.

Étant donné que le mot «liberté» est le fondement de notre sujet, il est important de préciser la manière dont nous définissons ce terme. Selon le dictionnaire américain *Merriam-Webster*, la «liberté» est définie comme:

«État ou condition de quelqu'un de libre:

a) l'absence de nécessité, de coercition ou de contraintes dans ses choix ou ses actions;

b) État d'être affranchi de l'esclavage, d'une obligation ou de la puissance d'autrui: **Indépendance**;

c) État ou condition d'être exempté ou de s'émanciper d'une charge contraignante "être libre de toute préoccupation"».

Prenez garde à cette première définition de «libre»: «l'absence de nécessité, de coercition ou de contraintes dans ses choix ou ses actions». C'est sur cette définition que notre vision de la liberté se fonde. Nous prônons non seulement une société libertaire et libre de toute coercition, mais également que chaque individu ait un contrôle total sur sa propre vie et ses propres préoccupations.

Cette vision que l'humanité est ou sera capable de s'épanouir seulement lorsque tout le monde se libérera des chaînes de la tyrannie et de l'autoritarisme est souvent perçue comme une liberté négative. Ce concept fut popularisé par le philosophe anglais Isaiah Berlin, durant sa conférence de 1958 «Deux concepts de liberté[1]». Selon Berlin, la liberté négative est l'idée que la liberté doit être affranchie de toutes contraintes et de toutes interventions. Elle s'oppose à la liberté positive qui se rapporte à la possibilité pour un individu d'agir selon son bon vouloir. Les philosophes ont souvent interprété cette liberté comme

1. Titre original: *Two Concepts of Liberty*

un soutien à l'idéologie du collectivisme ou comme la possibilité de se joindre au gouvernement pour apporter des changements.

En tant qu'anarchistes, nous nous opposons à ce désir de travailler pour ou avec les institutions gouvernementales. Nous reconnaissons qu'utiliser le gouvernement comme un outil permettant d'apporter des changements, même minimes, va à l'encontre de nos objectifs principaux qui sont de réduire et d'éradiquer la violence et la coercition dans le monde. Nous croyons fortement que dans les sept prochaines générations, une partie de l'humanité souhaitera vivre dans un monde sans vol ni violence institutionnalisés. Certains de nos confrères et consœurs deviendront des exemples vivants de cette liberté, en s'épanouissant en l'absence de pouvoir des entreprises sous contrôle de l'État ou de toute autre forme d'autoritarisme.

L'opposé de la liberté, c'est l'esclavage. Il existe différentes formes d'esclavage et selon différents contextes. Malgré la croyance grandement répandue selon laquelle l'homme reviendrait à l'état sauvage s'il n'était plus encadré par un gouvernement, nous proposons l'idée qu'un individu qui se gouverne lui-même est bien plus apte à avoir tout ce qu'il faut pour vivre heureux et librement.

À partir de cette définition de la liberté, nous pouvons enfin commencer à analyser l'histoire de l'humanité afin de décider si nous vivons dans un état de liberté relative ou dans l'un des différents niveaux d'esclavage. En étudiant la philosophie, la logique, la rhétorique, l'économie, la politique et l'Histoire, nous pouvons déterminer si l'homme est plus libre qu'il ne l'était par le passé ou si, au fil du temps, nous perdons petit à petit notre liberté.

Nous présentons, dans les pages qui suivent, une étude qui ne se concentre pas seulement sur la lutte physique des hommes pour la liberté, mais aussi sur la lutte quotidienne et intérieure de notre pays pour la liberté. Nous considérons qu'il existe un «*combat*» de chaque instant pour la liberté, aux enjeux aussi profonds que personnels. C'est ce que nous appelons la lutte intérieure, la bataille psychologique, la guerre menée entre notre désir de faire «du mieux possible» et les doutes et les restrictions imposées par les tyrans de nos pays. C'est sur ce terrain-là que se déroule la plus grande guerre de l'humanité.

De notre point de vue, l'opposé de la liberté, c'est l'esclavage. Évidemment, il y a de nombreuses façons différentes de définir l'esclavage, selon le contexte, l'environnement et l'expérience subjective et personnelle d'un individu. Nous trouvons pertinent de considérer l'esclavage comme un échiquier, où d'un côté se trouve l'esclavage radical (psychologique, physique et spirituel) et de l'autre, des formes diverses de liberté vécues par chaque personne au fur et à mesure que ces formes s'éloignent de l'esclavage radical. Un des facteurs engendrés par cet esclavage est l'étatisme.

La littérature anti-autoritariste, libertarienne et anarchiste regorge de définitions de l'étatisme. En premier lieu, lorsque nous utilisons le terme «État», nous décrivons une institution ou une organisation qui établit un monopole des lois et contrôle un territoire. C'est ce qu'on appelle généralement un gouvernement, un cartel ou une mafia. L'étatisme, c'est la croyance selon laquelle l'État ou les membres d'un gouvernement sont les outils les plus appropriés ou efficaces pour lutter contre les problèmes sociaux. L'étatiste est par conséquent une personne qui répondra presque systématiquement à un problème en trouvant une solution qui impliquera l'habilitation du gouvernement ou l'utilisation de sa force d'une manière quelconque. Le problème avec ce genre de croyances (que nous essaierons d'illustrer dans ce livre), c'est que nous ne pouvons pas espérer accéder à un monde meilleur qui respecte la propriété d'un individu sur lui-même, la vérité et la liberté, alors que nous continuons de nous servir des rouages de l'État. Toutefois, il est important de noter que nous ne condamnons aucune personne vivant actuellement à la charge des services d'un gouvernement ni ne demandons que cette assistance lui soit retirée, mais c'est une invitation à offrir de meilleurs services aux personnes dans le besoin afin qu'elles ne soient plus redevables à une structure du pouvoir qui détériore leur vie à terme.

Grâce à nos recherches et notre expérience, nous sommes arrivés à la conclusion qu'il est essentiel et nécessaire de remettre en cause et de dénoncer les formes physiques du pouvoir. Notre capacité à faire face et à remettre en cause nos doutes, nos craintes, nos sentiments d'insécurité et nos douleurs est tout aussi importante.

Quels que soient les efforts et le temps que les hommes consacrent à la construction d'un monde plus libre, nous sommes condamnés à reproduire les mêmes erreurs passées si nous ne sommes pas capables de vaincre nos démons intérieurs. La pauvreté, les gouvernements corrompus, la dégradation environnementale et les guerres sont des preuves de nos luttes intérieures, et le fait que nous laissons ces mascarades se perpétuer montre que notre espèce a besoin d'une profonde guérison. Tant que cette guérison n'a pas lieu, l'humanité ne sera apte qu'à subir le contrôle d'une source extérieure ou d'un « leadeur », et de ce fait, les gens continueront à implorer ce contrôle.

La résistance consciente est ainsi née de cette pensée. « Résister consciemment » signifie être prêt à s'engager dans une réflexion sur soi. Nous pensons que sans connaître nos doutes, nos espoirs, nos craintes, nos rêves, nos sentiments d'insécurité et nos forces, nous ne pouvons pas réellement savoir ce que signifie pour nous la liberté en tant qu'individus.

Prendre conscience de ses actes est l'une des étapes les plus importantes pour comprendre et revendiquer sa propre liberté. À partir de cet état d'esprit clair, toute personne peut devenir un exemple pour aider les autres dans leur propre quête de la découverte de soi et de la liberté.

Cet ouvrage s'adresse aux personnes qui disposent déjà un certain niveau de compréhension sur la recherche de la liberté et qui sont aussi prêtes à remettre en cause les vieilles croyances sur l'endroit où commence et où s'arrête cette liberté. Ces essais s'adressent également aux personnes qui vivent à l'instar d'un être humain libre sur le plan physique, mais qui désirent avoir une expérience plus approfondie et plus complète de la liberté. Nous écrivons ces mots à tous les curieux de la spiritualité, les chercheurs et les voyageurs qui s'autoévaluent spirituellement, mais qui n'auraient pas encore envisagé de trouver la clé pour accéder à une liberté physique, ou qui seraient intimidés par certains des aspects les plus négatifs de la réalité de nos cinq sens qu'ils doivent surmonter.

Nous souhaitons également préciser que ce livre n'entend pas être une vérité absolue, et ce sur AUCUN des sujets abordés. Au contraire, nous voulons engager la conversation et soulever un débat constructif sur la façon dont chacun devrait méditer sur son désir de liberté. Aucune des idées qui y sont exprimées ne doit être comprise comme un argument en faveur d'une situation de monopole ou d'un modèle de liberté « *universel* ».

Samuel E. Konkin III, essayiste américain et fondateur de l'agorisme, écrivait dans son livre, *Le manifeste néolibertarien*[1] :

« Certes, il n'y a pas d'*unique chemin* ou de ligne droite vers la Liberté. Néanmoins, il y a tout un ensemble de virages, un *espace* rempli de lignes, qui mèneront le libertarien vers son objectif de société libre, et il est possible de décrire cet *espace*. »

Il est très courant de trouver de multiples excuses pour justifier l'existence des gouvernements et de leurs rapports forcés avec leurs citoyens. La grande majorité de ces prétextes s'appuient sur l'idée que l'humanité est psychologiquement incapable de s'autogouverner de manière pacifique et qu'elle est trop avide ou trop égoïste pour fournir les ressources nécessaires aux services publics et aux systèmes de protections sociales. Pour rendre la situation encore plus complexe, ces idées renfermées sont inconsciemment renforcées par les militants qui se lancent dans une lutte contre le système. En votant ou en adressant des pétitions à la classe dirigeante en faveur de changements, les efforts de ces militants sont pris comme exemple pour montrer que le peuple est apparemment libre de réparer ses torts, et c'est ainsi qu'il devient libre.

Les structures du pouvoir font face depuis des siècles aux révoltes, aux campagnes politiques et aux manifestations pacifiques, mais bien que ces stratégies puissent parfois mener à des objectifs à court terme, elles créent très rarement des changements durables. La classe dirigeante a acquis une stratégie éprouvée pour ébranler ces efforts, pour diaboliser les militants et pour orienter l'attention du public vers un élément qui convient mieux à ses intentions. Les « puissants qui aimeraient bien l'être » savent comment résoudre les menaces traditionnelles, mais ils ne savent pas comment faire face à l'obsolescence.

1. Konkin III, Samuel E., *New Libertarian Manifesto.*

Des millions de personnes pensent être traitées équitablement et soutiennent la relation paternaliste que la classe dirigeante entretient avec le reste de la société, car elles ne sont pas prêtes émotionnellement à assumer la responsabilité qu'implique la vie en liberté. En outre, la plupart des gens avouent que leurs voisins ne sont pas non plus prêts, ce qui signifie que beaucoup d'entre nous n'avons pas suffisamment confiance en l'autre pour croire en la possibilité d'une société libre. Tant que les individus souffrent (psychologiquement, physiquement et spirituellement) et dépendent de la classe dirigeante, alors ils continueront à donner toute leur énergie, tout leur soutien et parfois même, toute leur vie à cette institution. Une population saine d'esprit et qui trouve son besoin ailleurs ne soutiendrait jamais une classe dirigeante qui travaille contre ses principaux intérêts. C'est la raison pour laquelle il est important de s'attaquer à la racine de notre oppression, en responsabilisant les personnes qui nous entourent.

Nous pensons ainsi que la résistance consciente (l'alliance de l'autogouvernance et de la réflexion sur soi-même) est le meilleur chemin pour accéder à notre objectif d'une société libre.

Chapitre 2

L'agnosticisme exploratoire

La culture moderne est définie par l'expérience du monde par les cinq sens. Les expériences que nous pouvons physiquement quantifier et mesurer établissent les bases de la réalité. Il existe sans nul doute des phénomènes observables et démontrables grâce aux cinq sens. De plus, certains concepts de ce monde sont objectifs. Cependant, cela ne signifie pas forcément que toute personne partage un seul consensus uniforme sur la nature de la réalité.

Il existe un monde très vaste au-delà de nos cinq sens. Malgré un manque de connaissances sur ce qui constitue ce monde au-delà des cinq sens, il existe une montagne de preuves qui atteste de son existence. Il est préférable que chacun interprète personnellement ce qui se situe au-delà de ses cinq sens et respecte les interprétations des autres, au lieu de lutter pour quelque chose qui ne sera probablement pas démontré de notre vivant.

Lorsqu'un individu emprunte un chemin spirituel, même si ses intuitions ne sont pas *réelles* ou *vraies* dans un aspect quantifiable, l'expérience dont il dispose et les informations qu'il ramène de ses voyages, même s'il s'agit simplement d'un voyage dans les recoins les plus profonds de son esprit, peuvent toujours constituer un apport de valeur et faciliter une croissance positive de ce monde.

Tenant compte de ce postulat, il semble que le chemin spirituel le plus logique à suivre soit celui de l'agnosticisme. Avant de poursuivre, il est important de définir quelques-uns de ces termes, en particulier « la spiritualité » et « l'agnosticisme ».

La spiritualité se définit comme :

« L'ensemble des croyances d'un individu sur les grands mystères de la vie et du monde, au-delà des cinq sens. »

Traditionnellement, l'idée de spiritualité est rattachée au concept de religion. Néanmoins, la « spiritualité » et la « religion » représentent en réalité deux philosophies entièrement différentes. Une religion est une vision du monde « universel » avec une hiérarchie, un ensemble de règles, et bien souvent, des prêtres qui veillent à l'application de tous ces éléments.

La spiritualité est une interprétation ou un rapport libre et personnel avec un monde spirituel, une force supérieure, ou quel que soit le nom que l'on souhaite lui donner. La spiritualité est une pratique qui rapproche un individu de son essence, et par « essence », on entend un ensemble d'attributs qui font d'un objet « ce qu'il est ». Pour faire une comparaison, l'anarchie est à l'étatisme ce que la spiritualité est à la religion. L'anarchie est la manifestation physique de la liberté, et la spiritualité est la manifestation mentale de la liberté. Par opposition, l'étatisme est le contrôle au sens physique, et la religion est le contrôle au sens psychologique ou spirituel.

Les religions organisées ont été la cause d'innombrables souffrances et de guerres dans le monde entier. Elles ont répandu la propagande, incité au génocide et ont justifié l'esclavage. Ces faits ne peuvent être ignorés. Cependant, malgré ces travers, les grandes religions ont beaucoup à nous apprendre. Tous les enseignements religieux du monde, de ceux qui sont à la frontière de l'Histoire à ceux qui sont manifestement des mythes, contiennent une richesse de connaissances qu'il convient de prendre en considération.

Comme le disait Aristote : « C'est la marque d'un esprit cultivé qu'être capable de nourrir une pensée sans la cautionner pour autant ».

Les différentes cultures ont des structures de croyance différentes, basées sur les leçons apprises dans leur propre région du monde, pourtant chaque religion raconte sensiblement la même histoire, en utilisant des mots différents pour s'adapter à la culture d'origine du conte.

Dans les chapitres suivants, nous nous intéressons à l'histoire de certaines religions et à leurs racines dans les enseignements anti-autoritaristes. Nous ne défendons pas ces religions et nous n'excusons pas non plus les institutions politiques qui les représentent. Nous ne souhaitons pas non plus juger quiconque participe à ces religions. En réalité, nous espérons expliquer que de nombreuses religions prennent leurs racines dans le même esprit d'anti-autoritarisme et peuvent coexister pacifiquement.

Nous gardons en tête l'idée que les institutions religieuses se sont construites à partir d'enseignements spirituels anciens et légitimes et qu'elles ont perverti ces enseignements avec leurs propres idéologies politiques. C'est pour cela que de nombreuses religions semblent avoir les mêmes vérités fondamentales, mais transmettent également les mêmes doctrines toxiques et la même désinformation. Une philosophie spirituelle positive se transforme généralement en un mécanisme de contrôle brutal lorsqu'elle est pervertie par une figure d'autorité. C'est à ce moment-là que tout change : les objectifs ne sont plus de découvrir de puissantes vérités, mais de craindre l'avenir et de s'accrocher au passé pour servir un maître.

À notre stade actuel d'évolution, nous avons quasiment les mêmes chances de comprendre le monde spirituel qu'un poisson rouge a de chances de comprendre la physique quantique, il est donc absolument insensé de nous entretuer au nom de Dieu. Au cœur de cette ignorance se trouve la peur, la peur que nos oppresseurs suscitèrent et instrumentalisèrent pendant de nombreuses générations. Ils se nourrissaient de nos peurs naturelles de l'inconnu, du changement et de la mort tout en ne nous fournissant que des fractions d'informations sur notre existence.

Nous pouvons maintenant nous rappeler de l'histoire et constater que la plupart des guerres et des croisades au nom de la religion étaient en réalité des guerres de territoires, de ressources et des guerres au nom de l'expansion de l'empire. Les dirigeants de l'époque utilisaient la peur profonde de Dieu pour manipuler leurs citoyens et les pousser à partir en croisade, tout comme nos dirigeants d'aujourd'hui utilisent des tactiques de peur pour nous pousser à nous battre et à mourir pour des guerres. Comme des pions sur un échiquier, les hommes et les femmes sont envoyés à la guerre par une autorité toute-puissante qui les considère comme sacrifiables. Ce genre de massacre insensé se produit toujours, sans grande remise en question de la part de la population. Des différences insignifiantes entre des personnes ordinaires de toutes les nations sont encore utilisées par ceux qui sont au pouvoir dans un intérêt de conquête. Que ces différences soient fondées sur la religion, la race, le statut économique ou la culture, elles sont utilisées comme motifs pour commettre des atrocités.

Techniquement, l'agnosticisme est la perspective selon laquelle les questions surnaturelles ne peuvent être prouvées ou réfutées. L'agnosticisme est défini par le dictionnaire Webster comme :

> « L'opinion selon laquelle toute vérité absolue (comme Dieu) est inconnue et probablement inconnaissable ; dans l'ensemble : celui qui ne s'engage pas à croire en l'existence ou l'inexistence de Dieu ou d'un dieu ».

Historiquement, les agnostiques ont toujours choisi de se tenir à l'écart des sujets surnaturels. La position que nous défendons dans ce livre adopte une approche plus concrète. Nous pensons qu'il est possible d'atteindre la sagesse et la découverte de soi en cherchant à comprendre et à participer au monde au-delà des cinq sens.

L'agnosticisme exploratoire est très différent de l'athéisme, car il n'y a aucune revendication de la vérité au-delà des cinq sens, et il n'existe pas non plus d'attente au sujet de ce que les autres croient. Alors que l'athéisme prétend être une non-religion, certains de ses plus ardents défenseurs semblent aussi concernés par l'évangélisation que les chrétiens régénérés. Les athées militants sont très soucieux de faire changer les mentalités sur tout ce qui dépasse l'expérience des cinq sens et se font souvent une opinion des autres en se basant sur leur croyance en une force supérieure. Nous pouvons affirmer la même chose des fondamentalistes de toute confession. Bien entendu, cela ne s'applique pas à tous les athées. Un fondamentaliste, quelle que soit sa religion, affirmera que sa perception est supérieure, ce qui est certainement le point de vue partagé par certains athées. Il est indubitable que certains athées agissent de la même manière que certains véritables croyants dogmatiques d'autres religions.

Les agnostiques, en revanche, estiment que ce que le peuple pense de tout ce qui va au-delà des cinq sens n'a pas vraiment d'importance, car rien de tout cela ne peut être prouvé. Il n'y a pas d'attente concernant ce que l'autre devrait croire, et il n'y a pas non plus d'implication personnelle dans des discussions philosophiques. Tandis que les principales religions ainsi que les philosophies athées modernes s'appuient sur l'approbation des populations, la relation personnelle des agnostiques avec la nature, l'univers ou les dieux n'implique en réalité que leur propre intuition et ne dépend pas de l'approbation des autres. En suivant cette même norme, il n'est pas nécessaire de jouer un rôle dans la validation ou le jugement des autres, tant que ces derniers ne commettent pas de transgressions physiques. Les athées agnostiques peuvent avoir leurs propres croyances athéistiques, mais ils comprennent également qu'elles sont tout aussi faillibles qu'un ancien mythe.

Nous estimons que l'agnosticisme est la position la plus logique à adopter. Toutefois, cela ne signifie pas que le domaine du surnaturel ne mérite pas d'être exploré.

D'où l'importance du terme « agnosticisme exploratoire » dans ce débat. Bien que les phénomènes surnaturels ne puissent être mesurés ou démontrés, l'exploration de ces domaines est une quête utile et nécessaire pour l'évolution de notre espèce sur cette planète.

Bien entendu, nous ne pouvons pas définir les caractéristiques de l'univers surnaturel ni comment un individu doit l'interpréter. Nous préconisons simplement une approche ouverte aux informations présentées dans ce livre. Bien que nous comprenions et valorisions la pensée et la logique rationnelle, nous comprenons également que les humains sont parfois mieux servis par l'intuition et l'imagination. En réalité, les humains sont plus satisfaits lorsqu'il existe un équilibre entre ces deux polarités.

C'est dans le monde de l'imagination, de la création, de l'autoréflexion et de l'attachement profond à l'immatériel que la pensée rationnelle s'avère souvent insuffisante. Vous pourriez connaître un état transcendant de méditation qui vous permettrait de mieux comprendre votre cheminement, mais le côté rationnel de votre cerveau pourrait vous dire d'ignorer la gnose acquise à partir de tels états « d'incohérence ».

Peut-être participerez-vous un jour à une cérémonie des étuves[1] et des tambours et vous retrouverez-vous emporté sur un nuage vers un lieu lointain pour communiquer avec les esprits des animaux. Il se peut que la logique vous fasse alors penser qu'il ne faut pas tenir compte de ces expériences, qui ne sont rien d'autre que des rêves sans intérêt ou de pures inventions.

Nous pensons cependant qu'il n'appartient à personne de décider de ce qui est « vrai » et précieux pour un autre individu, dans sa vie et sur son chemin.

Pour illustrer cela, nous aimons utiliser l'exemple de quatre individus debout dans une prairie et qui assistent à la scène de quatre points de vue différents.

1. Rituel de purification de l'âme et du corps par la sudation, courant en médecine chamanique.

Nous pourrions appeler ces points de vue l'objectif, le subjectif, le symbolique et l'holistique.

Dans le monde objectif, vous pourriez remarquer les aspects physiques de la scène, mais également les couleurs des plantes, le sol et le ciel, la superficie, la variété de la végétation, etc. Dans ce monde, la croyance ou l'hypothèse fondamentale est que tout est séparé.

Dans le monde subjectif, nous pouvons comprendre l'interdépendance du monde naturel et des liens de cause à effet qui existent entre tous ses éléments et créatures. Ce monde subjectif est une expérience plus profonde que le monde objectif, où nous pouvons communier avec les plantes et les animaux. L'hypothèse fondamentale dans ce monde est que tout est relié.

En regardant dans la prairie du point de vue symbolique, vous voyez maintenant la nature comme une représentation de vous-même. La prairie ouverte symbolise votre ouverture à la vie, et vous pouvez vous sentir appelé à vous exprimer artistiquement grâce au point de vue symbolique. Vous parvenez à comprendre que tout fait partie d'un schéma et existe en relation avec quelque chose d'autre. Vous décidez également de la signification de chaque chose. Dans ce monde, vous savez que tout est symbolique.

Dans le monde holistique, vous dépassez le fait de vous tenir devant la prairie et vous l'observez pour ne faire plus qu'un avec elle. Alors, vous devenez la prairie, et la lumière du soleil brille sur vos feuilles et se transforme en énergie grâce à la photosynthèse. Les abeilles récoltent votre pollen pendant que vous vivez le moment en tant que fleur. Vous ressentez la sensation de boire le nectar des fleurs comme le fait une abeille. L'hypothèse fondamentale dans ce monde est que tout ne fait qu'un.

Nous pensons que chaque expérience personnelle est recevable, quel que soit le monde dans lequel elle se produit. En outre, ce qui semble vrai et factuel dans le monde objectif ne le sera pas pour ceux qui vivent leur vie dans un autre monde.

Une personne bloquée dans un état d'esprit strictement rationnel, matérialiste et réductionniste ne comprendra pas la réalité vécue par une personne ayant un état d'esprit plus intuitif.

Enfin, il est important de se rappeler que le plus grand obstacle à une transition réussie entre ces mondes, améliorant ainsi notre capacité à communiquer avec le plus grand nombre de personnes, est l'interférence de l'analyse critique provenant d'autres niveaux de réflexion.

La partie analytique de votre corps qu'il est difficile d'apaiser pendant la méditation est le lobe frontal. C'est la partie de votre corps qui doutera probablement de la légitimité de l'autoréflexion et qui vous dira peut-être : « Ce truc hippie et absurde ne t'aidera pas ! Tu devrais arrêter de lire tout de suite ! »

Afin de mieux nous comprendre nous-mêmes, de comprendre notre monde et de comprendre ce que signifie être un homme libre, nous devons nous entraîner à faire abstraction de nos hypothèses et nos doutes. Nous recommandons de s'en souvenir lorsque l'on passe d'un monde à l'autre, qu'il soit physique ou éthéré. De ce point de vue, nous estimons que l'agnosticisme exploratoire est un état d'esprit bénéfique.

En tant qu'individus libres, nos croyances sur le monde ne devraient pas être limitées ou contrôlées par les autres. En tant que tels, nous ne nous soucions pas du fait que les autres doutent ou nient nos croyances, car nous ne faisons aucun effort pour douter ou rabaisser leurs croyances sur le monde spirituel et immatériel. Nos interprétations du monde au-delà des cinq sens ne dépendent tout simplement pas d'une personne, d'une institution ou d'un livre en particulier.

Si nous voulons nous connaître en tant qu'êtres spirituellement libérés, nous devons ouvrir notre cœur et notre esprit aux possibilités qui nous attendent en dehors du monde quantifiable.

Chapitre 3

La réalité au-delà des cinq sens : au-delà de la logique et de la raison

La religion du matérialisme est le dogme qui gouverne la culture populaire moderne et la sphère de la science traditionnelle. Le matérialiste croit seulement en ce que nous pouvons voir, toucher, sentir, goûter, ressentir, et aux critères qui quantifient la réalité. Le matérialiste croit également que tout débat concernant ce qui se trouve au-delà des cinq sens est insensé et n'est pas digne de considération. Cette vision du monde est façonnée par les hypothèses infondées de la science traditionnelle, qu'il ne faut surtout pas confondre avec la méthode scientifique.

La méthode scientifique décrit le processus d'expérimentation, dans lequel les théories sont testées, puis prouvées ou réfutées. C'est un excellent concept qui nous aide à mieux comprendre le monde matériel des cinq sens, même si la classe politique dominante que nous connaissons aujourd'hui en tant que science traditionnelle ne prend plus appui sur la méthode scientifique. Elle est plutôt en train de devenir ce qui se rapproche d'une nouvelle religion. Cependant, certains éléments demeurent obscurs à la suite de cette constatation. Au grand désarroi des matérialistes, la science a plusieurs fois permis à l'homme de lever le voile imposé par le monde des superstitions, en confirmant des vérités auxquelles la classe dominante scientifique s'opposait alors encore.

De nombreuses expériences menées aujourd'hui dans les laboratoires gouvernementaux commencent par des conclusions préalablement rédigées et de nombreux sujets d'étude sont totalement interdits aux scientifiques. Par exemple, il est interdit pour un archéologue ou un anthropologue de mettre en lumière une nouvelle vision de l'histoire grâce à ses découvertes scientifiques. Les scientifiques écartèrent des chercheurs tels que John Anthony West et Graham Hancock, alors qu'ils présentaient des preuves démontrant que la vision dominante de l'histoire égyptienne était entièrement dépassée et incorrecte.

Ces chercheurs avaient découvert des indices importants prouvant que de nombreux édifices en Égypte étaient bien plus anciens que ce que les scientifiques avaient initialement estimé. La science traditionnelle estime que la construction du Sphinx daterait d'il y a environ 10 000 ans, tandis que West et Hancock pouvaient prouver que certaines altérations importantes des édifices avaient dû se produire il y a au moins 30 000 ans. Malgré cette découverte révolutionnaire, la science traditionnelle rejeta leurs preuves parce qu'elles ne correspondaient pas à la version officielle.

Le scientifique Rupert Sheldrake est un autre contestataire qui remet en question les hypothèses non fondées du matérialisme. Sheldrake effectue vaillamment ses propres expériences indépendantes, basées sur la méthode scientifique, qui visent à explorer des domaines très « étranges » ou interdits, afin de leur redonner une valeur aux yeux de la science traditionnelle.

L'une des expériences de Sheldrake fournit des preuves irréfutables que de nombreux propriétaires d'animaux ont un lien télépathique avec leurs animaux de compagnie. Dans le cadre de cette expérience, des chiens ont été observés en train d'attendre que leurs propriétaires rentrent à la maison. Chaque chien montre des signes d'excitation quelques instants avant de recevoir une indication physique que son propriétaire était à proximité. Sheldrake demandait aux propriétaires de prendre des chemins différents pour rentrer chez eux et à des moments différents de la journée, de conduire des voitures différentes, de prendre le bus, de marcher, de porter des chaussures différentes ou d'utiliser un après-rasage ou un parfum inhabituel, etc. Cela excluait la possibilité que les chiens se servent simplement de leur odorat ou de leur ouïe, extrêmement développés. Quel que soit le cadre de l'expérience, les animaux étaient toujours capables de pressentir lorsque leurs maîtres rentraient à la maison. Cette expérience ne démontre pas l'existence irréfutable d'un lien télépathique, mais elle prouve néanmoins qu'il existe un lien fort entre les humains et les animaux, ce qui suggère que c'est une hypothèse qui mérite réflexion.

Sheldrake rassembla également des preuves convaincantes au sujet des « crop circles » (ou agroglyphes). Les agroglyphes sont des motifs créés par l'aplatissement des cultures agricoles. Bien que l'hypothèse la plus courante pour expliquer ce phénomène soit celle d'un canular perpétré par deux farceurs, l'histoire ne s'arrête pas là. Lors d'une brillante expérience, Sheldrake tenta de mesurer le talent réel des artistes humains pour les agroglyphes. S'il était possible de voir le meilleur agroglyphe qu'un humain puisse faire, il serait alors beaucoup plus simple de déduire si les autres agroglyphes quelconques avaient pu être créés par une main humaine, ou bien par une autre technologie. Pour résoudre le mystère, Sheldrake organisa un concours réunissant des participants du monde entier avec, en guise de récompense pour le meilleur agroglyphe, une somme d'argent conséquente. Bien que les participants aient créé des agroglyphes extraordinairement élaborés, ils n'étaient toujours pas aussi élaborés que d'autres agroglyphes recensés dans des pays aux quatre coins de la Terre.

La réincarnation est autre domaine dans lequel nous pensons que la classe dominante scientifique doit rattraper son retard. La réincarnation, ou le souvenir des expériences de vie antérieure. La pensée traditionnelle affirme que lorsque la vie d'un être humain prend fin, l'expérience consciente prend fin également. Cependant, il existe de nombreuses anecdotes et indices indiquant que les enfants naissent parfois avec des souvenirs de vies antérieures.

Prenez, par exemple, l'histoire de James Leininger. James est le sujet de l'ouvrage *Réincarné : les preuves scientifiques de la réincarnation de James, pilote de la Seconde Guerre mondiale*[1]. Ce livre explique comment Leininger commença à faire des cauchemars, se souvenant de scènes violentes d'avions abattus et de sa propre mort qui s'ensuivit. Il n'avait que deux ans lorsque ces cauchemars commencèrent. Les parents de Leininger affirment qu'il dessinait des images extrêmement détaillées de scènes de combat, avec des avions de chasse américains et un ennemi qui semblait être japonais.

Les parents de James commencèrent à chercher des indices pour savoir de quoi parlait leur fils, et s'il était ou non en proie à une forme de trouble délirant psychique. L'enfant de deux ans affichait une connaissance hors du commun sur la mécanique des avions de la Seconde Guerre mondiale et détaillait même des souvenirs de ce qu'il affirmait être une vie antérieure en tant que James, pilote de chasse de la Seconde Guerre mondiale.

Après des recherches sur certaines des affirmations de James, ses parents confirmèrent les noms de plusieurs personnes aux côtés desquelles il affirmait avoir combattu. Par la suite, la famille apprit que James Leininger avait en quelque sorte des souvenirs précis de la vie de James Huston, un pilote de chasse qui s'était écrasé dans l'océan proche d'Iwo Jima après avoir essuyé les tirs des Japonais. Lorsqu'on lui demanda des détails sur ses souvenirs, le jeune garçon put identifier son navire comme étant le Natoma. James Leininger identifia également correctement le nom de Jack Larsen, un ami de Huston et le pilote qui volait à côté de lui lorsqu'il fut abattu.

En rencontrant des vétérans de l'USS Natoma Bay, James Leininger put réciter des noms et des lieux précis de la guerre. La famille Leininger était allée encore plus loin en contactant la famille de James Huston. James Leininger rencontra la sœur de James Huston et lui raconta l'histoire d'une peinture réalisée par leur mère. Cette peinture n'avait jamais été vue par quelqu'un d'autre que la mère décédée des Huston et par ses enfants. La famille Huston était stupéfaite des détails dont le jeune garçon pouvait se souvenir près de 60 ans après la mort de James Huston.

Jim Tucker, professeur de psychiatrie et de neurosciences comportementales à l'université de Virginie, a étudié plus de 2500 cas d'enfants qui rapportent des souvenirs de vies antérieures. Dans une interview accordée à la *National Public Radio* en janvier 2014, Jim Tucker décrit la difficulté d'intégrer ces phénomènes dans une vision du monde strictement matérialiste :

« Je pense qu'il est très difficile de catégoriser ces cas dans une compréhension matérialiste de la réalité. J'entends par là que si la matière physique, si le monde réel est le seul qui existe, alors je ne sais pas comment vous pouvez entendre parler de ces cas et y croire. Cependant, je pense qu'il existe de bonnes raisons de penser que la conscience peut être considérée comme une entité indépendante de la réalité physique. »

1. Titre original : *Soul Survivor : The Reincarnation of a World War 2 Fighter Pilot*

Jim Tucker fait référence à Max Planck, le père de la théorie quantique. Max Planck croyait que la conscience était au fondement de tout et que la matière en dérivait. Cela pourrait nous amener à penser que la conscience et la superconscience, ou les expériences de conscience supérieure ne dépendent pas nécessairement d'un corps ou d'un cerveau.

Alors, qu'est-ce que la conscience, exactement ? Avant d'approfondir notre réflexion sur la conscience, nous devrions prendre le temps de définir ce mot, comme nous l'avons fait pour d'autres mots-clés.

La conscience se définit comme :

La condition d'être conscient ; état de conscience et capacité à comprendre ce qui se passe autour de soi.

L'esprit et les pensées d'une personne.

Des connaissances partagées par un groupe de personnes.

Comme nous l'avions mentionné, l'opinion générale de la science est érigée à partir d'une situation d'ignorance lorsqu'il s'agit de savoir ce qu'est la conscience ou dans quoi elle trouve son fondement. Le dogme adopté est le suivant : la matière est la vie, et tout ce qui dépasse le monde physiquement mesurable n'est pas pertinent pour la recherche scientifique.

Plutôt que d'ignorer ou de condamner ce qui est inconnu du monde scientifique ou de l'esprit rationnel, nous pensons qu'il faut rester ouvert aux perspectives infinies.

Le thème de la conscience est un domaine très controversé. Au-delà de ce qu'est la conscience et son fondement, il existe également des questions de conscience animale et végétale que nous explorerons en détail plus tard.

L'un des domaines dans lequel l'esprit et la science s'accordent est celui des cristaux de quartz. Les cristaux de quartz sont souvent utilisés dans les cercles du « New Age[1] » pour le commerce, les cérémonies et, selon certaines croyances, la guérison. Bien qu'une personne rationnelle puisse considérer ces bibelots comme fantaisistes, ils ont une importance à la fois scientifique et culturelle. Il existe plusieurs types de cristaux de quartz, notamment l'améthyste, la citrine, les quartz rose, fumé et clair. Ces cristaux sont composés de molécules de dioxyde de silicium et d'autres « impuretés ». Les cristaux contenant uniquement du dioxyde de silicium sont appelés quartz clair. Les atomes contenus dans les cristaux vibrent à une fréquence stable, ce qui en fait d'excellents récepteurs et émetteurs d'ondes électromagnétiques.

Les cristaux de quartz sont piézoélectriques, ce qui signifie qu'ils peuvent transformer l'énergie d'une forme à une autre lorsque l'on y applique une pression. Lorsqu'une pression mécanique est appliquée sur un cristal de quartz, celui-ci vibre, produisant une tension qui peut être convertie en signaux électriques à

1. Courant spirituel occidental des XXe et XXIe siècles, caractérisé par une approche individuelle et éclectique de la spiritualité.

partir des forces mécaniques. Les cristaux de quartz sont utilisés dans de nombreux objets courants, notamment les radios, les montres, les sondeurs et les générateurs d'ultrasons, ainsi que les appareils auditifs. Ils peuvent également être utilisés pour fabriquer du verre, du mortier, des meules, du papier de verre et des produits de nettoyage.

L'une des premières personnes à reconnaître les propriétés du quartz fut le prix Nobel Marcel Vogel. Marcel Vogel était chercheur pour IBM lorsqu'il découvrit que les cristaux pouvaient être programmés en tant que puces de silicium dans un ordinateur. Il en est arrivé à croire que les cristaux pouvaient être programmés par la pensée.

Il écrivit que les pensées sont une forme d'énergie pouvant être dirigée par des intentions. Plus précisément, il créait des dispositifs qui, selon lui, permettaient aux utilisateurs de programmer leurs intentions sur un cristal et de les transférer ensuite dans l'eau. Il comparait ce processus à la façon dont un inducteur en électronique créait un champ d'énergie dans des composants situés à proximité de celui-ci. Malgré, ou peut-être en raison de ses travaux prolifiques et son extrême prévoyance, son travail fut décrié et qualifié de pseudoscience.

Nous savons désormais que le quartz a sa place dans le monde moderne scientifique et mécanique. Cependant, les scientifiques et les ouvriers ne furent pas les premiers à reconnaître le pouvoir des cristaux. En effet, les cristaux de quartz sont populaires depuis des siècles, et peut-être depuis des millénaires, auprès des peuples indigènes du monde entier. Les chamanes et les guérisseurs amazoniens communiquent avec les esprits qui, selon eux, vivent à l'intérieur des cristaux. Dans son livre, *Le Serpent cosmique*[1], l'anthropologue Jeremy Narby parle de l'utilisation des cristaux par les peuples indigènes et d'un lien possible avec l'ADN. Cet auteur explique que les aborigènes australiens pensent que la vie fut créée par « le serpent arc-en-ciel », symbolisé par les cristaux de quartz. Il parle également du peuple amazonien Desana, qui pense qu'un anaconda est à l'origine de la vie. Ils représentent le créateur par un cristal de quartz.

Il poursuit en se demandant comment ces cultures diverses, séparées par le temps et l'espace, ont pu arriver à des conclusions aussi similaires. Il émet l'hypothèse que ces cultures seraient peut-être conscientes, grâce à leur perspective et leurs connaissances, de quelque chose que la science moderne et ses outils de mesure n'ont pas encore découvert. Selon Jeremy Narb, les esprits communiquent avec ces cultures en utilisant des plantes hallucinogènes et des états de conscience modifiés, et sont une forme de communication directe avec l'ADN, ce que Narb appelle « le serpent cosmique ».

L'ADN lui-même a un lien historique avec les cristaux. Dans le monde scientifique moderne, Erwin Schrödinger fut le premier physicien à proposer l'idée qu'un cristal apériodique contient des informations génétiques. L'ADN

1. Titre original : *The Cosmic Serpent*

avait déjà été découvert, mais pas sa structure hélicoïdale ni son rôle dans la reproduction. Erwin Schrödinger évoqua l'existence d'une matière génétique à l'origine de la vie. Il appela cela un cristal apériodique, qui, contrairement à un cristal standard, ne se reproduit pas à l'identique et peut produire une infinité de possibilités avec un nombre d'atomes limités.

Ces exemples offrent des points de vue très différents sur ce que sont les cristaux et l'ADN, ainsi que sur leur utilité. Plusieurs cultures et des chercheurs d'horizons très différents, en utilisant des outils à la fois modernes et obsolètes, physiques et intuitifs, arrivent à des conclusions similaires. Ils sont incapables de reconnaître les similitudes de leurs découvertes en raison d'un obstacle expérientiel. Les informations pourraient être identiques, pourtant la présentation et la réception des informations dépendent de celui qui reçoit lesdites informations.

Comme Jeremy Narby l'avait remarqué alors qu'il vivait au milieu de peuples indigènes au Brésil, l'esprit objectif ne peut souvent pas rationaliser ou sonder ce qui n'a pas encore été découvert. Il évoque l'importance de défocaliser le regard, et plus précisément, le fait qu'il avait appris à croire la parole des indigènes avec lesquels il travaillait, peu importe si ce qu'ils disaient avait un sens objectif ou non. Il parle « d'objectiver sa propre relation d'objectivation », ou de « prendre conscience de son propre regard ». Nous devrions garder cette précieuse leçon en mémoire lorsque nous prenons en compte des informations qui pourraient dépasser de l'ensemble de nos connaissances actuelles.

Chapitre 4

Vers le panarchisme : l'anarchie sans adjectifs

Le terme « anarchie » est l'un des mots les plus dénigrés et les plus mal interprétés de la langue française. Nous allons utiliser une définition concise pour l'expliquer de façon claire. L'anarchie est un arrangement social dans lequel il n'y a pas de « souverain ». Un souverain est défini comme une personne qui exerce une certaine autorité sur une autre personne sans son consentement. L'anarchie représente une expérience de vie, qui ne connaît ni l'oppression de l'État ou du pouvoir des entreprises ni le comportement oppressif et manipulateur qui intervient dans nos relations interpersonnelles. L'anarchisme est l'école de la pensée politique qui essaie de découvrir des méthodes pour atteindre ce but, à travers des moyens économiques, sociaux et politiques.

Malheureusement, il ne peut y avoir de maître sans esclave, et du fait de la nature de leur relation, l'esclave est physiquement et moralement obligé d'obéir aux ordres du maître. Beaucoup de personnes pensent que cette relation est le point de suture qui fait tenir l'ensemble la société civilisée, alors qu'en réalité, rien n'a causé plus de souffrance dans ce monde que l'autorité corrompue et le concept de souverain et d'esclaves.

Ces relations sociales sont les conséquences concrètes de conflits internes qui existent au plus profond de nous. La relation entre les souverains et leurs esclaves, entre les rois et leurs sujets, et même entre les présidents et les citoyens n'existent pas dans la réalité. Ce sont des constructions mentales qui permettent à certaines personnes de nuire et de profiter ouvertement d'autres personnes, tout en conservant une supériorité morale. Lorsque l'on vous menace d'une arme et qu'on vous vole votre porte-monnaie, vous voyez le criminel, vous avez une expérience directe de vol et de danger.

Néanmoins, lorsque l'on subit l'attaque d'une personne en position d'autorité qui présente une justification morale, le crime n'est pas puni, et le pouvoir de l'autorité est renforcé. C'est pour cela que les violences policières et la corruption du gouvernement sont inhérentes à toutes les civilisations, bien avant la Rome antique. La relation d'autorité se propage et encourage la corruption.

Cela étant, pour atteindre l'anarchie (ou l'abolition des maîtres et des esclaves), la solution est bien plus complexe que la simple mise en place d'une révolution et le fait de s'attaquer physiquement à la classe dominante actuelle, bien que certains soutiennent que cela fait partie du processus. Il y a eu de multiples tentatives au cours du temps, et à chaque fois, le pouvoir a changé de bord, mais le cycle de violences et d'esclavage n'a pas été rompu.

Ce cycle se répète inlassablement depuis des générations. Alors que le pouvoir passe de main en main au fil du temps, la vision qu'a notre espèce du monde qui l'entoure change peu, tout comme la façon dont nous nous visualisons entre nous ou en tant qu'individus. Ce n'est pas un hasard. Des siècles de propagande ont renforcé les anciennes méthodes et ont empêché les gens de penser par eux-mêmes, en dehors du carcan sociétal.

Fort heureusement, de nombreux philosophes courageux et révolutionnaires ont reconnu cette dynamique et ont travaillé pour construire une philosophie d'anti-autoritarisme, qui s'est fait progressivement connaître sous le nom « d'anarchisme ». Les écrits les plus anciens sur l'anarchisme sont ceux de Lao Tseu et datent VIe siècle. Certains considèrent également le Christ comme un anarchiste, ou du moins un anti-autoritariste.

Plus récemment, William Godwin, écrivain français dans les années 1790, fut présenté comme étant le premier philosophe anarchiste, grâce à son livre intitulé *La justice politique.* La première personne s'étant proclamée publiquement anarchiste était Pierre-Joseph Proudhon, avec la publication de son ouvrage précurseur *Qu'est-ce que la propriété ?* en 1840[1].

Au milieu des années 1800 en Amérique, l'anarchisme découlait du mouvement abolitionniste. De nombreux membres de ce courant de pensée reconnaissaient que l'esclavage et le gouvernement étaient par essence liés, et que l'esclavage continuerait à être imposé d'une manière ou d'une autre tant que le gouvernement subsisterait. L'un des principaux pionniers de l'Amérique anarchiste était en fait un entrepreneur et fervent abolitionniste nommé Lysander Spooner.

Contrairement à beaucoup d'autres philosophes anarchistes en Europe, la branche d'anarchisme représentée par Spooner était exclusivement individualiste, avec des revendications très fortes sur les droits du marché et de propriété. Spooner était très critique au regard des idées collectivistes telles que la démocratie et le constitutionnalisme. Son travail était donc très centré sur la déconstruction de ces concepts et leur dénonciation en tant que formes fallacieuses d'oppression.

Spooner trouva un moyen d'exprimer concrètement sa philosophie, en créant son propre bizness qui entrait directement en compétition avec les services gouvernementaux. L'un de ses exploits entrepreneuriaux fut de créer l'« American Letter Company » (La compagnie de lettres américaine), un service de livraison de lettres et de colis en concurrence avec l'US Postal Service (USPS), ce

1. Pour un examen approfondi de l'histoire de la pensée anarchiste internationale, voir l'anthologie en trois parties de Robert Graham, *Anarchisme : Une histoire documentaire des idées libertaires* et *Ni Dieu ni maître : Anthologie de l'anarchisme* par Daniel Guérin, et pour l'anarchiste américain lire *Men Against the State*.

qui prouva que les citoyens américains n'avaient pas besoin du gouvernement pour livrer le courrier. Plus d'un siècle plus tard, cette stratégie fut identifiée par Samuel Edward Konkin III comme de « l'agorisme », une philosophie de non-conformité qui utilise le marché noir comme moyen de rendre l'État obsolète. À travers ce livre, nous allons explorer le potentiel de l'agorisme.

Au même titre que d'autres mouvements de pensée populaires, l'anarchisme a évolué et s'est même scindé, au fil des années, en différentes branches aux horizons distincts, ce qui eut pour effet de morceler cette philosophie en différentes sectes. Dans les années 1870, l'Europe vit un grand fossé se creuser entre le communisme libertaire et l'anarchisme collectiviste. Au même moment, les anarchistes américains débattaient des aspects positifs et négatifs de l'individualisme et du communisme libertaire. De ce fait, les philosophes anarchistes en Europe et en Amérique ont commencé à appeler à « l'anarchisme sans adjectifs », qui était en réalité une acceptation de tous ceux qui croient en l'autogestion et à un manque de coercition imputé à leurs systèmes économiques propres.

Très récemment, l'activiste et écrivain libertaire Karl Hess évoqua le besoin de ce qu'il appelle « l'anarchisme sans trait d'union ». Hess était bien connu pour son travail au sein et en dehors des cercles politiques, avec des anarchistes de gauche comme de droite. Dans les années 80, il soumit au public son idée d'anarchie sans trait d'union :

« Il n'y a qu'un seul type d'anarchiste. Pas deux. Un anarchiste, d'une seule et unique nature, définie par une longue tradition et par la littérature sur la position en elle-même, est une personne qui s'oppose à l'autorité imposée à travers le pouvoir hiérarchique de l'État. La seule expansion de ce terme qui me semble raisonnable est de dire qu'un anarchiste se dresse en opposition à n'importe quelle autorité.

Un anarchiste est un volontariste.

Maintenant, au-delà de cela, les anarchistes sont des personnes qui, en tant que telles, sont faites des milliards de facettes différentes qui composent les références humaines. Certains sont des anarchistes qui marchent, volontairement, vers la croix du Christ. Certains sont des anarchistes qui adhèrent, volontairement, à des communautés fondées par des figures paternelles aimées et inspirantes. Certains sont des anarchistes qui cherchent à créer les syndicats de la production industrielle. Certains sont des anarchistes dont le but est d'établir la production rurale kibboutz. Certains sont des anarchistes qui cherchent, délibérément, à tout désinstitutionnaliser, même leurs propres associations avec d'autres personnes, les ermites. Certains sont des anarchistes qui ne s'intéressent, volontairement, qu'au cours de l'or, ne coopèreront jamais et retourneront leurs vestes. Certains sont des anarchistes qui vénèrent librement le soleil et son énergie, construisent des dômes, ne mangent que des légumes et jouent du dulcimer. Certains sont des anarchistes qui vénèrent le pouvoir des algorithmes, jouent à des jeux étranges, et s'introduisent dans d'étranges temples. Certains sont des anarchistes qui ne voient que les étoiles. Certains sont des anarchistes qui ne voient que la boue.

Ils naissent tous du même bourgeon, quelle que soit la direction que prennent leurs idées. Ce bourgeon, c'est la liberté. Et ce n'est que ça. Ce n'est pas un bourgeon social. Ce n'est pas un bourgeon capitaliste. Ce n'est pas un bourgeon mystique. Ce n'est pas un bourgeon déterministe. C'est seulement un postulat. Nous pouvons être libres. Après cela, tout repose sur les choix et la chance.

L'anarchisme, la liberté, ne parle pas d'une voix unique de la façon dont les personnes libres se comporteront ou sur leur capacité à prendre leurs dispositions. Cela montre juste que les personnes ont la possibilité de prendre leurs dispositions.

L'anarchisme n'est pas normatif. Il n'explique pas comment être libre. Il dit seulement que la liberté peut exister. »

Nous comprenons que grâce à ses racines anticapitalistes, beaucoup de penseurs anarchistes de gauche diraient que l'anarchisme sans adjectifs ou sans trait d'union reste anticapitaliste. Et que, par conséquent, les courants de pensée tels que l'anarchocapitalisme devraient être exclus. D'un autre côté, il existe de nombreux marchés anarchistes et anarchocapitalistes qui soulignent la coercition inhérente à la démocratie et au socialisme autoritaire, démontrant que ces concepts ne sont finalement rien d'autre que le prolongement du gouvernement. En fin de compte, entre les anarchocapitalistes et les anarchocommunistes, le débat est en pleine ébullition pour savoir qui est un « vrai anarchiste » et qui ne l'est pas.

Chacun de ces deux points de vue détient une part de vérité. Même si l'activité du marché est pacifique et repose sur le volontariat, le système social, qui a traditionnellement été appelé « capitalisme », est loin d'être un marché libre qui repose sur le volontariat. Le capitalisme a utilisé le pouvoir de l'État en tant que principal levier d'action, il n'est donc pas correct d'associer ce terme avec un marché libre et ouvert. De la même manière, les sociétés démocratiques et socialistes les plus traditionnelles sont régies par un petit groupe de personnes riches, malgré la fonction originelle de ces systèmes créés pour et par les gens du peuple. Même les sociétés plus égalitaires et démocratiques tombent parfois sous la coupe de la tyrannie de la majorité, lorsque les citoyens sont forcés de vivre au gré des caprices de leurs voisins, et de changer leurs modes de vie, car une élection a eu lieu dans leur communauté ou dans leur pays. Des populations entières d'êtres humains libres sont amenées à être des sujets de la majorité, quelle que soit leur opinion.

Le capitalisme, le communisme et le socialisme sont des termes lourds de sens qui ont tellement de définitions différentes pour des personnes différentes qu'il est presque impossible d'en dire quoi que ce soit. Il n'y a aucun espoir de « sauver » ou « récupérer » ces termes. Ils ont été contaminés par l'influence de l'État des générations durant, gravant dans l'esprit de milliards de personnes leurs propres définitions.

Plaider en faveur d'un mode de vie entièrement nouveau et différent et utiliser les noms d'anciens systèmes sociaux et d'anciennes façons de faire semble contre-productif. Bien sûr, amener d'anciens termes dans la conversation permet de faire des comparaisons, mais malgré que les philosophies sociales portant les noms de capitalisme et de socialisme aient cours depuis des siècles, leurs systèmes économiques s'appuient sur le gouvernement.

Pour nous, la définition de Kevin Carson, auteur de *The Iron Fist of the Invisible Hand : Corporate Capitalism as a State Guaranteed System of Privilege,* constitue la meilleure définition de la montée du capitalisme au fil des siècles :

« Le capitalisme industriel, au même titre que la seigneurie ou l'esclavage, s'appuie sur une relation de force. Tout comme ses prédécesseurs, le capitalisme (de connivence) n'aurait pu perdurer au cours de l'histoire sans interventions de l'État.

« Les mesures coercitives prises par l'État à chaque étape ont empêché les travailleurs d'accéder au capital, les ont forcés à vendre leur travail sur un marché de la demande et ont protégé les centres de pouvoir économique des dangers du marché libre. Pour citer Benjamin Tucker à nouveau, les propriétaires et les capitalistes ne peuvent pas extraire la plus-value du travail sans l'aide de l'État. Le travailleur moderne, comme l'esclave ou le serf, est victime d'un vol permanent ; il travaille dans une entreprise construite à partir de main-d'œuvre volée dans le passé. »

En ce sens, nous sommes contre le capitalisme de connivence, ou le subventionnement de l'État et la protection des interactions commerciales. Bien sûr, c'est parce que les États ont besoin de force et du vol pour garder le contrôle. D'un autre côté, nous sommes aussi contre la démocratie involontaire et le socialisme forcé, qui contraignent les gens à prendre part à des associations avec d'autres personnes, car ils font partie de la même zone géographique.

Beaucoup de pionniers de la philosophie anarchocapitaliste ont avancé de grands arguments sur l'importance et la moralité des marchés, des propriétés et des échanges, qui apportent une nouvelle perspective à la culture grandissante de l'anarchisme. Une chose est sûre, les anarchocapitalistes ont été rejetés par la plupart des anarchistes de gauche, et ne sont pas considérés comme faisant véritablement partie de l'histoire anarchiste. Néanmoins, les anarchocapitalistes anti-État méritent d'être mentionnés.

L'économiste Murray Rothbard inventa l'expression « anarchocapitaliste » entre 1949 et 1950. Le travail de Rothbard sur le système bancaire, le droit de propriété et l'histoire de la guerre était révolutionnaire et très académique, mais il n'avait pas les mêmes facilités pour les relations publiques et le marketing que pour l'économie et l'histoire.

Rothbard avait quelques idées pertinentes, mais ses théories comportent également quelques zones d'ombre au sujet des problèmes sociaux ou de pauvreté. Pour un capitaliste autoproclamé, il n'était pas le meilleur pour se vendre, comme le prouve sa stratégie marketing de combiner deux des mots les plus détestés de la langue anglaise pour nommer sa philosophie. Rothbart fit également plusieurs erreurs stratégiques tout au long de sa carrière, comme celle de s'associer à des hommes politiques et à des lobbyistes de Washington dans l'espoir de changer le système de l'intérieur.

Le travail le plus inspirant de Murray Rothbard date de l'époque de sa collaboration avec la nouvelle gauche radicale émergente et le tout récent mouvement libertarien américain. Dans les années 50 et 60, Rothbard travailla avec des groupes d'étudiants, diffusant sa philosophie anti-État assez spécifique. Vers la fin des années 60, Rothbard travailla avec Karl Hess sur le *Journal de gauche et de droite*[1], une série de publications ciblant les problèmes concernant les étudiants radicaux de gauche et de droite. Finalement, Rothbard évita une alliance anarchiste gauche-droite et se rapprocha de la droite. Ce mouvement donna le ton au mouvement libertaire américain pour les décennies à venir. De notre point de vue, la chute de Rothbard est due à sa focalisation tardive sur le paléoconservatisme, qui empoisonna également les racines du parti libertaire américain en fermant un grand nombre de ses adeptes au large spectre des idées antiautoritaires, à gauche de Rothbard.

Nous avons tous deux indubitablement appris de nos expériences en travaillant sur l'œuvre de Rothbard et avec ses adeptes, nous recommandons donc son travail pour acquérir une vision globale de la pensée anarchiste : nous pensons que sa décision d'abandonner l'union avec les antiautoritaristes à l'extérieur du cercle de droite a posé les bases des futures divisions entre les anarchistes (qui existent encore à ce jour).

La recherche de Rothbard était principalement construite sur le travail de Ludwig Von Mises, le fondateur de ce qui est devenu l'école autrichienne d'économie. Mises n'était pas un anarchiste puriste, et lui non plus n'avait aucun problème à former des alliances avec des aristocrates et des hommes politiques. Néanmoins, l'ensemble de son œuvre consistait à expliquer comment l'activité du marché pouvait rendre l'État obsolète. Plus tard, Rothbard appliqua ces idées à sa philosophie anarchiste.

Aujourd'hui, des économistes anarchistes de tous bords consacrent des années de recherche au développement de solutions indépendantes de l'État et de moyens bénévoles pour fournir biens, services et soins aux populations. Pendant ce temps, de nombreux mutualistes et anarchosyndicalistes travaillent sur des moyens de combattre quelques-unes des influences de l'État qui créent une forte inégalité dans notre monde, et ils trouvent des moyens de développer des coopératives dirigées par des travailleurs.

1. Titre original : *the Journal of Left and Right*

Les anarchistes modernes sont divisés en différents groupes qui se différencient principalement par des visions divergentes de la propriété. Nous pensons qu'il y a quelque chose à apprendre de chaque perspective de ce débat. Les anarchistes qui s'opposent au concept de posséder des biens pointent souvent du doigt l'application des titres de propriété par le gouvernement et l'immense disparité de répartition des biens fonciers dans le monde. Ils débattent sur la propriété utilisée en tant qu'outil d'oppression. Ils soulèvent des points importants sur le besoin de reconsidérer la gestion de propriété dans une société libre, et les disparités qui existent dans notre monde aujourd'hui, mais ils n'évoquent pas réellement la possibilité d'exclure complètement le concept de propriété.

Dans le contexte économique actuel, il est clair que les droits de propriété sont connotés négativement, en raison de la quantité offensante de terres et de ressources protégées par le gouvernement qui ont été acquises par la force, le vol, la fraude et la coercition. C'est une objection compréhensible, mais puisque la propriété a été acquise illégalement, elle devrait être légalement considérée comme un bien volé. L'immense quantité de terres qui sont attribuées injustement aux familles royales et aux gouvernements du monde entier crée l'illusion d'un manque de terres alors qu'en vérité, elles abondent. De plus, il est pratiquement impossible pour ces petits groupes de personnes de contrôler et de maintenir de si grandes étendues de terres à moins de disposer d'une force militaire ou policière de grande envergure.

Les problèmes de disparité des richesses que nous constatons aujourd'hui ne remettent pas en cause la propriété en tant que concept, mais ils indiquent que le contrôle de la propriété est un moyen d'oppression systémique. Le fait que l'aristocratie contrôle injustement une grande partie des terres du monde aujourd'hui démontre que des réparations et des restitutions massives sont nécessaires, mais n'exige pas l'abolition totale de l'ensemble du système de propriété. Ce manque de nuance a fait stagner le discours économique des anarchistes pendant des décennies, et ce problème ne se limite pas au débat sur la propriété. Par exemple, les monopoles de l'État sur la monnaie et la centralisation de l'économie sont souvent présentés comme la preuve que la monnaie elle-même est une idée néfaste, ou que les systèmes économiques sont intrinsèquement oppressifs. Cependant, les monnaies libres peuvent être un moyen tout à fait éthique et efficace d'allouer les ressources, et l'activité économique peut contribuer à apporter la prospérité aux populations pauvres du monde.

On dit généralement que l'économie n'existerait pas sans les gouvernements, mais c'est tout le contraire : l'économie fonctionne en grande partie en dépit des actions du gouvernement. Un monde prospère pourrait être créé, si l'on permettait à l'ordre spontané des interactions humaines de s'épanouir, mais notre société s'enfonce davantage vers un contrôle total. Malgré tout ce contrôle, il est toujours impossible pour une organisation centrale de disposer des informations nécessaires pour « gérer » une économie avec succès. En outre, et en fin de compte, vous ne possédez rien si l'État et ses organismes criminels peuvent venir vous saisir. Si vous devez payer un loyer (l'impôt foncier) pour le reste de votre vie, vous n'êtes pas propriétaire.

Notre point de vue sur la propriété s'est affiné au cours des cinq années qui se sont écoulées depuis la première impression de ce livre, mais il reste essentiellement le même. Nous pensons que le concept de propriété privée dans le monde moderne est pertinent, mais il est également intéressant d'explorer comment le contrôle de la propriété est utilisé pour perpétuer des systèmes d'oppression. L'idée repose essentiellement sur une société qui accepte les principes de propriété et de responsabilité personnelle, il s'ensuit que ce que quelqu'un produit avec son corps ou ce qu'il obtient par des accords volontaires et consensuels devient le prolongement de sa personne. Il s'agit de sa propriété privée. Nous pensons qu'il est légitime de protéger et de défendre cette propriété privée. Cependant, plus nous passons de temps à nous rapprocher des enseignements indigènes et à apprendre de nos aînés, plus nous comprenons que le concept de propriété est une illusion moderne, une construction de nos contemporains qui cherchent à diviser la terre pour en tirer profit. Nous ne pensons pas qu'il soit possible de « revenir » à l'époque antérieure à la propriété privée ou de se réapproprier les pratiques de nos ancêtres, mais il est possible d'imaginer à nouveau notre concept de propriété, sans ces corruptions.

Malgré les nombreuses différences qui existent entre les diverses philosophies anarchistes, on retrouve entre elles un grand nombre de points communs à explorer – seulement si chacune des parties pouvait débattre de manière constructive des principaux enjeux. Les similitudes entre les philosophies de l'agorisme et du mutualisme constituent par exemple un objet d'étude particulièrement intéressant.

Le mutualisme est une école de pensée qui cherche à donner aux individus, plutôt qu'à l'État, le contrôle sur une partie des moyens de production. Dans son ouvrage intitulé *The Practicability of Mutualism*[1], Clarence Lee Swartz écrit : « Le mutualisme est un système social basé sur des relations réciproques et non invasives entre individus libres. Les standards mutualistes sont :

- Individuels : la liberté égale pour chacun, sans invasion des autres ;
- Économiques : la réciprocité sans entraves, la liberté d'échange et de contrats, sans monopole ou privilèges ;
- Sociaux : la liberté totale d'associations volontaires, sans organisation coercitive. »

Les économies mutualistes pourraient être concrétisées par la création de banques mutuelles de crédit ou de fermes coopératives détenues par des travailleurs.

1. Traduction littérale : *La faisabilité du mutualisme*

L'agorisme est une philosophie visant à créer des institutions alternatives pour entrer directement en compétition avec l'État. Samuel Konkin III a appelé à participer aux contre-économies, autrement dit l'activité économique qui est typiquement considérée comme illégale ou non réglementée par l'État. Cela implique des devises concurrentes, des schémas de jardins communautaires, de la résistance fiscale, et de diriger des entreprises sans licence d'exploitation. L'agorisme comprend également la création de programmes scolaires alternatifs, d'écoles gratuites ou la mise en place de *skillshare* (partage de connaissances), mais aussi la création de chaînes de média indépendantes. De plus, un soutien actif aux entrepreneurs qui exercent leurs activités en dehors des licences et réglementations de l'État est essentiel.

L'alliance agoriste-mutualiste représente une occasion pour les anarchistes de tous horizons de se concentrer sur un l'établissement d'un consensus et de construire des institutions qui peuvent nous aider à vivre libres dès à présent. Les deux philosophies rejettent la violence non défensive, la politique et les monopoles. Les deux philosophies ne souhaitent pas utiliser la force de l'État ou une quelconque « dictature du prolétariat » pour atteindre leurs objectifs. Les deux philosophies soutiennent l'expérimentation de diverses communautés travaillant en dehors du carcan législatif pour créer des institutions qui offriraient, à nos confrères et consœurs qui restent dépendants de l'État, une alternative à son monopole et à celui de l'entreprise.

Le concept d'institutions alternatives ne s'arrête pas au domaine de l'économie. Il serait bénéfique de soutenir des formes alternatives de production alimentaire, de défense communautaire, d'éducation, de gouvernance, de médias et de technologies open source[1], et par extension tout ce qui constitue une alternative à l'État et qui affaiblit durablement son pouvoir.

Le concept de *homesteading* (un mode de vie d'autosuffisance) constitue souvent un terrain d'entente entre les anarchistes qui ne sont pas d'accord sur le sujet de la propriété. Le concept de homesteading direct consiste à attribuer la propriété d'un terrain ou d'un bien à quiconque vit sur ce terrain ou utilise ce bien. Si le homesteading avait été appliqué aux plantations esclavagistes en Amérique coloniale, les esclaves auraient techniquement été considérés comme des propriétaires partiels de leur plantation, où chacun aurait été propriétaire d'une parcelle de la plantation, car ce sont eux qui vivaient et travaillaient sur la propriété. S'approprier de grandes surfaces de terre en plantant des drapeaux ou en traçant des lignes sur une carte n'est pas une façon légitime de se revendiquer propriétaire, mais c'est ainsi que la plupart des biens sont attribués dans le monde. C'est un concept particulièrement important, car il s'agit d'un moyen non violent de s'assurer qu'il existe une sorte de limite naturelle à l'espace qu'une personne peut contrôler.

Bien que ces domaines comportent de nombreuses zones d'ombre, il y a du bon

1. Technologies respectant les critères établis par l'Open Source Initiative

à prendre dans la littérature et la philosophie anti-autoritaires. Nous croyons en la panarchie, qui peut être définie comme la capacité de décider librement des lois et de la juridiction du gouvernement sous lequel on choisit de vivre. Cela implique également une acceptation de toutes les écoles de pensée anarchistes (et de leurs solutions économiques potentielles) tant qu'elles agissent sans user de la force.[1] La panarchie permettrait à tous les individus qui revendiquent leur droit à l'autonomie et de s'émanciper de l'État et en s'associant avec d'autres humains libres ayant des objectifs similaires. Nous choisissons de trouver un terrain d'entente avec d'autres anarchistes pour outrepasser les directives de l'État et permettre ensuite la libre expérimentation de toutes les communautés et tous les systèmes économiques.

Par ailleurs, il est important d'encourager tout le monde à accepter l'idée que les gens n'ont pas besoin d'être forcés à s'associer et à entretenir des relations les uns avec les autres parce qu'ils vivent dans la même région. Dans certaines circonstances, il peut être nécessaire de migrer vers la même zone pour créer une commune ou une forme de communauté protégée. Toutefois, tant qu'il est logistiquement possible de s'organiser pacifiquement dans la même zone géographique, il devrait être permis d'adhérer à des points de vue différents sur l'économie, la spiritualité ou tout autre sujet controversé qui peuvent être une source de différend politique. Le seul fil conducteur qui doit relier les communautés entre elles est la compréhension mutuelle du fait qu'elles n'ont pas le droit d'imposer leurs croyances à qui que ce soit.

Le volontarisme est l'idée de non-agression mutuelle. Vous remarquerez peut-être que nous faisons référence à ce terme tout au long du livre. En apparence, le volontarisme n'est qu'un mot de plus pour désigner l'anarchisme. Cependant, il implique des principes philosophiques spécifiques qui poussent la définition de l'anarchisme un peu plus loin. Un volontariste ne croit pas seulement en un monde sans dirigeants et sans esclaves ; il défend également une société fondée sur une culture de paix, de non-agression et une atmosphère générale construite sur le principe de l'adage « vivre et laisser vivre ».

Le bulletin d'information *Voluntaryist* définit cette philosophie de la manière suivante :

« Les volontaristes sont les défenseurs de stratégies non politiques et non violentes ayant pour but de parvenir à une société libre. Nous rejetons la politique

1. En 1860, Paul-Émile de Puydt a publié un article comportant le premier exposé sur la panarchie : une philosophie politique qui met l'accent sur le droit de chaque individu à rejoindre et à quitter librement la juridiction des gouvernements de son choix. De Puydt écrivait que la « concurrence gouvernementale » laisserait exister simultanément « autant de gouvernements régulièrement en concurrence que ceux qui ont été conçus et ne seront jamais inventés ». En 1909, l'anarchiste Max Nettlau a remis ce concept au goût du jour avec son essai intitulé *Panarchie : une idée oubliée de 1860*. Plus récemment, des écrivains comme John Zube et des rédacteurs comme ceux du site panarchy.org ont continué de développer cette idée. Nous vous suggérons de lire les essais sur la panarchie de De Puydt, Nettlau et Zube.

électorale, en théorie et en pratique, et la considérons comme étant incompatible avec les principes libertaires. Les gouvernements doivent entourer leurs actions d'une aura de légitimité morale afin de maintenir leur pouvoir, et les méthodes politiques renforcent invariablement cette légitimité. Les volontaristes cherchent au contraire à délégitimer l'État par l'éducation, et nous préconisons le retrait de la coopération et du consentement tacite dont dépend en fin de compte le pouvoir de l'État. »

Lorsque l'on rencontre cette philosophie pour la première fois, une "preuve" de sa validité est souvent demandée. Nous sommes conditionnés à ce que notre vision du monde soit régie par des livres sacrés écrits par des autorités ou des héros décédés depuis longtemps. La liberté ne fonctionne pas ainsi. Attendre les ordres d'une autorité à la démarche intéressée ne nous conduira jamais vers une société pacifique.

Comme nous l'avons brièvement évoqué dans ce chapitre, la philosophie de la liberté est un gigantesque réseau de points de vue divergents qui ont continuellement évolué au fil des générations. Il n'y a pas de décret ultime sur ce à quoi la liberté devrait ressembler ou ressemblera. Il est important de se rappeler qu'il s'agit simplement d'un ensemble d'idées diffusées par des individus courageux qui ont osé penser différemment de leurs contemporains et s'opposer à l'esclavage, de leur temps.

Cependant, sans « preuves » apparentes ou sans doctrine officielle, les principes du volontarisme transparaissent de manière évidente dans le comportement, le désir humain, l'histoire humaine et peut-être même dans le règne animal. La grande majorité des êtres humains souhaitent vivre en paix. Même les personnes les plus mal intentionnées de ce monde veulent la paix pour elles-mêmes, sinon pour les autres. Ceux qui veulent la paix et être libérés de leurs maux sont obligés de respecter cette même volonté chez les autres. En d'autres termes, si l'on attend des autres des relations pacifiques, il faut accepter systématiquement de ne nuire à personne.

Par ailleurs, si vous causez du tort à une autre personne ou la menacez, vous rompez votre part du marché et vous perdez votre propre droit à la paix, en lui accordant le droit moral d'utiliser la force défensive contre vos attaques.

Bien entendu, ces attentes et obligations tacites peuvent être rompues de temps à autre, même dans une société libre. Cependant, la violence aléatoire dans une société libre est gérable au cas par cas, tandis que la violence systémique dans le monde d'aujourd'hui – qui opère sous le couvert de la loi et d'une prétendue supériorité morale – est bien plus dangereuse, parce qu'elle est incontestable. En outre, lorsque ces obligations morales sont violées, la partie lésée ou menacée est moralement sommée de se défendre, par la force si nécessaire. Différents chercheurs et économistes ont étudié des cas d'infractions à ces règles, et de nombreuses solutions possibles ont été suggérées. Toutefois, il ne s'agit que de propositions ; les véritables solutions apparaîtront lorsque des millions d'esprits commenceront à travailler ensemble sur ces questions et à résoudre les problèmes qui se dressent sur leur chemin. C'est par ce processus d'ordre spontané que de brillantes solutions naîtront de la conscience humaine.

Si le terme de volontarisme n'a été développé que récemment dans le langage de la liberté, la philosophie qu'il incarne est vieille comme le monde. Comme nous le verrons dans les chapitres suivants, de nombreux enseignements anciens dans le monde entier considèrent cette philosophie comme leur valeur essentielle.

Bouddha aurait dit: « Les sages ne font de mal à personne. Ils sont maîtres de leur corps et ils vont dans le pays sans limites – au-delà de la douleur ». Dans les premiers enseignements du christianisme, ces idées ont pris la forme de la règle d'or, ou « Ne faites aux autres que ce que vous voudriez qu'ils vous fassent ». Dans l'islam, il y a « La ikrah fi deen », c'est-à-dire qu'il n'y a pas de contrainte dans la religion. Cette philosophie est profondément ancrée dans de nombreux enseignements anciens.

Imaginez une région panarchique du monde où le volontarisme est la norme : les anarchocommunistes, les anarchocapitalistes, les musulmans, les chrétiens et les gens libres de toutes sortes vivraient les uns parmi les autres, ou à une distance géographique très proche, quasiment sans problème. Aucune des communautés n'imaginerait avoir le droit moral de recourir à la force ou à des menaces contre des individus inoffensifs. Lorsque les membres de la communauté ne parviennent pas à un consensus, personne ne deviendrait hostile, idéalement, tant que règnent les principes du volontarisme. Au lieu de cela, on pourrait se dissocier librement des personnes avec lesquelles on entre en conflit. Les communautés libérées, dans un avenir proche, devront comprendre que la lutte pour un monde plus libre n'est pas seulement un combat contre l'État physique, mais aussi une lutte contre nos propres idiosyncrasies qui peuvent se manifester sous la forme de tendances autoritaires. Tout cela serait possible dans le cas où une société libre ne serait pas une utopie, comme elle peut sembler l'être dans le contexte actuel, car il n'y aurait pas de violence moralement justifiée si ce n'est pour défendre sa propre liberté.

Les nombreux traumatismes, douleurs et souffrances que la famille humaine a à la fois infligés et endurés sont presque toujours les conséquences d'une violence moralement justifiée. Les sacrifices humains, les génocides, la torture, les mariages arrangés et toutes les formes d'esclavage sont des exemples de violence moralement justifiée : une violence imposée ou autorisée par quelqu'un qui se trouve en position d'autorité. Si nous voulons apporter des changements durables en tant qu'êtres humains à la recherche de liberté, nous devons remettre en question la nature même de la violence moralement justifiée au lieu d'analyser la figure d'autorité en place et les politiques qu'elle élabore.

Chapitre 5

Guérir son enfant intérieur sauvera le monde de demain

Lorsque l'on parle de liberté et d'esclavage, il est important de reconnaître l'existence du gouffre abyssal qui existe dans la relation entre les enfants et les adultes, bien qu'elle tende à s'améliorer. Des générations de conditionnement ont rendu de nombreux adultes amers et hostiles. Ceci est, entre autres choses, la conséquence des actes de générations de parents qui ont traité les enfants comme des bêtes sauvages à apprivoiser ou des esclaves à contrôler. Il n'est pas surprenant que ces enfants, une fois adultes, finissent par imiter cette attitude de domination à leur tour et passent leur vie à essayer d'apprivoiser et de contrôler le monde extérieur.

Le lien parent-enfant est l'une des relations humaines les plus fortes, et les enfants apprennent de précieuses leçons de vie au sein de leurs familles depuis la nuit des temps. C'est pourquoi de nombreuses sociétés autoritaires se sont servi de la structure de la famille pour façonner les générations futures, avant même que ces générations ne puissent entrer dans les centres d'endoctrinement connus sous le nom d'éducation publique. La forme de propagande la plus efficace de la classe dominante est sa capacité d'imposer ses valeurs aux enfants, jeunes et impressionnables, par l'intermédiaire de leurs parents.

En utilisant les méthodes de propagande des médias, des systèmes éducatifs et des institutions religieuses, la classe dominante a créé une société où l'autoritarisme et la domination font partie de la vie quotidienne. Lorsque les parents élèvent leurs enfants, ils puisent dans une vie de propagande pour le convaincre et éprouvent un grand sentiment de culpabilité lorsque leur enfant n'accepte pas les normes en vigueur dans la société. Les enfants sont libres et pleins d'esprit. Les parents oublient souvent ce que c'est que d'être un enfant et ne comprennent tout simplement pas leur progéniture. Leur culture oppressive et ses valeurs odieuses les ont tellement éloignés de leur esprit originel qu'ils ont le sentiment que quelque chose fait défaut si leur enfant ne se conforme pas aux idéaux de la classe dominante.

Cela pousse certains parents à être autoritaires avec leurs enfants, dans l'espoir de les encourager à la conformité. En réalité, la véritable conséquence de leur démarche est de briser l'esprit de leurs enfants et de les préparer à vivre dans un monde oppressif et à se soumettre à l'autorité. Les parents empruntent ce chemin agressif en raison de l'exemple donné par les systèmes de contrôle établis. Dans notre société, il est admis que les figures d'autorité nous contrôlent et soient réfractaires au débat. Lorsqu'un individu est traité comme un esclave plutôt que comme un être humain libre, il a souvent tendance à reproduire le comportement de son oppresseur lorsqu'il se trouve lui-même en position d'autorité. Beaucoup de personnes bien intentionnées qui ne veulent que le meilleur pour leur famille provoquent des situations très pénibles pour elles et leurs enfants, lorsqu'elles leur imposent un mode de vie unique comme étant celui qui permet d'accéder au bonheur. Tout ce stress et cette oppression sont souvent les conséquences involontaires des meilleures intentions, mais les parents projettent les idéaux de la société sur leurs enfants, car leurs propres perceptions sont corrompues.

De nos jours, de nombreux parents ne transmettent pas à leurs enfants les connaissances et la sagesse terrestres, mais au contraire une longue liste de présupposés culturels, d'idiosyncrasies et d'idées fausses. Ils sont les vecteurs du message agressif et matérialiste de l'aristocratie, qui leur a été inculqué par des années de propagande et d'endoctrinement. Pire encore, ces fausses valeurs leur sont transmises par de constants abus émotionnels, et parfois même physiques. Il en résulte une situation où de nombreux enfants sont victimes d'abus psychologiques. Des millions d'enfants ont subi une forme de traumatisme durant leur enfance. Est-il surprenant que la plupart des adultes de notre société se comportent de manière aussi irrationnelle ?

Alors que la façade de l'empire s'effondre et que la classe moyenne disparaît, il est de plus en plus évident que les idéaux de notre société sont rongés par la corruption. Il est important que nous n'inculquions pas la même idéologie aux générations futures, sinon nous serons condamnés à répéter ce cycle de domination et de propagande. Nous devrions protéger nos enfants de la culture toxique qui nous entoure, au lieu de les forcer à s'y conformer. Les valeurs qui animent notre culture sont à l'origine de nombreuses souffrances dans le monde entier. Ces valeurs ont non seulement un impact personnel néfaste, mais elles conduisent également d'autres êtres humains à transmettre à leur tour la même énergie oppressive et prédatrice qui détruit notre planète et notre espèce.

Malgré les inégalités économiques et la propagande constante visant les esprits des jeunes, chaque nouvelle génération d'enfants semble, de manière générale, davantage respectée. C'est particulièrement le cas depuis le XXe siècle. La maltraitance physique, l'infanticide, la pédophilie et l'esclavage des enfants constituaient la norme tout au long de l'histoire. Cependant, depuis un siècle environ, la société a pris davantage conscience de la valeur de la vie humaine, et ces horreurs sont beaucoup moins courantes. Même si la maltraitance physique des enfants existe encore aujourd'hui, c'est un phénomène de plus en plus isolé en raison de la peur de sanctions légales et de son caractère tabou.

Beaucoup d'abus émotionnels et psychologiques sont encore infligés aux enfants, et sont parfois perpétrés par les adultes les mieux intentionnés. Les enfants constituent un groupe minoritaire de citoyens de seconde zone dans la plupart des pays du monde. Leurs actions sont épiées, leurs opinions ignorées et leur existence même est considérée comme un fardeau. De nombreux adultes semblent secrètement, et peut-être inconsciemment, à la fois craindre et envier les enfants. C'est parce que l'enfant est un esprit libre qui représente le changement que l'adulte a été conditionné à redouter. Ils éliminent leur peur en essayant d'apprivoiser et d'influencer l'enfant tout comme ils ont été apprivoisés et influencés.

Ce processus « d'apprivoisement » est extrêmement déroutant et traumatisant pour l'enfant, mais malheureusement, la plupart des parents estiment qu'il est de leur devoir de former leur enfant à obéir à l'autorité. Peu d'entre eux ont remis en cause l'aspect moral ou l'efficacité de cette stratégie parentale, mais c'est une question d'une extrême importance. Nos enfants sont l'avenir de ce monde, et si on ne les traite pas avec respect et si on ne leur permet pas d'être libres, il n'y aura jamais de liberté ni de respect dans nos sociétés. Cela ne veut pas dire que les enfants doivent être autorisés à faire ce qu'ils veulent, mais cela signifie qu'ils ne doivent pas être traités comme des animaux qu'il faut dresser et contrôler.

Notre but n'est pas de critiquer quiconque utilise une stratégie parentale « classique ». Nous souhaitons plutôt souligner l'importance de la manière dont nous traitons les enfants et en quoi elle est directement liée aux différents adultes que nous voyons évoluer dans notre société. Il existe un adage qui dit que « la main qui berce le berceau dirige le monde ». Cette phrase montre en quoi il est important de réévaluer la façon dont nous traitons les jeunes. Dans les sphères de la spiritualité et de la philosophie sociale, il est important de permettre à un enfant de choisir sa propre voie. Les parents peuvent et doivent enseigner à leurs enfants tout ce qu'ils savent, mais ils ont également le devoir de veiller à ne pas empêcher leurs enfants d'explorer d'autres philosophies sociales ou spirituelles.

Tout au long de notre vie, nous développons un bagage de connaissances à partir des différents environnements que nous rencontrons. Nous venons au monde en tant qu'âmes pures, comme une page blanche, et en grandissant, nous adoptons diverses croyances et idiosyncrasies issues de notre culture, qui finissent par se constituer nos identités personnelles. Qu'il s'agisse de race, de classe, de profession ou de structure de croyance, les gens s'identifient à des étiquettes culturelles et utilisent ces étiquettes pour construire leur modèle personnel de la réalité.

Les enfants voient la nature du monde avec une perspective plus claire, car leur perception n'est pas encore biaisée par les conventions culturelles et autres préjugés. C'est pourquoi des concepts tels que l'argent, le temps et l'autorité n'ont aucun sens pour les enfants – à juste titre. Il s'agit d'abstractions culturelles créées par l'homme. Les jeunes esprits sont généralement condamnés dans les sociétés autoritaires, parce qu'ils n'ont pas encore été corrompus et façonnés comme des citoyens obéissants et mécanisés. Si les jeunes de toutes les nations oppressives étaient libres de grandir sans être endoctrinés dans un système de contrôle culturel, l'ensemble du monde pourrait changer radicalement en l'espace d'une seule génération. L'emprise de la classe dominante sur la race humaine est contre nature, immorale et insensée, c'est pourquoi la culture des jeunes entre toujours en résistance avec ses idéaux.

Ces différents constats nous permettent d'introduire le concept de l'enfant intérieur. En psychologie, l'enfant intérieur est le lien qu'un individu entretient avec ses comportements et habitudes d'enfance. Cela inclut tout ce qu'il apprend étant jeune. L'enfant intérieur est parfois imaginé comme une sous-personnalité semi-indépendante, travaillant généralement sous la direction d'un esprit conscient en éveil. Cependant, il arrive que l'enfant intérieur prenne le dessus et qu'une habitude enfouie depuis l'enfance ressurgisse. Cela peut se manifester par la fuite face à des discussions gênantes, en reproduction d'un comportement observé durant l'enfance. Cela peut au contraire se manifester par une façon saine de communiquer, si un dialogue sain était la norme de communication établie par vos parents durant vos premières années. Se cacher, faire la moue, rêvasser et ignorer la réalité, etc. sont d'autres exemples d'habitudes héritées de l'enfance. Aucun de ces comportements n'est intrinsèquement mauvais, mais pourrait être considéré comme une indication que vous avez adopté cette tendance comme mécanisme d'adaptation dans votre enfance. En d'autres termes, l'enfant intérieur constitue l'occasion pour un individu de se connecter à sa joie, son imagination et sa créativité, ainsi que d'agir sur (et de guérir !) les peurs, les traumatismes et les doutes l'enfance.

La classe dirigeante sait que le seul espoir de maintenir sa domination politique est de confondre, distraire et diviser ses citoyens jusqu'à ce qu'ils soient endoctrinés par le système. En résumé, jusqu'à ce qu'ils « grandissent ». Il s'agit en fait de vous déconnecter des aspects joyeux et créatifs intégrés par votre enfant intérieur. Le vide laissé par cette déconnexion est souvent rempli par la peur et l'insécurité de l'enfant intérieur. Cependant, l'esprit humain est résistant, et beaucoup d'entre nous peuvent parvenir à l'âge adulte en subissant un minimum de corruption psychologique. Cette part grandissante de la société n'est peut-être pas constituée de citoyens populaires, mais elle est très souvent à l'origine de progrès positifs tout au long de l'histoire. Certains des plus grands esprits de ce monde ont reconnu que l'idée de « grandir » et de « s'intégrer » place les gens dans des prisons culturelles invisibles et corrompt leur façon de penser personnelle et naturelle.

L'un des plus brillants penseurs du XXe siècle, Albert Einstein, était l'un d'eux. Einstein était persuadé que l'imagination est beaucoup plus importante que la connaissance et que « le bon sens est l'ensemble des préjugés acquis à l'âge de dix-huit ans ». Il était bien conscient des enjeux culturels à manipuler l'esprit des gens. Lorsqu'il avait 16 ans, l'un de ses professeurs le prévint que son attitude rebelle et marginale l'empêcherait d'atteindre ses objectifs dans la vie. Ce révolutionnaire et libre penseur abandonna donc l'école et pour se lancer immédiatement dans la recherche d'opportunités universitaires. Einstein devint l'un des plus grands scientifiques de tous les temps et conserva son attitude rebelle toute sa vie. Einstein était contre la guerre, l'élitisme et l'autorité – bien qu'il semble qu'il ait soutenu le socialisme. Sans la reconnaissance de son incroyable contribution à la science, il aurait pu être considéré par la classe dominante comme un fou, ou comme un ennemi de l'État. Einstein a réussi, parce qu'il s'est permis d'être visionnaire et que, ce faisant, il a maintenu une relation avec son enfant intérieur.

De nombreuses personnes créatives et rebelles qui sont en contact avec leur enfant intérieur sont la cible de réactions extrêmement négatives de la part de leur famille et de leurs pairs, qui les soumettent consciemment à une culture dépourvue de sens à leurs yeux. Lorsqu'une personne sort de l'enfance sans être corrompue, on la traite généralement comme quelqu'un de naïf, et on rejette son point de vue, considéré comme marginal par la société. C'est exactement pour cette raison qu'un âge minimum est imposé pour voter ou se présenter à une élection. Le système veille à donner aux gens suffisamment de temps pour se soumettre au modèle culturel établi, avant qu'ils ne puissent avoir un quelconque impact sur l'orientation de la société.

Il n'est plus à prouver que nous avons beaucoup de choses à apprendre de nos aînés, et il est vrai que les compétences dont dépend notre survie sont transmises de génération en génération. Nos aïeux constituent la source souvent oubliée d'une multitude de connaissances, de richesses et de sagesse offerte à la jeune génération. Toutefois, il ne faut pas les considérer comme une figure parentale. Lorsqu'il s'agit d'un gouvernement qui établit des normes culturelles, nous ne pouvons pas nier que la transmission est intéressée. La motivation est toujours la même: maintenir le contrôle de la population et défendre le pouvoir des institutions établies afin qu'elles perdurent pour la prochaine génération. Il est possible d'apprendre et de mûrir sans «grandir», et sans se limiter aux préjugés culturels. Être responsable, respectueux et pacifique fait d'un individu un adulte mûr. Cela n'a rien à voir avec le fait de s'intégrer dans la culture dominante établie.

Ces arguments nous ramènent à l'importance de l'imagination, qui est un fil conducteur dans l'esprit des jeunes. C'est par l'imagination que nous tissons nos rêves et nos intentions pour l'avenir. Une imagination puissante, alliée à l'abandon de la peur et du doute, sont les facteurs nécessaires à l'expérimentation d'états profonds de méditation et de visions chamaniques restant inaccessibles à l'esprit sceptique qui ne dispose pas de l'imagination nécessaire à la projection créative et, finalement, à sa manifestation. Si nous laissons notre imagination, notre soif de connaissances et notre passion de jeunesse s'éteindre, alors nous permettons qu'une partie de nous-mêmes et du collectif humain disparaisse avec elles. En reconnaissant l'importance de cette passion et en prenant des mesures préventives pour garantir des relations et des expériences enrichissantes aux les générations futures, nous nous assurons un avenir plus pacifique.

Chapitre 6

Conscience et droits appliqués aux animaux, aux plantes et à la Terre

Le sujet de la conscience est controversé dans les domaines de la philosophie et de la science. Depuis des centaines d'années, un débat fait rage quant à la recherche d'une définition de la «Conscience» qui serait acceptée par tous. Ce terme a été associé à ou défini à différentes époques comme la subjectivité, la prise de conscience, la sensibilité, ou simplement la capacité d'éprouver ou de ressentir des choses.

L'idée que les animaux possèdent un certain niveau de conscience, ou la capacité de ressentir et de s'exprimer dans un langage que les humains peuvent appréhender, s'est avérée encore plus difficile à défendre dans la science traditionnelle que le concept de la conscience humaine. Malgré un ensemble de preuves de plus en plus important qui indique que les animaux ont une conscience qui se manifeste à différents niveaux, la plupart des êtres humains préfèrent ignorer toutes les possibilités et les conséquences qu'implique cette idée. La scientifique Victoria Braithwaite, auteure du livre intitulé *Do Fish Feel Pain?*[1] a étudié le sujet et fourni des preuves irréfutables que les poissons ressentent effectivement la douleur et sont des êtres sensibles.

Marc Bekoff, professeur émérite à l'université du Colorado, à Boulder, est l'un des pionniers de l'ethnologie cognitive aux États-Unis. Dans son article intitulé *Aquatic Animals, Cognitive Ethology, and Ethics*[2], Bekoff a passé en revue l'ensemble des connaissances admises sur la sensibilité des poissons et autres animaux aquatiques. La Société mondiale de protection des animaux a également publié une revue systématique de la littérature scientifique sur la sensibilité animale. Pour ce faire, elle a utilisé une liste de 174 mots-clés, et l'équipe des auteurs a épluché plus de 2500 articles. Les preuves recueillies par Bekoff et la Société mondiale de protection des animaux indiquent de manière irréfutable l'existence d'une conscience animale.

La perception humaine et égocentrée des animaux, en particulier des insectes, les réduit à des créatures sans émotion et sans personnalité distincte. Cependant, de nouvelles études ont montré que même les cafards ont une personnalité propre. Au cours d'une étude intitulée *Group Personality During Collective Decision-Making,* des scientifiques de Bruxelles, en Belgique, ont

1. Traduction littérale : *Les poissons ressentent-ils la douleur ?*
2. Traduction littérale : *Animaux aquatiques, éthologie cognitive et éthique*

découvert que les cafards se comportent très différemment les uns des autres, même lorsqu'ils évoluent dans le même environnement, et ce en raison de leur personnalité unique. Dans le cadre de cette étude, 304 cafards munis de puces RFID placées sur leur dos ont été conduits dans différents espaces, clairs ou sombres. Les scientifiques ont évalué la rapidité avec laquelle les cafards pouvaient trouver de la nourriture et un abri. Ils ont découvert que les cafards se comportaient tous différemment, même lorsqu'ils étaient soumis à la même stimulation externe.

Le 7 juillet 2012, un groupe international de neuroscientifiques cognitifs, de neuropharmacologues, de neurophysiologistes, de neuroanatomistes et de neuroscientifiques computationnels réputés s'est réuni à l'université de Cambridge pour évaluer le phénomène de l'expérience consciente et des comportements associés chez les animaux, humains et non humains. La conclusion qu'ils ont rédigée est connue sous le nom de *Déclaration de Cambridge sur la conscience.* Selon ce groupe international de scientifiques, « des preuves concordantes indiquent que les animaux non humains possèdent les substrats neuroanatomiques, neurochimiques et neurophysiologiques des états de conscience, ainsi que la capacité de manifester des comportements intentionnels ».

Les preuves indiquent donc que les humains ne sont pas les seuls à posséder les substrats neurologiques qui produisent la conscience. Les animaux non humains, entendus comme l'ensemble des mammifères, des oiseaux et de nombreuses créatures marines dont les pieuvres, possèdent également ces substrats neurologiques.

Les scientifiques pensent que les animaux communiquent et vocalisent pour exprimer certains facteurs de stress dans leur environnement. Des chercheurs du Wolf Science Center en Autriche ont, par exemple, publié un article intitulé *Wolf Howling Is Mediated by Relationship Quality Rather than Underlying Emotional Stress*[1], qui démontre que les loups choisissent volontairement leurs moyens de communication vocale, notamment les hurlements et les aboiements. Pour étudier la réaction des loups au stress physiologique dû à la séparation sociale, les scientifiques ont entrepris de séparer un par un des loups du reste de la meute, dans leur enclos. Les chercheurs ont prélevé la salive des autres membres de la meute vingt minutes après avoir isolé le premier loup. Pendant cette période, toutes les vocalisations des loups ont également été enregistrées.

Les loups hurlaient systématiquement lorsqu'ils étaient séparés. Cependant, les chercheurs ont découvert que les loups hurlaient plus souvent pour un de leurs proches que pour le loup dominant. Bien que le stress ait été mesuré par une augmentation du cortisol salivaire à chaque fois, les loups semblent se concentrer sur les liens d'amitié plutôt que sur la domination sociale, ce qui indique un certain niveau de cognition et de choix dans leurs réactions plutôt

1. Traduction littérale : « Le hurlement du loup est davantage influencé par la qualité de ses relations que par un stress émotionnel sous-jacent ».

qu'une réaction automatique et inflexible.

Si les animaux peuvent ressentir la douleur, utiliser des outils et faire des choix sur leur façon de communiquer entre eux, est-il si difficile de les imaginer comme des êtres conscients et complexes, avec des émotions et des processus de pensée?

En 2014, un tribunal argentin a décidé que Sandra, un orang-outan de Sumatra âgée de 29 ans, était une «personne non-humaine» illégalement privée de sa liberté et qu'elle devait être libérée du zoo et transférée dans un sanctuaire. L'Association des fonctionnaires et des avocats pour les droits des animaux (AFADA) a fait valoir que Sandra était dotée de fonctions cognitives et méritait le droit à une vie plus libre. Cette décision pourrait déclencher un changement radical dans le traitement des animaux en captivité. L'avenir nous dira comment les décisions de justice concernant les animaux pourraient participer à redéfinir la relation entre l'homme et l'animal.

Actuellement, le monde occidental moderne connaît un énorme décalage entre la manière dont les humains s'alimentent et leur façon de traiter les animaux. Nombreux sont ceux qui consomment des aliments d'origine animale malsains contenant des antibiotiques et d'autres stéroïdes nocifs et achètent de la viande issue du système agro-industriel (alias Meatrix). Ce faisant, ils cautionnent les mauvais traitements infligés aux animaux ainsi que les dommages que l'élevage industriel inflige à l'environnement. Beaucoup ont commencé à qualifier cette industrie d' «Holocauste animal».

Qu'il soit admis que nous ne demandons pas à tout le monde de devenir végétariens ou végétaliens ou de diffuser une forme d'écofascisme. Nous demandons plutôt aux individus libres de revoir leur degré de respect envers la vie qui nous entoure depuis toujours. Nous préférons que chaque individu soit acteur de son alimentation, surtout dans le cas du choix d'un régime carnivore. Si vous en avez la possibilité, chassez vous-même l'animal qui constituera votre collation. Consacrez le temps, la sueur et l'énergie nécessaires à l'obtention de votre repas. Achetez au moins votre viande chez un vendeur local, aux «pratiques humaines» (ces termes sont toujours discutables, selon votre point de vue) que vous connaissez ou à qui vous pouvez rendre visite en personne. Prenez le temps de rendre grâce à la vie qui s'éteint, cette vie qui vous permet de continuer à exister. Les cultures indigènes s'imprégnèrent de ce genre de pensées pendant des milliers d'années, ce qui leur permit de vivre en harmonie relative avec la planète.

Que ce soit en cultivant notre propre nourriture, en chassant les animaux par nous-mêmes ou simplement en faisant preuve de respect envers les animaux que nous rencontrons quotidiennement, le simple fait de développer une relation plus forte avec la vie qui nous entoure renforcera les liens de notre famille humaine et nous fera tendre vers un monde plus libre et plus interconnecté.

Cependant, les animaux et les humains ne sont pas les seuls êtres conscients sur cette planète. Des études récentes ont montré que les plantes disposent de leur propre forme de communication. Des chercheurs de l'Université d'Australie occidentale ont découvert que les épis de maïs émettent et réagissent à des sons particuliers.

Dans leur étude intitulée *Towards Understanding Plant Bioacoustics*[1], les chercheurs de l'Université ont découvert que lorsque les plantes sont soumises à un son continu à 220 Hz, elles se développent en direction de ce son. Cette gamme de fréquences est similaire au son de cliquetis émis par les plantes elles-mêmes. Dans une autre étude publiée intitulée *Plant Communication from Biosemiotic Perspective*[2], on peut lire que :

« Les plantes sont des organismes sessiles, très sensibles, qui sont en concurrence directe avec les ressources environnementales, tant au-dessus qu'en dessous du sol. Elles analysent leur environnement, estiment la quantité d'énergie dont elles ont besoin pour atteindre des objectifs particuliers, puis déterminent la variante optimale. Elles prennent des mesures pour contrôler certaines ressources environnementales. Elles ont une perception d'elles-mêmes et peuvent faire la distinction entre le soi et le non-soi. Cette capacité leur permet de protéger leur territoire. Elles traitent et évaluent les informations, puis modifient leur comportement en conséquence ».

L'étude révolutionnaire de 2014, intitulée *Plants Respond to Leaf Vibrations Caused by Insect Herbivore Chewing*[3] et publiée dans la revue *Oecologia* par des chercheurs de l'université du Missouri, a révélé que la plante Arabidopsis peut sentir un insecte en train de la consommer et sécrète, cas échéant, une quantité plus importante d'huile de moutarde afin de se défendre des attaques de cet insecte. Dans le cadre de cette étude, les chercheurs ont enregistré les vibrations de mastication de la chenille et les ont ensuite diffusées à un groupe de plantes, en laissant un second groupe évoluer en silence. Les plantes soumises aux vibrations de mastication libéraient davantage d'huile de moutarde.

Si nous disposons de preuves scientifiques sur le fait que les plantes et les animaux prennent des décisions rationnelles basées sur l'analyse de leur environnement et non seulement sur l'émotion, peut-être devrions-nous réexaminer notre relation avec les autres êtres qui peuplent notre planète, ainsi qu'avec la planète elle-même ? Des collectifs comme le Tribunal international des droits de la nature estiment que les entreprises et les États du monde entier ont violé ces droits.

Le Tribunal et d'autres groupes similaires ne se contentent pas de défendre les droits de la nature, mais militent également en faveur d'une sorte de « suprématie de la nature », un précepte selon lequel l'avenir de la planète devrait être

1. Traduction littérale : *Comprendre la bioacoustique des plantes*
2. Traduction littérale : *La communication des plantes depuis la perspective biosémiotique*
3. Traduction littérale : *Les plantes répondent aux vibrations des feuilles causées par la mastication des insectes*

priorisé par rapport à celui de l'humanité et dans certains cas extrêmes, que les humains devraient être contraints et forcés à respecter notre planète afin de garantir son avenir. Nous ne défendons pas cette position, mais nous espérons encourager la naissance d'un débat autour de la manière selon laquelle notre désir de liberté pourrait profiter à notre planète et aux espèces qui l'habitent.

La recherche d'une façon pacifique pour l'humanité de peupler la Terre (ou de se soumettre à elle) s'est manifestée à travers un large spectre de croyances et d'opinions sur la meilleure manière d'interagir avec la planète et ses habitants.

D'un côté du spectre, il y a le déni complet de la conscience animale ou végétale ou de toute possibilité de « droits » ou de respect mutuel entre ces espèces et la nôtre. Au milieu, nous observons un niveau de respect et de compassion sain envers les autres formes de vie : les animaux, humains, plantes et minéraux coexistent. À l'autre extrémité du spectre, on trouve ceux qui prônent le démantèlement de toute technologie ou « civilisation » (l'anarchoprimitivisme), la libération des animaux des laboratoires de recherche et la destruction de ces laboratoires (Front de libération des animaux), ainsi que la destruction des biens et l'occupation des terres destinées à la production ou au « développement » (Front de libération de la terre).

Le concept de propriété constitue une autre part importante de la question des droits des animaux. Si une personne croit que les animaux de compagnie sont des biens, elle peut se sentir autorisée à en faire ce qu'elle veut. Cela peut inclure des abus et des violences. Cette personne peut prétendre que quelqu'un qui intervient pendant la maltraitance de l'animal a commis une violation des droits de propriété. Par ailleurs, on pourrait envisager un cas où les animaux se verraient accorder les mêmes « droits » que ceux qui sont accordés aux humains présentant un handicap mental. On pourrait également conclure que, puisque les humains sont des animaux, une attaque contre un autre animal est une attaque contre la communauté, justifiant ainsi une intervention. Nous développerons ce sujet plus en détail dans le troisième volume de cette série, qui s'intitule *Manifeste de l'homme libre*.

Les communautés indigènes du monde entier croient que la vie sous toutes ses formes : plantes, pierres, humains, animaux et forces inanimées. Nous croyons que plus nous tendons vers le respect de toute vie, plus notre compréhension de la liberté s'approfondit. Il ne s'agit pas seulement de poursuivre la liberté en fonction de nos parcours individuels, mais de reconnaître l'importance de permettre aux autres d'agir dans le cadre de leur propre libre arbitre. Beaucoup d'entre nous parlent déjà à leurs animaux de compagnie comme à des enfants ou à des compagnons. Pourquoi ne pas reconnaître la vie des plantes, des animaux, des cristaux et de la terre qui nous entoure ?

Chapitre 7

Guérison consciente

Nous comprenons qu'il peut être difficile d'imaginer le monde que nous venons de décrire lorsque nous regardons son état actuel. L'anarchie et la conscience spirituelle peuvent sembler n'être qu'une chimère lointaine, compte tenu des pratiques non viables des gouvernements et des industries du monde. Nous en sommes conscients.

Nous comprenons également que l'humanité a besoin d'une profonde introspection curative de chaque individu avant que ne commence la guérison des maux du monde. Toute la négativité que nous voyons se répercuter sur notre santé est le résultat de nos propres peurs et douleurs internes. Lorsque nous serons prêts et disposés à nous regarder en face et à entamer ce processus de guérison, nous constaterons qu'une plus grande place sera allouée à la compassion, à la coopération et à la création.

En choisissant de réfléchir sur nos doutes, nos peurs, nos incertitudes, nos espoirs et nos rêves, nous pouvons apprendre à nous connaître plus profondément et commencer à comprendre les limites que nous nous imposons. Ce processus aura pour conséquence de compléter notre connaissance et notre mise en application de la liberté. Comment pouvons-nous vraiment savoir ce que la liberté signifie pour nous en tant que peuples si nous ne nous comprenons pas nous-mêmes ? En vérité, c'est impossible. Nous pouvons apprendre des échecs de l'État, et peut-être même renverser cet État en utilisant la concurrence et la résistance pacifique, mais nous nous retrouverons dans des conditions similaires d'ici quelques centaines d'années si nous continuons à fonctionner avec le même état d'esprit. Si nous ne nous attaquons pas aux causes profondes de la souffrance de l'humanité, nous ne faisons que panser une plaie béante qui a désespérément besoin d'être soignée.

Imaginez un monde postrévolutionnaire sans aucune transformation spirituelle, des groupes d'anarchistes instruits qui s'affrontent comme des coqs parce qu'ils manquent d'empathie et sont influencés par des conflits internes non résolus. Une révolution sans guérison comporte tous les ingrédients d'un désastre. Nous devons aller de l'avant et cesser de tourner en rond.

Compte tenu de la nécessité d'une guérison spirituelle, nous aimerions proposer plusieurs méthodes rencontrées au cours de nos recherches et notre expérience, et que nous avons trouvées extrêmement précieuses. Parmi elles, certaines techniques ne sont généralement pas considérées comme fiables par les individus strictement rationnels et matérialistes. Comme nous le verrons plus tard, la plupart des chamanes et des guérisseurs connaissent depuis longtemps le potentiel de la transformation extatique engendrée par les états d'altération. La médecine végétale, les substances psychédéliques, les tambours répétitifs, les bassins de flottaison et les états profonds de méditation sont des techniques qui peuvent provoquer ces états modifiés. Une fois entré ces états altérés, il est possible d'accéder à des informations pouvant être occultées par l'esprit et inaccessibles dans un état d'éveil quotidien.

Alors que nous explorons ces voies d'autoréflexion, notez que nous ne cherchons pas à prouver ou à réfuter toute autre expérience humaine observée dans la quête de la guérison. Pourquoi devrions-nous nous soucier de savoir si la vision insensée de quelqu'un qui fait face à une représentation démoniaque de sa douleur est réelle ? Lorsqu'un autre esprit libre décrit une expérience qui dépasse notre compréhension actuelle, cela n'affecte en rien notre chemin. Si l'expérience a de la valeur pour l'individu concerné et lui permet de guérir tout en respectant les droits des autres êtres humains libres, nous n'avons pas à émettre de jugement sur son parcours. David Nichols, professeur émérite de pharmacologie à l'université de Purdue, développe cette idée lorsqu'il parle de la recherche psychédélique sur les patients en phase terminale. « Si cela leur apporte la paix, si cela aide les gens à mourir en paix avec leurs amis et leur famille à leurs côtés, il ne m'importe guère que ce soit réel ou une illusion ».

En effet, les recherches sur les effets des médicaments psychédéliques tels que les champignons psilocybes[1], le LSD et la MDMA (généralement connue sous le nom d'ecstasy) connaissent actuellement un nouveau regain d'intérêt de la part des chercheurs et du public. Tout au long des années 50 et 60, des études furent menées sur des alcooliques et des patients atteints de cancer en phase terminale, afin d'examiner les effets de la MDMA sur la dépression. Dans les années 60, le LSD et les substances psychédéliques passèrent les portes des laboratoires et devinrent populaires grâce au mouvement de la contre-culture pour l'amour libre. La connaissance de la psyché humaine fut considérablement développée par l'introduction de ces outils dans le monde occidental.

Comme beaucoup le savent, notre espèce utilise depuis longtemps les substances psychédéliques pour l'automédication, la méditation et la réalisation d'expériences enrichissantes. Nos ancêtres prenaient des substances psychoactives en groupe, souvent en jouant de la musique et en dansant autour d'un feu de camp. La culture des raves contemporaine pourrait être considérée comme une forme moderne de ce type d'activité chamanique. Alors que ces pratiques subsistent dans certaines cultures, la société occidentale a su adapter l'héritage de la culture chamanique d'une manière qui lui convient parfaitement. Sous l'influence de substances psychoactives, nos ancêtres dansaient dans les bois

1. Genre de champignons hallucinogènes contenant de la psilocybine, substance causant des effets psychotropes.

autour d'un feu en jouant des premiers instruments de musique. Aujourd'hui, nous dansons dans des boites de nuit, sous le feu des lumières clignotantes et au rythme de musique électronique bruyante. Nous revenons à l'expérience ancestrale de la chaleur, de la lumière et de la communauté.

Cette idée est importante à notre époque, car à bien des égards, les traditions et la culture oppressives héritées des peuples conquérants de nos ancêtres nous poussent encore à adopter des comportements irrationnels. Les substances psychédéliques nous permettent de sortir des cadres culturels dans lesquels nous passons notre vie et nous aident souvent à reconnaître la nature irrationnelle de nos propres actions, ce qui nous permet de les gérer et de les surmonter correctement.

Cela étant, il est important de prendre du recul lorsqu'on parle d'automédication et d'autonomisation. Il est important de partager les sensations et les leçons que nous tirons des expériences psychédéliques et d'utiliser ces connaissances pour trouver des solutions réalistes aux problèmes qui se posent dans le monde physique.

Croire aux effets de l'expérience psychédélique ne nous empêche pas de considérer les outils et la culture développés dans notre histoire récente. Les thérapeutes ne sont pas les seuls à s'intéresser à ce type de médecine. En effet, le gouvernement américain dépensa des millions de dollars pour étudier les effets de la psilocybine et du LSD. Dans l'un des cas les plus célèbres, le gouvernement tenta d'utiliser le LSD comme un outil de contrôle de l'esprit. Dans le cadre du projet MKUltra, la CIA et l'armée américaine utilisèrent le LSD, l'hypnose, la privation sensorielle, et d'autres procédés afin de manipuler l'état d'esprit des gens.

Le projet fut officiellement révélé en 1975 par une enquête de la Commission de l'Église sur les activités de la CIA aux États-Unis. D'autres programmes tels que MKDelta, le projet CHATTER, le projet BLUEBIRD et le projet ARTICHOKE étaient destinés à comprendre comment contrôler l'esprit et modifier le comportement. MKULTRA, rebaptisé plus tard MKSEARCH, était centré sur le développement d'un sérum de vérité pour interroger les espions. De nombreux documents liés à MKULTRA ont été déclassifiés. Cependant, Richard Helms, directeur de la CIA à l'époque, prit soin de détruire la majeure partie des documents en 1973.

L'introduction des drogues psychédéliques a propulsé l'Amérique conservatrice hors de sa zone de confort. En effet, elle a été l'occasion pour beaucoup de gens de s'exprimer librement pour la première fois. Cependant, il est important de souligner que le gouvernement fédéral participa à l'introduction de nombreux éléments dans la contre-culture des années 1960 ; le célèbre gourou du LSD et professeur à Harvard, Timothy Leary, déclara lui-même que la CIA était impliquée dans le financement de la diffusion du LSD. C'est un fait incontestable : l'État infiltre les mouvements créatifs en essayant de subvertir les personnalités influentes dans les domaines de la musique, des arts, de la politique et de la philosophie. Malgré cela, les agents du gouvernement américain ayant participé à la première diffusion du LSD, de la psilocybine et d'autres médicaments se rendirent rapidement compte qu'ils ne pouvaient pas les contrôler. Le fait que le financement provienne de la CIA, du FBI ou de sources indépendantes est sans conséquences sur les effets de ces médicaments. L'expérience et les connaissances acquises grâce aux états modifiés sont précieuses, quelle que soit l'origine de leur introduction il y a plus de cinquante ans. On ne peut ignorer les révélations bouleversantes découvertes sous l'influence de médicaments sous prétexte que l'État a tenté de contrôler ces merveilleux outils d'autonomisation.

L'acceptation progressive de l'utilisation du cannabis médicinal place les substances psychédéliques sous un jour nouveau sur la scène de la recherche universitaire. En 2006, Roland Griffiths, psychopharmacologue à la faculté de médecine de l'université Johns-Hopkins, accompagné d'une équipe de chercheurs, publia un article dans le *Journal of Psychopharmacology* intitulé *Psilocybin Can Occasion Mystical-Type Experiences Having Substantial and Sustained Personal Meaning and Spiritual Significance*[1]. Cet article conclut : « la psilocybine a occasionné des expériences similaires aux expériences de type mystique survenant spontanément ». Les deux tiers des participants aux séances déclarèrent que ces expériences faisaient partie des plus importantes de leur vie. Par la suite, le laboratoire de Griffith mena une étude pilote pour examiner la possibilité d'utiliser la psilocybine pour traiter la dépendance à la nicotine. Dans cette étude, les participants suivirent trois séances dédiées à la psilocybine et trois séances de thérapie cognitive dans le but de faire diminuer la fréquence de leurs envies de fumer. Quatre-vingts pour cent des personnes ayant reçu les traitements à la psilocybine ne consommèrent plus de nicotine pendant plus de six mois, tandis que moins de sept pour cent des personnes ayant reçu une thérapie traditionnelle de remplacement de la nicotine sont parvenus à ce résultat. Ceux qui déclarèrent avoir vécu une expérience mystique sont ceux qui ont le mieux réussi à se défaire de leur addiction.

Certains décrivent l'expérience mystique comme la capacité de prendre du recul et de considérer son chemin de vie et ses décisions en tant qu'observateur. Imaginez une caméra faire un zoom arrière pour vous montrer votre vie comme faisant partie du grand schéma de l'existence. Selon M. Griffiths, cette expérience thérapeutique conduit à un changement durable du comportement individuel après une séance psychédélique. Des patients en phase terminale ayant participé à une étude de l'Université de New York ont fait état d'une soif de vie renouvelée ainsi que d'une crainte moindre à l'idée de leur mort imminente. Utilisés dans de bonnes conditions, ces outils peuvent servir de guides à la guérison et la transformation.

1. Traduction littérale : *La psilocybine peut provoquer des expériences de type mystique ayant des significations substantielles, hautement personnelles et spirituelles*

Il est également très dangereux de ne pas respecter les limites imposées par le pouvoir de ces médicaments. Il faut se méfier de ceux qui prétendent qu'une substance externe peut conduire à une illumination éternelle. Malgré les possibilités importantes de développement personnel qu'ils apportent et leur pouvoir d'ouvrir les portes de la perception pour faciliter une guérison profonde, nous ne devrions pas les considérer comme un antidote à tous nos maux. En fin de compte, la guérison doit être le fruit d'une décision personnelle et de la détermination à faire face à tout le processus qu'elle implique sur le plan psychique.

La lumière apportée par ces moments de transformation explique en partie pourquoi l'État condamne depuis si longtemps les substances psychédéliques et ceux qui les prônent. Comme le note Griffiths, « Il existe un tel sentiment d'autorité qui découle de l'expérience mystique primaire qu'il peut être menaçant pour les structures hiérarchiques existantes. Nous avons fini par diaboliser ces composés. Pouvez-vous citer un autre domaine de la science considéré comme dangereux et tabou, dans lequel toute recherche est interrompue pendant des décennies ? C'est sans précédent dans la science moderne ».[1]

Lorsqu'il s'agit de guérir de la dépendance et des traumatismes, la psilocybine n'est pas la seule alternative aux psychotropes classiques. La MDMA fut également étudiée par des psychologues pour ses nombreux bienfaits potentiels. En 2012, la Multidisciplinary Association for Psychedelic Studies (MAPS) sponsorisa une étude à long terme sur les bienfaits de la MDMA. Un peu plus tard, en avril 2014, des chercheurs de l'école de pharmacie de l'Université du Connecticut conclurent que la psychothérapie assistée par la MDMA pourrait être utile pour traiter le trouble de stress post-traumatique (TSPT).

Les remèdes à base d'ayahuasca et d'ibogaïne sont également de plus en plus populaires dans le monde occidental moderne. L'ayahuasca, ou yagé, est un breuvage médicinal fabriqué à partir d'une plante grimpante nommée Banisteriopsis caapi et d'autres plantes qui contiennent de la diméthyltryptamine, également appelée DMT. Les chamanes de l'Amazonie l'utilisent depuis longtemps pour entrer dans un état psychédélique de guérison profonde et de communion avec le monde des esprits. Introduite pour la première fois en Occident dans les années 1950, l'ayahuasca a depuis donné naissance à une industrie touristique massive construite autour de cette médecine curative.

Bien que les chimistes modernes formés sur Internet aient appris à synthétiser et à fumer la DMT confortablement installés chez eux, cette substance ne peut être appelée ayahuasca si elle n'est pas issue de la plante grimpante Banisteriopsis caapi. Boire de l'ayahuasca ou fumer de la DMT provoque une expérience similaire, mais dont l'intensité et la durée varient. L'ayahuasca entraîne un voyage psychédélique intense qui dure plusieurs heures et implique souvent une étape de régurgitation. Fumer de la DMT provoque un court voyage d'environ trois à cinq minutes et ses effets secondaires durent environ vingt à 30 minutes.

1. Extrait de The New Yorker, 9 février 2015, *The Trip Treatment*

Des études ont montré que le cerveau humain produit de la DMT pendant les rêves, les expériences de mort imminente et au moment de la mort. Ce lien entre un remède issu d'une plante quelconque en Amazonie et une substance chimique naturellement présente dans le cerveau humain a encouragé la théorie selon laquelle les hommes sont destinés à ingérer ces médicaments. De plus, lorsqu'on a demandé aux peuples indigènes de l'Amazonie où ils avaient appris à combiner ces deux plantes choisies au hasard dans l'éventail de substances pharmaceutique que représente la forêt tropicale, ils ont répondu que les esprits des plantes elles-mêmes leur donnaient des instructions. Les deux modes de consommation de ce remède peuvent donner lieu à des visions puissantes, y compris provoquer un contact et une communication avec des esprits, des entités ou des formes de vie étrangères. Personne ne peut affirmer avec certitude de quelle nature sera l'expérience faite, car il s'agit d'une expérience profondément personnelle, mais on retrouve quelques points communs dans les voyages effectués par les consommateurs de cette drogue. Ces derniers évoquent souvent une transformation mystique et un regain d'énergie vitale. L'ibogaïne, ou iboga, est une autre plante médicinale qui gagne rapidement en popularité. Le peuple Bwiti d'Afrique l'a longtemps ingérée dans le cadre de cérémonies de guérison. Les connaissances de la médecine moderne ont permis d'isoler l'ibogaïne de la plante et de l'utiliser pour aider à traiter la dépendance aux opiacés, la dépression et le trouble de stress post-traumatique. Comme dans le cas des autres composés, l'ibogaïne a été étudiée par les États du monde entier puis interdite, sous prétexte qu'elle n'a pas d'usage médicinal. Si vous êtes intéressé par la guérison de traumatismes profonds et d'addictions, il vous faudra échapper aux griffes de l'État et chercher un lieu de retraite consacré à l'ibogaïne.

Le yoga est également un outil puissant pour l'éveil spirituel et la guérison. Dans une 'étude nommée *Breathing-Based Meditation Decreases Posttraumatic Stress Disorder Symptoms in U.S. Military Veterans*[1], des chercheurs de l'Université du Wisconsin-Madison découvrirent qu'une pratique connue sous le nom de Sudarshan Kriya Yoga est en mesure d'aider les personnes souffrant de PTSD à mieux gérer leurs symptômes. La conclusion de ce constat est que la respiration affecte le système nerveux autonome, et donc que des exercices de respiration réguliers, tels que ceux qu'impose la pratique du yoga, peuvent aider à gérer les symptômes de PTSD comme l'hyperexcitation.

Malgré les différences apparentes de ces pratiques, la méditation, la respiration yogique et la transe provoquée par les exercices chamaniques semblent provoquer un état d'esprit similaire. La méditation est une pratique vieille comme le monde. Depuis l'aube de leur existence, les êtres humains ont toujours pris le temps de se recueillir dans la nature et d'y réfléchir tranquillement. Au fil

1. Traduction littérale : *La méditation basée sur la respiration réduit les symptômes du stress post-traumatique chez les vétérans de l'armée américaine*

du temps, un grand nombre de pratiques de méditation ont été développées, chacune à partir d'une démarche et d'une suite de processus propres. Bien que nous appréciions et respections ces méthodes individuelles, nous constatons que toute expérience peut devenir méditative. L'équilibre de la posture et la respiration ont certes un rôle important à jouer dans la pratique de la méditation, mais une promenade à vélo, une promenade sous les étoiles, l'écriture de poèmes ou toutes les pratiques qui permettent de passer un moment calme et introspectif peuvent être considérées comme une forme de méditation. Focaliser durablement son attention sur le moment présent est la clé de toute forme de méditation.

Rester dans le moment présent, grâce au décompte les respirations, aux mantras ou à la pensée contemplative permet aux émotions depuis longtemps enfouies de remonter à la surface. À partir de là, un individu peut déterminer la meilleure façon d'analyser les nouvelles informations qui lui sont présentées.

De la même manière que la méditation renforce « l'infini présent », certaines pratiques respiratoires yogiques permettent à un individu de prendre connaissance de la subtilité de la respiration. Bien que le yoga soit plus connu dans le monde occidental pour les postures yogiques, ou les asanas, l'intention première est d'établir un processus de guérison en provoquant des états de méditation profonde pour protéger l'individu des distractions extérieures. Patanjali a été le premier à consigner les soutras du yoga comme un guide pour ceux qui cherchent l'illumination et un chemin vers la libération véritable. La pratique de la méditation, des mouvements physiques et du contrôle de la respiration, ou prana permet de trouver la paix intérieure.

La thérapie par flottaison est une méthode de guérison alternative qui consiste à passer du temps dans des caissons de flottaison ou d'isolation. Le neuroscientifique américain John C. Lily fut le premier à développer ce qui était connu à l'époque comme une « privation sensorielle » ou un caisson d'isolement. Employé du gouvernement américain, Lily mit au point le premier caisson d'isolement en 1954, au National Institute of Mental Health. Ses collègues et lui devinrent les premiers sujets d'essai dans le cadre de leurs recherches sur ces caissons. L'expérience a finalement été restituée au public sous le nom de « Restricted Environmental Stimulation Technique » (REST).

Lors de la thérapie de flottaison (REST), le sujet est suspendu dans un caisson sombre, semblable à une bulle. Des bouchons d'oreille l'empêchent d'entendre toute forme de son, alors qu'il flotte dans l'obscurité totale. Le réservoir est rempli de 30 centimètres d'eau salée réglée à une température de 34 degrés, la température de la peau. La concordance de ces températures permet de réduire la perception des limites physiques du corps de celle de l'eau sur la peau. Une séance de flottaison classique dure entre une heure et une heure et demie. Pendant ce temps, le cerveau peut s'inquiéter de ne plus être maître des sensations, ou continuer une activité normale. En général, l'inquiétude disparaît après les dix à quinze premières minutes et, comme pour la méditation traditionnelle, des séances de flottaison régulières permettent au sujet de se détendre plus facilement.

En l'absence de stimuli externes sur lesquels se concentrer, comme la lumière ou le son, le sujet est libre de flotter de manière insouciante et sans restrictions de pensée. Au bout de dix à quinze minutes, il peut avoir des hallucinations auditives, voir des lignes tourbillonnantes ou expérimenter des visions, ou simplement entrer dans un état de relaxation profonde. Il est démontré que cette forme de méditation favorise la guérison et permet d'acquérir une grande clairvoyance. Les anciens combattants de l'armée suivent actuellement une thérapie de flottaison afin de faire face au TSPT. Un ancien combattant ayant utilisé cette méthode dans un centre de flottaison d'Austin, au Texas, a déclaré aux médias locaux : « [La thérapie de flottaison] me permet de ne pas être distrait par tout ce qui m'entoure et de me concentrer uniquement sur ce qui m'arrive ».

Les scientifiques étudièrent la thérapie par flottaison-REST pendant quelques années, et beaucoup conclurent que cette thérapie réduit le stress, l'anxiété et la dépression tout en améliorant la qualité du sommeil. Pour ceux qui souhaitent approfondir l'étude de la thérapie par flottaison, nous recommandons *The Book of Floating*[1] de Michael Hutchison. Les thérapies de jardinage ont également des effets bénéfiques potentiels sur les symptômes du TSPT. Il est évident qu'échapper à la vie trépidante de la ville ou de la banlieue pour un week-end dans la nature est une pratique courante pour beaucoup d'entre nous. Nous aspirons à un sentiment d'intimité et de retour à la nature que les structures artificielles nous empêchent souvent d'atteindre.

La musique joue également un rôle important dans la facilitation des expériences de guérison. Les cultures indigènes antérieures aux instruments de musique modernes ont depuis longtemps compris le pouvoir du rythme. Les percussions et les cliquetis produisent le même effet que celui qui entraîne les personnes en méditation et les yogis dans des transes profondes.

Dans son essai *intitulé Shamans, Yogis and Bodhisattvas*[2], Gary Doore nomme ce processus « l'entraînement », ou « l'induction d'états modifiés de conscience par la focalisation de l'attention sur un schéma de stimuli se répétant régulièrement ».[3]

Quand Patanjali parle de pratyahara, il parle de supprimer les effets des stimuli externes sur les sens. Ce retrait des stimuli externes permet de focaliser l'attention durablement sur des ressentis intérieurs. Une pratique méditative qui se concentre sur le centre de l'attention permet d'atteindre des états de réceptivité similaires à ceux du chaman et du yogi. En fin de compte, ces trois pratiques offrent leurs propres chemins directs vers la guérison.

1. Traduction littérale : *Le livre de la Flottaison*
2. Titre original : *Shamans, Yogis and Bodhisattvas*
3. Shamans Path, page 217

D'autres outils puissants méritent d'être mentionnés : la visualisation créative, l'affirmation positive et la manifestation. Pour certains, ces mots représentent les dernières lubies « New Age », ou simplement le déni d'une sombre réalité porté par la répétition de propos encourageants. Cependant, ces pratiques, qui semblent plus efficaces lorsqu'elles sont combinées, sont un moyen très simple d'atteindre la réalité recherchée par les pratiquants. Tout d'abord, la visualisation créative renforce le pouvoir de l'imagination et souligne l'importance de rester en contact avec votre enfant intérieur. En créant des « tableaux de visualisation » avec des mots et des images qui représentent nos objectifs et nos idéaux, ou en méditant simplement sur ce que nous aimerions voir arriver dans notre vie, nous visualisons les étapes qui nous restent à franchir pour atteindre ces objectifs. En nous asseyant pour réfléchir tranquillement et en laissant notre esprit se libérer de toute distraction, nous pouvons accomplir tout ce que nous désirons. Grâce à la visualisation, nous pouvons voir, sentir, goûter, entendre et toucher la situation idéale que nous essayons de concrétiser et résoudre les problèmes difficiles auxquels nous pouvons être confrontés.

Une fois la visualisation des objectifs clairement effectuée, il est important de l'affirmer. C'est là que l'affirmation positive entre en jeu. L'affirmation positive est une méthode très efficace pour s'autoformater. Nous sommes chaque jour confrontés à un formatage externe par les médias d'entreprise, du gouvernement et des interlocuteurs avec qui nous communiquons. D'une manière ou d'une autre, que ce soit de notre propre chef ou par le biais d'une force extérieure, nous serons formatés. L'esprit est un peu comme un ordinateur pouvant être équipé d'une variété de programmes. Beaucoup d'entre nous adhèrent à une programmation culturelle et environnementale qui ne nous donne pas de pouvoir en tant qu'individus, mais nous apprend plutôt à douter de notre potentiel et de nos capacités. Nous devons prendre des mesures pour nous éloigner de cette pensée destructrice.

Par la répétition d'affirmations positives quotidiennes, nous pouvons créer une vision positive et compatissante de nous-mêmes et du monde qui nous entoure. En utilisant des affirmations telles que « JE SUIS... », nous permettons à notre esprit de se défaire de ses habitudes négatives et de commencer à retracer les chemins que prennent nos pensées. Par exemple, le manque de confiance en soi peut être une prison permanente, une paralysie qui limite la vie sociale autant que le développement personnel. En modifiant le discours intérieur qui dit que l'on est incapable de mener à bien certaines tâches ou que les autres nous voient sous un jour négatif, et en affirmant : « Je suis capable, je mérite de l'amour et de la compassion », on peut surmonter une vie entière marquée par des incertitudes et des doutes inutiles. Avec le temps, cette reprogrammation de l'esprit devient une habitude. Plutôt que d'adhérer aux pensées limitatives lorsqu'elles apparaissent, vous êtes capable de leur dire « Non merci, je n'ai plus besoin de vous » et de penser « Je suis capable, je suis aimé, je deviens plus fort chaque jour et en dépit de tout». Ce simple mécanisme peut avoir des effets durables et changer le cours d'une vie. Grâce à la visualisation créative et à des affirmations quotidiennes, nous changeons non seulement notre état d'esprit et notre façon de voir le monde, mais nous modifions aussi activement le cours de notre vie.

La manifestation est le pouvoir de voir une idée passer d'un simple germe de l'esprit à une réalité concrète, en passant par une démarche de concentration quotidienne. La manifestation est un procédé déterminant pour un individu habilité à comprendre ce qu'il veut, à faire un choix conscient pour poursuivre son but, à appeler l'univers à l'aide et à prendre des mesures dans le monde physique pour concrétiser cette idée. Ces outils ne sont pas simplement une méthode pour apprendre à prier ou souhaiter la disparition des problèmes auxquels nous sommes confrontés. Nous devons nous rappeler que le pouvoir de l'esprit est naturellement assisté par les actions du corps. Grâce à la responsabilisation personnelle, à la détermination et à une éthique de travail ciblée, nous pouvons obtenir les résultats que nous recherchons et atteindre tous nos objectifs.

Nous l'avons déjà mentionné, nous sommes tous confrontés à une programmation que nous imposent plusieurs structures externes. Sans parvenir à briser ce mécanisme de propagande, les outils que nous avons présentés ne pourront être pleinement profitables. Si vous essayez de vider votre esprit pour entrer en méditation et que vous pensez constamment à l'absurdité de votre démarche, vous n'irez pas très loin. Si votre voix intérieure vous réprimande continuellement alors que vous essayez de visualiser votre chemin à travers une relation intérieure émotionnellement préjudiciable, les chances de succès sont moindres. Pour combattre notre tyran intérieur, nous devons apprendre à faire évoluer nos pensées subconscientes. La pratique constante du langage conscient est une solution.

Dans son livre, *Conscious Language: The Logos of Now*[1], Robert Tennyson Stevens souligne le pouvoir de choisir délibérément des mots qui donnent de la force au lieu de blesser. Stevens explique comment les mots peuvent permettre d'améliorer le *«système d'exploitation humain»*. Une méthode consiste à se surprendre à penser ou à parler de pensées limitatives, puis à transformer les mots en puissants outils de développement. L'un des exemples consiste à se débarrasser des actions qui desservent votre intérêt. Par exemple, vous pouvez avoir du mal à être ponctuel et vous dire: «Je suis toujours en retard». Grâce au langage conscient, nous apprenons nous éloigner de ce genre d'attitude qui doit être reléguée au rang de souvenir. Nous affirmons ensuite ce que nous voulons créer dans le moment présent. Plutôt que de dire: «Je suis toujours en retard», vous pouvez essayer: «Dans le passé, j'ai souvent été en retard, mais à l'avenir, je serai à l'heure». Peut-être vous sentez-vous souvent pressé,

1. Traduction littérale: *Langage Conscient: le Logos d'aujourd'hui*

comme si vous n'aviez jamais le temps d'accomplir toutes vos activités quotidiennes. Plutôt que de ressentir du stress et de vous concentrer sur le fait que votre temps est limité, vous pourriez plutôt affirmer : « J'ai le temps et l'énergie pour tout ce dont j'ai besoin ».

Ce sont deux exemples très simplifiés d'utilisation du langage conscient. Nous encourageons chacun à poursuivre ses propres recherches sur le sujet.

Comme pour toute chose, la pratique répétée crée une habitude. En apprenant à s'adresser à soi-même de manière consciente et compatissante, on peut parvenir à créer une réalité plus positive et plus satisfaisante. Il est important pour le bien-être spirituel de créer le monde dont nous avons besoin et d'exprimer notre gratitude au moyen de la parole. Dans le cadre d'une étude intitulée *Gratitude and Depressive Symptoms : the Role of Positive Reframing and Positive Emotion*[1], des chercheurs de l'Université Brigham Young ont confirmé que la pensée positive participe à réduire les signes de dépression. Dans tous les cas, on est maître de sa réalité et de ses expériences.

Lorsque l'on développe un esprit conscient, il est également important de maintenir son corps en forme. Un régime alimentaire ordinaire peut être pollué par de mauvaises habitudes. Ces habitudes sont généralement le résultat d'une part d'ignorance et de difficultés financières, ainsi que de la propagande des médias de l'État et des entreprises. Cependant, depuis quelques années, le grand public est plus informé sur ces questions,, et plusieurs chercheurs se sont mis à faire la promotion de divers régimes alimentaires alternatifs. Notre intention ici n'est pas de vous dire comment manger, mais plutôt de vous dire d'être conscient de ce que vous mangez. Malheureusement, la plupart des aliments populaires et facilement accessibles dans la société moderne peuvent difficilement être considérés comme des aliments. La prolifération des aliments transformés et des pesticides toxiques engendre la nécessité d'une profonde remise en question alimentaire.

Il ne nous appartient pas de vous dire quelle voie choisir. Chaque individu est libre de choisir son propre régime alimentaire. Lorsque les décisions liées à notre mode de vie et à notre santé ne sont pas prises de manière éclairée, cela engendre une dégradation de l'expérience humaine dans son ensemble. Cette rupture de l'équilibre entre notre monde intérieur et notre monde extérieur engendre des traumatismes que nous voyons se manifester concrètement. Nous avons le pouvoir d'éviter cela en changeant nos habitudes. Nous pouvons choisir de guérir et de contribuer à la guérison globale de notre espèce.

1. Traduction littérale : *Gratitude et symptômes dépressifs, le rôle de la restructuration positive et de l'émotion positive*

Chapitre 8

Rites de veillée et solitude

Cet essai présente les réflexions personnelles de Derrick. Nous partageons ses expériences avec vous afin de mettre en évidence le rôle que la solitude peut jouer dans la maturation spirituelle.

« Nulle retraite n'est plus tranquille ni moins troublée pour l'homme que celle qu'il trouve en son âme. » – Marc Aurèle.

« Nul homme n'est libre s'il n'est pas maître de lui-même. » – Épictète.

Lorsque j'envisage l'idée de liberté, la notion selon laquelle les êtres humains peuvent posséder un esprit critique et un sentiment d'autodétermination et de compassion pour leurs semblables, plusieurs questions me viennent à l'esprit. Que faut-il pour être libre ? Quelles sont les conditions nécessaires à la liberté ? En quoi nos idées singulières de la liberté diffèrent-elles les unes des autres ? De quelle manière nous créons-nous des barrières artificielles pour nous-mêmes ?

Nous devons réfléchir à toutes ces questions pour vraiment comprendre ce que signifie être libre, et comment y parvenir. Bien qu'il n'y ait pas de route toute tracée qui mène à la liberté, nos expériences individuelles nous fournissent des pistes de réflexion qui servent d'indices, de conseils et d'orientations utiles à chacun dans son cheminement individuel. C'est dans ce but que je vous présente quelques-unes de mes réflexions, afin de nous permettre d'apprendre les uns des autres.

Je souhaite insister sur la nécessité de vivre des moments de solitude ou de faire des voyages de longue durée en solitaire. Être seul m'a permis de mieux comprendre mes doutes, mes peurs et mes inquiétudes. L'idée derrière le concept de résistance consciente est de créer une communauté qui encourage la connaissance de soi, l'individualité, la compassion, la prise de conscience et d'initiatives. Je crois que tant que nous n'aurons pas décidé de nous connaître nous-mêmes, nos motivations et nos aspirations, nous continuerons d'être dirigés par un petit groupe de personnes qui n'opère pas dans l'intérêt de tous. En réalité, si cette « résistance » devait s'étendre, ce même petit groupe de personnes pourrait être amené à vivre une expérience spirituelle puissante qui pourrait les aider à comprendre quelle est leur place dans ce grand ensemble, et donc permettre un retour à l'équilibre.

Chemins Solitaires

J'ai eu, dans ma vie, l'occasion de réfléchir et méditer, à deux reprises, et ces deux expériences sont très différentes l'une de l'autre. La première fut mon incarcération pour détention de substances illicites, en 2005. J'étais à moins d'un mois de ma majorité et je luttais déjà depuis près de trois ans contre mon addiction à la drogue. À cette période, la substance qui ravageait ma vie était la méthamphétamine en cristaux. Malgré mes convictions actuelles selon lesquelles personne ne devrait être arrêté ni incarcéré pour des crimes n'impliquant pas d'autre victime, comme la consommation de drogue, je sais maintenant que tout cela était une tentative d'automédication pour échapper à la dépression et à mon incapacité ponctuelle à comprendre le monde.

Lors de mon arrestation et de mon emprisonnement, je luttai contre l'isolement et me battis comme un fou pour maintenir un lien avec le « monde libre ». Mais je finis par accepter que j'allasse passer les dix-huit mois suivants derrière les barreaux. Aucun membre de ma famille, aucun de mes amis, ni mon avocat ne pouvait faire rien y faire. La seule décision que je pus prendre fut de m'asseoir, de me retrouver seul avec moi-même et de prendre un moment pour réfléchir à la façon dont je m'étais retrouvé dans cette situation. Je passai l'année et demie suivante à écrire un tas de pages et de notes, un flot de diatribes et d'idées sur la façon de donner un sens à ma vie. Un membre de ma famille se mit à m'envoyer des ouvrages bouddhistes, et je commençai à méditer. Ce fut le début de changements majeurs dans ma vie. Les progrès que je fis à cette époque ont directement conduit à ma situation actuelle.

Alors que j'écrivais des lignes de manifestes, je commençai à remarquer que mon style d'écriture devenait plus clair, plus précis. À mesure que le flot de mes pensées diminuait et que la réflexion prenait le dessus, mon aspect physique commença à refléter ces changements internes. Apprendre à méditer dans un environnement rempli d'ego et d'attitudes feintes n'a pas été tâche facile. Même emprisonné, je persévérai et réussis à trouver de nombreux moments de paix.

Dans les années qui suivirent mon incarcération, je fis tout pour faire subsister en moi ce sentiment d'existence libre, dans le moment présent, et pour accepter que je ne puisse pas contrôler le monde extérieur. Je considérais que la meilleure chose à faire était de travailler sur mon esprit. Après chaque chute, je me relevais. Finalement, je pus bénéficier d'une liberté conditionnelle, me permettant de prendre un nouveau départ et de poursuivre ma nouvelle passion pour la recherche de la connaissance et la vie en communauté.

En 2011, je décidai d'achever mon périple et de profiter de mon sentiment de liberté nouvellement acquis en traversant les états des États-Unis à vélo. J'avais, depuis longtemps, imaginé une aventure qui me donnerait le sentiment ultime d'un mode de vie sans restriction, et qui me permettrait de vivre l'émerveillement que procure un tel voyage. Réunissant mon vélo, quelques livres et quelques fournitures, je traversai le Texas pour aller jusqu'au Nouveau-

Mexique. Pendant trois mois, je campai, pédalai et travaillai bénévolement dans des fermes.

Ce périple fut l'occasion pour moi d'apprendre de nouvelles choses. Je fis beaucoup de belles rencontres, et appris un peu des expériences de chacun. Je dormis sous la plus belle voûte étoilée jamais vue, hurlant avec les coyotes et riant du fait que j'étais sale, mais libre. Pendant ces trois mois, je ris, pleurai, me lançai des défis comme je ne l'avais encore jamais fait, et je décidai de voir chaque moment de ce voyage comme une pièce magnifique d'un puzzle qui attendait d'être assemblé.

Je me suis rappelé l'état de tranquillité et de paix que j'avais trouvé derrière les barbelés de la prison et ai compris comment le fait de m'isoler avait permis à mon esprit de devenir lucide. Ces deux expériences ont joué un rôle important dans ma vie et m'ont permis de m'éveiller et de mûrir. C'est lorsque j'ai pris le temps de réfléchir par moi-même – de gré ou de force – que j'ai commencé à appréhender mes peurs et mes espoirs. J'ai compris l'origine de mes échecs et ai été confronté à la nature destructrice de mes actions passées. J'étais à la croisée des chemins : l'un me conduirait droit dans les ténèbres, et l'autre pouvait être le voyage de toute une vie. J'ai longuement réfléchi, me demandant comment ces deux expériences uniques m'avaient mené à cette quête.

J'ai découvert, comme d'autres, que j'avais une vie très active impliquant, la plupart du temps, de considérer mon bien-être comme un élément de second plan, et de me contenter de quelques moments de joie que je considérais comme du bonheur. J'ai compris que je faisais tout mon possible pour éviter d'avoir à m'arrêter, ne serait-ce que cinq minutes, et à m'entretenir avec moi-même. J'avais perdu de vue ce qui faisait mon identité. J'avais perdu, dans le processus, contact avec ma propre humanité, et avec mon cœur. En n'ayant pas d'autre choix que de m'asseoir sur un lit dans ma cellule ou au bord d'une route isolée, j'ai eu l'opportunité de comprendre mes souffrances profondes et de commencer à les guérir. C'est ce même processus de guérison qui contribuera à restaurer d'harmonie entre la planète et ses habitants.

Apprendre à trouver son équilibre

Nous cherchons tous à échapper au tumulte des grandes villes, et ce, de plusieurs manières. Nos fins de semaine et nos vacances sont l'occasion de nous éloigner des lumières de la ville et de la pollution sonore, du brouillard, de la population. Bien que nous soyons des créatures sociales dotées d'un désir de développer des relations, nous sommes également en quête d'isolement, d'un retour à la nature et à une vie simple. Cet environnement nous permet de nous ressourcer et de faire un bilan spirituel, afin d'établir une relation saine avec notre entourage.

Beaucoup d'histoires racontent les voyages initiatiques de leur personnage principal : une vie rude, dangereuse, solitaire, mais belle. D'Everett Ruess à

Christopher McCandless, les humains ont toujours voulu vivre une aventure en communion avec la nature, pour diverses raisons. Nombre de ces aventuriers (et je m'inclus dans ce groupe) ont appris que la communauté et les expériences familiales sont tout aussi importantes que nos quêtes personnelles. La vie est un équilibre. Si vous vous complaisez dans la compagnie des autres uniquement pour éviter de faire face à votre situation personnelle et à la dure réalité des choses, il est peut-être temps pour vous de passer un week-end seul. Au contraire, si vous êtes resté trop longtemps seul avec vos pensées, essayez de vous ouvrir à la communauté et de créer des liens avec d'autres personnes.

En conclusion, chacun puise dans l'autre pour comprendre ce que signifie être libre, comment le devenir et quel rôle va jouer la communauté dans ce processus. En décidant de prendre le temps d'une introspection, nous sommes en mesure d'entretenir des relations positives et encourageantes, afin d'aider ceux qui peuvent éprouver des difficultés à se connaître eux-mêmes. En ce qui me concerne, ce sont les deux expériences racontées dans ce chapitre qui m'ont permis de découvrir tous les avantages qu'apporte une contemplation silencieuse. Être enfermé derrière les barreaux et isolé au milieu d'une nature sauvage m'a fait comprendre que, quel que soit l'endroit où je me trouve physiquement, le bonheur, et donc la liberté, ne peut être atteint qu'en choisissant de regarder en mon for intérieur.

Les peuples indigènes issus de différentes cultures ont compris et appris le pouvoir de la solitude, et la nécessité d'entreprendre un voyage. Ces périodes d'isolement[1] peuvent prendre des formes diverses et variées, que ce soit dans le monde physique où elles impliquent plusieurs jours ou semaines de survie parmi les éléments, ou bien dans une dimension plus interne, prenant la forme de sessions de méditation introspective accompagnées de coups de tambours répétés, de cliquetis et de chants. Que ces périples soient physiques ou mentaux, ils symbolisent une quête de connaissance et de compréhension de soi, et de liens que l'on entretient avec les mondes physique et spirituel.

En passant d'une activité à l'autre dans notre vie quotidienne chargée, nous ignorons ou oublions souvent les chocs et les informations précieuses que nous avons recueillies sur notre chemin. En consacrant du temps à un travail complexe d'introspection et de guérison, nous contribuons à rendre notre vie personnelle plus agréable, et encourageons les autres à faire de même. En favorisant un état d'esprit plus équilibré, nous militons en faveur de la liberté et participons à la construction d'un avenir plus empreint de compassion.

1. « Vision Quest » dans le texte original, pouvant être traduit littéralement par « quête de vision ». Cette expression est souvent employée maladroitement en français : c'est un terme général en anglais qui décrit une série de cérémonies dirigées par les anciens qui comprend un jeûne complet de quatre jours et quatre nuits, seul sur un site sacré dans la nature choisi par les anciens à cette fin. (Source : https://en.wikipedia.org/wiki/Vision_quest)

Chapitre 9

Ensemble, nous ne faisons qu'un ? Le collectivisme contre l'individualisme

« Ensemble, ne nous faisons qu'un » est une expression souvent prononcée par les spiritualistes pour décrire la connexion qui lie toutes les formes de vie entre elles (les êtres humains, les animaux, les insectes et toute autre espèce). La plupart des anarchistes attachés aux principes d'individualité et de libre arbitre a tendance à craindre cette vision du monde, au premier abord collectiviste. Cependant, il est possible pour certains d'entre eux d'envisager une certaine harmonie entre la Nature et ses créatures, tout en croyant au droit à la liberté individuelle et à la liberté d'association.

Dans presque tous les pays du monde, on apprend à observer la réalité de manière très polarisée. Lorsque certains débats nous sont présentés à travers les médias classiques, ils sont en général extrêmement simplifiés et se divisent en deux points de vue ; tout est noir ou tout est blanc. Tout le monde est soit bon soit mauvais, il n'y a pas d'entre-deux. Dans la vie réelle, la vie est beaucoup plus complexe. Généralement, il y a une multitude de façons différentes d'envisager une situation et autant de manières différentes de raconter la même histoire.

Cela est particulièrement vrai en philosophie, car les termes employés sont constamment redéfinis. On réétudie sans cesse des idéologies, car chaque nouvelle génération de philosophes s'adapte aux nouvelles perspectives et aux nouvelles informations rendues disponibles avec le temps.

L'un des concepts largement incompris et trop simplifié par le grand public en général est celui de l'individualisme et du collectivisme. Bien qu'il existe différentes significations pour ces termes, la véritable définition d'un concept est déterminée par les conséquences de sa mise en application dans la société.

À première vue, le collectivisme est une philosophie engageante sur le plan théorique. Mais qui a également des conséquences fâcheuses en pratique, dues à sa mise en application sous la contrainte. Les philosophes collectivistes évoquent de nobles causes telles que faire des sacrifices pour le bien de la communauté, travailler main dans la main ou coopérer, et ils affirment la nécessité de mettre ces préceptes en application. Il est évident que le monde gagnerait à appliquer ces principes, mais le problème réside dans la capacité des politiciens à utiliser cette philosophie pour légitimer les ordres qu'ils donnent et imposer leurs directives.

Le stéréotype le plus courant de l'individualiste est d'être egocentré et dépourvu du moindre désir de participer à la vie de la communauté. À l'opposé, on retrouve la vision du collectiviste comme quelqu'un qui se soucie de l'ensemble de son clan comme d'un tout, tant et si bien que sacrifier son propre bien-être pour le bien du clan devient une évidence. Néanmoins, l'individualisme n'a rien à voir avec de l'égoïsme. Il s'agit en fait simplement d'une manière d'observer les individus sans les catégoriser dans des groupes en fonction de leur race, leur nationalité, leur genre, leur religion ou leur statut social.

Lorsque l'on considère un groupe dans son ensemble plutôt que chaque personne qui le compose de manière individuelle, la majeure partie des membres du groupe sont souvent tenus responsables des actions de quelques-uns des individus. L'idée qu'un individu doit nécessairement demander la permission aux membres de son groupe pour exercer son libre arbitre est également dangereuse, et c'est exactement à partir de ce genre de vision du monde que les concepts collectivistes comme la « démocratie » et le « consensus » ont été fondés.

Nous avons souvent constaté que les personnes bienveillantes et spirituellement éveillées adhèrent aux messages du mouvement du « New Age » prétendument fondé dans le but d'aider l'ensemble de l'espèce humaine, mais qui continue, en réalité, de soutenir l'étatisme. Il peut s'agir d'un petit groupe d'individus en bonne santé qui encouragent un déclin de l'accroissement naturel ou la stérilisation forcée pour le bien supposé de tous. Un anarchiste qui lit attentivement des ouvrages modernes sur le spiritualisme pourrait être écœuré par la prévalence du langage utilisé par les étatistes et par les collectivistes. Des individus pleins de compassion peuvent se retrouver embrigadés par des philosophies prônant le bien commun, mais qui finissent en réalité par menacer l'individualité des membres de la communauté, et par conséquent, la communauté tout entière. Cependant, il est possible d'envisager un anarchisme si profondément indépendant qu'il nierait complètement l'importance de la communauté et tournerait le dos à tout autre mouvement qui prônerait l'émancipation de tous.

Il est grand temps que nous considérions chaque individu comme un être sacré. Pour respecter l'ensemble de ces êtres, il nous fait respecter chaque individu. Un individu n'est réellement libre que s'il n'a aucune obligation physique envers quiconque. À l'inverse, il doit être capable de choisir librement avec qui il souhaite interagir, de manière sérieuse et pacifique. Ce faisant, il ou elle sera en mesure de devenir une personne épanouie et libre. Et ainsi, le respect mutuel des choix de vie des autres individus libres durera dans le temps.

L'exemple le plus percutant d'interdépendance est celui du concept de l'Avatamsaka Soutra[1], issue de la philosophie bouddhiste mahayana. L'école Huayan, également connue sous le nom de l'école des ornements de fleurs et du bouddhisme mahayana, a été fondée à partir des idées exprimées dans l'Avatamsaka Soutra (ou « guirlande de fleurs du Soutra » ou « écriture en ornement de

1. Parfois traduit en français par le « Sutra de l'ornementation fleurie ».

fleurs »). Ce soutra traite des idées d'interdépendance et d'interpénétration dans la vie réelle. Il décrit un à un les mondes qui se superposent et qui coexistent les uns avec les autres.

Ce concept est très bien décrit dans le récit du collier de perles d'Indra. Indra était un dieu qui possédait un collier orné d'un nombre infini de perles, et qui s'étendait dans toutes les directions. Ce collier contenait des diamants qui scintillaient s'éparpillaient dans toutes les directions. Chaque diamant était parfait en tant que tel, mais facette chacun des diamants reflétait également la beauté et la lumière des autres diamants.

Thomas Cleary, traducteur renommé d'ouvrages sur l'Orient, décrit la beauté du mythe du collier d'Indra dans son livre *Bienvenu dans le monde inimaginable : une introduction au Bouddhisme huayan*[1].

« La septième porte est également appelée 'royaume du collier d'Indra'. Le collier d'Indra est un collier de perles dans lequel non seulement chaque perle reflète l'ensemble des autres perles, mais chaque reflet contient également le reflet de toutes les autres perles, créant ainsi un effet miroir à l'infini. Cette « infinité d'infinités » représente l'interidentification et l'interpénétration de tous objets, comme l'illustrent les précédentes portes du royaume. »

« Pour illustrer le principe du collier d'Indra avec un exemple très simple de la vie de tous les jours, nous pourrions imaginer que le coût d'une matière représente la somme de plusieurs modalités. Afin de simplifier les choses, partons du fait que le coût d'un objet reflète (1) le coût des matières premières, (2) le coût de l'énergie nécessaire pour sa production, (3) le coût de la main-d'œuvre impliquée dans cette production, et enfin (4) le coût des transports pour la distribution.

Si nous portons attention aux matières premières, premier élément mentionné, nous pouvons constater que le coût des matières premières comprend également le coût de l'énergie nécessaire pour les extraire, le coût de la main-d'œuvre requise pour effectuer cette extraction et le coût des transports des matières premières vers un centre de traitement. Le coût de l'énergie inclut le coût des matières premières à partir desquelles l'énergie est produite, ainsi que le coût des appareils utilisés pour traiter ces matières premières, le coût de la main-d'œuvre nécessaire à la production de l'énergie et le coût pour distribuer cette énergie. Le coût de la main-d'œuvre reflète le coût des biens, de l'énergie et des temps de transports dont la main-d'œuvre a besoin. Le coût du transport prend en compte le coût des matériaux, de l'énergie et de la main-d'œuvre nécessaires pour fabriquer et pour faire fonctionner les réseaux de transport. Ainsi, chaque élément de cette analyse reflète et contient tous les autres éléments.

1. Titre original : *Entry into the Inconceivable : An Introduction to Hua-Yen Bouddhism* (1983).

Même si cet exemple est assez rudimentaire, et même s'il utilise un schéma d'analyse extrêmement simplifié et s'arrête à un seul sous-groupe de l'analyse, il illustre la façon dont le concept du filet d'Indra peut s'appliquer pour développer une vision harmonieuse d'un ensemble de phénomènes. Le cadre analytique peut être utile et appliqué dans les domaines de l'économie, de la socioéconomie, de psychologie en groupe et individuelle, et enfin dans le domaine de l'écologie. Bien que l'on puisse affirmer que le filet d'Indra n'apporte rien de surprenant ou de nouveau – il n'est après tout, que le simple croisement d'un principe inhérent et d'une connexion interdépendante de phénomènes – il n'en reste pas moins que ce concept est un instrument précieux pour atteindre une connaissance du monde profonde et harmonieuse et également pour éviter les visions unilatérales. » (Cleary : 37, 38)

Une précieuse leçon peut être tirée de cette parabole qui appelle à s'unir sans ignorer la diversité de chacun. Le soutra dépeint une image du monde dans lequel chaque personne dépend des autres, qui eux-mêmes dépendent de cette personne. L'ensemble des individus est en relation à un seul individu, et chaque individu est considéré en fonction de cette relation avec les autres. À nouveau, Cleary apporte plus de précision :

« L'éthique de l'enseignement Hua-yen est basée sur ce thème fondamental de l'interdépendance universelle : tandis que celui qu'on appelle *bodhisattva*, à savoir la personne qui se dédie à atteindre l'illumination, nourrit constamment le désir et la volonté d'aller au-delà de notre monde, sa recherche de la réussite et de la perfection, le développement de sa conscience, d'une plus grande connaissance, d'une plus grande liberté et d'une capacité toujours bien plus élevée, est sans cesse réinvestie dans le monde, comme s'il avait pour objectif la libération et l'illumination de tous les êtres. » (Cleary : 2).

Alors que le bouddhisme Huayan évoque le pouvoir de l'interdépendance et l'importance de l'individu, certaines communautés autochtones pensent que l'individualité dans le monde occidental a joué un rôle dans l'effondrement du tissu social des communautés. Bien que nous ne puissions pas nier que le manque de sensibilisation et d'intérêt pour les autres membres de la communauté mondiale permet à certains individus de faire des choix ayant des conséquences dévastatrices, nous pensons que l'individu et la communauté sont concepts précieux. On ne doit pas nécessairement se soumettre à la volonté collective, mais rester prêt à remettre en cause son propre comportement et afin de pouvoir identifier les moments où l'on apporte plus de mal que de bien à la communauté.

Nous partageons cette planète avec des milliards d'êtres humains, d'animaux, de plantes, de pierres et d'innombrables autres formes de vie, il donc est conseillé de trouver des solutions pour s'unir, travailler et vivre main dans la main. Nous sommes tous apparentés par l'ADN, par nos corps énergétiques et par notre position dans le temps et l'espace. C'est en apprenant à nous valoriser et à nous aimer que nous pourrons créer un espace sain, dans lequel nous pourrons aimer et valoriser tous ceux qui partagent nos communautés locales et mondiales.

Chapitre 10

Trouver l'équilibre entre le féminin et le masculin

Depuis des millénaires, les hommes s'affrontent les uns les autres. Lorsque la force brute était la seule arme de domination, les hommes tuaient et réduisaient en esclavage leurs semblables, et souvent les femmes en étaient victimes, les hommes utilisant la force pour assouvir leurs besoins. Ce déséquilibre, associé à une rupture avec la nature que nous avons déjà évoquée, constitue les fondations d'un monde plein d'inégalités et de douleur. À travers l'histoire, les gouvernements, les religions et la culture populaire ont véhiculé l'idée d'une infériorité des femmes. Cette idée transparaît dans les systèmes où les pères sont considérés comme propriétaires de leurs femmes et de leurs filles, et où les femmes ne sont pas autorisées à posséder des biens ou à disposer de leur libre arbitre, ce qui était encore le cas très récemment.

Des indices anthropologiques tendent à prouver que les sociétés fonctionnaient d'une manière beaucoup plus égalitaire avant l'invention de l'agriculture et le début de la vie sédentaire en communauté. Dans *The Origins of Fatherhood: Ancient Family Process*[1], Sebastian Kraemer écrit que la mentalité patriarcale est apparue il y a environ 6000 ans, avec le concept émergent de paternité. Même Aristote, le philosophe antique, soutenait que les femmes sont inférieures aux hommes sur le plan intellectuel, moral et physique. Quelle que soit l'origine de cette prétendue disparité, on ne peut que constater un déséquilibre dans la façon dont les femmes ont été traitées par rapport aux hommes pendant des milliers d'années. Il est évident qu' une grande partie des habitants de cette planète, tous sexes confondus, a été réduite en esclavage par un petit groupe représentant l'autorité sur le territoire. Notons bien que même parmi les paysans et les esclaves de sexe masculin, tout au long de l'histoire, l'idée que les femmes naissent soumises aux hommes restait la croyance dominante.

Toutefois, quelques écoles de pensées firent exception. L'historien grec Hérodote se pencha sur les différences entre les femmes égyptiennes et grecques, et en particulier sur la façon dont les Égyptiennes se distinguaient des Grecques en continuant d'exercer divers métiers. Hérodote remarqua que les Égyptiennes occupaient souvent des postes à responsabilité, qu'elles pouvaient hériter de biens et obtenir des prêts, privilèges inimaginables pour les femmes en Grèce à la même époque. Au-delà de la possibilité de travailler, les femmes sont également objet de culte ; l'histoire des déesses et de la féminité est en effet très riche. Il existe des mil-

1. Traduction littérale : *Les origines du patriarcat : une structure familiale ancienne*

liers de statues féminines datant de 5000 ans avant l'ère moderne, trouvées dans la région de Mehrgarh au Pakistan. En Inde, une statue de déesse mère a également été datée au carbone de 20 000 ans avant l'ère moderne. Ces éléments semblent indiquer un certain respect, voire un culte du sujet féminin. On trouve des exemples de divinités féminines partout dans le monde.

Les peuples pueblo et hopi du sud-ouest de l'Amérique parlent de Grand-mère Araignée, une force protectrice qui participe aux histoires de la création. Dans la mythologie inca, Pachamama, déesse de la fertilité, veille sur la Terre et s'occupe des récoltes.

Sans oublier le Shaktisme, une branche de l'hindouisme dont le principal culte est celui de Shakti ou Devi, la mère Divine hindoue. En Grèce antique, Gaïa était le nom de la mère de toute vie, la grande déesse mère grecque qui a donné naissance à la terre et à l'univers. Plus récemment, des mouvements liés aux déesses comme le Dianisme wiccan[1] sont apparus, ainsi que des termes tels que « sacrée » ou « divine[2] » au féminin, popularisés lors de la période New Age qui est inspirée des enseignements de la Shakti hindoue.

Malgré des cas historiques isolés d'égalité, la mentalité dominante est celle de la suprématie masculine. Le rejet de ce système et la revendication de l'égalité portent le nom de féminisme. À différents moments de l'histoire, les femmes et les hommes ont cherché à donner du pouvoir aux femmes et à rétablir l'égalité. Bien qu'il y ait des débats sur l'égalité des droits depuis le XIVe siècle, différentes théories s'affrontent quant à l'origine de la philosophie féministe. La plupart des universitaires s'accordent à dire que le féminisme américain a connu trois vagues, chacune se concentrant sur des aspects différents de la liberté des femmes. La première vague de féminisme apparut aux XVIIIe et XIXe siècles et concernait le droit de vote des femmes, leur possibilité d'être élue et d'occuper des fonctions politiques. Aux États-Unis, le mouvement pour le droit de vote des commença à gagner du terrain au XVIIIe siècle, après que les femmes américaines se sont organisées pour le conquérir.

La deuxième vague de féminisme apparut dans les années 1960 et s'étendit jusqu'aux années 1980. Elle permit au mouvement féministe d'élargir son champ d'action pour étudier les rôles des sexes et les inégalités ancrées dans la culture. La troisième et actuelle vague de féminisme comprend un large éventail de philosophies, y compris le rejet des écoles de pensée féministes du passé et une évolution de la première et de la deuxième vague de féminisme.

Les luttes menées par la deuxième vague de féminisme donnèrent naissance

1. La branche dianique de la Wicca, mouvement religieux New Age fondé sur d'anciennes croyances païennes, se distingue des autres branches de ce mouvement par le culte exclusif de la Grande Déesse et de divinités féminines.

2. En anglais, les termes « sacred » et « divine » sont invariables. L'auteur fait référence à une précision de genre qui ne peut être traduite en français, langue dans laquelle les adjectifs « sacré » et « divin » se déclinent au féminin.

à un féminisme radical. Ce féminisme radical visait à démanteler le patriarcat par l'opposition des rôles de genre. Il se pencha sur la manière dont la classe sociale, les origines ethniques, l'orientation sexuelle et le statut socioéconomique jouent un rôle dans la façon dont les femmes et les hommes sont traités. De nombreuses féministes radicales avaient déjà participé aux luttes pour les droits civiques dans les années 1960. Ces mouvements étaient centrés sur des actions directes et n'avaient pas nécessairement pour but de trouver des solutions politiques aux inégalités auxquelles ils s'opposaient.

À la fin du XIXe et au début du XXe siècle, une partie du mouvement féministe américain fusionna avec les principes de l'anarchie pour former ce que certains appellent l'« Anarcha-féminisme ».

La célèbre penseuse anarchiste Emma Goldman est considérée comme l'une des fondatrices du féminisme anarchique. Pour Goldman, l'opposition à la suprématie masculine était essentielle dans la lutte contre le pouvoir de l'État. Elle était également une grande militante des droits reproductifs, de l'éducation sexuelle et de l'accès à la contraception. Avant que de nombreux autres radicaux n'acceptent l'homosexualité, Goldman défendait publiquement le droit des homosexuels et des lesbiennes à aimer comme ils le voulaient.

Goldman critique le vote comme forme légitime de lutte contre l'État. Elle estimait qu'il était insensé de penser que le fait de donner le droit de vote aux femmes mettrait fin aux crimes perpétrés par l'État. « Supposer, par conséquent, qu'elle réussirait à purifier quelque chose qui n'est pas susceptible de l'être, c'est lui attribuer des pouvoirs surnaturels », écrit-elle dans son essai intitulé *Le suffrage des femmes*[1].

Voltairine de Cleyre est une autre figure marquante du féminisme anarchique américain. De Cleyre critiquait les idéaux de beauté traditionnels, les rôles de genre et les lois sur le mariage qui permettaient aux hommes de violer leurs femmes sans craindre de conséquences juridiques. Elle écrivit pour Liberty, le journal libertaire de Benjamin Tucker. En plus d'être féministe, Voltairine était une adepte de l'anarchisme sans adjectifs. Dans son essai de 1901 intitulé *Anarchisme*[2], elle affirme la nécessité pour les anarchistes de toutes les écoles économiques de travailler ensemble dans la libre expérimentation. Elle conclut :

« Elles [les femmes, NDLR] n'ont rien de non anarchiste jusqu'à ce que l'élément de contrainte intervienne et oblige les personnes réticentes à rester dans une communauté dont elles n'acceptent pas les dispositions économiques ».

L'un des domaines les plus controversés explorés par les féministes est la question de savoir si les rôles de genre sont un concept valable, ou simplement une structure sociale. Les cultures occidentales ont tendance à admettre deux genres, masculin ou féminin, alors que les cultures du monde entier acceptent

1. Titre original : *Woman's Suffrage*
2. Titre original : *Anarchism*

l'existence trois genres ou plus, tout au long de l'histoire. Parmi elles, le Mahu de la population autochtone Kanaka Maoli. Les mahus étaient considérés comme des enseignants sacrés de traditions anciennes, et pouvaient être des hommes ou des femmes d'un genre intermédiaire ou partageant des traits à la fois masculins et féminins. Le peuple Bugi de l'île de Sulawesi en Indonésie reconnaît cinq genres. Les Bugis soutiennent l'idée qu'il existe des hommes, des femmes, des calabais, des calalais et des bissus. Les calalais sont des hommes biologiques qui assument le rôle d'une femme hétérosexuelle. Leur tenue vestimentaire et leur expression de genre sont féminines. Les calalais sont des femmes biologiques qui s'identifient à un genre masculin. Les bissus sont des guérisseurs ou des médiums qui « transcendent » le genre et englobent des aspects des cinq pour former un tout.

Plusieurs tribus amérindiennes partagent des concepts similaires. Le mot « winyanktehca » en lakota peut être traduit par « personne à deux âmes » ou « être en tant que femme ». Le terme s'applique aux hommes biologiques qui sont transgenres. Les « winktes » sont nombreux et constituent une partie importante de la communauté spirituelle. Les Navajos ont également un concept similaire, les Nádleehís, que l'on pourrait traduire par « celui qui se transforme constamment ».

Les rôles de genre sont imposés à chaque sexe en fonction de certaines qualités qui sont jugées acceptables et d'autres qui ne le sont pas. La théorie queer propose une déconstruction de l'identité de genre pour s'attaquer aux racines de l'oppression.

La psychologue Cordelia Fine estime qu'il existe des différences biologiques inhérentes à l'esprit des hommes et des femmes. Cependant, elle pense également que les traditions culturelles sont responsables de ces différences apparentes entre les sexes. La professeure Dianne Halpern écrit que les facteurs sociaux et biologiques sont également responsables et ne peuvent être considérés séparément. Dans son ouvrage intitulé *Sex Differences in Cognitive Abilities*[1], Halpern écrit que les traditions culturelles et la biologie jouent toutes deux un rôle dans la détermination de l'identité sexuelle. Elle explique comment l'influence de la testostérone sur le cerveau masculin donne aux hommes un léger avantage dans des tâches telles que la construction avec des cubes. Cela peut amener un homme à chercher des occasions d'exercer des activités qui mobilisent des compétences similaires, comme le sport. Avec le temps, ces activités sont considérées comme typiquement masculines et ces idées s'enracinent dans la culture elle-même. Cependant, ces normes culturellement acceptées ne sont pas absolues et ne doivent pas servir de baromètre au comportement socialement accepté pour les deux sexes.

Nous soutenons qu'une conversation sur l'équilibre entre le féminin et le masculin est incomplète si l'on ne discute pas des rôles de genre comme de

1. Traduction littérale : *Différences de sexe et capacités cognitives*

possibles outils d'oppression de la liberté d'expression et de la liberté d'aimer. L'idée que tous les hommes sont censés être forts, courageux, ne pas connaître la peur et être insensibles a causé un tort considérable à la race humaine. Il est tout aussi dangereux de penser que toutes les femmes devraient être ouvertes sur le plan émotionnel, compatissantes, facilement effrayées, délicates et passives. Ces concepts renforcent la division entre les populations et permettent aux autorités de créer des conflits entre les citoyens en fonction de leur sexe. Plutôt que de se considérer comme des êtres égaux capables de grandes choses, on nous apprend à soutenir et adhérer à des représentations erronées de la relation homme-femme, y compris la relation binaire homme-femme en elle-même.

Nos rôles dans la société ne sont pas le seul facteur prédéterminé par des figures d'autorité : nos relations personnelles les uns avec les autres le sont également. Pendant des siècles, l'Église et l'État ont dicté la nature des relations humaines en fonction de leurs propres intérêts politiques. Dans le passé, les mariages arrangés et les lois contre certains mariages rendaient ce contrôle plus manifeste, mais l'influence des traditions perdure sous la forme de normes sociales et culturelles, que beaucoup de gens considèrent comme naturelles.

L'opinion publique ayant évolué vers l'inclusion, les traditionalistes furent contraints de reconnaître le droit d'exister des personnes qui diffèrent d'eux. Cependant, certains traditionalistes craignent que le traditionalisme ne tombe en désuétude, si leur mode de vie n'est plus considéré comme la seule option moralement et socialement acceptable. C'est pourquoi une pression culturelle extrême s'exerce sur ceux d'entre nous qui s'écartent de la norme culturelle et se voient contraints de se cacher, ou d'avoir honte. C'est également la raison pour laquelle une telle résistance s'impose à eux lorsqu'ils tentent de vivre leurs orientations, considérées divergentes, à découvert, ou lorsque leurs modes de vie sont exposés dans les médias. Il existe une forte opposition à la « normalisation » des divers modes de vie qui ont longtemps été interdits par des traditions culturelles bien ancrées, mais il ne faut pas oublier que lorsque l'on s'oppose à la normalisation de l'existence d'une personne, on exige avant toute chose qu'elle vive dans la honte comme un citoyen de seconde zone.

Les normes sociétales des relations entre les gens sont encore fortement influencées par des traditions qui ont été créées par des figures d'autorité il y a de nombreuses années. La situation évolue en ce qui concerne le genre et la sexualité, mais il n'en a pas toujours été ainsi. Il y a encore peu de temps, trouver l'amour dans une relation homosexuelle ou choisir un sexe différent du sexe attribué à la naissance n'était pas considéré comme une option. Le tabou des relations mixtes ou interconfessionnelles a également empêché beaucoup de famille de se construire et de s'épanouir . Il est difficile de prendre conscience de l'existence de ces barrières avant d'avoir l'exemple d'une personne qui s'épanouit en les franchissant, mais fort heureusement, les jeunes générations se montrent plus courageuses que jamais pour dépasser les injonctions de leur culture.

Bien que l'humanité ait progressé, de nombreux impératifs culturels façonnent nos vies de manière sous-jacente. L'une des dernières limites de cette remise en question culturelle reste la philosophie de la monogamie, ou l'idée qu'un partenariat romantique doit être exclusif entre deux personnes. Dans un schéma monogame, chaque partenaire s'abstient de toute relation affective et sexuelle en dehors de sa relation. Bien sûr, c'est un arrangement préféré par beaucoup, ce qui est évidemment tout à fait honorable. Cependant, le choix de cette voie contre d'autres modes de vie potentiels est rarement conscient : la plupart des gens ne se rendent pas compte de l'existence d'autres options. Et même s'ils en sont conscients, les stigmates sociaux qui s'opposent à ce que l'on s'écarte de la norme sont souvent assez forts pour empêcher les gens d'explorer, voire de considérer ces autres options.

Lorsqu'une relation commence, elle est généralement guidée par les attentes de la société, et les partenaires prennent rarement le temps pour discuter ou même envisager qu'ils ont la liberté de décider de la nature de leur relation, tant qu'elle est consentie. Lorsqu'on leur en donne la possibilité, certaines personnes choisissent la monogamie, tandis que d'autres optent pour le polyamour, une philosophie qui permet d'avoir plusieurs partenaires affectifs et/ou sexuels. Peu importe la voie choisie, ce qui compte, c'est que chaque partenaire puisse choisir librement le cadre de son partenariat, sans que le contexte culturel n'influence sa décision.

Malgré les combats et les victoires du féminisme au cours des cent dernières années, certains diront qu'il est, à l'ère d'Internet, devenu un facteur de division. Les féministes américaines modernes sont critiquées pour avoir défendu la « suprématie féminine » plutôt que l'égalité. D'autres critiques ciblent le fait que les féministes des pays développés oublient d'inclurent dans leur combat les femmes des pays du tiers monde qui luttent contre des régimes oppressifs et patriarcaux. En outre, certaines féministes ont tendance à utiliser l'État pour faire respecter l'égalité. Alors que d'autres peuvent faire pression pour que le gouvernement leur accorde des privilèges au nom du féminisme, les féministes anarchistes recherchent l'égalité véritable, sans vouloir utiliser le pouvoir de l'État pour atteindre leurs objectifs. Une approche anarchiste du féminisme reconnaît que l'État est néfaste à la société, car il renforce les rôles traditionnels des hommes et des femmes. L'État défend l'idée qu'une femme émancipée est une femme qui a rejoint le monde du travail, qui paie ses impôts et qui vote en son âme et conscience. Les gouvernements aiment affirmer que la libération a été obtenue par l'incorporation des femmes dans le système d'affermage des impôts. Nous soutenons l'acceptation de tous les choix individuels, et non les déclarations d'égalité imposées par les gouvernements. L'une des raisons pour lesquelles les femmes peuvent être enclines à croire et à demander l'aide des systèmes de soutien gouvernementaux est le manque d'alternatives dont elles disposent dans les sphères privées. C'est pourquoi il est de la plus haute importance de construire et de créer des institutions alternatives qui reconnaissent la valeur de toute vie, indépendamment de l'orientation sexuelle, du sexe ou de la couleur de peau.

Les efforts visant à faire du gouvernement un outil pour l'égalité ont souvent abouti au « féminisme d'État », qui utilise le pouvoir du gouvernement pour accorder des droits et interdire la discrimination de genre. Dans le passé, le recours à l'État comme outil d'égalité a connu des revers et a conduit à d'autres formes de contrôle, notamment à la restriction de la liberté d'expression d'importantes dirigeantes féministes qui critiquent les politiques gouvernementales.

Les hommes et les femmes ont été divisés tout au long de notre histoire sur cette planète. Nous avons toutefois connu des périodes d'union. L'espèce humaine tirerait énormément de bénéfice de la mise en valeur de la libre expression de l'amour et de l'acceptation du droit de chacun à vivre sa vie librement.

Pour atteindre cet objectif, nous devons éradiquer l'oppression institutionnalisée, y compris le patriarcat. Cependant, la solution pour palier des millénaires d'abus commis envers les femmes n'est pas d'humilier et de condamner les hommes. Une fois de plus, nous soulignons l'importance de l'équilibre. Nous soutenons la responsabilité individuelle, l'éducation et le rejet des fanatiques de toutes sortes. Si nous voulons vraiment dépasser les idées conflictuelles et nuisibles qui ont empoisonné notre espèce pendant si longtemps, nous devons commencer à assumer le rôle que chacun d'entre nous joue dans la continuité de ce cycle toxique. Seuls des individus équilibrés, émotionnellement équilibrés, peuvent créer une société véritablement libre et compatissante qui respecte toute forme de vie.

2
L'ANTIAUTORITARISME DANS LES TRADITIONS MONDIALES

Dans les chapitres suivants, nous allons explorer certaines des traditions spirituelles populaires dans le monde, pour trouver leurs racines antiautoritaires. Nous verrons également comment, souvent, ces traditions ont été institutionnalisées et transformées en systèmes de contrôle prenant la forme de religions.

Les idées que nous abordons dans ce livre sont de simples ébauches, et ont pour but d'ouvrir un débat qui aurait dû avoir lieu il y a longtemps. Nous admettons que dans certains domaines, nos connaissances sont limitées ; nous abordons donc ces sujets avec curiosité, dans le but d'apprendre, et sommes plus qu'heureux de voir d'autres personnes développer ces idées.

Chapitre 11

Les intersections du chamanisme et de l'anarchisme

Une discussion sur les concepts de liberté serait incomplète sans évoquer et comprendre les chamanes et leurs enseignements spirituels. Un chaman est à la fois un enseignant et un élève. C'est un individu qui a recours à différentes méthodes pour communiquer avec l'univers et le monde spirituel. Les chamans sont connus pour être des chefs de communauté qui transmettent des messages divins visant le développement personnel. Lorsqu'il accède à des mondes méconnus dans le monde physique, on dit qu'un chaman connaît un état d'« extase religieuse ».

Il est admis que les chamanes voyagent entre le monde physique et le monde spirituel, dans lequel ils récoltent des connaissances qu'ils rapportent ensuite à la communauté. Entre autres actions, les chamanes sont capables d'ouvrir un portail vers un monde souterrain d'esprits, et d'atteindre un état d'altération de l'esprit grâce au son de tambours, en méditant ou en ingérant des substances comme des concoctions de plantes. Ils sont également en mesure de guérir des maladies en identifiant leurs causes spirituelles profondes.

Il nous faut préciser que ces définitions sont basées sur nos propres expériences des pratiques chamaniques. En vérité, les anthropologues eux-mêmes n'ont pas de définition officielle de ce terme. Certains définissent les chamanes comme toute personne capable d'accéder au monde des esprits en entrant dans des états de conscience altérée, tandis que d'autres les comparent à des sorciers ou à des prophètes, et parfois même à des personnes schizophrènes.

Les origines du terme en lui-même sont liées au mot « saman » en Evenki, qui est une des langues parlées par les peuples autochtones de Sibérie. Certains chercheurs pensent que ce mot signifie « savoir », mais cette traduction, ainsi que la véritable origine du mot « chamane » sont souvent remises en question.

Selon certaines critiques, il s'agit d'un terme générique raciste qui ne tient pas compte de la grande diversité et de la richesse des systèmes de croyances qu'il devrait décrire. De la même manière que le terme « Amérindien » désigne tous les peuples autochtones de la zone continentale nord-américaine, le terme « chamanisme » est insuffisant pour décrire des peuples et des idées si variés. La plupart des cultures autochtones n'ont même pas de mot pour désigner le chamanisme. Nous utilisons ce terme pour désigner toutes les cultures d'une grande diversité qui préservent leur lien avec la nature, favorisent la croissance spirituelle, et sont antérieures aux religions abrahamiques.

Le mot « chamanisme » s'est démocratisé en Europe occidentale et aux Amériques à la fin du XVIIe siècle, mais personne ne sait vraiment quand le chamanisme a commencé. Il est considéré comme la racine aborigène de la religion. Partout dans le monde, depuis l'aube de l'Histoire, les aborigènes sont étroitement liés à la nature et ont recours à des pratiques que certains d'entre nous, dans le monde moderne, jugent insensées. Grâce à l'utilisation de plantes hallucinogènes, de tambours ou grâce à la méditation, il est possible de faire l'expérience d'une purification spirituelle et d'une connexion à son moi intérieur, qui favorise la compréhension de soi. Les mêmes effets peuvent être atteints lors de voyages chamaniques : des voyages personnels profonds parfois effectués dans le monde spirituel, et parfois dans la nature, pendant des jours ou des semaines.

En examinant les études anthropologiques du chamanisme dans les cultures du monde entier, on constate un lien étonnant avec l'anarchie. Dans son ouvrage *Shaman's Path*[1], l'anthropologue controversé Michael Harner explique en détail en quoi le chamanisme représente une menace pour les classes dirigeantes :

« Il a été éliminé parce qu'il porte atteinte à l'autorité de l'État et de l'Église. Avec des centaines de milliers de prophètes en liberté, dans la pratique du chamanisme, chacun est son propre prophète, et reçoit une validation spirituelle provenant directement des plus hautes sphères. Ces personnes font bouger les choses ; elles sont subversives. Après tout, si tout le monde fait autorité, il est peu probable de parvenir à créer un monopole basé sur un accès privilégié, ou un droit d'interpréter les paroles de quelques prophètes officiels ou de livres saints. »[2]

Le chamanisme est l'équivalent de l'anarchisme, dans le monde spirituel. De la même manière que les autorités de l'État craignent une population instruite et organisée, les autorités de l'Église craignent une congrégation indépendante et spirituellement consciente. Avec ses traditions et ses modèles de connexion

1. Traduction littérale : *Le sentier des chamanes*
2. Extrait de « What is a Shaman ? », *Shaman's Path*, page 10.

au royaume au-delà des cinq sens, le chamanisme contourne complètement le monopole de Dieu, soutenu par tous les corps d'Église politiques. Tout au long de l'histoire de la colonisation, les institutions religieuses combattirent les peuples indigènes et les chamanes qui recherchaient la liberté d'esprit.

Les croyances de nombreuses cultures anciennes relèvent du chamanisme. Des tribus autochtones d'Amérique aux tribus celtiques d'Europe occidentale, les anciennes civilisations partagent de nombreux points communs dans leurs pratiques spirituelles.

Avant que les oligarchies royales n'imposent à la spiritualité un ensemble de règles et de directives strictes, les cultures indigènes avaient une tradition religieuse beaucoup plus personnelle et ouverte. Grâce au chamanisme, ces civilisations ont pu développer leurs connaissances spirituelles à travers les époques, car chaque génération, par sa culture, jouait un rôle actif dans la construction de la compréhension de l'univers. Tout comme sont aujourd'hui menées nos recherches scientifiques, ces générations successives s'efforçaient de percer les mystères du monde qui les entourait.

Le chamanisme fonctionne de la même manière, mais il implique d'explorer le monde de l'esprit plutôt que le monde matériel de la science. Des générations de recherche scientifique ont permis à notre espèce de développer une technologie incroyable, mais notre croissance spirituelle est totalement entravée par le manque d'exploration dans ce domaine.

Depuis plusieurs milliers d'années, une grande partie du monde moderne a cessé d'explorer le monde des esprits. Les institutions religieuses, qui contrôlent le dialogue spirituel depuis quelques millénaires, ont complètement interdit toute recherche dans ce domaine.

Ces institutions affirment qu'il n'y a pas lieu de s'interroger, car elles sont déjà en possession de la vérité sur l'univers : poser des questions est donc une hérésie. Cet entêtement strict et cette arrogance sont la cause du désintérêt total d'une partie de la population pour la spiritualité. Le fait que ces institutions tentent de nous empêcher de nous poser des questions devrait nous indiquer qu'il ne faut pas leur faire confiance. Elles tentent de nous empêcher de raisonner de manière philosophique, car cela pourrait menacer leur pouvoir et leur influence politiques.

Le chamanisme est différent de nos institutions religieuses modernes, car dans la plupart des cas il n'impose ni programme ni hiérarchie. Aucun personnage masqué ne vous convainc que vous avez pêché, pour ensuite vous soutirer de l'argent. Il n'y a pas d'inquisition pour condamner à mort ceux qui sont en désaccord avec les conclusions métaphysiques imposées. Il n'y a pas de politique ni d'hérétiques, pas de profit financier ni de dogme imposé. Personne pour fustiger ou condamner à mort ceux qui ne se conforment pas aux lois des textes sacrés.

Le chamanisme est davantage une forme de philosophie qu'un système de croyances. Les systèmes de croyances prétendent souvent pouvoir répondre à toutes les questions de l'univers, ce qui peut avoir un impact négatif sur la société. Lorsque l'on croit qu'il n'y a plus de nouvelles limites intellectuelles à repousser, on cesse de réfléchir et de s'interroger. Cette démarche prive les individus de toute possibilité de développement ultérieur. Les progrès majeurs de l'humanité résultent des efforts de chacun pour élargir le réservoir collectif de connaissances, et non du recyclage des informations transmises par les autorités depuis des siècles.

Nos vies sont un grand mystère, qui ne cesse d'être dévoilé. Chaque fois qu'une question sur notre univers trouve une réponse, dix autres font surface pour la remplacer. Vivre une centaine d'années, dans la recherche et la méditation quotidiennes, n'empêcherait pas le renouvellement de ces questions. Il en resterait toujours d'autres à découvrir.

Tous les grands maîtres de la planète ont reconnu le mystère infini de la vie. C'est l'attitude qui est requise pour explorer le monde des esprits par le biais du chamanisme. Ce chemin ne transmet aucun ensemble d'idéaux et de convictions préconçu, enjolivé et porté par un sauveur. Chacun est contraint de créer ses propres convictions, évoluant chaque jour à la rencontre de nouvelles situations. En vérité, ce mode de vie ne devrait même pas avoir de nom. Le fait que nous l'appelions « chamanisme » est simplement dû à notre devoir d'attribuer un terme à toute philosophie, afin de pouvoir en exprimer l'idée directrice. La spiritualité est une expérience personnelle qui devrait représenter un intérêt mutuel et être respectée par toute l'humanité, au lieu d'être érigé en barrière.

Il est important de souligner que toutes les traditions chamaniques ne sont pas libres et pacifiques. Comme dans toutes les traditions spirituelles, des individus peuvent prétendre avoir un lien direct avec le divin, et exercer une autorité sur les autres. Ainsi, on recense de nombreux régimes chamaniques brutaux où le sacrifice humain, la guerre et l'esclavage étaient des pratiques courantes. Ces pratiques, qui violent la loi naturelle par l'agression, sont considérées comme du « chamanisme noir ».

C'est un thème commun que vous remarquerez tout au long de ce livre : la croyance spirituelle peut être utilisée pour guérir, en créant un lien entre l'individu et l'univers, Dieu, ou son moi le plus profond. Cependant, la spiritualité peut également créer des dommages inimaginables, lorsque des individus et des organisations s'autoproclament gardiens de cette connexion.

Nous voulons prendre le temps de relever deux termes importants lorsqu'il s'agit de traiter du chamanisme à l'ère moderne. Il s'agit des « chamanes en toc » et des « néochamanes ».

Un chaman en toc est une expression désignant un bonimenteur ou un charlatan, ou un vendeur de produits frauduleux qui fait passer sa marchandise pour ce qu'elle n'est pas. Dans le cas du chamanisme, cette expression s'applique aux chamanes qui prétendent être d'origine autochtone ou qui ont appris les coutumes autochtones, mais n'ont pas grandi dans cette culture.

Un chaman en toc est donc quelqu'un qui échange des connaissances autochtones, ou de prétendus enseignements, contre de l'argent. La vente d'enseignements sacrés est extrêmement mal perçue, et elle est irrespectueuse. De nombreuses communautés autochtones d'Amérique considèrent l'appropriation des enseignements autochtones par le monde moderne comme une autre forme de colonialisme. Un chaman en toc prétendra qu'il peut vous enseigner les connaissances de toute une vie d'introspection en un week-end, à condition d'en payer le prix. Un chaman en toc peut avoir appris un ou deux préceptes auprès d'une communauté autochtone, puis vendre ces enseignements à des curieux et des ignorants. Cela porte préjudice non seulement à ces communautés, mais à ceux qui, en quête d'information, reçoivent des enseignements erronés et risquent de les propager à leur tour à d'autres esprits curieux.

Cette appropriation de la culture a amené plusieurs tribus et assemblées à déclarer la guerre aux chamanes en toc. Le 10 juin 1993, les peuples Lakota, Dakota et Nakota des États-Unis et du Canada se sont réunis au Sommet de Lakota V. Lors de ce rassemblement, environ cinq cents représentants de quarante tribus et groupes différents de Lakota ont adopté à l'unanimité la *Déclaration de guerre contre les exploitants de la spiritualité Lakota* . La déclaration comprend la mention suivante :

« Nous adoptons une position de tolérance zéro pour tout « chaman de l'homme blanc » qui viendrait de nos propres communautés pour 'autoriser' l'exploitation de nos rituels par des non-Indiens ; tous ces « guérisseurs en toc » sont des ennemis des Lakota, Dakota et Nakota ».

Cette affirmation de la *Déclaration de la cinquième réunion annuelle du Cercle des anciens traditionnels*[1], rédigée par plusieurs nations au camp Rosebud Creek, dans le Montana, le 5 octobre 1980, modifie une prise de position ferme :

« Nous ne nous préoccupons que des personnes qui utilisent les cérémonies spirituelles avec des non-Indiens à des fins de profit. Il y a beaucoup de choses à partager avec les quatre couleurs de l'humanité, dans notre destinée commune unie à notre Terre-Mère. C'est ce partage qui doit être considéré avec beaucoup de soin par les Anciens et les guérisseurs qui détiennent le Don sacré, afin qu'aucun mal ne soit fait aux gens par ignorance et abus de ces forces puissantes ».

Dans cet esprit de coopération, nous espérons apprendre de diverses cultures autochtones, et évoluer dans le respect de leurs enseignements anciens, tout en intégrant les méthodes de guérison récemment découvertes. Ce qui nous amène au sujet des néochamanes. Le néochamanisme désigne les interpréta-

1. Titre original : *Resolution of the 5th Annual Meeting of the Traditional Elders Circle*

tions modernes des anciennes formes de chamanisme et des enseignements traditionnels. Le néochamanisme n'est pas un ensemble unique de croyances, mais une variété de moyens pour atteindre des états d'esprit modifiés et communiquer avec le monde des esprits.

Un néochamane peut ne pas être autochtone, et n'avoir aucun lien avec une tribu ancienne. Le néochamane acquiert plutôt des connaissances provenant d'endroits différents, et incorpore ces différentes pièces à une sorte de mosaïque de conscience spirituelle. Le développement rapide de l'informatique et des technologies permet à de nombreux élèves du chamanisme d'apprendre à modifier leur état de conscience à des fins de guérison, en utilisant des ordinateurs, des battements binauraux et d'autres méthodes non traditionnelles. Les termes « technochamane » et « cryptoshamane » se sont même démocratisés, ces dernières années.

Quelle est la différence entre un chaman en toc et un néochaman ? C'est une question qui fait l'objet d'un grand débat, et qui suscite différentes réactions . Nous pensons qu'encourager les gens du monde entier à partager et à apprendre les uns des autres est une démarche positive qui permettra à l'humanité d'avancer, au lieu de la faire régresser. Cependant, nous comprenons que lorsque de nombreuses communautés autochtones reviennent sur l'histoire de leurs relations avec les étrangers, elles ne souhaitent guère inviter le monde occidental à suivre leurs enseignements sacrés. Nous respectons ces décisions, et espérons que les non-autochtones qui souhaitent apprendre les coutumes de ces communautés recherchent des enseignants autochtones, ayant une affiliation tribale, et une véritable compréhension de la culture. Nous espérons également que ceux qui s'intéressent à la spiritualité et au chamanisme pourront se former en croisant les sources, et décider quel chemin menant à Dieu, à la source ou à l'accomplissement personnel selon le nom qu'ils choisissent, leur convient le mieux.

Tant que nous apprenons en conservant une certaine ouverture d'esprit et que nous ne parlons pas au nom de tribus, de peuples et de cultures que nous ne connaissons pas, nous pouvons établir des passerelles entre ces différents mondes, sans nuire aux différentes civilisations qui les composent. En vérité, l'idée de réserver une puissante interprétation de Dieu et de l'univers à un petit groupe de personnes relève de l'élitisme. Cependant, il appartient à chaque communauté et à chaque individu de décider quels enseignements ils souhaitent partager, et avec qui.

Le fait que différentes personnes d'origines culturelles diverses aient tenté d'apposer leur veto sur la spiritualité est en soi un véritable sacrilège. Chacun devrait pouvoir pratiquer la religion qu'il a choisie et dont il partage les idées. Si davantage de personnes affirmaient leurs croyances ouvertement, des idées plus constructives et fédératrices seraient susceptibles de voir le jour et de devenir populaires, tandis que les idées relevant de l'obscurantisme disparaîtraient rapidement. Les meilleures idées seraient transmises à la génération suivante, et façonnées selon les nouvelles informations recueillies avec le temps. Cette vision d'un monde chamanique correspondrait à une religion collective en constante évolution, réellement construite par tous les membres de la société. Cette possibilité mettrait fin à une grande partie de la ségrégation spirituelle causée par la religion moderne, car les personnes concernées seraient encouragées à apprendre les unes des autres, au lieu de se mépriser mutuellement.

Si l'humanité choisit de s'interroger sur les concepts philosophiques et les débats autour du chamanisme et de la croyance elle-même, un espoir subsiste. Si nous nous réunissons et parvenons à atteindre le monde spirituel en utilisant la méditation et les substances psychédéliques, nous pouvons obtenir le même progrès dans ce monde que dans le monde matériel, ce qui nous rapprochera considérablement de la paix.

Chapitre 12

Les intersections entre le christianisme et l'anarchisme

Il ne fait aucun doute que des souffrances et des désaccords inimaginables ont été causés par les organisations politiques qui se sont formées autour du christianisme, du judaïsme, de l'islam et des autres religions du monde. Cependant, comme nous allons le voir dans les chapitres suivants, de nombreuses preuves laissent penser que ces religions possèdent toutes un savoir issu des mêmes enseignements anciens. Malheureusement, les hiérarchies de ces religions organisées ont perverti ces enseignements, en faveur du pouvoir politique de l'époque.

Les récits bibliques de Jésus n'ont été regroupés et imprimés qu'environ trois cents ans après sa mort. À cette époque, ses disciples avaient provoqué un bouleversement social majeur qui menaçait les autorités religieuses et étatiques établies. Même en son temps, Jésus était un ennemi de l'État et des religions établies, en raison de ses positions radicales sur la paix, la liberté et l'égalité. L'ordre religieux établi de l'époque était l'« Église d'État » de la République romaine, qui se sentait tellement menacée par sa philosophie qu'elle le fit réduire au silence.

Cependant, sa mort n'a pas empêché son message et ses idées de se répandre dans tout l'empire. Craignant que ce mouvement antisystème ne détruise son monopole spirituel, la République élabora un plan pour corrompre le message du Christ, et se servir de son statut de culte comme bannière pour l'institution religieuse.

L'institution responsable de la mort du Christ et de la persécution de ses disciples envisagea d'utiliser l'image populaire de ce nouveau prophète pour servir les intérêts de ses propres traditions dogmatiques. En 325 apr. J.-C., l'Église romaine organisa le concile de Nicée, une réunion de personnalités ecclésiastiques de haut rang, afin de déterminer la manière dont elle allait faire face à la montée en puissance de la philosophie chrétienne dans la société. L'Église savait que sans agir, tous ses fidèles se convertiraient au christianisme en très peu de temps. Afin de garder le pouvoir, il lui fallait trouver un moyen d'inverser cette tendance, et de ramener les chrétiens sous le joug de l'institution préexistante.

Pour y parvenir, le pouvoir décida de mélanger les enseignements chrétiens avec les traditions en place, de telle sorte que le message radical de paix et de liberté du Christ devienne celui de l'élite de l'Église romaine. Après le concile de Nicée, il fut déclaré que Jésus-Christ était le fils de Dieu et qu'il devait être traité comme une figure divine, ce qui allait à l'encontre de la volonté du Christ de n'être qu'un messager et de transmettre son message au peuple, au lieu d'être adulé. Le caractère divin du Christ est très controversé, et beaucoup disent qu'il ne voulait pas d'une église organisée en son nom.

Les fidèles chrétiens, appartenant pour la plupart à la classe ouvrière analphabète, furent bernés par l'Église qui les convainquit de suivre les changements du concile, et allèrent même jusqu'à célébrer le fait que l'Église avait enfin reconnu officiellement leur sauveur. La plupart des chrétiens ne comprirent pas les véritables enjeux des termes employés par leurs dirigeants lors du concile de Nicée.

L'image de Jésus et ses adeptes appartenant désormais partie à l'Église en place, la classe dominante put neutraliser le mouvement social du christianisme depuis l'intérieur. Une fois que l'État eût modelé les idéologies chrétiennes pour les adapter à son propre programme politique, il put également dicter une transcription « officielle », mais corrompue de l'histoire. L'Église ne s'est concentrée que sur ces représentations inventées de la naissance et de la mort du Christ, et a très peu parlé de ce qu'il défendait réellement, et de son parcours. Certains récits historiques à propos de Jésus ont été occultés par les institutions religieuses, parce que la réalité de sa lutte politique allait révéler un grand nombre des principales hypocrisies de notre société autoritaire.

C'est ainsi que le pouvoir établi a « dilué » et détourné le message révolutionnaire de Jésus. C'est la stratégie la plus efficace pour réduire au silence et corrompre les mouvements révolutionnaires, et la classe dirigeante y a recours lorsqu'elle est mise au pied du mur. Elle est consciente que les tentatives visant à éradiquer complètement un mouvement social ne font que le renforcer et lui donner plus de crédibilité, c'est pourquoi elle corrompt le message initial, puis le transforme en un outil de contrôle social. Les récits de Jésus qui n'ont pas été détruits par l'Église mettent en lumière son opposition aux systèmes oppressifs du gouvernement, des banques, et de la religion organisée. Dans toutes les représentations bibliques, le Christ apparaît d'un tempérament paisible, excepté lorsqu'il a affaire aux « marchands du temple ».

Selon les écrits bibliques, Jésus eut recours à la force pour chasser les marchands d'un temple : c'est le seul épisode du récit de sa vie qui le présente en train d'en venir aux mains avec d'autres individus. Les marchands faisaient partie d'une ancienne fédération bancaire qui manipulait le monde antique, en prêtant de l'argent aux gouvernements, et en appliquant des intérêts. Tout comme les banquiers aujourd'hui, les marchands des temps bibliques étaient profondément liés au gouvernement.

Derrière l'image factice de Jésus que l'Église perpétue depuis des siècles, se cache très probablement un révolutionnaire qui s'est opposé avec véhémence à la classe dominante, et qui a lutté toute sa vie pour les droits des opprimés. Toute sa vie fut consacrée à la lutte pour la paix, l'égalité et les droits de l'homme, mais les religions ayant vu le jour en son nom ont déformé son message, parce qu'il s'oppose au principe d'obéissance aveugle à l'autorité. Il n'appartient pas aux auteurs de ce livre de décider si Jésus Christ était un être divin, un révolutionnaire humain ou un personnage de l'astrothéologie. Chacun est libre d'en décider, en fonction de ses propres recherches. Dans tous les cas, le message de compassion, de non-agression et d'antiautoritarisme que nous transmet l'histoire de Jésus-Christ reste le même.

Depuis l'époque de Jésus, les systèmes politiques, organisés sous la forme de religions, ont perpétué son image. Mais ils ont, le plus souvent, délaissé son message. Cependant, un certain nombre de penseurs chrétiens aux opinions antiautoritaires très marquées, ainsi que des mouvements chrétiens aux tendances anarchistes très prononcées ont vu le jour. Quelques générations seulement après le concile de Nicée, Saint Augustin s'est empressé de souligner que les enseignements du Christ étaient en totale opposition avec les valeurs de l'Empire romain et de son église. À l'heure actuelle, différentes églises chrétiennes, réparties dans tous les États-Unis, reconnaissent ce constat. Malheureusement, de nombreuses églises néoconservatrices bellicistes subsistent.

Les quakers sont une secte chrétienne ouvertement antiautoritaire. Cette secte est également la communauté la plus marquée par le militantisme et par la philosophie anarchiste. Malheureusement, l'opinion publique confond souvent les quakers avec les puritains, une secte du christianisme de l'Amérique coloniale, connue pour être répressive et tyrannique.

Les quakers et les puritains appartiennent à deux écoles de pensée totalement différentes. Les puritains considèrent que la Bible accorde aux organisations religieuses une autorité sur les êtres humains, tandis que les quakers considèrent que chaque individu est libre de former son propre lien avec Dieu, et qu'il n'est pas nécessaire de s'en remettre à une autorité extérieure. La seule raison pour laquelle on confond souvent ces deux groupes, c'est qu'ils sont tous deux des branches du Christianisme ayant fui l'Angleterre pour le Nouveau Monde. Néanmoins, ils sont extrêmement différents à tous autres égards. Les quakers ne reconnaissent pas l'autorité humaine. En fait, le terme « autorité » ne fait même pas partie de leur vocabulaire. À titre d'exemple, ils ne désignent jamais une personne par un titre tels que juge, officier, président, Votre Altesse, votre honneur, votre majesté, ou tout autre terme que les paysans serviles seraient contraints d'employer. Les quakers ont également joué un rôle essentiel dans l'abolitionnisme et le chemin de fer clandestin, ainsi que dans de nombreuses luttes postérieures pour les droits civiques.

Les idées de l'auteur Léon Tolstoï constituent un autre élément important de l'histoire de l'anarchisme chrétien. Tolstoï vivait sous la domination de l'Église orthodoxe russe, qui avait fusionné avec l'État, et qui encourageait un christianisme d'État aseptisé. Il reconnaissait l'hypocrisie d'un gouvernement qui prétendait incarner les enseignements du Christ en rébellion. Tolstoï exposa sa pensée, ainsi que la vision d'un anarchisme chrétien dans son livre intitulé *Le Salut est en vous*. Ce livre fut interdit en Russie, car Tolstoï prônait l'organisation d'une société basée sur une interprétation du christianisme centrée sur la prédication du pacifisme, la résistance pacifique et l'amour universel pour tous les hommes.

Le salut est en vous, il tire son titre de la Bible, et plus précisément du passage de l'évangile selon Saint-Luc, 17 : 21 qui dit : « On ne dira point 'Il est ici', ou 'Il est là'. Car voici, le royaume de Dieu est au milieu de vous ». Tolstoï rejeta l'idée que l'Église ou l'État puisse avoir le monopole des relations avec le Christ. Il écrit : « Nulle part, aucun élément, hormis la parole de l'Église, ne nous indique que Dieu ou le Christ seraient à l'origine de ce que les fidèles entendent par 'Église' ».

Tolstoï soutenait également que lorsque le Christ dit à ses disciples « tendez l'autre joue », il appelait à l'abolition de la violence. « Comment pourras-tu tuer des hommes, lorsque la loi de Dieu dit : tu ne tueras pas ? », demande Tolstoï. Il avait foi en la volonté des chrétiens d'aimer leurs ennemis, et de rejeter le concept de vengeance. Il était catégoriquement opposé à la guerre, et la considérait comme une trahison des principes chrétiens. Il considérait également que l'État détenait le monopole de la violence organisée, exigeant de l'argent en vertu d'une fausse promesse de sécurité. La nature fondamentalement violente du gouvernement, et l'hypocrisie d'un État chrétien amenaient Tolstoï à penser que la Bible sous-entend que l'anarchisme est nécessaire pour les chrétiens. Enfin, il estimait que tous les chrétiens devaient chercher à démanteler l'autorité morale et illégitime de l'État.

L'étude de l'histoire de Jésus-Christ, ainsi que des traditions nées après sa mort, permet de faire apparaître clairement que son message a été déformé et corrompu. Il suffirait peut-être que les disciples du Christ quittent les églises et les dirigeants qui prétendent suivre la voie de ses enseignements, afin de cultiver leur dialogue propre et personnel avec lui, et interpréter individuellement son message.

Chapitre 13

Les intersections entre le judaïsme et l'anarchisme

L'histoire unique du judaïsme lui confère une signification particulière d'une personne à l'autre. Pour beaucoup, être juif correspond à une affiliation religieuse, alors que pour d'autres, c'est une appartenance ethnique, ou encore une identité culturelle. Tout au long de l'histoire de la philosophie radicale, un grand nombre d'anarchistes juifs ont lutté pour la liberté, et ont contribué à développer cette philosophie. Souvent, ces anarchistes juifs se revendiquaient laïcs. Pour nombre d'entre eux, leur identité juive était directement liée à leur expérience commune de l'oppression. Beaucoup devinrent athées et rejetèrent la religion, tout en conservant un lien avec leur héritage.

Emma Goldman écrivit par exemple de nombreux textes sur l'athéisme, en critiquant le judaïsme orthodoxe et le sionisme. Ces religions avaient, selon elle, de nombreux points communs avec son héritage culturel, mais elle ne s'identifiait pas ouvertement comme une anarchiste juive. Goldman a constitué un lien crucial entre le mouvement anarchiste juif de langue yiddish et le mouvement anarchiste américain, avant la Seconde Guerre mondiale. Ce mouvement anarchiste d'immigrés, fondé à New York, s'opposait au capitalisme, à l'État et à la religion organisée. L'athéisme prôné par cette partie de la population juive était souvent cause de conflits avec les juifs plus traditionnels.

Alors que la communauté juive orthodoxe est généralement très stricte et puritaine (tout comme ses homologues chrétiens et musulmans), quelques penseurs singuliers ont une interprétation plus anarchiste de la philosophie juive. Le rabbin kabbaliste orthodoxe Yehuda Ashlag mit en avant une philosophie qu'il nomma communisme altruiste, qu'il développa en s'appuyant sur son interprétation de la kabbale. Dans ses écrits, Ashlag appelle à établir des communautés autonomes, et déclare qu' « il n'y a rien de plus humiliant et dégradant pour une personne que d'être sous le joug de la force brute ».

Yankev-Meyer Zalkind, un rabbin britannique orthodoxe et anarchocommuniste considérant l'anarchisme comme prescrit par l'éthique du Talmud, était également l'un de ces penseurs. Né sioniste, Zalkind participa à la mise en place de quelques-unes des premières colonies en Israël, avant d'être rapidement privé des droits de l'homme par la colonisation. Il retourna finalement à Londres, pour militer contre la guerre et le militarisme. Il proposa, par la suite, la création d'une société anarchiste en Palestine, où les réfugiés de toute nation ou culture seraient les bienvenus.

Au XXIe siècle, alors que l'anarchisme continue d'évoluer en tant que philosophie, de plus en plus de personnes se considèrent comme des anarchistes juifs. Cette évolution peut être observée en Israël, où la jeunesse juive rejette le régime militaire d'apartheid, qui contrôle la région depuis des générations. Beaucoup de ces anarchistes se considèrent également comme laïcs. Néanmoins, l'étude de l'anarchisme semble susciter un intérêt nouveau, ainsi que la question, en tant que juif, de filtrer ses croyances anarchistes à travers le tamis de la religion. Pas plus tard qu'en janvier 2019, l'Institut YIVO pour la recherche juive a organisé une conférence sur l'anarchisme yiddish à New York, mobilisant un public de plus de cinq cents personnes.

Chapitre 14

Les intersections entre l'islam et l'anarchisme

Toutes les organisations religieuses modernes sont en partie teintées d'autoritarisme et de fondamentalisme, et les institutions créées au nom de la foi islamique ne font pas exception. Cependant, comme dans le cas des religions mentionnées dans les chapitres précédents, il existe encore de nombreux pratiquants de la foi islamique ayant des croyances qui se rapprochent de l'anarchisme. Comme pour le judaïsme, seuls quelques philosophes tentent d'associer explicitement l'islam et l'anarchisme. Notre ami Davi Barker, musulman et spécialiste de l'histoire de l'Islam, est l'auteur d'un livre intitulé *Voluntary Islam*[1], dans lequel il souligne les liens qu'il a constatés entre l'Islam et l'anarchisme. Nous avons choisi d'inclure deux essais dans ce livre, qui, selon nous, donnent un aperçu des liens entre ces deux philosophies. Pour une étude plus approfondie de ce sujet, nous vous recommandons vivement de consulter son livre.

Les deux essais suivants ont été sélectionnés dans l'excellent livre de Davi Barker, *Voluntary Islam.*

L'Islam et la découverte de la liberté

J'ai lu l'intégralité de l'ouvrage *Islam and the Discovery of Freedom*[2], de Rose Wilder Lane, lors d'un vol direct de San Francisco au New Hampshire. J'ai littéralement pleuré, lorsqu'elle décrit la grande liberté du passé éclipsée par la tyrannie. J'ai senti naître dans mon cœur un nouvel amour pour mon ami et professeur, l'imam Suhaib Webb, dont le cours d'alphabétisation islamique m'a donné les outils nécessaires pour mieux saisir le sens du propos du Dr Imad-ad-Deen Ahmad. Née en 1886, Rose Wilder Lane est considérée comme l'une des mères fondatrices du mouvement libertaire. Son livre *The Discovery of Freedom : Man's Struggle Against Authority*[3] aurait été écrit, du début à la fin, « à chaud », et contient par conséquent de nombreuses erreurs historiques (mais pas philosophiques). Insatisfaite, et peut-être même gênée par ces erreurs, Lane le fit retirer des ventes, mais dans sa sagesse, elle consacra un chapitre aux contributions de l'Islam à la philosophie de la liberté. Ce chapitre est à présent disponible, agrémenté d'un commentaire du Dr Imad-ad-Deen Ahmad,

1. Traduction littérale : *L'Islam volontaire*
2. Traduction littérale : *L'Islam et la découverte de la liberté*
3. Traduction littérale : *La découverte de la liberté : la lutte de l'homme contre l'autorité*

du Minaret of Freedom Institute. Il corrige les petites erreurs historiques et théologiques, mais conforte la thèse de l'auteure selon laquelle l'âge d'or de la civilisation islamique fut le résultat de la grande liberté qu'elle offrait, et sa chute, la conséquence de son déclin vers la tyrannie.

Lane commence par résumer le message d'Abraham comme suit: «il n'y a qu'un seul Dieu, qui a fait à l'humanité don de libre arbitre. Les hommes sont responsables de leurs actions, justes ou mauvaises. Les dieux païens n'existent pas, et ne dirigent pas les affaires de l'humanité».

Elle considère ce message comme la première grande avancée pour libérer l'humanité de l'autorité illégitime, et décrit l'Histoire comme une lutte entre cette conviction que les êtres humains sont libres et responsables d'eux-mêmes, et les tentatives des autorités terrestres d'usurper le rôle de Dieu pour l'humanité. Elle considère le message de Mahomet comme la deuxième grande avancée pour instaurer la liberté sur Terre. J'ai trouvé sa description du prophète, comme un homme d'affaires pragmatique, amical et doté d'humour, tout à fait rafraîchissant. Selon Mahomet (d'après les écrits de Lane), les prêtres ont corrompu le message pur d'Abraham, de Moïse et de Jésus, lorsqu'ils ont pris le pouvoir pour contrôler l'humanité. Il incombe donc à l'humanité d'établir une relation directe avec Dieu, sans les prêtres.

Cette reconnaissance de l'humanité en tant qu'un ensemble d'êtres dotés d'une volonté propre a posé les fondations de ce que Lane appelle « la première civilisation scientifique du monde, au sens moderne du terme ». Elle écrit que « chaque fois que l'autorité s'est affaiblie, les hommes ont ouvert des écoles de science », car dans la vision du monde islamique, il n'y avait pas de distinction entre le savoir sacré et le savoir profane. Toute vérité vient de Dieu. Lane décrit les premières universités islamiques comme des marchés de la connaissance, sur le même modèle que les bazars, les hommes de science venant y vendre leurs enseignements dans des forums, et les étudiants étant libres de se promener en les écoutant. Pour choisir un professeur, ils se réunissaient en privé pour établir un programme d'études, et se mettre d'accord sur les frais. Ces universités étaient financées par le secteur privé, et pratiquement sans réglementation de l'État. Elles étaient régies par leur réputation. Le succès ou l'échec d'un enseignant dépendait de la demande des élèves pour les connaissances qu'il vendait. Si l'étudiant n'était pas satisfait, il s'en allait simplement trouver un autre professeur, et lorsqu'il avait fini de s'instruire, il quittait l'école pour mettre ses connaissances en pratique.

Lane écrit :

« Les Européens n'ont pas pu imposer à ce modèle d'université une quelconque forme de doctrine européenne, selon laquelle les individus acquièrent des connaissances non pas en cherchant activement à savoir, mais en se faisant enseigner passivement tout ce que l'autorité juge nécessaire de savoir ».

Il en résulta une véritable explosion de l'énergie humaine qui fit progresser les mathématiques, la médecine, la chimie, l'astronomie, les cosmétiques, l'hygiène, l'art et la philosophie, domaines qui se développèrent tant, qu'ils passèrent pour de la magie aux yeux des Européens du Moyen-Âge.

En plus des écoles, des fondations privées similaires participèrent à la construction et à l'entretien d'hôpitaux, de bibliothèques, de routes pavées et de réseaux d'irrigation entiers. Toutes les institutions et infrastructures pouvant caractériser une civilisation avancée furent produites sans intervention de l'État. Même le droit était élaboré par des érudits indépendants du gouvernement. Le droit n'a pas été légiféré, mais découvert de la même manière que les scientifiques découvrent les lois des systèmes physiques, chimiques et biologiques. Le juge, ou cadi était indépendant de l'État. Pour conserver sa réputation de sage, il devait trouver des moyens de régler les différends, d'une manière qui réponde au sens de la justice de chacun. Aucune organisation, qu'elle soit religieuse, sociale ou politique, ne jouissait d'un pouvoir s'étendant sur l'ensemble de la civilisation. Selon les définitions modernes, l'absence de monopole signifie l'absence d'État. Lane soutient d'une manière éclairée qu'à travers l'Italie, les civilisations musulmanes ont donné à l'Europe les lumières, et qu'à travers l'Espagne, les musulmans ont donné à l'Europe les cartes, les outils de navigation, et l'amour de la liberté qui les ont conduits vers le Nouveau Monde.

Dans l'Espagne musulmane, des générations de chrétiens et de juifs européens ont connu une liberté de pensée et de conscience sans précédent dans toute l'Europe. Au cours du siècle qui suivit la chute de Grenade et le retour de l'Espagne au régime catholique, les Espagnols étaient moins soumis à leur gouvernement que tous les autres Européens, et c'est bien au cours de ce siècle qu'ils explorèrent et conquirent le Nouveau Monde. Selon Lane, c'est l'amour de la liberté, transmis par musulmans, qui poussa les libres penseurs européens à fuir la tyrannie et à traverser l'océan Atlantique. La plupart des musulmans fuirent vers les terres arabes, mais ceux qui restèrent en Espagne furent contraints de se convertir au catholicisme, et finirent par être appelés « Morisques ».

La sincérité de leur conversion était mise en doute, lorsqu'ils semblaient persister à pratiquer leurs coutumes islamiques telles que la lecture… et les ablutions. L'État ripostait en brûlant les bibliothèques, et en interdisant aux morisques de faire leurs ablutions en secret dans leurs maisons. L'Inquisition espagnole commença à dévoiler massivement les secrets des musulmans en Espagne, et à révéler les « apostasies et trahisons des Morisques ». En 1602, parmi les accusations portées contre les morisques, il y eut celle de « ne rien recommander d'autre que la liberté de conscience en matière de religion, dont les Turcs et tous les autres musulmans font jouir leurs sujets ».

Une enquête révéla que la pensée libre, le scepticisme face aux actions du gouvernement, et la passion pour la liberté avaient atteint des Espagnols qui n'avaient jamais été musulmans. Alors, naturellement, les chrétiens habitués à cette liberté, ne pouvant supporter une telle persécution religieuse, fuirent vers le Nouveau Monde. Selon Lane, les musulmans « oublièrent le Dieu d'Abraham » au XVIe siècle, et rejetèrent l'idée d'une responsabilité personnelle concernant la liberté. La civilisation islamique s'adapta au reste de l'Europe, et prit la forme d'une société statique, où l'autorité domine. Mais le flambeau de la liberté avait été transmis aux Américains directement par les musulmans d'Espagne. Lane considère la révolution américaine comme la troisième, et plus récente, avancée pour établir une société libre sur Terre, où les conditions politiques n'entraveraient pas la tendance naturelle de l'humanité au progrès scientifique. De nombreux musulmans parleront de l'âge d'or de l'Islam comme d'une invitation pour les non-musulmans à remettre en question leurs stéréotypes de cette religion. Ce qui n'est pas mon but. J'ai l'intention de regarder ce passé glorieux et d'imaginer les progrès dont nous sommes capables, si nous exigeons d'être affranchis de la tyrannie dont nos ancêtres furent victimes.

Malheureusement, Lane n'explique pratiquement pas pourquoi le monde musulman a changé. Mais si nous voulons retrouver la liberté que nous avons perdue, il est important que nous essayions de diagnostiquer la maladie, plutôt que de simplement soigner ses symptômes. Il est primordial que nous reconnaissions que le succès du passé ne fut pas obtenu grâce au pouvoir central, mais en vivant dans des conditions où l'énergie humaine était libérée de tout contrôle.

Anarchistes musulmans du IXe siècle

Je suis tombé sur un article intitulé *Ninth-Century Muslim Anarchists*[1], de Patricia Crone, spécialiste des débuts de l'histoire islamique à l'Institute for Advanced Study de Princeton. Cet article s'articule autour d'une discussion ayant eu lieu à Bassora, dans le sud de l'Irak, dans les années 800. Un consensus dénonçait le fait que le califat abbasside, qui contrôlait un vaste empire à partir de Bagdad, était devenu corruptible et tyrannique. La question des érudits était donc de savoir comment la communauté devait réagir face à un dirigeant faisant « trop penser à un pharaon », comme le dit Crone. Cet article fut publié en 2000, dans la revue *Past & Present.*

Mais dans le contexte du printemps arabe, je pense qu'il est utile de reprendre la discussion là où elle s'est arrêtée. Les mouvements de pensée les plus répandus sont, pour Crone, les militants et les quiétistes. Les militants estiment que lorsqu'un dirigeant perd sa légitimité, il faut impérativement organiser une révolution violente et installer un nouveau dirigeant légitime. Les quiétistes considèrent que la guerre civile est pire que l'oppression, et qu'il vaut mieux tenir patiemment sous la tyrannie. Mieux vaut obéir au tyran ou, tout au plus,

1. Traduction littérale : *Anarchistes musulmans du neuvième siècle*

résister passivement. Pour une raison quelconque, la position quiétiste fut, et resta la position dominante, même si elle contredit l'opinion du compagnon de Mahomet, Abu Bakr, qui, lors de son investiture, dit : « Obéissez-moi tant que j'obéis à Dieu et à son Prophète. Mais si je désobéis au commandement de Dieu ou de son Prophète, alors il ne vous incombe pas d'obéir ».

La position quiétiste a sans aucun doute contribué à l'état actuel des affaires politiques, dans les pays à dominance musulmane. Le pouvoir de l'État, sans entraves, est et sera toujours en pleine expansion. Il existe une troisième catégorie de solutions à explorer, que Crone appelle les « anarchistes ». La plupart d'entre eux font partie de ce qu'il nomme « les anarchistes réticents », car ils croyaient que la société pouvait fonctionner sans le calife.

Pour eux, l'anarchisme n'était pas un idéal à atteindre, mais le fait de reconnaître que cet idéal, le califat de Médine, était perdu et obsolète. Ils proposèrent une sorte d'anarchisme évolutionniste. Ils ne firent aucune proposition pour abolir la propriété privée, excepté pour montrer que l'illégitimité du souverain nuisait à la validité des titres de propriété qu'il avait probablement acquis. De la même manière, certains libertaires modernes considèrent l'expropriation, le titre de société et la propriété intellectuelle comme non valables. Des factions parmi les Mu'tazilites, les Kharijites et les soufis suggérèrent que tant que les dirigeants agiraient en tyrans, le peuple se porterait mieux sans dirigeants.

Leur revendication essentielle était que le calife soit accepté par l'ensemble de la communauté, à l'unanimité ou par consensus, condition sine qua non à sa légitimité. Il était largement admis que Dieu n'imposait pas d'obligations impossibles à remplir : on estima donc qu'il n'y avait aucune obligation d'établir un calife légitime, bien que la possibilité de l'intronisation d'un tel souverain dans un avenir plus ou moins proche ne soit pas écartée. Mais avant cela, il fallait trouver des alternatives. Certains anarchistes firent remarquer que les Bédouins réussissaient bien à vivre sans dirigeants.

Crone écrit que « les anarchistes s'inspiraient clairement de la tradition tribale qui est à l'origine de toute la pensée politique islamique ancienne, que l'on peut vaguement identifier comme libertaire ». Bien que cela ne soit pas précisé dans l'article, cette vision du califat est conforme au hadith dans lequel le Prophète nous informe qu'après lui, des dirigeants suivraient son exemple, puis des rois, et enfin des tyrans. Tenant compte de ce que dit le hadith, il est vrai que nous sommes passés de califes à rois, et il est difficile de nier le fait que nous sommes passés de rois à tyrans.

Vu sous cet angle, toute tentative de rétablir le califat par la force ne pourrait qu'entraîner une nouvelle forme de tyrannie. Les raisons spécifiques des anarchistes pour s'opposer au califat ne sont pas particulièrement pertinentes pour nous aujourd'hui, car il n'y a plus de califat, légitime ou non, depuis l'effondrement de l'Empire ottoman. La vérité, à notre échelle, est que cette remise en question constitue davantage un exercice intellectuel qu'une nécessité pratique, surtout compte tenu de la faible emprise des tyrannies actuelles sur leur peuple.

Les solutions proposées par les « anarchistes réticents » allaient d'une décentralisation radicale de l'autorité publique, à une dissolution complète de cette autorité. Un sous-ensemble de propositions consistait à remplacer le calife par des élus, sous prétexte que si l'on sollicite suffisamment de personnes, on minimise le danger de partialité et de collusion, qui était devenu une caractéristique du califat. Dans le langage moderne, ces propositions pourraient être qualifiées de « minarchistes ». Elles impliquaient que des gens puissent élire des dirigeants fiables et cultivés au sein de leurs communautés locales, en faisant valoir qu'un accord unanime autour d'un seul dirigeant pour tous les musulmans était impossible, et qu'on ne pouvait juger de la qualification des candidats à distance.

Ces dirigeants pouvaient être soit complètement indépendants les uns des autres, soit réunis au sein d'une fédération, dans le cas où les dirigeants indépendants seraient toujours en conflit avec leurs voisins. Étonnamment, cette situation présente des similitudes avec le débat entre fédéralistes et antifédéralistes dans les colonies américaines, qui eut lieu au millénaire suivant. Certains minarchistes considéraient ces élus comme temporaires, assumant leur fonction uniquement en cas de litige juridique, ou lorsqu'un ennemi menaçait d'invasion. Une fois le problème résolu, ils perdaient leur poste, un peu comme le fait un imam lorsqu'il a fini de diriger la prière, et la société pouvait retourner à l'apatridie. Cela ressemble beaucoup au système judiciaire apatride actuel, en Somalie, dont nous parlerons par la suite. Certes, ces propositions minarchistes ne sont pas vraiment anarchistes. Elles préconisent l'abolition de la forme de gouvernement à laquelle les musulmans s'étaient habitués, et son remplacement par des systèmes impliquant une participation publique beaucoup plus importante. La plupart des propositions de nouvelles formes de gouvernement étaient sans précédent historique. Mais certains véritables anarchistes souhaitaient une dissolution complète de l'autorité publique. Soutenant qu'une société suffisamment morale n'a pas besoin d'autorité, ils s'opposaient à ceux qui considéraient que la société n'était pas suffisamment morale, et ne pouvait pas disposer d'une autorité légitime. Quoi qu'il en soit, ces anarchistes pensaient le bien-être de la société garanti, si on laissait simplement les gens tranquilles. Le groupe le plus important appelant à l'abolition complète de l'État était une secte minoritaire appelée Najdiyya. Les membres de cette secte affirmaient que tant qu'il n'y aurait pas d'accord satisfaisant pour établir un calife légitime, il n'y en aurait jamais pour établir une loi. Pour eux, même le consensus des érudits n'avait pas valeur législative, sans consensus unanime. Pour les Najdiyya, chaque individu est le garant de son propre salut, et a droit à des interprétations juridiques au cas par cas, grâce à un jugement indépendant et ponctuel (ijtihad). En effet, toute tradition intellectuelle doit être établie en ce sens, car pour persuader les autres de l'adopter, il faut d'abord faire appel à leur raisonnement individuel.

Les Najdiyya exigeaient non seulement l'indépendance politique, mais aussi une indépendance intellectuelle totale, car les croyants étaient, pour citer le Prophète, « comme les dents d'un peigne » ; ils ne devaient donc avoir d'autre maître que Dieu lui-même. La loi divine pouvait être considérée comme la loi naturelle, accessible à toute l'humanité, comme le sont les traces laissées par Adam. Crone nomme cette pensée le « libertarianisme radical » et il semble, jusqu'à présent, que ce soit sa première apparition dans l'Histoire.

Aucun des anarchistes ou minarchistes n'expliqua comment mettre ces propositions en pratique, en gardant intacte la structure de l'État. Ils se contentèrent de spéculer, laissant aux générations futures le soin de mettre en œuvre leurs réformes radicales. Il se peut que nous fassions partie de ces générations. Aucun d'entre eux n'organisa de révolte, se contentant de jouir du confort que l'État offrait à ses intellectuels. Les soufis furent les seuls à vivre sans confort matériel. Cependant, leur solution ne consistait pas à se révolter, mais simplement à dépasser toute considération politique et à chercher du sens dans d'autres activités. En 817, l'anarchie leur fut toutefois imposée, lors de l'effondrement du gouvernement de Bagdad. Une guerre civile ayant évincé le précédent calife, et l'influence du nouveau calife n'étant pas encore établie, le chaos s'ensuivit, et le public réagit, de manière prévisible, en formant un groupe d'autodéfense pour protéger la propriété privée, maintenir le commerce et permettre aux personnes vulnérables de se déplacer librement dans Bagdad. Ce même genre de mesures spontanées apparurent en Égypte, lorsque des policiers en civil déclenchèrent des bagarres et pillèrent des magasins. Les citoyens s'organisèrent en programmes de surveillance de quartier, pour se protéger mutuellement. Nous faisons aujourd'hui le même constat qu'à l'époque : en l'absence d'autorité publique, l'ordre émerge naturellement à partir du chaos, sans planification centrale. Les anarchistes musulmans du IXe siècle ont compris, comme beaucoup de nos contemporains, que « lorsque les gens n'ont d'autre choix que de compter sur eux-mêmes, ils se découvrent des talents qu'ils ignoraient avoir ».

Chapitre 15

Les intersections entre le bouddhisme et l'anarchisme

Dans ce chapitre, nous étudierons la philosophie bouddhiste, plus particulièrement le zen, ainsi que l'anarchie, et plus précisément l'agorisme. Le mot « zen » est la transcription de la prononciation japonaise des mots chinois « chan » ou « dhyana », pouvant être traduits par « méditation ». Ce mot est aussi le nom donné à l'école de bouddhisme de Mahayana, qui ouvrit ses portes en Chine et se développa dans le sud et dans l'est du pays, au VIe siècle apr. J.-C.

Bien que certaines branches du bouddhisme encouragent le principe d'obéissance et aient été érigées en religion d'État, le bouddhisme zen représente, en réalité, une forme de rejet de certaines pratiques et philosophie bouddhistes ritualisées s'étant progressivement diffusées depuis la mort de Bouddha, également sous le nom de Siddhartha Gautama.

Siddhartha serait né prince dans le sous-continent indien, vers le Ve siècle av. J.-C. Ses parents avaient fait tout leur possible pour le protéger, cependant, l'histoire raconte qu'à l'âge de vingt-neuf ans, Siddhartha voyagea à plusieurs reprises en dehors de son palais luxueusement entretenu. Rencontrant sur son chemin un vieil homme malade et un cadavre, il fut témoin de la souffrance humaine pour la première fois. Siddhartha décida donc d'abandonner sa vie de privilèges, et de se lancer dans une quête spirituelle.

Après avoir tenté de se consacrer à des pratiques extrêmes de la méditation profonde et après avoir jeûné jusqu'à s'affamer, cet ancien prince découvrit la « voie médiane », qui est le chemin de l'équilibre et de la sagesse. À trente-cinq ans, alors qu'il méditait sous l'arbre de la Bodhi, il atteignit l'éveil spirituel, tout en étant au contact de la Terre. Il avait vaincu Mara, démon représentant la tentation. Depuis lors et jusqu'à sa mort, à l'âge d'environ quatre-vingts ans, Bouddha enseigna sa philosophie construite autour de la compassion, de la non-violence, de la méditation et du non-attachement.

Environ douze siècles après la vie de Bouddha, on attribua à un moine indien du nom de Bodhidharma l'honneur d'avoir introduit le bouddhisme en Chine et d'avoir popularisé l'importance de la pratique du zazen, la méditation assise. Il enseignait que la voie vers l'éveil spirituel n'implique ni la récitation des paroles de Bouddha, ni le fait d'allumer des bougies, mais l'exercice que Bouddha réalisait lorsqu'il atteignit cet éveil spirituel : la méditation.

La victoire de Bouddha face à Mara, sous l'arbre de la Bodhi, est la raison pour laquelle le zen souligne l'importance du zazen. Le zazen permet de mieux comprendre la nature de la réalité lorsque l'on atteint l'accomplissement, en embrassant l'unique vérité : il n'y a de vie que dans le moment présent.

Entre le bouddhisme zen et l'agora : anarchie, agora, action et prise de conscience

Comme nous l'avons mentionné précédemment, l'agorisme est une branche de l'anarchie centrée sur le principe de l'autosuffisance, sur l'idée de contre-économie, des marchés noirs, des marchés gris, et sur la mise en place de solutions pour remplacer les institutions étatiques. Notre penchant pour l'anarchie est né d'un désir de se libérer collectivement de l'État. Notre intérêt pour l'agorisme découle également d'une injonction à agir pour mettre en place des solutions dans nos vies, et tenter de créer un monde meilleur.

D'une part, l'agorisme appelle à des actions concrètes en créant des monnaies alternatives, en instaurant l'autosuffisance et des réseaux de troc, et de l'autre côté, le zen appelle à des actions spirituelles. Le zen, c'est agir avec l'esprit. Dans le fondement du bouddhisme zen, l'acte crucial à entreprendre est de s'asseoir, de libérer son esprit, et de se retrouver soi-même. Le silence le plus complet est nécessaire pour se déconnecter du monde. En effet, l'exercice consiste à se connecter avec son esprit pour atteindre la vérité absolue sur le monde et la liberté, au-delà des mots.

L'agorisme et le zen sont donc deux philosophies qui appellent à l'action. Agir concrètement ou agir dans son monde intérieur, c'est agir dans tous les cas.

La méditation est une expérience totalement personnelle et directe. Elle « exige » de renoncer à ses peurs, à son manque de confiance en soi et à son ego. Quoi que l'on découvre dans son propre esprit, cela reste personnel et inaccessible aux autres. Selon les principes de l'anarchie, la méditation constitue notre lien direct avec nous-mêmes, êtres humains souverains et libres, sans interférence d'une autorité imposée. Nous ne prétendons pas que cette solution (ni aucune autre présentée dans ce livre) soit la seule et unique option. Il est évident que l'ensemble de ces solutions n'ont eu, jusqu'à présent, que peu de conséquences. C'est pourquoi nous proposons une alternative, que nous considérons comme la nouvelle forme évoluée de l'anarchisme.

Dans ses écrits du *Manifeste du néo-libertarien*, premier livre à introduire la notion d'agorisme, Samuel Konkin III déclare : « Il est certain qu'il n'existe pas d'*unique* chemin ni une seule ligne droite tracée vers la liberté, mais il y a tout un ensemble de virages qui mèneront le libertarien vers son objectif de créer une société libre, et il est possible de décrire cet espace. »

Nous croyons qu'il existe une alternative, qui est d'acquérir un sens de la spiritualité et de comprendre l'autoréflexion, le concept philosophique de l'anarchie, et le rôle du gouvernement. Il ne suffit pas de comprendre la nature du gouvernement, et l'immoralité de l'usage de la force. Si nous n'apprenons pas à nous connaître et à vaincre nos démons intérieurs, et si nous n'essayons pas de nous attaquer aux causes premières de l'étatisme, il subsistera. Nous sommes probablement capables de combattre le gouvernement actuel, mais tant que nous n'aurons pas exploré le cœur du problème, une nouvelle forme d'étatisme sera instaurée, à deux cents ans d'intervalle environ.

Voici ce que Konkin écrit ensuite :

« [C'est] bien plus que l'étatisme qu'il faudrait radier de la conscience de chaque individu, afin que cette société puisse exister. L'obstacle principal d'une société parfaitement libre, c'est l'absence de système de sanction. Il suffit d'une poignée de personnes pratiquant la coercition et détournant des richesses, appuyée par un nombre d'individus relativement important, et c'est la liberté qui s'éteint. Même dans une société libre, un seul écart, un seul retour en arrière dû à l'influence des anciens écrits ou à un penchant naturel pour le mal, suffira pour priver cette société parfaite de liberté. » (Konkin : 25)

Pour créer une société libre, il faudra faire plus qu'éliminer l'étatisme. Nous pouvons, par exemple, diffuser les idées de liberté, d'anarchie, d'autonomie, les idéologies qui permettent de comprendre l'immoralité dans l'usage de la force, et le pouvoir de l'empathie… Mais tant que nous, en tant qu'individus, n'aurons pas étudié en détail nos propres déviances, nous serons condamnés à répéter les mêmes erreurs et à recréer de nouvelles formes d'étatisme. L'humanité doit effectuer une grande introspection et découvrir les origines de la violence, du vol et de la peur. Les individus libres étant toujours soumis à la peur recréeront infiniment les mêmes évènements.

Dans le bouddhisme, le cycle éternel de la vie et de la mort, que les disciples de la voie médiane cherchent à briser, est connu sous le nom de samsara. Tant que l'on n'a pas atteint un niveau d'équilibre et de prise de conscience tacite grâce à la méditation, au chant, à la prière ou aux rituels (qui varient selon les différentes branches du bouddhisme), le cycle du samsara se perpétue. En tant qu'espèce, nous nous trouvons coincés dans le samsara de l'État, qui est un cycle éternel de tentatives de sauver la société et de soigner les maux de l'humanité, permettant à un petit groupe de conserver le monopole de l'usage de la force et de la violence. Mais ce système est vain. Nous devons donc perpétuer ce cycle jusqu'à ce que chaque individu fasse le choix d'entrer dans le cycle suivant, et cesse alors d'alimenter l'État.

Lorsque Konkin exposa son concept d'agorisme, il introduisit également l'idée des trois « A » : l'agora, l'anarchie et l'action. L'« agora » signifie le marché, ou la bourse, c'est-à-dire le lieu où les humains interagissent librement, sans aucune intervention de l'État. L'« anarchie » est synonyme d'autonomie, et l'« action » représente ce qui est nécessaire pour faire avancer les choses. À l'instar du concept des trois « A », les principes bouddhistes que sont la sagesse, la compassion et l'action sont très puissants.

Si vous acquérez la sagesse, vous possédez à la fois des connaissances et la bonne manière de les utiliser. Vous êtes également doté d'une solide compréhension du monde qui vous entoure. Obtenir la sagesse, sans compassion pour ses semblables, revient à devenir un esprit sans cœur. Cependant, toute forme de compassion qui prendrait le pas sur la sagesse pourrait vous pousser à vous soumettre ou à vous égarer. Même si vous êtes sage et compatissant envers vous-même et la communauté qui vous entoure, rien n'arrive sans passage à l'action. C'est dans cette optique que nous proposons un quatrième « A », correspondant à l'agorisme spirituel.

Nous pensons que la « prise de conscience » est une étape du chemin qui mène vers l'agorisme : être conscient de soi-même permet de mieux « se contrôler ». Comment pouvons-nous savoir ce que signifie la liberté, si nous n'apprenons pas, en premier lieu, à nous connaître ? Cette idée relève aussi de ce que l'on appelle « l'éveil conscient » ou « la pleine conscience » de nos interactions avec la communauté, du marché actuel, et de nos actions.

Appliquer cette idée de compréhension et de conscience à nos chemins personnels et à notre place dans l'univers permet d'approfondir la réelle signification du mot « liberté ». Il est temps pour nous de ralentir, de réfléchir et de prendre davantage conscience de nos propres façons de penser, de nos paroles et de nos actions. Cette perspective objective nous permettra de commencer à construire des institutions alternatives, qui rivaliseront avec l'État et permettront à la liberté de prospérer.

Le principe de cohérence : De Samuel Konkin III à Siddhartha Gautama

Tout au long de notre vie, nous rencontrons des individus qui prônent des idées ou principes politiques, mais ne les appliquent pas du tout. Être témoin, à plusieurs reprises, de cette hypocrisie permet d'apprendre à ne pas se fier aux paroles d'autrui. S'il est possible de ne pas être tenus responsables de nos actes et de nos paroles, alors qui pouvons-nous prendre au sérieux ?

Dans son *Manifeste du néo-libertarien*, Samuel Konkin III parle de l'importance de la cohérence. Il affirme que :

« Le principe fondamental menant un libertarien à passer de l'étatisme à la société libre est le même que celui que les fondateurs du libertarianisme ont utilisé pour découvrir cette théorie. Ce principe, c'est la cohérence. Ainsi, faire appliquer la théorie du libertarianisme, de manière cohérente, aux actions de chaque individu libertarien permet de créer la société libertaire. »

« De nombreux penseurs ont exprimé le besoin de cohérence entre fins et moyens, et tous n'étaient pas libertariens. Ironiquement, de nombreux étatistes ont dénoncé l'incohérence d'avoir des objectifs louables, et d'utiliser des moyens immoraux. Pourtant, lorsque leurs objectifs furent d'étendre leur pouvoir et leur domination, ils surent se révéler très cohérents. Amener le peuple à confondre les principes de nécessité, de fins et de moyens est une stratégie inhérente à l'étatisme. La démarche la plus cruciale du théoricien libertarien est donc de pointer ces incohérences. » (Konkin : 23)

Konkin a compris l'importance de la cohérence dans la philosophie libertarienne et/ou anarchiste, et nous pouvons aller encore plus loin. Si nous faisons abstraction de la nature profondément libertarienne de ce discours, nous constatons que cette philosophie est applicable à tout individu, quelles que soient ses convictions politiques ou philosophiques.

« Appliquer le principe de cohérences aux actions de chacun rend la société plus cohérente. »

Il est évident, selon Konkin, que l'étatisme est une philosophie très incohérente. Les politiciens prétendent défendre certains principes et montrent, à travers leurs actions, leur véritable nature et leurs véritables intentions. On peut sans peine affirmer que les étatistes au pouvoir sont soit tout à fait irresponsables, soit de parfaits menteurs.

Siddhartha Gautama évoqua lui aussi l'importance d'être cohérent : Bouddha avait la conviction qu'être conscient de soi et des autres étaient les deux clés pour mettre un terme à la souffrance. Il considérait tout individu capable d'apprendre à se connaître lui-même et à passer outre la perception dualiste de la réalité, grâce à la méditation et à l'autoréflexion.

Une application cohérente de la compassion et de l'introspection permet au bouddhiste d'entrevoir un moyen de libérer les individus de leurs raisonnements néfastes, et d'ainsi créer une société plus libre. L'importance du principe de la cohérence transparaît dans cette citation attribuée à Bouddha :

« L'esprit précède toutes les dispositions mentales ; l'esprit est le chef, et façonne ces dispositions. Si un esprit pur parle ou agit, alors le bonheur le suivra comme l'ombre qui jamais ne le quitte. » (« Les Paires », *Dhammapada*)

Ce que l'on pense devient ce que l'on dit. La parole exprimée devient ensuite nos actions. Ainsi, si vous avez la mentalité d'un étatiste, alors vos paroles refléteront un point de vue étatiste, vos actions et votre caractère seront le miroir de votre opinion étatiste. Par ailleurs, si vous soutenez les principes de compassion, de non-agression, d'autonomie et d'autoréflexion, alors vos pensées, vos paroles et vos actions seront le reflet de ces idées.

Ce raisonnement se retrouve dans la philosophie volontariste. L'auteur Albert Jay Nock explique très bien cette philosophie dans son livre intitulé *Mémoires d'un homme superflu*[1] :

« La seule option de l'esprit humain pour améliorer la société est de lui présenter l'exemple d'une amélioration. En résumé, les expériences sociales témoignent que la seule façon de rendre notre société meilleure est d'améliorer

1. Titre original : *Memoirs of Superfluous Man* (1943).

le comportement de chaque être qui la compose, individuellement. C'est cette méthode de remise en question individuelle que Jésus prônait comme étant le seul chemin qui permettrait aux hommes de s'approcher durablement du royaume des Cieux : un monde dans lequel chacun fait son possible pour améliorer la vie de son prochain. » (Nock : 308)

Une fois de plus, les principes d'introspection et d'autonomie se recoupent. Nous prônons un chemin qui inclut la méditation zen en autonomie comme pratique de prédilection, la compassion, la non-violence, et qui respecte également les principes d'autogestion et d'autodétermination.

Chapitre 16

Les intersections entre le taoïsme et l'anarchisme

Le taoïsme est une ancienne tradition chinoise centrée sur l'objectif de vivre en harmonie, grâce à la philosophie nommée « Tao ». Le terme « Tao » signifie en chinois « voie », « chemin » ou « principe ». C'est un concept que l'on retrouve dans les philosophies et dans les religions chinoises. Cependant, dans le taoïsme, le Tao est considéré comme la source et la force inhérente à tout ce qui existe.

Même si le taoïsme tire sa philosophie cosmologique de l'école du Yin-Yang, beaucoup considèrent l'œuvre *Dao de jing*, écrite par le premier philosophe chinois Lao Tseu, comme son point de départ. Le titre de cet ouvrage pourrait être traduit par *Livre de la voie et de la vertu*[1].

Rédigé environ six cents ans avant J.-C, le *Dao de jing* présente un modèle de la philosophie du Wu Wei, le « non-agir » ou la « non-intervention ». Le Wu Wei ne prône pas l'absence d'action, mais plutôt un état d'esprit, atteint lorsqu'on est en harmonie avec la nature profonde des choses, autrement dit, le Tao. Lao Tseu est reconnu comme l'un des premiers penseurs antiautoritaires de renom. Il est l'ambassadeur d'une philosophie très individualiste qui considère les institutions sociales comme un obstacle, plutôt que comme un avantage pour les êtres humains. Les textes de Lao Tseu explorent les erreurs commises dans la mise en place d'interdictions et de la réglementation gouvernementale, et ce, des siècles avant que quiconque ne remette en cause ces règles.

Dans le verset 57 de son œuvre *Dao de jing*, Lao Tseu déclare :

« Si tu veux être un grand dirigeant, apprend à suivre le Tao. N'essaie pas de contrôler. Laisse tomber les plans et les concepts, et le monde se gouvernera lui-même. Plus tu imposes d'interdictions, moins les gens seront vertueux. Plus tu as d'armes, moins les gens seront en sécurité. Plus tu mets en place d'assistance ou de subventions, moins les gens seront autonomes. C'est pourquoi le maître dit : « Je laisse tomber la loi, et les gens deviennent honnêtes. Je laisse tomber l'économie, et les gens deviennent prospères. Je laisse tomber la religion, et les gens deviennent sereins. Je laisse tomber tout désir pour le bien commun, et le bien devient aussi commun que l'herbe. » »

Au verset 75, Lao Tseu commente l'importance de l'autogestion :

« Quand les impôts sont trop élevés, les gens souffrent de la faim. Quand le

1. Titre original : *The Book of The Natural Way and of Natural Virtues*

gouvernement est trop envahissant, les gens perdent de leur allant. Agis dans l'intérêt des gens. Fais-leur confiance. Laisse-les tranquilles. »

Au verset 31, Lao Tseu fait référence aux principes de non-agression et de non-violence :

« Les armes sont les instruments de la violence, tous les hommes honnêtes les détestent. Les armes sont les instruments de la peur, un homme honnête les évitera, sauf en cas d'extrême nécessité, et s'il est forcé, ne les utilisera qu'avec la plus grande retenue. La paix est sa plus grande valeur. Si la paix est brisée, comment peut-il être satisfait ? Ses ennemis ne sont pas des démons, mais des êtres humains comme lui. Il ne leur souhaite pas de mal personnellement ni ne se réjouit dans la victoire. Comment pourrait-il se réjouir dans la victoire et trouver plaisir dans le massacre des hommes ? ».

Deux siècles après l'ère de Lao Tseu, le philosophe Tchouang Tseu[1] développa encore les enseignements apportés par son prédécesseur. Ses textes devinrent si populaires que ses services intellectuels furent vite très demandés et appréciés, même par l'aristocratie et par la monarchie. Tchouang Tseu finit même par recevoir une offre de la part du roi Jang Wei, du royaume du Shu, afin de devenir le ministre en chef du royaume.

Mais il refusa fermement cette offre. Dans ses textes, il met en avant des perspectives antiétatiques audacieuses, notamment les déclarations suivantes, tirées de l'article écrit par le libertarien Murray Rothbard, intitulé *Les concepts du rôle des intellectuels dans le processus du changement social vers une politique du Laissez-faire*[2].

« L'humanité n'a jamais connu la tranquillité, l'humanité n'a jamais été gouvernée avec succès. De l'abandon naît la crainte, la crainte que les dispositions naturelles de l'homme ne soient perverties et que sa vertu ne soit écartée. Mais si les dispositions naturelles des hommes ne sont pas perverties et si leur vertu n'est pas écartée, quelle place reste-t-il au gouvernement ? ».

Il aurait également affirmé que le monde « n'a pas besoin d'être gouverné. En vérité, on ne devrait pas le gouverner ».

Aux XIXe et XXe siècles, des intellectuels comme Proudhon et Hayek développèrent le concept pionnier de l'« ordre spontané ». Bien avant eux, les enseignements taoïstes de Lao Tseu et de ceux de Tchouang Tseu enseignaient déjà que « le bon ordre apparaît spontanément lorsque les choses sont laissées à elles-mêmes ». Cette perspective, basée sur les principes d'autoréflexion et d'autogestion, est un aspect essentiel de l'anarchisme et du taoïsme. Malgré les critiques de certains érudits, qui pensaient que le taoïsme était un outil permettant à l'élite de faire la paix avec la classe paysanne, cette philosophie

1. Également appelé Zhuang Zi, en Pinyin.
2. Titre original : *Concepts of the Role of Intellectuals in Social Change Towards Laissez Faire* (édition de1990).

est, en réalité, tout à fait cohérente avec l'idée de se soustraire à l'emprise de l'État pour suivre le cours naturel du monde. Plutôt que de ne faire que mener des batailles constantes contre les pouvoirs de l'État, la solution est de suivre le Tao, c'est-à-dire la voie de la nature. Cet état naturel de l'humanité est évidemment un chemin qui manque de force et de coercition, lorsqu'il est imposé par les institutions gouvernementales.

Dans son livre *Exiger l'impossible : l'histoire de l'anarchisme*[1], Peter Marshall révèle :

« Il est impossible d'apprécier l'éthique et la politique du taoïsme à sa juste valeur sans comprendre sa philosophie sur la nature. Le *Dao de jing* célèbre le Tao, ou la voie de la nature, et décrit la manière dont une personne avisée doit suivre cette voie. L'approche taoïste sur la nature se fonde sur les anciens principes chinois du yin et du yang, deux forces opposées, mais complémentaires dans le cosmos, formant le « chi » (l'énergie et la matière) à partir duquel sont constitués tous les êtres et tous les phénomènes. Le yin est le pouvoir suprême du féminin, caractérisé par l'obscurité, le froid et la réceptivité, qu'on associe à la lune. Le yang est la contrepartie masculine de la luminosité, la chaleur et l'activité, qu'on associe au soleil. Ces deux forces qui agissent à l'intérieur des hommes et des femmes, ainsi qu'à l'intérieur de toutes choses. » (Marshall : 54)

Le taoïsme nous enseigne que ceux qui recherchent un équilibre avec la nature deviendront heureux et libres, ne souhaitant ni être opprimés ni opprimer les autres. Ainsi, les disciples du Tao se contentent de suivre leur propre chemin, en harmonie avec le monde extérieur, et de répandre la parole évangélique du Tao.

(Toutes les citations du *Dao de jing* sont tirées de la traduction de Stephen Mitchell[2]).

1. Titre original : *Demanding the Impossible : A History of Anarchism* (1991).
2. Note du Traducteur : Les citations en français sont tirées de Lao Tseu, *Dao de jing*, L'Haÿ-les-Roses, Synchronique Éditions, 2008.

Chapitre 17

Les intersections entre l'anarchisme et le confucianisme

Dans cet essai, nous allons explorer les liens possibles entre la pensée anarchiste et la vision du monde selon les confucéens. Le confucianisme est une école de pensée parfois décrite comme une philosophie, une religion humaniste, une doctrine, une tradition ou un système de gouvernance centré sur les enseignements du philosophe et homme politique chinois Confucius (également connu sous le nom de Kong Fuzi ou K'ung Tzu). Le confucianisme met en avant l'importance de l'entité familiale, des méthodes pour apporter une certaine harmonie dans les relations sociales, la moralité du gouvernement, la justice et la bonté. Confucius aurait également adopté une autre version de la règle d'or : « Ne fais pas aux autres ce que tu ne voudrais pas que l'on te fasse ».

Le confucianisme se développa entre le VIe et le IIe siècle av. J.-C., à l'époque dite des « Cent écoles de pensée ». Après avoir connu des périodes de popularité en Chine, il fut finalement suspendu par la doctrine légaliste et par la dynastie Qin. À la suite de l'effondrement de la dynastie Qin, obtint le soutien officiel du nouveau gouvernement. Les enseignements de Confucius continuèrent à se développer, et ces enseignements développés sont parfois appelés « néoconfucianisme » ou « nouveau confucianisme ».

Comme nous l'avons étudié dans le chapitre précédent, le taoïsme est généralement associé à l'anarchisme plutôt qu'à la philosophie confucianiste, souvent rigide. L'histoire du confucianisme nous permet de voir émerger un modèle de philosophie suivant le même schéma que presque tous les enseignements religieux ou spirituels : la doctrine d'origine est relativement libertarienne, voire antiautoritaire, tandis que les manifestations qui en dérivent sont en faveur de l'État, ou sont utilisées par l'État pour encourager le peuple à obéir.

Malgré ce modèle, il semble que les confucéens soutenaient certains principes anarchistes durant une période de l'histoire (ou, du moins, les valeurs libertariennes d'un petit gouvernement). Dans son essai intitulé *Les thèmes austrolibertariens au début de l'ère confucianiste*[1] (qui sera plus tard publié sous la forme d'un livre intitulé *Les rituels pour la liberté : introduction aux thèmes libertariens au début de l'ère confucianiste*[2]), le professeur Roderick Long soutient

1. Titre original : *Austro-Libertarian Themes in Early Confucianism*, in *Journal of Libertarian Studies*, vol 17, n°3, 2003, pp. 35-62.
2. Titre original : *Rituals of Freedom : Libertarian Themes in Early Confucianism*.(2016)

que Confucius et son élève Mencius (également nommé Mengzi ou Meng-tzu) faisaient en réalité partie des premiers libertariens.

Il écrit : « Alors qu'il n'y a pas école de pensée chinoise qui soit forcément libertarienne, les étudiants confucéens obtiennent un score plus élevé que tous leurs rivaux, tout en montrant de nombreuses et de fascinantes prédispositions aux idées libertariennes contemporaines ». Il note que Confucius reconnut que l'univers naturel maintient l'ordre sans avoir besoin de recevoir des ordres, et qu'un sage dirigeant devrait savoir faire de même. De manière générale, la notion de dirigeant va évidemment à l'encontre des principes anarchistes, mais dans ce cas précis, le confucianisme ne préconise pas de suivre aveuglément l'État.

Au contraire, les écrits confucéens sont caractérisés par « une hostilité persistante contre les abus de pouvoir des gouvernements ». Roderick Long précise que le sage confucéen Sima Qian se plaignait qu' « il n'y avait pas de différence entre les constructeurs de la grande muraille de Chine et une bande de bandits », car la grande muraille fut « libérée grâce à la force du peuple ». Mencius condamne également la pratique gouvernementale d'accaparer des propriétés privées, ainsi que « l'expansion de l'impérialisme ». L'érudit confucéen Jia Yi, par ailleurs, conseilla à l'empereur Wen d'abolir les sanctions s'appliquant à des familles entières lorsqu'un acte était commis par un individu seul, d'abolir la mutilation en tant que punition, et d'abolir les taxes sur l'agriculture. Wen fit également supprimer les lois répressives punissant le fait de « critiquer et d'émettre tout mauvais propos », en précisant que si un empereur ne permettait pas à ses fonctionnaires d'exprimer pleinement leurs sentiments, il « n'aurait aucun moyen d'apprendre de ses erreurs ». Le professeur Roderick Long déclare qu'il s'agit de « l'un des tout premiers exemples de débats épistémologiques en faveur de la liberté d'expression ».

Le confucianisme propose l'idée que toutes les relations devraient être profitables, et qu'elles ont toutes leur propre raison d'être logiques. « Un dirigeant doit justifier sa position en agissant avec bienveillance, avant de pouvoir recevoir une réponse réciproque de la part du peuple. Dans cette optique, un roi peut être considéré comme un intendant ». L'élève de Confucius, Mencius, adopta une approche plus radicale que celle de son professeur, en parlant des souverains qui ignoraient les besoins de leur peuple, et des règles censées guider la société. Mencius pensait qu'il était acceptable que la population renverse ou tue un dirigeant, si ce dernier ignorait son peuple, car il n'est alors plus considéré comme un « vrai roi ». Mencius apporta, durant longtemps, une « clarification sur la hiérarchie propre à la société humaine », à savoir qu'un roi est, en vérité, « subordonné aux masses populaires et aux ressources de la société ».

Dans son livre *Confucius : du profane au sacré*[1], Herbert Fingarette avance l'idée qu'un confucéen cohérent doit être « une sorte d'anarchiste, dans la me-

1. Titre original : *Confucius : The Secular as Sacred* (1972).

sure où il est radicalement opposé à l'utilisation de la force, de la contrainte, de la coercition ou des sanctions dans le gouvernement ou dans les affaires humaines en général». Néanmoins, Fingarette et l'auteur Henry Rosemont affirment que tout lien entre le confucianisme et l'anarchisme vient strictement des mouvements variés du communisme libertarien, plutôt que d'une interprétation de l'individualisme. Roderick Long ne partage pas le même avis sur cette évaluation et, à cela, il répond dans ses écrits: «si le confucianisme a vraiment plus d'affinités avec Kropotkine qu'avec le capitalisme, comment expliquer le fait que les penseurs confucéens rejettent constamment le système autarcique de Kropotkine, et le primitivisme collectif des taoïstes, partisans d'un réseau mondial de commerce et d'échanges?».

Même s'il nous semble clair que le confucianisme n'est pas une école de pensée purement anarchiste, nous apprécions réellement les idées introduites par Roderick Long et par d'autres penseurs. Il semble tout au moins que Confucius et ses étudiants s'intéressaient à promouvoir une philosophie encourageant une vie morale et juste, tout en essayant de rendre les dirigeants responsables de leurs actions. Cette interprétation penche davantage du côté du minarchisme (une société où le pouvoir de l'État est fortement réduit et limité par le peuple) plutôt que vers la politique que nous lui préférons, l'anarchisme. Il reste néanmoins évident que certains professeurs du confucianisme ont fortement soutenu des valeurs rejetant l'autoritarisme, et prônant l'équité.

Chapitre 18

L'art de ne pas être gouverné

Tout au long de ce livre, nous avons suggéré que des personnes ayant différentes origines culturelles, ethniques, religieuses, et différentes philosophies sont capables de partager le même espace géographique, de manière relativement pacifique, en l'absence de gouvernement, et que cette cohabitation peut perdurer sur de longues périodes chronologiques. Il ne s'agit pas d'un conte de fées ou d'une utopie, mais d'un fait historique établi.

Jusqu'à aujourd'hui, une région montagneuse en Asie du Sud-Est, de la taille de l'Europe, échappait encore au contrôle de tout gouvernement. Il s'avère que cette région était presque entièrement habitée par des anarchistes qui s'étaient réfugiés dans les montagnes pour échapper à l'emprise gouvernementale de leurs États d'origine. En toute logique, cette région n'avait ni nom ni drapeau officiel, ce qui n'empêcha pas qu'elle fût l'objet d'une étude approfondie. En 2002, l'historien européen Willem van Schendel, de l'université d'Amsterdam, baptisa cette région « Zomia ». En 2009, le professeur James C. Scott de l'Université de Yale développa cette étude de la région, consultable dans son livre *Zomia ou l'art de ne pas être gouverné : une histoire anarchiste des hautes terres de l'Asie du Sud-Est.*[1]

Zomia était un territoire d'environ 2,5 millions de kilomètres carrés, s'étendant sur les hauts plateaux du centre du Vietnam jusqu'au nord-est de l'Inde, et traversant cinq pays du Sud-est asiatique : le Vietnam, le Cambodge, le Laos, la Thaïlande et la Birmanie. Cette région comptait une centaine de millions de personnes issues de communautés minoritaires. Elle n'était pas organisée comme un État au sens moderne du terme, mais en différents groupes ethniques, répartis principalement sur des zones considérées inaccessibles par l'État, comme les collines et les régions montagneuses.

Scott explique que ces peuples très différents ont commencé à se réunir autour d'échanges commerciaux, et qu'ils ont développé, au fil du temps, des coutumes et des pratiques intrinsèquement antiétatiques. Leur façon d'aborder et de pratiquer l'agriculture, la politique et la spiritualité en témoignent : elle est profondément anticonformiste, si l'on se réfère aux normes que l'État impose. Dans la préface de son livre *Zomia ou l'art de ne pas être gouverné : une histoire anarchiste des hautes-terres de l'Asie du Sud-Est*, Scott écrit que : « [...] les modes de vie, l'organisation sociale, les idéologies et

1. Titre original : *The Art of Not Being Governed : An Anarchist History of Upland Southeast Asia.*

[...] les cultures principalement orales de ces peuples peuvent être compris comme des prises de position stratégiques visant à maintenir l'État à distance. »

Plutôt que d'observer l'évolution de l'humanité conformément à la direction prise par l'État moderne, Scott soutient que jusqu'à récemment, les êtres humains s'organisaient de manière autonome, par groupes selon les liens de parenté, qui coopéraient pour chasser, combattre, commercer ou maintenir la paix. « En d'autres termes, l'absence de structures étatiques fut longtemps la norme de la condition humaine. » (*Zomia ou l'art de ne pas être gouverné : une histoire anarchiste des hautes terres de l'Asie du Sud-Est*, page 3)[1]. Une fois ce constat énoncé, il affirme que nous devrions reconnaître que de nombreuses communautés ont, tout au long de l'Histoire, vécu et agit délibérément en dehors de toute structure étatique, et ce pendant de longues périodes. Scott poursuit :

« Leurs moyens de subsistance routiniers, leur organisation sociale, leur dispersion physique, ainsi que de nombreux éléments de leur culture, loin d'être les traits archaïques d'une peuplade isolée, sont volontairement élaborés pour déjouer leur intégration à des États proches, et pour réduire la probabilité que des concentrations de pouvoir de type étatique surgissent en leur sein. L'évitement et la prévention de la formation étatique imprègnent leurs pratiques, et souvent, également, leur idéologie ». (Scott : 8)

La création de villages permet à l'État d'encourager la sédentarisation des paysans, et ainsi, de pouvoir les taxer et les enjoindre à intégrer son système de contrôle et d'influence. À Zomia, les tentatives d'intégration dans des communautés non étatiques visaient davantage à assurer le développement et le progrès économique de ces groupes qu'à faire en sorte d'imposer des taxes dans leur activité économique, voire de confisquer des biens si nécessaire. D'où l'importance de construire des contre-institutions par le biais de l'agorisme. Comme le mentionne Scott, « [à] long terme, la menace principale de la périphérie non gouvernée résidait cependant dans le fait qu'elle représentait une tentation constante, une alternative permanente à la vie à l'intérieur de l'État ». (Scott : 6).

Dès lors que les communautés libres sont établies et qu'elles prospèrent en dehors de l'État, ceux qui vivent sous la domination de l'État ne tardent pas à envisager de choisir ce mode de vie alternatif. Scott note également que le mythe selon lequel donner du pouvoir à l'État permettrait de sauver les paysans des griffes des barbares perd grandement de sa crédibilité. Il insiste sur le fait qu'il était assez courant de retrouver, dans ces communautés libres, des réfugiés de l'État, fuyant les impôts, la conscription militaire, le travail forcé et la servitude. Ce cycle de création et d'abolition de l'État eut pour conséquence la

1. Page 23-24 dans la version traduite en français (James C. Scott, *Zomia ou l'art de ne pas être gouverné : une histoire anarchiste des hautes terres de l'Asie du Sud-Est*, Paris, Seuil, 2013).

formation de zones refuges, également appelées des « zones de morcellement », dans lesquelles ceux qui échappaient aux griffes de l'État se rassemblaient pour former des groupes d'une diversité ethnique et structurelle complexe. Cette complexité, ainsi que « la relative inaccessibilité géographique » du territoire, sont des caractéristiques communes à tous ces espaces de morcellement. Les groupes cherchant à échapper à l'État s'associaient entre eux, et s'établissaient dans des zones où l'influence grandissante du gouvernement ne pouvait les atteindre.

Lorsque Scott évoque les différences entre les vallées appartenant à l'État et les régions montagneuses qui composent la région de Zomia, il remarque que : « [...] dans les collines, contrairement aux vallées, on ne payait ni de taxes aux monarques ni de dîmes régulières à une institution religieuse permanente. Elles abritaient une population relativement libre et non étatique de cueilleurs et de cultivateurs ». (Scott : 42-43)

Zomia fut le théâtre des luttes indigènes, des mouvements sécessionnistes et des mouvements d'opposition armés. Les croyances spirituelles des habitants de Zomia tendent souvent vers l'animisme, qui développe un point de vue plutôt décentralisé selon lequel Dieu réside en toute chose, plutôt qu'uniquement dans les traditions spirituelles et dans les religions qui ont servi à canaliser le peuple, comme le bouddhisme theravada. De la même manière que les Amérindiens virent leurs systèmes de croyances menacés ou s'éteindre complètement à cause des missionnaires chrétiens, les habitants de Zomia furent confrontés aux menaces orthodoxes de la philosophie bouddhiste, qui cherchait à supprimer leurs divinités et à interdire les pratiques locales. Scott pense que les pratiques animistes et les autres formes de croyance subversives acceptées « représentent les zones des différentes formes de résistance, de dissidence, ou du moins, de l'échec de l'incorporation et de la domestication par l'État grâce à la religion ». (Scott : 300)

Zomia ne fut pas la seule région sans gouvernement dans l'Histoire. De 1918 à 1921, sous l'influence de l'anarchiste ukrainien Nestor Makhno, eut lieu une expérience sociale de création d'une société anarchiste, dans une zone connue comme « le territoire de l'Ukraine libertarienne » ou « Makhnovchtchina ». À cette époque, la situation était extrêmement chaotique en Ukraine et en Russie, et le gouvernement bolchévique tentait de dominer la Russie et de maintenir une paix provisoire avec le pouvoir central des empires de la Première Guerre mondiale. En mars 1918, les bolchéviques cédèrent de vastes territoires aux empires, dont l'Ukraine, alors confrontée à des problèmes internes et à la division grandissante de sa population. Une partie de la population paysanne ukrainienne fuit les bolchéviques, certains suivirent des branches du socialisme, et d'autres brandirent le drapeau noir de l'anarchisme, dirigés par Nestor Makhno.

Nestor Makhno était considéré comme un bandit, un criminel, un meneur, un soldat et un brillant stratège. Certains textes évoquant son enfance le décrivent comme un personnage comparable à Robin des Bois, volant aux plus riches pour donner de l'argent au peuple. Makhno finit par être arrêté et fut enfermé dans une prison russe. Lors de l'insurrection de février 1917 qui renversa le tsar et sa famille, les prisonniers politiques furent libérés des prisons de Moscou. En octobre 1917, les bolchéviques lancèrent une deuxième révolution pour instaurer la « dictature du prolétariat ». Au moment où la guerre civile éclata, Makhno, ainsi que d'autres prisonniers furent libérés de prison.

À la fin de la Première Guerre mondiale, la Russie était divisée entre l'armée rouge communiste et bolchévique, et l'armée blanche tsariste et nationaliste. En tant qu'anarchiste, Makhno était contre les pratiques autoritaires des bolchéviques, et en particulier contre le fait qu'ils ciblaient des anarchistes. Il s'opposa également aux partisans nationalistes du tsar, ainsi qu'à l'occupation militaire étrangère par l'Ukraine.

En réponse à ces situations, Makhno créa un petit groupe de partisans et lança des guérillas contre les troupes allemandes et autrichiennes qui occupaient l'Ukraine. Makhno combattit également l'armée rouge et l'armée blanche, tout en s'associant de temps à autre aux communistes, par nécessité. Les forces armées qui le suivaient étaient surnommées « Armée noire », ou « Armée révolutionnaire insurrectionnelle d'Ukraine ».

À l'aube de la mobilisation, l'armée de Makhno comptait environ 15 000 soldats armés. Son effectif passa ensuite à près de 100 000 soldats, qui contrôlaient une grande partie de l'est de l'Ukraine et une population de plusieurs millions de personnes. La puissance militaire makhnoviste atteint son apogée à la fin de l'année 1919, comptant 83 000 infanteries, 20 100 cavaleries, 1400 mitrailleuses, 110 canons d'artillerie, sept trains et plusieurs voitures blindées.

Makhno était le principal stratège, chargé des plans d'attaque de cette armée. Son objectif était de reconquérir le plus grand nombre possible de régions en Ukraine, où sévissaient, selon lui, des envahisseurs menaçant la liberté de tous les Ukrainiens. Son armée était composée de paysans, de juifs, d'anarchistes et de recrues venues de pays étrangers. L'Armée noire reçut même le soutien de soldats communistes, ceux qui avaient perdu foi en l'armée bolchévique, après avoir vu leur utopie se transformer en régime autoritaire.

En novembre 1920, l'armée noire combattit temporairement aux côtés de l'armée bolchévique, pour vaincre les forces de l'armée blanche. Immédiatement après cette bataille, les bolchéviques se retournèrent contre Makhno et son armée d'anarchistes. De nombreux camarades de Makhno furent arrêtés et exécutés. Lui parvint à s'échapper, pendant la traque des anarchistes par les bolchéviques avait cours dans tout le pays. Finalement, en août 1921, Makhno et plus de soixante-dix de ses hommes, tous blessés, arrivèrent en Roumanie, où ils avaient été contraints de fuir à la suite d'une attaque de l'armée rouge. Cet épisode marque le déclin de l'armée de Makhno, mais certains textes historiques rapportent que l'armée noire resta active jusqu'à la fin de l'année 1922.

Mettons de côté les débats sur les mouvements stratégiques de Makhno, et sur de la prise des armes par les mouvements anarchistes, car nous pouvons tirer de fascinantes leçons de cette période de l'histoire. L'armée anarchiste de Makhno était destinée à devenir la force défensive du territoire libre d'Ukraine. L'objectif de cette force n'a jamais été de dominer le pays ou sa population, mais bien de rendre son territoire au peuple, afin qu'il puisse s'organiser librement, sans craindre les tyrans ou les étatistes. Lorsque l'armée noire mettait le pied dans une ville où elle venait de vaincre l'armée rouge ou l'armée blanche, elle affichait sur les textes suivants :

« À tous les travailleurs de la ville et de ses environs ! Chers ouvriers, votre ville est pour l'instant occupée par l'armée révolutionnaire insurrectionnelle (l'armée de Makhno). Cette armée ne sert aucun parti politique, aucun pouvoir, aucune dictature. Au contraire, elle cherche à libérer cette région de toute emprise politique et de toute dictature. Elle se bat pour protéger la liberté d'action, mais aussi pour permettre aux travailleurs de vivre librement, et de se protéger de toute exploitation et de toute domination. »

Ces communiqués étaient également des invitations à venir assister à des réunions, où l'armée noire partageait plus en détail sa philosophie. Elle encourageait toutes les communes à respecter la liberté, et à s'organiser sans user de l'autorité et de l'exploitation. Il est clair que tous les habitants qui vivaient dans les régions libérées par l'armée noire n'étaient pas anarchistes. Cependant, l'armée offrait une protection et la possibilité aux gens de s'organiser par eux-mêmes, sans établir de monarchie ou d'État communiste. L'armée protégeait également les droits à la liberté d'expression, de la presse, de rassemblement et de choix politique. Elle a également abrogé toutes les restrictions imposées à la presse et aux organisations politiques. Tous les partis et tous les groupes politiques pouvaient être représentés, même les bolchéviques, qui avaient supprimé toute forme d'opposition sur leur territoire.

Dans certains des territoires sous le contrôle de l'armée noire, les habitants repensèrent radicalement leur façon d'organiser leur vie. Les communautés réunirent des conseils décentralisés ou des conseils soviétiques, s'occupant en priorité de la reconstruction des écoles, qui avait été abandonnée durant la guerre. Pour établir leurs enseignements, ces écoles s'inspirèrent des idées du mouvement des Écoles modernes, initié par le libre penseur espagnol Francisco Ferrer. Elles offrirent des cours aux adultes illettrés, les aidant à lire et à apprendre l'Histoire, la sociologie et les théories politiques. Certaines communautés adoptèrent également des principes économiques soutenant ardemment l'anarchiste Peter Kropotkin.

Cette expérience sociale de l'anarchisme ne fut pas une grande réussite. Makhno et son armée noire furent accusés d'avoir monté leurs propres armées de contre-espionnage. Le service de renseignements du contre-espionnage

(« Kontrrazvedka », en ukrainien) était considéré, selon certains anarchistes, comme allant totalement à l'encontre des principes de liberté d'association économique, d'entraide, et des mesures contre la coercition. De nombreuses voix affirment également que l'armée noire eut recours à la conscription dans certains cas. Cependant, d'autres sources réfutent cette théorie, et l'attribuent plutôt à la présence de soldats de l'armée rouge qui s'étaient volontairement engagés dans l'armée noire.

Les fautes constatées dans les rangs de Nestor Makhno et de son Armée noire ne doivent pas devenir une raison d'ignorer complètement l'apport historique et les leçons que peut nous transmettre cette faction. En réalité, cette situation montre à quel point les idéologies politiques sont différentes lorsqu'elles transitent de la théorie à la pratique.

L'État du Michoacán, au Mexique, constitue un autre exemple, plus récent, de communauté qui fonctionne sans intervention d'une autorité centralisée. Au cours des dix dernières années, ce territoire assista à la création d'un nombre grandissant de groupes d'autodéfense civile, nommés « autodefensas », destinés à protéger les populations des dangereux cartels de la drogue. Depuis 2014, tous ces groupes d'autodéfense furent sommés de choisir entre rendre les armes et rejoindre les forces de police rurales nouvellement créées, ou être considérés comme des criminels illégalement armés. Le gouvernement fédéral tenta de convertir ces milices rurales en forces de police officielles grâce au soutien du gouvernement, mais la grande majorité de ces milices choisirent de rester indépendantes. De son côté, le ministère mexicain de l'Intérieur déclara qu'il manquait de ressources pour maintenir la présence de la police fédérale dans le Michoacán.

La population de cet État, qui déclara qu'elle continuerait à assurer sa propre défense, se concentrait dans la ville de Cherán, située dans la région des peuples Purhépechas, dans le Michoacán. Au début de l'année 2011, les habitants de Cherán créèrent des milices armées, afin de lutter contre la déforestation illégale sur leur territoire. Cette communauté bannit les politiciens et la police, accusés d'être en lien avec les cartels de la drogue. Les prémices de cette révolte de la population donnèrent à voir des femmes, âgées, s'armer de bâtons pour défendre leurs proches. Par la suite, les groupes d'autodéfense civile protégeant cette population furent principalement constitués de jeunes hommes et de jeunes femmes, possédant des armes réservées aux militaires.

Les habitants de la commune de Cherán mirent en place un nouveau système de gouvernance basé sur le maintien de l'ordre public, et sur les traditions et le principe de responsabilité civile des indigènes autochtones purépecha. L'un des moyens de rendre ce système viable consistait à assurer des rondes permanentes des bénévoles des groupes d'autodéfense civile, pour protéger la communauté et pour répondre aux actions de l'assemblée municipale. Les assemblées de quartier et les assemblées générales, plus importantes, sont des exemples de formes traditionnelles d'autogouvernance pratiquées à Cherán, il y a une quarantaine d'années. Cependant, avec le temps, les partis politiques et les structures de gouvernance extérieures ont été réimposés à la population de cette ville. Si les groupes d'autodéfense civile et les assemblées ne peuvent être considérés comme des exemples d'institutions parfaites, ils offraient néanmoins aux habitants des avantages inexistants sous le contrôle de la police ou des cartels. Les groupes d'autodéfense civile étaient responsables devant l'assemblée municipale, elle-même créée par les habitants de la ville. De plus, ce système permettait aux propriétaires des entreprises locales de se soustraire à l'obligation de payer des centaines de dollars tous les mois aux criminels des cartels.

Au moment où nous écrivons ces lignes, Cherán est reconnue en tant que région autonome depuis huit ans. Ces habitants ont réussi à empêcher les partis politiques, la police mexicaine et les cartels d'étendre leur emprise sur la ville. Cependant, cette dernière n'évolue pas sans problème. Selon certaines informations, la communauté connaîtrait une fracture politique, même sans l'implication des partis politiques nationaux, et recevrait des subventions de l'État et du gouvernement fédéral. Les souffrances inhérentes à la création d'un nouveau modèle de gouvernance ne nous empêchent pas de nous inspirer de la communauté de Cherán, porteuse d'espoir.

Il serait également négligent de notre part de ne pas évoquer l'EZLN, l'armée zapatiste de libération nationale, plus simplement désignée par l'expression « zapatistes », qui sont les occupants d'une région autonome dans le Chiapas, un état du sud du Mexique. Depuis 1983, les zapatistes mènent une bataille terrestre et idéologique contre le gouvernement mexicain. Le mouvement est majoritairement composé de Mayas indigènes, et de leurs sympathisants venus des zones urbaines. Bien que les historiens les aient classés comme étant des socialistes libertariens, les zapatistes rejettent toute étiquette apposée à leur idéologie et à leur philosophie. Tandis que leur lutte contre le gouvernement mexicain stagne depuis des années, les zapatistes ont, en trente ans, réussi à étendre le territoire qu'ils contrôlent. Détailler les histoires des peuples de Cherán ou de Chiapas serait trop fastidieux, mais nous recommandons vivement à nos lecteurs de se renseigner sur ces sujets passionnants.

Dans un pays où les lois sur la possession d'armes par les civils font défaut, et où le gouvernement semble incapable de défendre ses citoyens, il est logique de voir le peuple s'organiser pour établir ses propres solutions. Cependant, aux États-Unis, il existe un mouvement qui prône l'idée d'un monde ou défendre sa communauté ne serait pas nécessaire. La corruption et la criminalité sont monnaie courante, mais l'illusion du maintien de l'ordre est suffisamment présente pour que les civils ayant recours aux armes pour se défendre ne soient, de manière quasi systématique, considérés comme une priorité de la justice. Les modèles d'autodéfense des communautés indigènes sont probablement applicables à d'autres villes et territoires, et pourraient nous permettre d'éviter un prochain marasme économique.

Avant l'apparition des moyens de transport et des technologies modernes, les cultures du monde entier cherchaient à retrouver leur liberté, en créant des sociétés anarchistes décentralisées de toutes sortes, en dehors des murs des villes et hors de portée du pouvoir central. Les livres d'Histoire évoquent des peuples sauvages et primitifs, qui n'avaient aucune connaissance ou aucun contact avec le monde dit «civilisé». Cependant, dans le cas de Zomia et des autres cultures dissidentes, nous constatons que ces sociétés étaient bien conscientes de l'existence des États, et ne voulaient rien avoir à faire avec eux.

Les combats des Amérindiens illustrent parfaitement ce concept. Loin du conte de fées diffusé par la tradition de *thanksgiving*, l'histoire des relations entre le gouvernement des États-Unis et les peuples indigènes d'Amérique du Nord fut marquée par la violence et par la guerre. Les Amérindiens constatèrent que les colonisateurs ne cherchaient ni à coopérer ni à collaborer, mais à exploiter à leur guise les richesses du territoire. Pendant cinq cents ans, les gouvernements du monde entier ont nié la légitimité et l'autonomie des communautés indigènes.

George E. Tinker, professeur à la faculté de théologie d'Iliff, est spécialisé dans les cultures et les traditions religieuses amérindiennes. Il est également membre de la tribu des Osages. Il estime que c'est ce manque de reconnaissance des souffrances des peuples indigènes, ainsi que de leurs droits, qui a poussé ces peuples à ne plus vouloir être assimilés aux États-Unis. Dans son livre *De l'esprit à la résistance: la théologie politique et la libération des Amérindiens*[1], Tinker déclare:

«Il faut savoir que la position politique et économique dominante dans le discours international est de reconnaître les États, et eux seuls, comme les acteurs fondamentaux du discours politique. Ainsi, les identités nationales des populations d'origines, dont font partie les communautés des peuples indigènes, sont aujourd'hui considérées comme de simples minorités ethniques au sein des structures étatiques, qui peuvent obtenir des droits individuels, mais qui n'ont pas la légitimité d'acquérir des droits communautaires ou des droits culturels en tant que peuple indépendant.» (Tinker: 7)

Tinker considère que les États-Unis, en pleine expansion, ne pouvaient accepter que des indigènes vivent parmi eux, mais qu'ils avaient besoin d'eux pour participer à la définition d'un nouvel ordre politique. Les colonisateurs désiraient ardemment «civiliser» les indigènes. «En conséquence, les valeurs culturelles, les normes, les structures sociales et la technologie européennes furent constamment imposées à ces peuples qui, pendant plusieurs milliers d'années, ont remarquablement évolué en suivant leurs propres valeurs, leurs propres normes, leurs propres structures et leurs propres technologies.» (Tinker: 10)

1. Titre original: Spirit and Resistance: Political Theology and American Indian Liberation (2004).

La tendance se poursuit aujourd'hui, sous la forme de projets de « développement durable » des territoires, qui colonisent et nuisent encore davantage aux communautés indigènes. Dans les cas des Indiens d'Amérique du Nord, des populations d'Ukraine, du Mexique ou de Zomia, le contexte est similaire : il s'agit de l'oppression de ces groupes par les États, et leur refus d'accepter l'autonomie de ces communautés (pour en savoir plus sur les communautés indigènes qui vivaient sans système de gouvernance établi, nous vous conseillons le livre *La société contre l'État*, écrit par le français Pierre Clastres). Néanmoins, les indigènes et les communistes n'ont pas le monopole de l'oppression étatique.

Les leçons que l'on peut tirer de l'histoire de Zomia, de l'Ukraine, du Mexique et des communautés indigènes corroborent notre thèse centrale : les tentatives de surmonter la violence et l'autoritarisme doivent s'accompagner d'un appel à la guérison de tous les traumatismes. Malgré l'illusion d'une vie normale et confortable lorsqu'elle est contrôlée par un État, une plus grande liberté est toujours possible, loin des limites imposées par le carcan des institutions gouvernementales. La liberté commence réellement à l'intérieur de soi ; ainsi s'exprime la très grande leçon que nous espérons transmettre à tous. Nous pensons qu'une fois un processus de profonde introspection et de guérison individuel entamé, le concept d'une vie dans des communautés autonomes, anarchistes et coopératives (c'est-à-dire construites autour des principes de l'entraide, de la non-agression, du volontariat et de la pleine prise de conscience), séduira le plus grand nombre.

En réalité, le développement progressif de ces idées renforcera leur crédibilité, jusqu'à ce que leur statut d'évidence nous amène à nous demander : « comment fut-ce si difficile à comprendre pour l'humanité ? ». De manière générale, toute chose suit le cours de sa destinée. Nous plaçons notre espoir dans l'intérêt grandissant de tout un chacun pour les thématiques ayant trait à la libération, à la propriété d'un individu sur lui-même, à l'autoréflexion et à la coopération. Ensemble, nous sommes en train d'opérer un changement de paradigme, qui permettra à notre planète de guérir et d'évoluer vers un état plus pacifique, plus libre et plus éveillé. Nous vous remercions d'avoir participé à ce voyage.

Rappelez-vous que si vous lisez ces mots, c'est que vous faites partie de la résistance consciente.

II

TROUVER LA LIBERTÉ DANS UNE ÉPOQUE DE CONFUSION

Message des auteurs

Après avoir publié *Réflexions sur l'anarchie et la spiritualité*[1], nous avons pris conscience que la philosophie et les idées qui constituent le fondement de notre discours avaient besoin d'être développées, et de manière plus approfondie. Le premier livre de cette trilogie a posé les fondations de notre pensée, et nous voulons maintenant partager plus en détail notre vision du monde. Pour nombre d'entre nous, être un activiste, et en particulier un anarchiste, peut devenir un chemin difficile. La plupart de nos pairs rencontrent les mêmes épreuves en chemin, mais ces épreuves ne sont presque jamais évoquées. Le « déclic » que constitue le fait de réaliser que notre société n'est pas libre peut mener à des symptômes dépressifs, à de la confusion, ou à l'aliénation de notre entourage proche. Le fait de vivre dans un monde insensé, et de le comprendre pour la première fois, engendre ces conséquences.

Pour faciliter cette transition complexe, nous avons décidé d'aborder des thématiques très personnelles, et d'offrir des solutions pour surmonter les obstacles qu'elles comportent. Dans les pages qui suivent, vous trouverez des essais sur le surpassement de la dépression, de la confusion et de la peur qui peuvent surgir lorsque l'on réalise que la majorité du monde vit encore dans un système esclavagiste.

Si le premier tome de cette série était le corps de notre philosophie, considérez celui-ci comme en étant le cœur. Nous voulons mettre en lumière le combat de l'humanité pour atteindre la liberté. Le troisième livre examinera les applications concrètes des idées présentées dans les deux premiers tomes, et peut être considéré comme l'esprit de notre philosophie. Nous avons fait notre possible pour montrer, sur ce chemin, la beauté et la positivité qui nous entourent. Et nous avons, en vérité, trouvé de nombreuses raisons d'être optimiste. Nous avons également fait, tous les deux, plus d'une poignée d'erreurs, et avons perdu beaucoup de temps à nous inquiéter pour des questions vaines.

Toutes ces expériences, bonnes et mauvaises, ont donné naissance aux trois essais qui constituent ce livre. Ce dernier rassemble nos suggestions sur les manières de se frayer un chemin dans ce monde, à la fois fou et magnifique. Nous espérons que nos mots vous encourageront et vous inspireront pour aller plus loin sur le chemin de la libération physique, mentale et spirituelle.

John Vibes & Derrick Broze

April 2016 – August 2020

1. Titre original : *Reflections on Anarchy and Spirituality*

Chapitre 1

Vous êtes un pionnier de la paix

Nous sommes tous nés dans un monde chaotique. Nous sommes tous les héritiers d'une longue série de fléaux qui accablent l'humanité depuis des millénaires. La violence et l'assujettissement sont désormais considérés comme les dures réalités de la vie, et nous paraissent immuables. Face à cette culture de l'acceptation, toute personne saine d'esprit, désirant changer le monde, se sentirait désespérée. Souvent, nous nous sentons vaincus avant même d'avoir essayé de guérir la planète.

Le processus qui nous pousse à faire face à la dure réalité de notre existence peut être profondément complexe, voire traumatique, car la vérité est bien différente de ce que la culture « populaire » nous pousse à croire. La plupart des gens réagissent avec horreur et dégoût lorsqu'ils sont face à des informations qui remettent en question l'ensemble des facteurs sur lesquels repose leur vie.

En ce qui concerne la violence d'État et le caractère corrompu des institutions sociales qui nous entourent, il est rare que quelqu'un assimile, analyse et accepte ces informations sans remettre en cause sa vision du monde. Beaucoup préfèrent donc le déni.

Pour ceux qui ont le courage de sortir des sentiers battus, le chemin menant à une vie plus libre et paisible s'avère tortueux et terrifiant, semblable à une mission suicide qui n'en vaudrait pas la peine. Cet obstacle empêche la plupart des gens de chercher à changer, ou à critiquer la société qui les a « élevés ». Si la création d'un monde libre et libéré des conflits était aisée, alors, du jour au lendemain, des millions de personnes condamneraient l'État et les actes de violence immoraux perpétrés par les politiques et leurs partenaires commerciaux.

Sans marche à suivre, l'affranchissement des zones aujourd'hui marquées par l'esclavage est un processus transitoire et difficile, ce qui en fait une tâche très intimidante. Cependant, les hommes sont capables d'incroyables prouesses : les idées jadis considérées comme impossibles et inconcevables sont maintenant anodines et banales. Désormais, nous avons à notre disposition des outils et des ressources qui passeraient pour de la magie aux yeux de nos ancêtres. Pourtant, nous n'avons pas su nous libérer des traditions féroces et primitives qui ont retenu l'humanité pendant des générations. Nous pouvons communiquer de façon instantanée avec n'importe qui dans le monde, voyager dans l'espace et archiver des bibliothèques entières sur des clés USB, mais, malheureusement, beaucoup d'entre nous vivent toujours dans la peur et le désarroi, à l'instar des générations précédentes.

L'ère dans laquelle nous vivons est déterminante pour l'histoire humaine. Le moment tant attendu est arrivé : l'humanité est désormais suffisamment développée pour détruire cette planète, et tout ce qui s'y trouve. Cette responsabilité est immense, et demande une prise de conscience radicale, pour que notre espèce puisse enfin se civiliser. Aucun individu qui se respecte ne veut se considérer lui-même ni considérer la société à laquelle il s'identifie, comme barbares ou primitifs. Cependant, une espèce qui tue des millions de ses semblables, en asservit d'autres et prend part à la violence culturelle dont nous sommes témoins aujourd'hui, a sans aucun doute encore beaucoup à faire pour pouvoir être considérée comme « civilisée ».

Comme John Trudell, militant amérindien, l'a déclaré : « Le Grand Mensonge, c'est de parler de « civilisation ». Il n'y a rien de civilisé. Jamais un système aussi sanguinaire et brutal que celui-ci n'a été imposé sur cette planète. Ce n'est pas une civilisation, mais « le grand mensonge ». Le grand mensonge, c'est de dire que c'est à cela que ressemble une « CIVILISATION ». Et si c'est bien ce à quoi correspond la civilisation ; alors le grand mensonge, c'est de penser que la civilisation est bonne pour nous ».

S'efforcer, toute sa vie, d'améliorer le monde et la conscience humaine est une tâche importante, devant laquelle nous ne pouvons pas fuir. L'objectif en vaut la peine, qu'importe les obstacles qui se dressent sur notre chemin. Certains diraient même que c'est là que réside le sens de la vie. Ce n'est pas une voie facile, et rien ne dit que vous pourrez récolter le fruit de vos efforts. L'incertitude, le danger et la controverse masqueront toujours la potentielle réussite de chaque nouveau défi.

La création de la première société libre de l'Histoire constitue le sujet d'étude le plus récent dans le domaine de la conscience humaine, comme l'est l'espace pour le monde de la physique. Il y a cent ans, si vous aviez déclaré vouloir construire une fusée pour envoyer des gens dans l'espace, vous auriez pris le risque d'être interné en hôpital psychiatrique. Pourtant, et en dépit des croyances populaires, l'imagination humaine a, une nouvelle fois, défié notre conception de la réalité en explorant de nouveaux horizons, et en repoussant les limites de ce que l'on croyait possible.

Si vous lisez ces mots, vous êtes sans aucun doute au beau milieu des limites, toujours grandissantes, de ce qui constitue la conscience et la pensée humaines. Vous vous battez pour la liberté et la recherche de la paix. Vous êtes un pionnier : quelqu'un qui a le courage de s'aventurer dans un terrain inconnu et de concevoir ses propres cartes. Avec des millions d'autres personnes dans le monde, vous avez le pouvoir de le rendre meilleur au cours de votre vie, quel que soit l'endroit d'où vous venez, ou que vous considérez comme votre foyer. Bien que gratifiante, la voie que vous avez choisie est ardue, voire solitaire. Nous le savons, car nous l'avons choisie nous aussi, et l'avons suivie durant une grande partie de notre vie, tant et si bien que nous avons franchi le point de non-retour, il y a des années : cette voie est désormais notre foyer. Si vous décidez de vous instruire et de démêler les mensonges dans ce que l'on vous a appris, aucun retour en arrière n'est possible.

Chapitre 2
Se réapproprier son estime de soi

Le modèle sociétal dans lequel nous vivons actuellement nous amène, d'une certaine façon, à nous sentir insignifiants. Durant nos vies, nous faisons face à de nombreuses formes de stress et de pressions, qui créent le sentiment que nos actions ne seront jamais suffisantes. Nous vivons dans un monde où les humains sont classés, catégorisés, et où l'écrasante majorité d'entre eux constitue la classe sociale basse. Ces circonstances suffisent à engendrer, chez n'importe quelle personne attentionnée, un sentiment d'abattement et d'inutilité, et à lui faire croire qu'elle ne vaut rien. Tout particulièrement si elle adhère aveuglément au postulat culturel de l'ascension sociale au mérite. Bien sûr, nous avons tous un certain niveau de contrôle sur notre bien-être, et c'est pour cela que la prise en charge de soi (ou *self-empowerement*) est si importante. Mais notre société est également organisée en un système conçu pour maintenir la majeure partie de la population (ou presque) dans une situation de pauvreté et de servitude constante. Notre valeur dans la société est déterminée par notre capacité à être utile au système, et par notre empressement à obéir à l'autorité. Certaines personnes s'enorgueillissent donc d'être « de bons citoyens qui paient leurs impôts et respectent la loi ».

Les pressions sociales, juridiques et financières de notre société maintiennent le peuple sur un chemin d'uniformité, afin qu'il soit plus facile à gérer pour les « puissants qui aimeraient l'être ». En réalité, ce chemin est comparable à un tapis de course qui tournerait sans fin, et sur lequel la plupart d'entre nous stagnent, peu importe les efforts fournis pour courir. Trop d'êtres humains ont le sentiment d'être inadaptés ou insignifiants simplement parce qu'ils ne correspondent pas aux attentes, irréalistes et insensées, de la culture traditionnelle dominante. Si nous devons être jugés, ce devrait être pour nos actions et pour la manière dont nous traitons ceux qui nous entourent, et non pas selon les standards superficiels imposés par une société qui nous utilise comme une simple ressource.

Évaluer la place des Hommes dans la société à partir de traits arbitraires comme le patrimoine, le statut social et l'apparence est indigne des êtres humains, et participe à créer de faux idéaux narcissiques. C'est malheureusement ainsi que peut être décrit le monde dans lequel nous vivons. Pour le moment, nous devons donc développer des solutions pour affronter les assauts routiniers que subit notre amour-propre. Premièrement, il est important de se rendre compte que nous avons été conditionnés pour nous haïr, et que nous devons remettre en cause la plupart des attentes que notre culture nous impose. Il est impossible d'échapper à certains standards, et beaucoup sont impossibles à atteindre, particulièrement ceux qui ont trait aux domaines financier et juridique. Néanmoins, une fois que nous prenons conscience de ces barrières artificielles, notre esprit cherche à trouver une solution pour réussir à les surmonter. Au-delà des obstacles structurels auxquels nous faisons face, la majeure partie de notre conditionnement culturel est destiné à travailler contre nous, et à faire en sorte que nous devenions nos propres pires ennemis.

Accepter ces dérives de la société que nous avons intériorisées nous permet de nous préparer et de nous équiper pour rejoindre les luttes collectives, qu'elles soient politiques, économiques et culturelles. Mais le monde moderne ne nous facilite pas la tâche. Dans un effort pour maintenir nos relations avec nos amis, nous investir dans nos passions et ne manquer aucune opportunité, nous faisons le choix d'être branchés à un flux constant d'informations, nous renvoyant souvent l'image que nous ne sommes pas à la hauteur. C'est un problème propre à l'ère des médias traditionnels, diffusant des standards de beauté irréalistes et mettant en avant des célébrités, et l'avènement des réseaux sociaux n'a rien arrangé en donnant l'impression que l'herbe est systématiquement plus verte chez le voisin.

Beaucoup de blogueurs sur les réseaux sociaux soulignent que lorsque nous surfons sur ces derniers, nous comparons nos « bourdes » aux « accomplissements » des uns et des autres. La plupart des gens en ligne se montrent sous leur meilleur jour, et font leur possible pour garder douleurs, défauts et insécurités loin des projecteurs. Cela crée une boucle de rétroaction constante, où chacun présente au monde une version irréaliste de lui-même. Avec, pour conséquence, des individus qui perdent confiance en eux en essayant de se conformer à des standards inaccessibles entretenus par des personnages factices et créés de toute pièce. Nous avons été conditionnés pour nous comparer avec nos pairs et considérer leurs victoires comme nos défaites, mais aujourd'hui plus que jamais, cette manière de penser dessert l'humanité. Elle ne lui a probablement jamais rien apporté de bon.

Une métaphore brillante, couramment utilisée dans le monde du hip-hop américain, dépeint remarquablement bien la mentalité que beaucoup appliquent dans leurs relations interpersonnelles, commerciales et politiques. Il s'agit de l'idée selon laquelle les humains se comportent comme des crabes coincés dans un panier, voyant le monde comme un système gagnant-perdant, où aucun échange ne peut être mutuellement bénéfique. Selon cette perspective, toute situation produit un vainqueur et un vaincu, et chacun cherche à faire perdre l'autre. En réalité, il existe des compromis, accessibles sans enclencher les hostilités et qui profitent à toutes les parties prenantes.

Cette métaphore décrit une mentalité pouvant se résumer par « si je ne peux pas l'avoir, toi non plus ». L'image du panier de crabes peut être analysée ainsi :

chacun d'entre eux peut, individuellement, s'échapper facilement du sceau, mais au lieu de cela, ils perdent leur énergie à s'accrocher les uns aux autres dans une compétition inutile du « roi de la dune », ce qui les empêche de s'échapper, et garantit leur trépas collectif. L'analogie avec le comportement humain est la suivante : les membres d'un groupe essaieront de « tirer vers le bas » (négligeant ou diminuant l'importance de) tout membre qui réussit mieux que les autres. Cette mentalité s'applique probablement à beaucoup d'entre nous, les signes en sont nombreux. Si nous continuons à agir ainsi, personne ne sera jamais heureux ou comblé. Plutôt que d'être obnubilé par l'ascension sociale et le fait de dépasser les autres, pensez à jeter un œil à ceux qui sont « au-dessous », et à trouver des solutions pour les aider à s'élever. À long terme, cette approche de la vie sera bien plus profitable à votre santé mentale et à vos objectifs. Comme Gandhi l'aurait dit : « La meilleure manière de se retrouver est de se perdre au service des autres ».

Lorsque nous apprenons à reprendre notre souveraineté et notre autonomie, nous prenons des mesures pour réapprendre l'estime de soi. Lorsque nous sommes certains d'êtres les maîtres de notre propre chemin, nous acceptons la responsabilité personnelle de notre état émotionnel. Nous arrivons à reconnaître que le seul pouvoir que les autres ont sur notre état mental est celui que nous leur donnons. Nous nous efforçons de voir la beauté et la force en nous-mêmes, afin d'avoir la volonté d'aider les autres à se valoriser face aux mêmes épreuves. Pour le bien du monde, nous devrions tous prendre le temps de nous concentrer sur notre propre guérison et sur notre amour de nous-mêmes.

Chapitre 3

Vous êtes divin

La plupart des enfants éduqués à l'école publique ont appris une version traditionnelle de l'Histoire, transmise par les vainqueurs de conquêtes passées. Le point de vue de l'oppresseur y expose l'idée selon laquelle les grandes choses ne peuvent être accomplies que par des héros mythiques, qui savent tout ce qu'il faut dire, tout ce qu'il faut faire, et qui sont totalement dénués de peur, de doute, de regret ou de tout autre sentiment de vulnérabilité appartenant au grand spectre des émotions humaines. À travers les époques, rois et prêtres ont créé un environnement social dans lequel ils s'érigent en héros. Mais dans les faits, cette classe dirigeante ne ressemble en rien à l'image qu'elle met en avant.

Dans la culture états-unienne, les politiques sont souvent présentés dans ce contexte mythique, où on leur attribue la capacité surhumaine de pouvoir déterminer ce dont des millions d'autres personnes ont besoin, de manière permanente, tout comme les rois et les prêtres avant eux. Il arrive souvent que lors de périodes de bouleversement social, le mérite des changements révolutionnaires revienne à des figures de proue et à des personnes faisant « autorité ». Cela fait partie d'un système de culte de la personnalité, traditionnellement hérité des figures de pouvoir. Cette vision de l'Histoire est toutefois trop centrée sur les héros de guerres, et sur la signature de déclarations de toutes sortes.

Nous vivons dans un monde où l'on soumet différents groupes de personnes à différentes règles, et où les droits varient en fonction de la proximité avec le pouvoir, de l'utilisation de la force ou de l'escroquerie. Bien que le point de vue prédominant soit que les humains sont égaux en toute chose, la séparation des classes et du pouvoir s'opère sans que les masses fassent réellement autorité sur les élites. La vérité est que nous sommes égaux en tant qu'humains libres et autonomes, mais que nous vivons dans des sociétés où de petits groupes de sophistes ne nous traitent pas en tant que tels ; ces derniers ont, en effet, établi des normes culturelles qui leur assurent une position de dirigeants, et non d'égaux. Nous les nommons « la classe prédatrice ». Cette situation était criante lorsque la monarchie et l'esclavage étaient assumés, mais de nos jours, les dirigeants dissimulent cette position derrière la démocratie et le communisme, deux conceptions prétendant donner le pouvoir au peuple, mais qui, en pratique, donnent souvent l'illusion du pouvoir au peuple, tout en renforçant l'État et la classe dirigeante.

En reconnaissant, d'un point de vue historique, les limites et les échecs de l'État, nous devrions aussi garder en tête que notre situation actuelle n'est que temporaire ; elle ne conditionne pas nécessairement le futur de l'humanité. Bien qu'il existe sans doute des personnes pensant détenir l'autorité, qui useront probablement de la force pour maintenir ce pouvoir, cela ne signifie pas que cette autorité est légitime. Elle n'est rien d'autre qu'une illusion. Le fait que la majorité de la population croit en cette illusion ne rend pas cette autorité et ce pouvoir illégitimes plus réels, d'un point de vue objectif. Dit autrement, nous ne devrions pas vivre notre vie comme des « citoyens » de seconde zone, sous prétexte que nous sommes traités ainsi.

En tant qu'êtres humains, beaux, indépendants, puissants et autonomes, nous pouvons choisir d'être libres à tout moment. Chacun d'entre nous a le droit de penser et d'agir comme bon lui semble, tant qu'il ne nuit pas à autrui. En d'autres termes, vous êtes votre propre roi, votre propre reine, votre propre prêtre, votre propre autorité… Cela ne signifie pas que nous croyons que chaque être humain est spécial, ou devrait recevoir certains privilèges de la part de l'État dans une tentative d'instaurer l'égalité. Nous croyons plutôt que chaque individu appartient à lui-même, peu importe le nombre de politiciens prétendant le diriger. Vous êtes le maître de votre propre terrain, et le créateur de votre futur. Nous ne devrions pas vivre notre vie comme si l'État maîtrisait notre destin. Bien sûr, la situation actuelle limite nos opportunités, et nous devons tous adopter, sous certains aspects, un comportement conformiste au regard des « puissants qui aimeraient l'être », mais rien de tout cela n'impacte la réalité. Nous ne devrions donc pas changer la manière dont nous percevons notre propre pouvoir.

Lorsque l'on accepte la vision du monde des oppresseurs en agissant comme si elle avait valeur de vérité objective, on se dépossède du pouvoir, et on offre à l'agresseur la possibilité de prendre le dessus. C'est ce qui arrive lorsque l'on tente de se conformer à des standards expressément injustes et que, face à l'échec, on se flagelle émotionnellement. Il semblerait que nos ancêtres furent incapables d'accepter ces faits, ou d'atteindre la véritable liberté en résistant à l'instauration des systèmes de contrôle qui existent aujourd'hui. Cependant, les générations nées à la fin du XXe siècle et au début du XXIe ont, à leur disposition, des outils que leurs prédécesseurs ne pouvaient imaginer. Nous avons la capacité et le pouvoir de faire changer les choses et de créer un monde où chaque être vivant est autonome. L'une des premières étapes pour se libérer individuellement et collectivement est d'affirmer son pouvoir, d'être son propre maître et de s'employer à faire progresser et diffuser la philosophie de la propriété de l'individu sur lui-même, ou *self-ownership*[1].

1. Propriété de soi

Chapitre 4

Faites-vous confiance, quittez l'État

Pour beaucoup d'esprits libres, apprendre à faire confiance à un autre être humain peut constituer une tâche monumentale. Les peurs et les doutes que nous amassons sur notre route peuvent pousser certains à croire que la confiance est une aventure hasardeuse et trop risquée. Parcourir la jungle de la vie peut être assez difficile, et apprendre à se faire confiance, sans parler de faire confiance à l'autre, peut sembler être une idée invraisemblable. C'est toutefois essentiel à notre développement, en tant qu'êtres humains autonomes et conscients, à la recherche de liberté. Nous cherchons à nous libérer physiquement, mais aussi mentalement. Cela signifie qu'il nous faut, à un certain moment, faire face à nos démons intérieurs. Nous devons apprendre à surmonter nos peurs et à avoir confiance en notre jugement et en nos choix. Nous devons apprendre à nous estimer et à nous apprécier à notre juste valeur. À partir de là, nous pouvons jauger qui est digne de recevoir notre confiance. Ce terme s'applique à diverses situations : faire confiance à quelqu'un pour payer sa part de loyer, pour garder son chien, pour créer un jardin partagé ou encore, apprendre à faire confiance à quelqu'un à qui l'on confie son cœur. Tous ces exemples témoignent de l'importance de faire confiance aux autres.

Les conséquences du manque de confiance sont également observables dans le cadre des relations intracommunautaires. L'État ne profite pas seulement d'une population qui s'estime peu et n'a pas conscience de sa valeur, il profitera aussi d'une population qui se regarde avec méfiance. Les programmes étatiques comme COINTELPRO[1] (Counter Intelligence Program) sont de parfaits exemples de la diffusion de mensonges et de la désinformation opérée par le gouvernement, afin d'installer la méfiance entre des alliés. Cela souligne l'importance de former un groupe uni, composé d'individus à qui vous faites suffisamment confiance pour organiser des initiatives communautaires. Dans le troisième tome de notre œuvre, nous développerons les enjeux d'un tel groupe, que nous appelons « cellule de liberté ».

Alors, comment éviter cela ? Commet évite-t-on de succomber au doute, à la méfiance et à des peurs infondées ? Lorsqu'il s'agit de confiance, notre esprit peut être notre pire ennemi. Nous avons des esprits puissants, et une imagina-

1. COINTELPRO, ou Counter Intelligence Program, est un programme de contre-espionnage créer par le FBI, sous la direction de son directeur J. Edgar Hoover, qui avait pour objectif d'enquêter sur les organisations politiques dissidentes aux États-Unis et de perturber leurs activités.

tion capable de représenter nos fantaisies les plus surréalistes comme nos pires cauchemars. Beaucoup d'entre nous guérissent encore de blessures profondes, engendrées par la trahison de leur confiance. Ces blessures peuvent faire souffrir durant toute une vie, si nous choisissons de les laisser sans soin. Nous pouvons rester prudents tout en nous autorisant à faire face à la douleur d'être trompés et déçus, et nous pouvons aussi guérir de ces expériences. Nous pouvons choisir de nous voir comme les êtres humains puissants, beaux et libres que nous sommes, et reconnaître que nous méritons d'être heureux. Nous méritons d'avoir des relations basées sur la confiance et l'honnêteté, plutôt que sur la peur et le doute. En tant qu'anarchistes, nous constatons que l'État n'offre qu'une relation à sens unique, qui n'implique pas la confiance puisque les autorités imposent, quoi qu'il en soit, leur volonté.

Afin de construire des communautés indépendantes, autonomes et durables, nous allons devoir faire confiance aux autres de différentes manières. La confiance est essentielle pour tracer un chemin vers un monde libre. En travaillant pour nous faire confiance, nous aimer soi-même et apprécier sa place dans ce voyage, nous pouvons encourager les autres à adopter la même attitude. Ce qui rendra d'autant plus facile la création de communautés basées sur la non-agression, l'association volontaire, la responsabilité personnelle ainsi que l'aide et l'autonomisation mutuelles. Afin d'aider le monde à continuer d'évoluer, nous devons commencer en nous. Cela signifie commencer par nous-mêmes, et par nos relations interpersonnelles. Si l'objectif est l'évolution des cœurs et des esprits, il est logique de commencer par faire évoluer les nôtres.

Chapitre 5

Vous n'êtes pas seul

Le processus de la découverte de soi et de la remise en question des croyances communément admises, considérées par la majorité comme irrécusables, n'est pas toujours une entreprise facile ou particulièrement plaisante. Pour beaucoup d'entre nous, ce processus peut être assez effrayant, puisqu'il donne l'impression de mettre toute notre vie sens dessus dessous. Nous avons, tous deux, des souvenirs encore vifs de nos nombreuses nuits passées à nous documenter sur ce qu'est réellement le gouvernement et sur la véritable nature des choses. Des nuits blanches qui nous ont souvent menés à des jours sans espoir, et nous ont plongés dans des épisodes dépressifs.

Lorsque vous « ouvrez les yeux » et remettez en question des dogmes liés au gouvernement, à la santé, aux relations, à l'autorité et à l'Histoire, vous vivez sans doute une expérience similaire au deuil d'une personne chère. Dans son livre *Les Derniers Instants de la vie*[1] publié en 1969, la psychiatre suisse Élisabeth Kübler-Ross expose ce qui s'est popularisé comme le modèle Kübler-Ross du deuil. Ce modèle inclut cinq étapes : le déni, la colère, le marchandage, la dépression et l'acceptation.

Il ne faut pas considérer ce modèle comme une suite d'étapes précises dont chaque individu ferait nécessairement l'expérience ni que l'ordre spécifique dans lequel ces étapes se déroulent est le même pour tous. Certaines personnes peuvent vivre un deuil long et passer par toutes ces étapes, alors que d'autres non. Néanmoins, ce modèle offre un aperçu de l'expérience vécue après une remise en question de tout ce qui a été appris, ou dit par des figures d'autorité que sont les parents, les professeurs, les prêtres et les personnalités politiques.

Ces sentiments de colère et de dépression entraînent souvent l'impression d'être seul, dans un monde qui paraît fou. Pendant trop longtemps, ceux pour qui la liberté était un principe fondamental et qui ont imaginé un monde meilleur pour notre espèce se sont sentis désemparés et en marge de la société. Cependant, la philosophie de la liberté et de la non-agression commence à imprégner la culture populaire, et les temps sont en train de changer. Ceux qui, parmi les générations précédentes, ont profondément rejeté l'autorité pouvaient ne jamais croiser le chemin d'autres individus antiautoritaires et soucieux de leur libération. Aujourd'hui, le reste du monde est beaucoup plus accessible, et une quantité d'informations est disponible pour un nombre incroyable de personnes. Notre monde numérique permet aux libres penseurs de

1. Titre original : *On Death and Dying*

se rencontrer régulièrement, ce qui contribue à la renaissance philosophique prédite dans *Reflections on Anarchy and Spirituality*[1].

Il reste pourtant beaucoup de travail à accomplir. Malheureusement, nous nous sommes engagés dans un combat ardu, et notre adversaire a l'avantage sur nous. La grande majorité des habitants du monde occidental a été conditionnée par l'État, grâce aux écoles publiques et à la diversion de la propagande. L'enseignement reçu est celui de l'amour et du soutien profond du statu quo. Cependant, malgré cette propagande, l'esprit humain est si réfractaire au concept irrationnel et contre nature de l'autorité que, même après douze ans d'endoctrinement et de manipulation permanente, il est encore possible de libérer nos esprits.

Malgré une prise de conscience grandissante, vous avez sans doute fait l'expérience de situations inconfortables, lorsque vous avez essayé d'évoquer de vos préoccupations en public. Un malaise s'installe alors, et personne n'ose plus partager ses opinions avec les autres. En conséquence, il est impossible de savoir combien il y a de rebelles. En réalité, il y en a bien plus que ce que la plupart des gens pensent, mais beaucoup passent inaperçues, par souci de s'intégrer – ce qui est humain : nous choisissons souvent de ne pas évoquer des vérités ou des idées épineuses pour éviter d'être ostracisés.

Il est donc important que vous commenciez à faire le plus de bruit possible. Nous devons faire savoir aux autres rebelles qu'ils ne sont pas seuls, pour les encourager à sortir de la clandestinité. Nous sommes, au fond, tous des rebelles, et plus nous le manifesterons, plus nous nous rapprocherons de la liberté. Nous sommes tous nés rebelles, il s'agit de notre état naturel. Ce n'est qu'après une vie passée à être déconsidérés par une culture malsaine que, par commodité, nous finissons par adhérer à ces inepties. Se pourrait-il que nous fassions tous semblant d'adhérer au statu quo ? Même les plus convaincus semblent utiliser un langage édulcoré et des euphémismes pour décrire le monde qui les entoure, car la vérité, crue, est simplement trop difficile à formuler.

L'échec des politiques publiques et les pratiques non viables de l'État sont de plus en plus manifestes, rendant le contexte actuel de moins en moins confortable : à ce rythme, le peuple s'ouvrira bien plus vite à de nouvelles idées. Les rebelles sortiront de la clandestinité. Tout autour de vous, des gens partagent votre vision du monde, et exposer vos convictions au grand jour permettra d'attirer ceux qui adhèrent à vos idées. Nous n'entendons pas par-là qu'il faut militer pour vos principes au point de créer des situations embarrassantes. Cependant, de discrètes allusions à vos nouvelles croyances peuvent s'avérer utiles, pour sonder votre entourage et savoir qui serait susceptible de les approuver. Identifier les personnes réceptives, et celles qui refusent d'écouter. N'imposez jamais vos idées à quelqu'un qui se montrerait réfractaire ; cela peut être source de tensions dans votre vie personnelle.

1. Traduction littérale : *Réflexions sur l'Anarchie et la spiritualité*

Il est important de se rappeler que, face à ceux qui ne parviennent pas à voir plus loin que les apparences, la rancune ou la haine sont inutiles. L'utilisation de termes tels que « mouton » ou « étatiste », pour désigner une personne ignorante, sont en réalité un moyen de mettre à l'écart ceux qui ne partagent pas votre vision du monde ou votre théorie. Nous devons apprendre à accepter tous les individus tels qu'ils sont, et à aider ceux qui souhaitent l'être. L'objectif est de se libérer collectivement, à travers l'émancipation individuelle, afin que chacun, au bout du compte, puisse tracer son chemin vers la liberté. Parfois, notre seule marge de manœuvre consiste à semer les graines de nos idées, qui germeront ou non. Vous l'aurez peut-être remarqué, mais le mouvement pour la liberté est aujourd'hui soumis aux mêmes travers que les partis politiques traditionnels. Bien qu'il soit crucial de ne pas déroger à ses principes, ignorer derechef quiconque ne partage pas votre vision du monde n'est en rien constructif.

La vérité est que chacun de nous a des lacunes, et que nous avons tous des choses à apprendre des autres. Une conversation amicale avec une personne aux idéaux différents est tout à fait possible, et elle n'implique pas de renoncer à ses croyances. Cela ne signifie pas qu'il n'y ait ni bonnes ni mauvaises informations : certaines peuvent être vérifiées et prouvées. Mais confronter des avis diamétralement opposés, et convaincre son adversaire par la force est justement la méthode courante dans les sphères politiques. Ce n'est en rien un mode de communication d'individu libre à individu libre.

Ceux d'entre nous qui se considèrent hors du paradigme politique gauche/droite pourront confirmer que cette approche clivante de la communication et de la résolution de problèmes s'avère stérile et inefficace. Dans les milieux politiques, les débats s'articulent davantage autour de joutes verbales que de la recherche de solutions concrètes aux questions posées. C'est l'une des raisons pour lesquelles les gouvernements, tels que nous les connaissons aujourd'hui, sont incapables de résoudre les problèmes du monde.

Nous pensons que le dégoût face à la violence et à l'assujettissement systémiques est un sentiment fédérateur. Nous venons tous de milieux et d'environnements différents et avons des expériences de vie différentes. Les informations ayant façonné notre rapport au monde ne sont donc pas les mêmes pour chacun de nous. Nous avons rejoint ce « mouvement » pour des motifs différents, et avec des perceptions différentes des problèmes et des solutions à fournir. Cette diversité pourrait sembler dangereuse, ou être facteur d'instabilité pour une personne habituée à voir des personnes de différentes opinions se déchirer, mais en réalité, c'est un magnifique cadeau dont nous devrions tirer parti, en nous abreuvant des connaissances de chacun. Si nous considérons cette situation globale comme un immense puzzle, chaque personne différente, avec ses opinions, est comparable à une pièce de ce puzzle, unique en son genre et essentielle à la réalisation de l'ensemble.

Certes, quelques-uns d'entre nous oscillent entre conservatisme et libéralisme suivant le domaine où ces politiques s'appliquent. Certes, nous nous décrivons comme volontaristes ou libertaires, constitutionnalistes ou anarchistes. Certes, nous sommes socialistes ou futuristes, communistes ou individualistes. Certes, il existe un éventail d'idées sur lesquelles nous ne tombons pas d'accord. Mais ce qui importe, c'est que nous avons beaucoup à apprendre les uns des autres. Si nous ne respectons pas l'opinion de chacun, et si nous écartons l'idée que nous pouvons tirer des enseignements valables de tout point de vue différent du nôtre, nous n'avons aucune chance de battre la classe prédatrice qui nous fait face.

En tant que libres penseurs, nous devons célébrer l'apprentissage de toute nouvelle information, même si celle-ci remet en question certaines de nos croyances. Et particulièrement si elle remet en question certaines de nos croyances. L'une des caractéristiques du « libre penseur » est sa capacité à surmonter son ego et à faire preuve d'humilité en changeant d'avis face à une nouvelle information.

Une fois de plus, nous souhaitons insister sur le fait que tous ces conseils n'ont pas pour but de vous pousser à boire les paroles du premier venu ni de vous empêcher d'être ferme dans vos convictions. Mais il est crucial de rappeler que nous avons pris part à cette lutte pour résoudre des problèmes, et pour diminuer le niveau de violence actuel. Il ne s'agit pas de se détruire mutuellement ni de diviser encore plus notre monde. Nous sommes là pour enseigner, apprendre et construire un monde meilleur. S'engager dans des débats avec des adeptes de différentes visions du monde peut s'avérer utile, mais si vous cherchez à vous rallier à ceux qui partagent vos idées, vous serez déçus par ce procédé. Plus nous interagissons avec nos confrères et consœurs, et plus nous tissons de liens avec eux, plus notre contribution à l'évolution des cœurs et des esprits aura de chances d'aboutir.

Le changement de paradigme est le processus par lequel un individu acquiert une nouvelle connaissance qui altère et fait complètement évoluer sa compréhension du monde. Nous pensons faire, actuellement, l'expérience d'un changement de paradigme depuis des générations qui engendre une prise de conscience grandissante depuis la fin du XXe siècle. En cherchant à découvrir la vérité par-delà les apparences et à vous émanciper, vous contribuez à ce changement de paradigme. Pendant que l'État continue sa marche vers la mort et vers son effondrement prochain, il est de plus en plus important de bâtir les fondations de communautés dans les mondes réel et numérique. Ensemble, nous pouvons nous éduquer mutuellement et créer des solutions, qui anéantiront l'oppression systématique et permettront l'épanouissement de l'esprit humain.

Chapitre 6

Apprenez de tous, mais soyez votre propre maître

Il est important d'exercer sa capacité d'apprendre de tout le monde et de chaque situation. Ne bridez jamais vos connaissances en choisissant d'ignorer des informations qui seraient contraires à vos points de vue. Même après avoir lu notre ouvrage, nous vous incitons à continuer vos recherches, pour que vous puissiez vous forger votre propre opinion sur ce qui se déroule dans le monde. Une source d'information unique ne peut constituer la base de votre vision du monde. Cette dépendance équivaudrait à donner à une autre personne le pouvoir de penser à votre place.

La majorité du monde occidental a appris à regarder la société de manière polarisée. Lorsque certains sujets nous sont exposés par les sphères traditionnelles, ils sont généralement simplifiés à l'excès, à tel point que toutes les notions sont présentées en noir ou blanc, comme s'il n'y avait que les « bons » et les « méchants ». En réalité, la vie est souvent bien plus compliquée. Il y a généralement de nombreuses manières de voir les choses, et une même histoire comporte plusieurs facettes.

C'est particulièrement vrai en philosophie, où les termes sont constamment redéfinis et les idées constamment réexaminées par chaque nouvelle génération de philosophes. Dans le cas de la notion de gouvernance, la situation est bien plus complexe que le simple fait de choisir un parti politique ou un groupe social, ou que l'adhésion à un système entier de croyances basées sur les idées d'autres personnes. Malheureusement, c'est l'approche qui est généralement adoptée à travers le monde, parce que c'est ainsi que l'on nous a appris à penser. Il est bien plus facile de laisser quelqu'un réfléchir à notre place que d'effectuer nous-mêmes le travail rigoureux de recherche et de réflexion nécessaire pour analyser d'importants sujets de société.

Lorsque l'on essaie de séparer les faits de la fiction, on se sent de plus en plus dépassé. C'est particulièrement le cas à notre époque, en raison de l'incroyable somme d'informations contradictoires disponibles sur Internet. Passer au crible toutes ces informations et croiser ses sources nécessite énormément de temps, et ce n'est pas tâche facile, mais il s'agit d'une démarche nécessaire pour garantir la fiabilité d'un ensemble de recherches. Ici réside la différence entre parvenir à ses propres conclusions, et adopter les conclusions des autres. Les idées formidables sont nombreuses, et il n'y a aucun mal à faire confiance à des chercheurs et à s'en remettre à eux lorsque l'on cherche des informations fiables. Cependant, il est important de ne croire personne sur parole, et de n'écarter aucune information sur simple consultation de sa source. Vérifiez toujours l'exactitude d'une information par vous-même.

Certains chercheurs peuvent être experts dans des domaines précis, tout en étant mal informés et en décalage avec la réalité dans beaucoup d'autres. C'est pour cela que nous devrions passer chaque information rencontrée au crible, et nous efforcer de chercher des alternatives à toute affirmation, afin d'obtenir une perspective complète. Certains chercheurs brillent par leurs compétences en analyse de la politique étrangère, mais ont des points de vue très inconsistants en économie, et inversement. Personne n'est parfait, et nous devrions tous être conscients de nos points forts et de nos points faibles, pour continuer à apprendre et à mûrir. C'est pour cela qu'il est important d'effectuer ses propres recherches et de vérifier les sources pour s'assurer de l'exactitude des informations. Personne ne possède les réponses à toutes les questions, quelles qu'elles soient. Et si quelqu'un le prétend, c'est alors qu'il faut procéder avec la plus grande prudence.

Pendant bien trop longtemps, dans notre culture, l'apprentissage s'est opéré verticalement. Il revient à chacun d'entre nous d'utiliser les outils à disposition de nos générations pour nous éduquer, ainsi que nos communautés, afin de pouvoir continuer à exploiter l'une des ressources les plus vitales de notre planète : l'imagination humaine.

Chapitre 7

Comprendre sa famille et ses amis

Alors que nous passons de l'observation des relations personnelles à celle du monde dans son ensemble, nous voulons prendre un moment pour discuter des difficultés qui surviennent souvent lorsque vous expliquez votre point de vue et opinions à vos proches. L'un des nombreux obstacles qui nous empêchent réellement d'atteindre la paix et la liberté est le simple fait que beaucoup d'entre nous, malheureux de l'état actuel du monde, sommes trop effrayés pour nous exprimer, par peur de ce que nos parents, nos amis ou même de ce que des inconnus pourraient penser. Si vous croyez que le monde est corrompu par une conjuration de politiciens, d'institutions bancaires, d'intérêts militaires, d'aliens reptiliens ou tout cela à la fois, nous comprenons plus généralement qu'il existe des esprits rebelles qui remettent en question les déclarations officielles des agents du gouvernement, des officiers de police et des experts médiatiques. Que nous arrivions aux mêmes conclusions ou aux mêmes solutions n'importe pas encore. Nous apprécions à leur juste valeur tous ceux qui décident de jeter un œil derrière le voile de l'étatisme et de l'autorité. En ce qui nous concerne, nous croyons tous deux qu'en tant qu'institution, l'État est immoral et que la plupart des gouvernements dans le monde sont des pions corrompus, au service de divers intérêts opérant dans l'ombre.

Votre point de vue n'est peut-être pas si extrême, mais puisque vous lisez ce livre, il est très probable que votre avis puisse être catégorisé comme différent de « l'opinion majoritaire ». Vous avez certainement, vous aussi, passé des nuits à faire des recherches sur Internet, à regarder des documentaires et à forger votre vision du monde. Vous avez sans doute essayé de partager ces informations sur les réseaux sociaux et des forums, et lors de conversations informelles avec des amis ou des membres de votre famille. Vous êtes peut-être désormais suffisamment à l'aise pour affirmer à vos proches que vous avez « ouvert les yeux », et vous avez sans doute commencé à leur reprocher leur inaction et leur non-participation à la révolution. À moins que vous ne fassiez partie des chanceux, vous vous êtes certainement, et malheureusement, heurtés au silence ou à des moqueries non dissimulées. Ce silence et ce rejet laissent souvent place à de la colère et de la rancœur, qui peuvent abîmer bien des relations importantes. Pour ceux d'entre nous qui ont l'impression d'avoir révélé des vérités longtemps cachées, il peut être extrêmement démoralisant de constater que famille et amis proches ferment les yeux, et font la sourde oreille face à nos discours. Souvenez-vous : parfois, il suffit de semer des graines, et il ne s'agit pas de tenter de « convertir » en permanence des individus à votre vision du monde.

Nous comprenons que passer de l'autre côté de certains miroirs peut entraîner des révélations bouleversantes, porteuses de nouvelles valeurs, de nouveaux principes et d'une nouvelle compréhension du monde, qui entraînent une réévaluation des relations méritant d'être entretenues. Certains individus choisissent de renier des membres de leur famille et des amis, à cause de différends trop importants qui empêchent la poursuite de la relation. Bien que nous ne considérions pas que des individus libres soient obligés de maintenir des relations contre-productives ou destructrices (filiales ou non), nous pensons que cette décision ne doit pas être prise à la légère. Le simple fait d'accepter chaque individu à son propre niveau sur son chemin de vie peut avoir son importance. Nous sommes tous à des étapes différentes de nos parcours. Cela ne signifie pas que vous devez abandonner vos valeurs, mais seulement que vous devriez vous rappeler que tout le monde apprend. Ayez de la compassion pour ceux qui ne voient pas ce que vous avez été amenés à voir. Montrez l'exemple, et les autres seront encouragés à commencer à chercher des réponses par eux-mêmes.

Chapitre 8

Le piège des racoleurs

Beaucoup de ceux qui se sont investis dans notre lutte pour la liberté ont déclenché leur remise en question de la bonne marche du monde en lisant un livre, en regardant un documentaire ou au détour d'une conversation sur une conspiration. Il en fut de même pour les auteurs de ce livre qui, aujourd'hui, considèrent ces découvertes comme des évènements qui ont transformé leurs vies.

En grandissant, les médias, le système éducatif et nos familles nous enseignent que le gouvernement a à cœur nos intérêts, que sa raison d'être est de nous protéger et qu'il ne nous ferait jamais le moindre mal. C'est, évidemment, bien loin de la vérité. L'Histoire est parsemée d'exemples de génocides commis par des gouvernements, dans leur propre pays et à l'étranger, expérimentant sur des humains et dissimulant de multiples atrocités. Des milliers de preuves documentées confirment ces crimes d'État.

Qu'il s'agisse de l'implication de la CIA dans des trafics de drogues et d'armes, dans le financement du terrorisme, dans la protection de réseaux pédophiles ou de son infiltration dans des groupes d'activistes, ces cas consignés illustrent un schéma comportemental. Ce schéma crée naturellement des doutes au sein de la population et amène beaucoup d'entre nous à formuler des hypothèses sur les éventuels autres agissements du gouvernement. Nous commençons donc à nous demander quelle est la véritable source de pouvoir, et si dans l'ombre, l'État ne dicterait pas les unes des journaux.

De telles hypothèses sont tout à fait saines, mais il est important de savoir distinguer clairement ce que nous conjecturons, et ce que nous savons être vrais. Ce n'est malheureusement pas évident pour tout le monde, car instinctivement, nous recherchons les informations qui confirmeront ce que nous voulons croire. Ce processus est encore plus criant lorsque nous examinons des informations sur une personne ou un fait que nous réprouvons, et autour duquel nous avons déjà dû démanteler beaucoup de mensonges. Cependant, exposer ces crimes reste une mission importante qui ne peut être prise à la légère. Toute hypothèse non vérifiée ressurgira plus tard, pour nous hanter et nous discréditer si elle s'avère infondée. Il est essentiel d'être rigoureux dans ses recherches et d'être transparent lorsque nous discutons de ces sujets en public.

Il est également nécessaire de s'intéresser aux points de vue traditionnels, à savoir l'opinion des citoyens moyens et des soi-disant experts sur le sujet. Se focaliser exclusivement sur le point de vue conspirationniste est une erreur. Nous ne sommes, par exemple, que très peu informés sur la cryptomonnaie, mais certains sont persuadés que cette technologie est au service du complot du « nouvel ordre mondial », ayant pour but d'imposer à tous une monnaie numérique. Cette hypothèse, répandue parmi certains activistes, découle d'inquiétudes suscitées par le passage à une « société sans argent liquide », ce que nous comprenons. Mais le débat sur la cryptomonnaie compte beaucoup d'activistes suspicieux, qui ne parviennent pas à en comprendre les nuances.

Il s'avère que les premiers concepteurs et utilisateurs de la cryptomonnaie étaient, eux aussi, très inquiets à l'idée de voir émerger une société sans argent liquide, c'est d'ailleurs l'une des raisons qui les poussèrent à créer une forme « d'espèces » dans le monde numérique. En effet, la plupart des cryptomonnaies furent créées en opposition au système des banques centrales. Elles se voulaient déflationnistes, décentralisées et transparentes, bien que privées. Malgré cela, l'évocation régulière de l'avènement une société sans argent liquide, et la crainte qu'elle suscite, convainquit certains militants que toutes les cryptomonnaies sont destinées à y contribuer, et sont donc liées au nouvel ordre mondial. Mais ce que les détracteurs de la cryptomonnaie ignorent, c'est que dans sa version la plus décentralisée, anonyme et privée, cette monnaie peut résoudre tous les problèmes qu'ils cherchent à anticiper.

En tant que journalistes indépendants durant ces dix dernières années, nous avons tous deux pu voir certains de nos pairs, parmi les plus passionnés et les plus travailleurs, combler les lacunes des médias dominants. Nous avons également été témoins de la propagation d'un ramassis de mensonges par des personnalités du Net, d'inepties et de rumeurs infondées. Bien que quelques journalistes Web se déplacent sur le terrain pour procéder à des interviews et documenter leurs reportages, ce n'est pas toujours le cas. Certains intervenants sur les réseaux sociaux se contentent d'exprimer leur propre interprétation des affaires courantes, et attendent de leurs lecteurs une confiance aveugle.

Nous avons aussi analysé les attentes du public concernant les créateurs de contenu, à savoir de proposer des hypothèses et un éclairage des faits non diffusé par les médias traditionnels. Cela pousse certains journalistes de pacotille à spéculer frénétiquement sur ce qu'il se passe à chaque coin de rue. Des injonctions sociales et financières amènent également journalistes ou activistes à tirer des conclusions confirmant systématiquement leur parti pris, et à offrir à leurs abonnés ce qu'ils veulent entendre. Souvent, ces prédictions sont associées à des courriers frauduleux, comme des invitations à participer à des arnaques ou à rejoindre un club secret de citoyens au bras long. Il est important d'adopter une attitude sceptique à l'égard de ce genre de charlatanisme.

Bien sûr, tout le monde n'est pas motivé par l'argent : certains agissent par ego et par volonté d'apparaître plus malin et mieux informés, et certains croient réellement aux mensonges qu'ils colportent. Il revient au lecteur et au spectateur d'être perspicaces, et d'exercer sa pensée critique.

Il est également vital de comprendre que les théories conspirationnistes ne peuvent plus être réduites aux élucubrations de votre ami le plus extravagant. À l'ère d'Internet, les politiciens du monde entier ont appris à exploiter les effets psychologiques d'une propagande au ton conspirationniste, dans le but de récolter de renforcer leurs politiques, souvent autoritaires. Ces dernières années, les agences gouvernementales, les politiques et les organisations nationalistes de terrorisme intérieur ont appris à transformer les théories conspirationnistes en armes destinées à discréditer les activistes, et à servir leurs propres intérêts. Dans la sphère politique états-unienne, les démocrates évoquent des théories conspirationnistes concernant la Russie à tout bout de champ depuis l'élection de 2016, devinant le spectre russe dans chaque opposition à leur politique ou à leurs candidats. En parallèle, les républicains et les membres de l'extrême droite semblent maîtriser l'art d'utiliser les théories conspirationnistes pour dénigrer les étrangers, ou promouvoir le nationalisme et le traditionalisme.

Aux prémices de l'hébergement de vidéos sur Internet, une éruption de documentaires conspirationnistes sur le 11 septembre et sur le système bancaire a engendré un mouvement aux origines diverses, composé d'anarchistes, de militants antiguerre, d'adeptes du New Age[1], de citoyens souverains, de chasseurs d'ovnis, de révolutionnaires de gauche et de patriotes de droite ; tous opposés aux deux principaux partis politiques et animés par le souhait de créer un monde libre, où les droits individuels seraient protégés. Nous étions parmi eux, pendant une courte période, et avions l'espoir d'être réellement en train de changer le monde. En effet, cette union magique et fugace se divisa progressivement en un million d'étincelles, qui se dispersèrent pour continuer le travail de remise en question de l'ordre du monde. Ce qui n'empêcha pas le mouvement cohérent qui nous avait préalablement réunis, et pour la plupart d'entre nous initiés, de se détériorer et de dériver loin des premières idées qui avaient rassemblé tant de rebelles d'horizons variés. Malgré les différences de nos philosophies et de nos milieux, nous avons été capables de nous rassembler pour nous opposer au complexe militaro-industriel, à l'État policier, à la surveillance gouvernementale, au monopole de la banque centrale et à d'autres conspirations authentiques et avérées, facteurs majeurs de la destruction progressive de notre monde. Malheureusement, au fil du temps, ces thèmes ont été laissés de côté, au profit de mirages et de sujets à sensation plus accrocheurs, comme la théorie de la Terre plate et les enquêtes autour de la mort de célébrités, ou au profit de thématiques telles que Q-Anon, plus séduisantes aux yeux les électeurs traditionnels.

Les communautés en ligne s'étant autrefois organisées contre la corruption du gouvernement se sont progressivement transformées en politiques partisanes, et le paradigme droite-gauche a connu un regain d'attention. À notre grand désarroi, cette division est fréquente chez les anarchistes, qui semblent prêts à s'en-

1. Courant spirituel du XXe et XXIe siècle, vaste et éclectique.

tretuer pour des théories économiques. Les constantes spéculations infondées, divisions partisanes, dénonciations de chaque évènement et individu comme une imposture et l'élaboration de mythe basés sur de véritables complots empoisonnent le puits de la communauté de recherche sur les conspirations. Cet environnement est devenu tellement toxique que nous admettons désormais que les critiques de certains « théoriciens conspirationnistes » sont fondées et tangibles. Bien sûr, les médias dominants utilisent ce terme comme une attaque, mais certaines personnes voient réellement des conspirations partout, même sans l'ombre d'une preuve.

L'écueil le plus néfaste à la culture conspirationniste est sa tendance à des attitudes défaitistes et au désespoir. Pour en revenir aux cryptomonnaies, beaucoup pensent qu'elles font partie d'un plan de la classe prédatrice et rejettent donc toute utilisation de cette technologie, bien qu'elle comporte des avantages. Nous avons entendu des théoriciens se plaindre qu'aller dans les rues pour protester, c'est aider les élites à instaurer leur plan de loi martiale. Nous avons aussi entendu des défaitistes décourager d'autres citoyens d'acheter des terres, de former une communauté intentionnelle ou de se couper du réseau, sous prétexte que les autorités allaient transformer cette communauté en un nouveau Waco[1]. Ces exemples ne se comptent plus, et à chaque fois, le détracteur ne propose aucune solution, et semble accepter la défaite. Ces personnes se considèrent comme omniscientes et omnipotentes, pour que nous, pauvres prolétaires, réussissions dans notre quête pour d'un monde meilleur. Nous rejetons complètement ces idées.

Nous apprécions tous deux, de temps à autre, tomber dans le piège des racoleurs. Cependant, ces derniers temps, nous restons bien conscients que personne ne connaît l'entière vérité sur ce qui se passe dans l'ombre. La poursuite de la liberté n'est pas destinée aux âmes sensibles. Si vous êtes réellement curieux, et que vous souhaitez comprendre les dessous du pouvoir, les institutions et les personnes qui tirent les ficelles de notre société, ainsi que la profusion de secrets qui entoure notre monde, vous devez apprendre à séparer les mensonges de la vérité. Vous devez apprendre à flairer les inepties, et développer un engagement cohérent pour aller débusquer et chasser la vérité, peu importe vers où elle vous entraîne, et surtout si elle remet en question vos préjugés. Ce n'est qu'ainsi que nous pourrons distinguer les insaisissables et ténébreux secrets du royaume conspirationniste.

1. Du 28 février au 19 avril 1993, la communauté des « Davidiens » de Waco, au Texas, fut assiégée puis prise d'assaut par le gouvernement états-unien. Quatre agents du gouvernement et quatre-vingt-deux membres de la communauté, dont vingt-cinq enfants, furent.

Chapitre 9

L'État n'est pas invincible, c'est une idée préconçue

L'Histoire retrace de nombreuses guerres menées contre différentes formes d'autorité, se soldant généralement par un assujettissement encore plus extrême des populations. La foi aveugle en de nouveaux « sauveurs » porteurs d'espoir et de changement, mais en réalité assoiffés de « pouvoir » en est la principale cause. Pour comprendre cette quête de pouvoir et de contrôle, nous devons comprendre ce qu'est le pouvoir. On le définit généralement comme la capacité à contrôler des personnes ou des choses, ou comme le contrôle politique d'un pays ou d'une région. À l'instar d'autres instruments, le pouvoir peut être utilisé pour générer des issues positives ou négatives, selon la perspective. De plus, il existe différents types de pouvoir. Le pouvoir d'une personne sur une autre, et le pouvoir partagé par un groupe de personnes. Le pouvoir politique peut être considéré comme le fait de contraindre les actions des autres.

Le jour de thanksgiving[1] de l'année 1980, l'activiste radical et poète amérindien John Trudell évoqua l'illusion de pouvoir :

« Nous devons rétablir notre identité. Nous devons comprendre qui nous sommes et où nous nous situons dans l'ordre naturel des choses, parce que notre oppresseur essaie de nous bercer d'illusions. Ils nous disent posséder le pouvoir, mais ce n'est pas le pouvoir. Certes, ils ont toutes les armes, ils sont à l'origine de toutes les lois racistes, ils sont le peuple de tous les juges racistes, et ils contrôlent peut-être l'argent, mais ce n'est pas cela le pouvoir. Il s'agit seulement d'imitations du pouvoir, certes puissantes, car nous les laissons prendre la place du pouvoir dans nos esprits, mais tout n'est qu'imitation.

Racisme et violence, racisme et armes, économie : la brutalité du mode de vie patriotique américain n'est rien d'autre que violence et oppression, et n'a rien à voir avec le pouvoir. C'est de la brutalité. C'est l'absence d'équilibre sain. Les personnes ayant créé ce système et celles qui le perpétuent sont déséquilibrées. Elles nous ont déséquilibrés. Elles se sont immiscées dans nos esprits, dans nos cœurs et elles nous ont programmé. Nous vivons dans cette société et elle nous a déséquilibrés. Et puisque nous sommes déséquilibrés, nous n'avons plus le pouvoir de leur faire face.

Ils nous ont conquis comme le pouvoir de la nature. Nous sommes le pouvoir. Ils utilisent la violence et la répression, nous sommes le pouvoir. Nous faisons

1. Jour de grâce aux États-Unis. Lit. action de grâce.

partie de la nature. Toutes les choses de la nature font partie de la création, et se nourrissent de l'énergie de notre mère sacrée, la Terre. Nous sommes le pouvoir. Mais ils nous ont séparés de notre connexion spirituelle à la Terre, et nous nous sentons impuissants. Nous regardons l'oppresseur et nous regardons l'ennemi, parce ce que ce sont eux qui détiennent les armes, les mensonges et l'argent.

Nous nous sentons impuissants… Ils veulent que nous nous sentions impuissants. Nous faisons naturellement partie de la Terre, nous sommes une extension de cette énergie naturelle. L'énergie naturelle qui est esprit, et qui est pouvoir. Pouvoir. Un blizzard est pouvoir. Un tremblement de terre est pouvoir. Une tornade est pouvoir. Ce sont autant d'éléments de pouvoir qu'aucun oppresseur, ou qu'aucun mécanisme, ne peut réfréner. Aucun mécanisme ne peut soumettre ces éléments de pouvoir. Et tout comme il faut des millions et des milliards d'années d'évolution pour faire naître un blizzard ou un tremblement de terre, il faudra des millions et des milliards d'entre nous pour faire évoluer la Terre. Nous sommes le pouvoir. Nous avons ce pouvoir. Nous avons le potentiel de détenir ce pouvoir ».

Comme le montre Trudell, le pouvoir va bien au-delà des mécanismes physiques de l'État, et bien plus loin que des figures politiques pouvant être destituées, ou même emprisonnées. D'innombrables batailles ont été menées pour renverser les pouvoirs en place, mais aucune d'entre elles n'a donné lieu à la liberté pour tous. C'est parce que tous ces combats ont été remportés au nom des mauvais principes.

Évidemment, se confronter aux manifestations physiques de l'oppression fait partie de tout processus de changement, mais nous devons reconnaître que le combat réside en dehors du monde réel. Il s'agit de la lutte intérieure entre le désir de liberté de chacun et ses démons intérieurs, qui tendent à le soumettre à l'autorité. Les oppressés pensent toujours que nous luttons contre des personnes, alors que nous sommes en réalité engagés dans une guerre d'idées. Il ne fait aucun doute que l'esclavage et la maltraitance physique persistent et qu'ils ont causé énormément de ravages et de destruction. Mais imaginons nous effacer, dans la marche de l'Histoire, tous les esclavagistes, les législateurs et les bureaucrates ayant approuvé la maltraitance et l'esclavage « légaux ». Cela mettrait-il fin à l'esclavage et aux injustices inhérentes à l'État ? Non. Les idées qui ont permis à la classe prédatrice de commettre ses crimes impunément, ainsi que leur acceptation par le plus grand nombre, subsisteraient. Ce qui laisse le champ libre à de nouvelles figures d'autorité pour recommencer le processus.

Tant qu'il existera des individus dont l'ambition est de soumettre le pouvoir organisé à leurs propres desseins (bienveillants ou non), le risque de la création et la prospérité de l'État, hors du contrôle du peuple, subsisteront. Cependant, l'observation du contexte actuel dans les différentes régions du monde nous confirme que ce concept n'est pas encore compris par la majorité de la population. Cette dernière ayant tendance, de manière compréhensible (mais mal avisée), à privilégier la violence pour résoudre les conflits. Pendant bien trop longtemps, notre espèce a utilisé la violence pour arriver à ses fins. Cette violence a été à la base de l'organisation sociale et de la gestion des conflits la majeure partie du temps. C'est pourquoi certains sont si prompts à avoir recours à la violence dans tout type de situations : ils l'ont appris de l'État !

Peut-être que des vies entières de guerre, de taxation, de destruction écologique et d'esclavage pur et simple par les gouvernements et leurs lobbys nous ont désensibilisés à la violence. Nous devons désapprendre le récit qui nous a été transmis, et redéfinir notre perception de la nature du gouvernement et des relations humaines en général. Dans l'une de ses citations les plus célèbres, Albert Einstein affirme qu'« on ne peut pas résoudre des problèmes avec les mêmes modes de pensée qui l'ont engendré ». Cela s'applique parfaitement à la situation décrite ici, et met en lumière les raisons pour lesquelles les révolutions violentes du passé n'ont jamais pu atteindre l'objectif de libérer la race humaine de l'autorité.

Depuis notre naissance, l'ordre établi nous a constamment nourris de mensonges et malheureusement, lorsque l'un de nous découvre la violence qui régit le monde, il est confronté au problème de démêler le vrai du faux. Lorsqu'il ne parvient pas à désapprendre, il succombe progressivement à une soif de vengeance inhérente à la découverte de son propre asservissement. Lorsque les mensonges sur la « nature humaine » ou sur les capacités de notre espèce sont reconnus et dévoilés, il est difficile de consentir à des solutions apolitiques et non-violentes aux problèmes rencontrés.

L'État, et tous ses appendices prédateurs tels que les entreprises, l'organe militaire et l'industrie ne sont pas de simples groupes de personnes armés devant être renversés ; ce sont des idées préconçues, qui peuvent être très facilement remises en question par la bonne combinaison des idées adéquates. Le premier champ de bataille de cette révolution est celui de l'esprit. Pour régler des problèmes engendrés par la violence, les armes les plus efficaces sont les idées et les solutions non-violentes, et non la violence en retour ou les politiques défaillantes.

Chapitre 10

L'âge d'or, c'est maintenant

Chaque génération ayant foulé cette terre était incapable d'imaginer ou d'appréhender ce qu'apporterait l'avenir. Cette incapacité à anticiper les prochains changements amène beaucoup d'entre nous à croire que leur place dans l'Histoire, ainsi que ce dont ils sont témoins au quotidien, constituent le niveau maximal d'avancement de l'humanité et de sa compréhension du monde. Les unes après les autres, les générations sont contredites, puisque nous continuons à progresser dans notre compréhension du monde et dans notre capacité à influer sur la société dans son ensemble.

Pourtant, beaucoup vivent leurs vies comme si l'humanité avait cessé d'évoluer. Ceux qui vivent avec cette mentalité sont souvent nostalgiques de périodes qu'ils n'ont pas connues, idéalisées par les générations précédentes au travers d'histoires ayant traversé les époques. Lorsque les politiques et les chefs d'État font des erreurs et que les choses se gâtent, comme souvent, la population ne sait pas vers qui se tourner pour trouver de l'inspiration, et elle s'attarde sur les souvenirs du « bon vieux temps » que l'on garde tous en tête depuis l'enfance. Si les gens cherchaient l'inspiration dans leurs cœurs, dans leurs esprits et dans leurs communautés, la classe dirigeante tremblerait certainement dans sa tour d'ivoire.

Chaque nation et chaque peuple a son propre mythe de l'âge d'or ; les enfants états-uniens sont conditionnés à louer la gloire des pères fondateurs et le mythe d'un gouvernement constitutionnel limité. Cette idée, profondément enracinée, peut être résumée ainsi : « Bien que le contexte actuel soit défavorable, il était une fois quatre aristocrates héroïques et désintéressés, les pères fondateurs, qui donnèrent naissance à une nation, aidant le peuple à vivre libre et prospère ». Il est également dit qu'en règle générale, ils étaient aimés de tous et que tout allait pour le mieux. Cette version, aux allures de conte de fées, s'inscrit dans nos livres d'Histoire et dans les mythes culturels si présents dans nos vies quotidiennes. Ce folklore nationaliste n'a toutefois rien à voir avec la réalité, et fait complètement fi de l'histoire de l'oppression et de la violence déchaînées contre les milliers de tribus et de nations préexistantes sur le territoire plus tard nommé « les États-Unis d'Amérique ».

Certes, les pères fondateurs des États-Unis exprimèrent des idées brillantes et contribuèrent à la diffusion du principe de liberté, mais ils n'étaient pas parfaits. Ils firent un excellent travail pour entériner, pour les générations futures, certains principes fondamentaux (du moins en théorie ; en réalité, ces principes ne s'appliquaient qu'aux hommes blancs et riches). Cependant, la plupart d'entre eux étaient relativement oppressifs, dans leur vie personnelle comme dans leur politique. Nombre de ces hommes étaient esclavagistes et racistes, classistes et sexistes. Ils n'étaient pas non plus si populaires à leur époque que dans les livres d'Histoire.

Bien des personnages politiques encensés par l'Histoire étaient tout aussi impopulaires que les politiciens d'aujourd'hui. Les pères fondateurs ne faisaient pas exception. La génération contemporaine à la Déclaration d'indépendance connut des rébellions constantes de l'ensemble de la population, car beaucoup réalisaient, avec justesse, que leur gouvernement colonial local était en réalité tout aussi oppressif que l'Empire britannique. Ces rébellions étaient souvent réprimées par la force brute des aristocrates, ceux-là même qui sont idéalisés dans les livres d'histoire américaine.

Néanmoins, certaines personnes prirent les armes et risquèrent leurs vies en se battant contre le gouvernement, comme, par exemple, lors des révoltes de Shays (1786-1787) et du Whisky (1791-1794). D'une certaine manière, les contemporains de ces époques étaient peut-être plus libres qu'une personne ordinaire vivant dans le monde moderne, car contrairement à nous, ils n'eurent à souffrir que d'une faible réponse gouvernementale. Cependant, la vie à cette époque et à cet endroit était tout de même rude, puisque la structure politique imposait un niveau de vie extrêmement faible à l'ensemble de la population. On peut affirmer, sans grand risque de se tromper, que la création des États-Unis ne devrait pas être considérée comme un âge d'or digne d'être rappelé.

L'histoire de l'humanité est une progression constante, bien que lente, vers une société plus libre. Lentement, mais sûrement, progressivement, génération après génération, nous faisons tomber les idées politiques irrationnelles et absurdes qui maintenaient jadis nos ancêtres captifs. Lorsque l'on regarde l'Histoire sous cet angle, il est sans doute contre-productif de chercher un chemin vers une société libre dans le passé. Certaines leçons peuvent être tirées de l'étude de l'Histoire, mais nous devrions plutôt tenter de combiner le meilleur des époques passées avec la réalité actuelle, en constante évolution, ainsi que l'accumulation de connaissances.

L'un des plus grands mystères de ce monde est le cycle répétitif de l'Histoire ; le fait que notre espèce continue à répéter en boucle les mêmes erreurs. Ce cycle a certainement plusieurs causes, mais le mythe culturel de l'âge d'or y contribue indubitablement. Les républiques et les démocraties étaient considérées comme les formes idéales d'organisation de la société par les générations passées, mais le temps et l'expérience montrèrent que ces systèmes de gouvernement engendrent la corruption, comme tout type de système de contrôle social coercitif. Cette corruption entraîna un effondrement économique et culturel, diffusé à travers toute la civilisation occidentale et pendant de nombreuses décennies.

Les systèmes de gouvernement démocratiques et républicains s'étant avérés être un échec, nos ancêtres eurent l'opportunité de créer une société libre à partir de leurs cendres. Malheureusement, cela n'eut jamais lieu, en partie parce que les esprits des masses étaient toujours enfermés dans le paradigme de la domination. Ainsi, bien qu'elles aient échappé aux chaînes physiques, ces populations échouèrent à renverser ces philosophies. Mettre fin à la tyrannie n'est pas synonyme de renverser un tyran. Il n'existe pas de traité à signer pour garantir qu'aucun autre tyran ne le remplace. La prévalence de la violence et de l'oppression à grande échelle ne peut perdurer que tant que l'ensemble de la population est dupée, convaincue que le statu quo est la meilleure issue qui lui est offerte. Les « puissants qui aimeraient l'être » souhaiteraient que vous croyiez que leur argent, leur armée, leurs médias et leur « autorité » ont poussé l'humanité aussi près que possible de l'utopie.

Cependant, lorsque les masses décideront que la violence de la classe dirigeante est immorale et socialement inacceptable, il sera impossible pour les tyrans de convaincre quiconque de participer à leur folie. C'est là que réside le « renversement philosophique » des idées violentes, plutôt que de remplacer le tenant du trône, ou que de signer de nouveaux traités.

À la chute de l'Empire romain, le paradigme ne fut pas modifié : il n'y eut pas d'avancement philosophique, mais, en effet, une régression vers le féodalisme à long qui résulte peut-être d'une peur collective de la poursuite de l'inconnu (la liberté), associée au confort du passé (l'esclavage). Ce n'est qu'un exemple parlant qui fait écho au climat politique actuel, mais l'Histoire regorge d'exemples d'erreurs renouvelées à l'infini, répétant les mêmes mauvaises décisions que le régime précédent. Nous nous trouvons aujourd'hui à une autre période de grand changement. De notre point de vue, les pouvoirs établis sont sur un terrain glissant, et l'ensemble de la population commence à réaliser que le mode de vie qu'on lui a imposé n'est pas viable et qu'une nouvelle trajectoire est nécessaire. Ce processus se met en place graduellement, sur plusieurs générations, mais malheureusement, à chaque nouvelle révolution ou bouleversement social, la vision du monde reste la même et le cycle n'est pas rompu.

La douleur, la dépression et la confusion qui découlent de l'acceptation de la nature viciée de notre vie quotidienne sont trop difficiles à gérer pour la plupart d'entre nous. Dans ces conditions, rationaliser et justifier, de manière extrêmement complexe, la violence et la folie ayant cours autour de nous paraît être une issue. C'est comme cela que notre espèce en est arrivée au point que nous connaissons aujourd'hui, une société constituée d'empires cruels déployés à travers toute la planète, tant et si bien qu'il est désormais impossible de s'échapper vers une terre promise. La majeure partie de la population étant dans un état de déni constant depuis de nombreuses générations, les personnes et organisations qui contrôlent les terres et les ressources du monde ont pu consolider leur pouvoir, face à très peu de résistance. Ce processus s'accomplit depuis l'aube de la civilisation. La bataille entre liberté et asservissement fait rage depuis des siècles, et elle se déroule telle une course de relais, où chaque génération transmet le témoin à la suivante. L'unique problème est que les défenseurs de la liberté n'ont pas eu la possibilité de participer à ce procédé. Pendant une longue partie de l'Histoire, la population entière était illettrée et peu instruite, ce qui rendit quasiment impossible la transmission de sa version des faits et de ses idées aux générations suivantes.

Pendant ce temps-là, ceux qui cherchaient à asservir l'humanité semblaient anticiper leur avenir, puisqu'il fallait souvent de nombreuses générations de travailleurs pour réaliser de grands projets tels que les palaces, ponts et monuments dont nous sommes les héritiers. De même, on sait que les conquêtes militaires duraient des dizaines d'années. La classe dirigeante s'est habituée à faire des projets et à fixer des objectifs à long terme, qui lui survivaient. La majorité de l'humanité se contentant de survivre (et non de prospérer), il était difficile pour les gens de voir plus loin que leur prochain repas; l'idée de planifier quoi que ce soit pour les vies à venir n'était donc probablement pas répandue.

Cependant, la Constitution de la nation iroquoise constitue un exemple de considération des générations futures. Elle aida à populariser cette idée, souvent connue comme le principe des sept générations, ou plus simplement comme la prise en compte de l'impact des actions de chacun sur les enfants à naître.

La Constitution dit:

« Ne jetez pas les avertissements de vos neveux et nièces par-dessus votre épaule, s'ils devaient vous réprimander pour toute erreur, ou mauvaise action que vous pourriez commettre. Au contraire, retournez vers la voie de la grande Loi, qui est juste et bonne. Regardez et écoutez, pour le bien-être de tout le peuple, et ayez toujours à l'esprit non seulement le temps présent, mais aussi les générations à venir, même ceux dont le visage est toujours sous la surface du sol: les enfants à naître de la génération future. »

Sous le paradigme actuel d'un conditionnement, mental et sophistiqué, par les médias et les écoles du gouvernement, les gens ont été formés pour vivre comme s'ils étaient la dernière génération sur Terre. Beaucoup transmettre encore la mentalité de leurs oppresseurs à leurs enfants, comme leurs ancêtres avant eux. Heureusement, grâce à la décentralisation généralisée des informations rendue possible par Internet, un nombre grandissant de personnes commence à remettre en question la nature de la société et du pouvoir politique.

Il s'agit d'une grande victoire de la lutte pour la liberté, mais malheureusement, face à la réalité de leur existence, beaucoup sombrent dans la dépression ou la fatalité.

Un monde paisible et rationnel semble tout droit sorti d'une imagination débordante, car il serait différent de tout ce dont nous faisons l'expérience aujourd'hui. Toutefois, cela ne signifie pas qu'un monde meilleur est impossible. Chaque génération est témoin de changements radicaux de paradigmes, modifiant profondément la manière dont les individus interagissent entre eux. En regardant l'Histoire dans son ensemble, on pourrait dire que ces changements contribuent à une lente progression vers un monde plus paisible. Malheureusement, des tragédies comme des massacres, l'esclavage et l'assujettissement ont toujours cours. Il est toutefois de plus en plus difficile de les justifier, car notre espèce entre dans un processus d'évolution dépassant les mentalités qui sont à l'origine de tels comportements. Quand on adopte cette perspective, il devient évident que la liberté et la paix sont les seules issues pour notre espèce. Cela ne veut pas dire que vous avez juste à vous asseoir, sans agir. Non : nous avons besoin de votre engagement actif, afin que vous utilisiez votre intelligence et votre énergie pour dépasser les systèmes sociaux violents dans lesquels nous sommes nés. Ensemble, nous pouvons concrétiser ce changement.

En affirmant que la révolution sera l'œuvre de nombreuses générations successives, nous n'affirmons pas que notre génération ne peut pas faire de grands progrès ni poser les bases solides d'une société libre. Nous disons simplement que, même si cette époque peut sembler être l'apogée de l'histoire humaine, chaque être vivant aujourd'hui est né au beau milieu d'une révolution séculaire, qui sera menée à son terme par les générations futures. Nous avons tous le potentiel pour découvrir, développer et partager de nouvelles idées qui aideront à construire la première véritable société libre.

Chapitre 11

Le ciel gronde, mais ce n'est qu'un orage

Alors que de plus en plus de personnes prennent conscience que quelque chose ne tourne pas rond dans le monde, l'État policier est passé à la vitesse supérieure pour contrer cette résistance grandissante au statu quo. Nous sommes les premiers à admettre que la multiplication des États policiers et espions n'est que l'un des nombreux problèmes graves que doit affronter notre espèce. Cependant, malgré le caractère écrasant de notre situation malheureuse, nous percevons également de nombreuses raisons d'être optimiste au regard de l'avenir de l'humanité. Plus la population s'éveille, plus les médias, le gouvernement et ses alliés dans les entreprises s'affolent. Leur escroquerie entière dépend de leur contrôle de la conscience humaine, et ce contrôle commence à se morceler. Métaphoriquement, on pourrait l'illustrer par un individu qui, confronté à un argument supérieur au sien, se mettrait à crier des attaques ad hominem. Lorsqu'un voleur ou un menteur est démasqué, sa réaction se traduit souvent par des agressions verbales, voire physiques. Il n'est pas inhabituel qu'un coupable réagisse en s'offusquant des accusations portées contre lui, et qu'il se place dans le rôle de la victime. C'est exactement ce qui se déroule dans le macrocosme géopolitique, alors qu'un nombre grandissant de citoyens prend conscience de l'assujettissement. À mesure que l'illégitimité des chefs et des autorités est exposée, l'ordre établi se déchaîne de toute sa puissance.

Il ne fait aucun doute que nous sommes au beau milieu d'une tempête qui fait rage depuis des siècles, et que son intensité s'accroît de minute en minute. Si nos contemporains sont disposés à travailler ensemble et à faire face à l'adversité, ils seront sans doute capables de résister à tout orage potentiel, et à en sortir plus forts. L'Histoire est pleine de sociétés et d'empires qui s'effondrent et se reconstruisent. Nous devrions nous préparer à tout ce qui nous semble nécessaire, mais nous ne devrions pas nous laisser consumer par la peur au point d'envisager la violence ou le nihilisme.

L'une des raisons pour lesquelles la chute de l'État effraie tant est la perte du lien des individus avec leur communauté et leur capacité d'autosuffisance. Dans un tel contexte, la première étape pour surpasser la peur et se préparer à la prochaine tempête est de se rapprocher de sa communauté et de commencer à penser à des manières de développer compétences et connaissances. Cultiver des aliments, apprendre à connaître ses voisins, instaurer des groupes d'étude en communauté et se renseigner sur les solutions hors réseau sont plusieurs manières simples de renforcer une famille et une communauté, lorsque les conditions de vie continuent de se détériorer. (Dans une troisième partie, nous exposerons des idées de construction de communautés hors réseau.)

À l'heure qu'il est, les propos portant sur la « fin des États-Unis » ou la fin du monde fascinent. Certaines personnes semblent croire à un oubli généralisé de toutes les connaissances acquises par notre espèce, et à un retour à des conditions de vie préindustrielle, et ce grâce à la simple chute du gouvernement et de sa monnaie fiduciaire. Cette conception est erronée, et fait fi de l'ingénuité de l'esprit humain. Alors que nous sommes encore sous le joug de la dictature de l'État, nous devons rester vigilants et ne pas nous sentir dépassés par les informations qu'il nous envoie, qui sont autant d'outils de provocation.

Nous pouvons, et devons reconnaître les injustices du monde actuel. Nous pouvons et nous devons identifier les mécanismes et les hommes à la racine de ces injustices. Nous ne devons pas nous laisser effrayer par l'idée que le statu quo est inébranlable, et que nous luttons pour une cause perdue d'avance. Les attitudes défaitistes nous empêcheront de faire de réels progrès. Bien que nous devions rester conscients des dangers que représentent les oppresseurs, nous ne devons pas les craindre. Si nous allions l'éducation à l'action et travaillons à démanteler les mensonges, la violence et la peur, nous pouvons reprendre le contrôle de nos vies et nous libérer de cette matrice.

Chapitre 12

L'illusion de la race

Chaque être humain est unique. Nous pensons tous différemment, avons différentes sources d'inspiration et différentes caractéristiques physiques. Ces différences devraient être célébrées en tant que preuve de l'apport exceptionnel de chaque individu à l'ensemble de la société, participant à notre éveil collectif. Malheureusement, au cours de l'Histoire, nos « dirigeants » nous ont conditionnés pour être hostiles envers ceux qui ne se soumettent pas à leurs règles, et pour les craindre. Ce processus de « différenciation » implique souvent la mise en valeur des différences de physiques et culturelles entre les individus, pour donner le sentiment qu'ils se distinguent des autres.

Cette pratique s'explique par le fait que les dirigeants des plus grandes sociétés ont toujours été dépendants de l'esclavage, de l'assujettissement et de la conquête des masses pour maintenir leur pouvoir et leurs privilèges. Afin d'orchestrer l'assujettissement humain, les autorités doivent réussir à convaincre une portion significative de la population qu'il existe différentes catégories de personnes, et que certaines vies valent plus que d'autres. Ces classes structurelles peuvent s'organiser de différentes façons, mais elles sont souvent centrées sur la race, la religion et le patrimoine. Ces distinctions de classe étaient évidentes et explicites dans l'Ancien Monde, et elles sont toujours d'actualité. En réalité, elles régissent la société actuelle, même si elles agissent sous des formes différentes qu'au temps de nos ancêtres.

Dans le passé, rien n'était fait pour dissimuler les discriminations de race ou de genre, les privilèges des dynasties royales, les guerres de religion ou les États esclavagistes, car cela faisait partie intégrante de la culture de l'époque. La lutte pour les droits civiques ayant évolué au cours des années, cette culture a dû s'accorder à la nouvelle illusion de liberté. Mais bien que les politiciens feignent, dans leurs discours et leurs législations, d'apporter leur soutien aux nobles idées d'égalité et de justice sociale, les déséquilibres de pouvoir dans la société demeurent encore. Les systèmes qui contrôlent nos vies ont été construits dans un but bien précis ; ce but ne changera jamais, peu importe à quel point nous essayons de le modifier pour l'adapter à l'air du temps.

Les États-Unis sont l'exemple d'un fait controversé, mais démontrable : ce pays fut fondé par des suprémacistes blancs qui croyaient en la supériorité masculine et en la supériorité génétique de la classe dirigeante. Le système dans lequel les habitants de ce pays vivent aujourd'hui fut construit, en premier lieu, pour protéger la culture de l'assujettissement racial, qui a rendu la conquête du pays possible. Après le mouvement des droits civiques des années 1960, les États-Uniens contemplent leur pays et ont la conscience tranquille, car le racisme est bien moins explicite aujourd'hui qu'il ne l'était dans les années 1950. Cependant, le racisme systémique inhérent au système et intériorisé par chacun de nous est rarement interrogé. La popularité de ce sujet a récemment explosé chez les jeunes états-uniens, mais il est encore impossible de discuter du racisme moderne systémique dans la plupart des cercles traditionnels. Cette question est souvent perçue comme radicale ou clivante, car la population aime s'imaginer que nous vivons dans un monde post-racial, « insensible à la couleur de peau ». Le postulat que le racisme appartient au passé est souvent de mise, car de nos jours, la société accepte bien moins les attitudes ouvertement racistes en public, et les personnes noires ont davantage accès aux postes de pouvoir. Cependant, l'oppression raciale dans la société états-unienne est véritablement bien plus profonde que ces exemples superficiels ne le suggèrent.

Beaucoup des lois et des institutions gouvernementales, considérées comme les piliers de notre société actuelle, furent créées dans l'objectif de renforcer l'assujettissement racial. Les premières forces de police des États-Unis furent développées dans le sud du pays, en tant que patrouilles dont la mission était de capturer les esclaves. De la même manière, les lois sur le contrôle des armes à feu et la prohibition de la drogue furent mises en place pour criminaliser les personnes noires et les dissidents politiques ; ces lois sont, d'ailleurs, toujours appliquées de manière disproportionnée aux communautés noires pauvres. Les discriminations à l'embauche, les demandes de permis spécifiques et d'autres obstacles sont le lot commun de ces communautés, et freinent leur progression dans la société. Ces barrières sont, la plupart du temps, invisibles pour les non concernés, mais constituent une source de stress quotidien pour ceux qui doivent y faire face.

Bien que la race ne soit rien d'autre qu'une construction sociétale, l'intolérance est profondément intriquée dans le « tissu politique et social » de notre société. L'anéantir est une mission bien plus complexe que le simple fait de prôner de la tolérance et d'installer des personnes de couleur à des postes de pouvoir ; notre culture entière et tout notre système politique doivent être remis en question. Bien que le problème puisse être difficile à appréhender pour ceux qui ne sont pas directement affectés, la réalité du racisme institutionnel est l'une des principales raisons pour lesquelles la plupart des structures gouvernementales modernes doivent être remplacées.

Des ingénieurs découvrent que l'intelligence artificielle qu'ils ont développée est programmée en fonction de leurs propres postulats, qu'ils ont intégrés de manière inconsciente. Les voitures autonomes ont, par exemple, plus de chance de renverser des humains avec une peau plus sombre que des personnes à la peau claire, lorsqu'elles doivent éviter des accidents ou tout obstacle sur la route.

Nombre de ces programmeurs bien intentionnés se considèrent probablement comme antiracistes, pourtant, la culture dans laquelle ils ont grandi a créé des angles morts dans leur vision du monde et a fait de la caractéristique physique « blanc », pour eux, un paramètre par défaut, ce qui s'est manifesté par des failles dans les programmes qu'ils ont créés.

Le parti pris implicite dans la programmation des voitures autonomes a été révélé par une étude conduite par des chercheurs au Georgia Institute of Technology. Ces chercheurs ont découvert que de nombreux systèmes de traitement d'images de ces voitures sont moins précis de 5 % lorsqu'il s'agit de détecter des piétons à la peau sombre, même lorsque le véhicule est capable contrôler des variables comme l'ombre ou l'heure de la journée. L'origine de cet écart de précision n'est pas déterminée, mais beaucoup d'experts font l'hypothèse que, lors des sessions d'entraînement, on a présenté moins de visages à la peau sombre que de visages « blancs » au système. Ainsi, de nombreuses entreprises qui développent actuellement cette technologie se sont engagées à ne plus vendre leurs produits aux forces de l'ordre tant que cette programmation tendancieuse n'est pas supprimée.

Si le système d'IA d'une industrie se présentant comme antiraciste et insensible à la couleur de peau est involontairement programmé pour sous-évaluer les vies des personnes à la peau plus sombre, il convient d'essayer d'imaginer le parti pris spécifique qui serait programmé dans un système de gouvernement esclavagiste et déterminé à conserver une position dominante. Il ne s'agit pas là seulement de notre système politique. La suprématie blanche est ancrée dans la culture états-unienne à bien des niveaux. Une grande partie de ce vestige des générations précédentes est remise en question, au fur et à mesure que le pays accepte son héritage raciste.

Le préjugé intégré à la technologie d'IA montre avec quelle facilité le parti pris inconscient du créateur d'un système peut affecter l'intégrité de ce dernier. Ce défaut dans le développement de l'intelligence artificielle est un exemple crucial du racisme implicite, sujet sur lequel beaucoup ont encore du mal à discuter à notre époque. Cette forme de racisme plus subtil existe dans nos systèmes culturels et politiques, et est souvent difficile à reconnaître pour les personnes dont les ancêtres sont européens. Par ailleurs, les personnes non blanches perçoivent plus facilement cette intolérance subtile, car elles doivent subir constamment les conséquences du fait d'avoir une peau sombre dans une société suprémaciste blanche. Combien de ces angles morts régissent notre technologie, notre culture et notre système politique ? Très probablement, bien plus qu'aucun d'entre nous ne le réalise. Alors que la majorité des débats sur l'intolérance sont centrés sur le racisme, défini comme l'acte de juger quelqu'un selon sa race, nous croyons qu'il existe un élément encore plus essentiel à cette discussion, et souvent ignoré. Comme nous venons de l'indiquer, la race est en grande partie une construction sociale, admise progressivement par la société au fil du temps. Cela ne signifie pourtant pas que les intolérances et les jugements primitifs n'existent pas. Alors, si la race est une construction sociale, quels sont les critères utilisés par les humains pour se juger mutuellement ?

Vous ne vous en rendez peut-être pas compte, mais nous nous identifions aux autres, en grande partie, selon la couleur de peau. Par exemple, beaucoup d'entre nous utilisent « blanc » pour décrire des personnes à la peau plus claire, dont les ancêtres proviennent de différentes parties de l'Europe occidentale. Certains disent que les individus originaires d'Afrique sont « noirs » et que les personnes originaires d'Amérique du Sud ou considérées comme indigènes sur leurs propres terres ont la peau « marron ». Cette pratique a été normalisée pendant des générations à travers le monde.

Si nous prenons les termes « suprémaciste blanc » au sens littéral, ils désignent quelqu'un qui croit à la suprématie des personnes « blanches ». Bien sûr, il n'y a pas de nation « blanche », car le blanc est une couleur, et non une nationalité ni une ethnie. En dépit de cela, ce terme a un sens. Nous en sommes venus à croire qu'il y a une idéologie plus spécifique derrière le jugement et l'intolérance : le colorisme. Il est défini comme *un préjugé ou une discrimination, notamment au sein d'un groupe racial ou ethnique, qui favorise les personnes avec une peau plus claire au détriment de celles avec une peau plus foncée.*

Le colorisme englobe l'ensemble des discriminations que quelqu'un peut subir en raison de sa couleur de peau, souvent via son propre groupe ethnique ou sa famille. Lorsque nous parlons de société ou de culture suprémaciste blanche, nous évoquons cette société dans laquelle certaines personnes essaient d'éclaircir ou de blanchir leur peau pour avoir un teint plus clair, dans le but de mieux « s'intégrer » ou d'éviter tout jugement. Nous avons également noté que dans nombre de pays, les personnalités présentées dans les médias ou à la télévision ont la peau plus claire que la majeure partie de la population.

Cependant, le colorisme ne désigne pas exclusivement la valorisation d'une peau claire. Dans certaines situations, une personne d'une certaine ethnicité peut être considérée comme « trop claire », voire « trop blanche » par ses pairs. Cela peut entraîner des moqueries, de l'intolérance, de l'exclusion, voire de la violence. De l'autre côté du spectre, d'autres sont considérés comme « trop sombres ». Dans les deux cas, les individus sont dénigrés en raison de leur pigmentation, jugée non acceptable par des tiers. Ces réactions sont à l'origine d'un sentiment d'exclusion ou de dévalorisation, et les individus discriminés en viennent à rejeter leur apparence naturelle. De toute évidence, ce n'est pas une mentalité saine et permettant de vivre dans de bonnes conditions, et par laquelle certains ne deviennent plus que l'ombre d'eux-mêmes.

Dans les cas du racisme et du colorisme, nous faisons face à une mentalité primitive stérile qui réduit des êtres humains complexes à une unique caractéristique de couleur de peau ou d'identité raciale construite. La seule manière de guérir l'espèce humaine est de traiter individuellement et collectivement le traumatisme intergénérationnel causé par des siècles de discrimination. Nous devrions toujours juger chaque être comme un individu unique, et voir au-delà de la race et de la couleur de peau. Néanmoins, il ne faut pas chercher à gommer les expériences individuelles de discriminations raciales et coloristes. Nous pouvons travailler ensemble pour soigner ces blessures et contribuer à un avenir permettant à chaque être de célébrer sa beauté unique.

Chapitre 13

Un autre regard sur le mythe du jugement dernier

Le flot constant d'informations, dans les journaux et les médias, relatives à la fin de notre civilisation pousse certains d'entre nous à se préparer en vue de pénuries et du renoncement à notre confort de vie. Qu'on les considère comme prudents ou sages, ou même paranoïaques, les médias dominants les surnomment les «*preppers*[1] de la fin du monde». Cette qualification, en plus de discréditer ceux qui cherchent à être indépendants et à vivre hors des réseaux courants, perpétue également le mythe d'une fin du monde imminente.

Il est exact que notre système montre de nombreux signes de déclin: notre économie dégradée, des relations diplomatiques instables, la destruction d'écosystèmes entiers et la non-viabilité de notre système de gouvernance dans sa globalité. Si ce n'est pour la fin du monde, pourquoi le monde se prépare-t-il, et où cette folie nous conduit donc? Si la fin du monde signifie la possible chute de notre «civilisation», peut-être devrions-nous commencer à examiner cet évènement sous un autre angle. La fin du statu quo serait la meilleure chose qui puisse arriver à l'humanité. Il pourrait s'agir de la chute ultime de «Babylone».

Imaginez: des millions de personnes se sentent désarmées devant la folie de notre monde et cherchent ses causes profondes, mais personne ne semble pouvoir envisager une manière de changer les choses hors des rails du système actuel. Parallèlement, le système s'effondre devant nous. Nombre d'entre nous souhaitent assister à la chute du gouvernement, mais nous craignons son effondrement inévitable, alors que nous devrions l'embrasser. Si le gouvernement des États-Unis (et d'autres nations occidentales) continue dans la même direction, une diminution significative de la qualité de vie et de l'influence géopolitique est inévitable. Aux États-Unis, le système fédéral de réserve soutient l'économie en augmentant la dette, et en injectant de la fausse monnaie dans le système bancaire. Sans la FED pour accomplir cet acte qui relève de la magie économique, l'états-unien ordinaire se rendrait probablement compte qu'on le vole et que son argent perd, chaque jour, un peu plus de valeur. La classe dirigeante n'aurait aucun moyen de cacher l'état miséreux des affaires, et les masses seraient incitées à agir. Cette mascarade prendra fin un jour, d'une manière ou d'une autre. Ce jeu des crédits ne peut perdurer sans que l'hyperinflation fasse tomber leur château de cartes, déjà fragile.

1. Du terme «to prep» qui signifie «préparer», littéralement: ceux qui préparent.

Cette situation représente une opportunité incroyable pour l'humanité. Si nous nous préparons suffisamment pour parvenir à satisfaire nos besoins physiques et pour développer la maturité psychique et philosophique nécessaire à l'établissement d'une société libre, nous pouvons créer un réseau de communautés indépendantes et individuellement souveraines. Alors que, tout autour de nous, le monde semble sombrer dans la folie, il est important, en tant qu'individus, d'évaluer quels types de biens et de services pourraient s'avérer nécessaires après un effondrement économique, et de concevoir des méthodes pacifiques et durables grâce auxquelles nous pourrions fournir ces biens à nos familles et nos communautés.

La classe dirigeante et le complexe de l'armée, du gouvernement, des banques, des médias et des entités corporatistes ne nous mènent pas vers la destruction sans arrière-pensée. Lorsque l'opportunité se présentera, ces entités instaureront un ordre du chaos, dans le but de mettre en applications leurs desseins sadiques pour la race humaine. Cependant, ils ne réussiront à créer une ferme esclavagiste autoritaire que si les esclaves eux-mêmes les sollicitent, et participent à cette construction. Les esclaves (à savoir l'ensemble de la population, à différents degrés) demanderont à être asservis s'ils ne prennent pas conscience des conséquences de cette situation, et si aucune alternative potentielle ne leur est offerte.

Il est donc important que chacun d'entre nous développe des solutions adéquates pour satisfaire ses besoins et ceux de ses voisins, sans dépendre du système, qui utilisera la force. Le recours à la violence pure et simple, ou l'utilisation de réseaux rendus efficients par la violence sont un mode de vie qui a détruit plusieurs civilisations. Il nous apparaît également primordial d'instruire notre population grâce à la philosophie, et de lui ouvrir les yeux quant aux réalités de notre condition, afin qu'elle acquière une maturité suffisante pour s'affranchir de tous les maîtres. Nous devons préparer le peuple à un nouveau mode d'échanges non violents, qui leur semblera inhabituel : il leur faut donc être préparés par des individus intelligents, tels que vous l'êtes.

Chapitre 14

Il n'y a rien de positif dans l'ignorance délibérée

Si vous êtres insatisfaits du statu quo, vous commencerez sans doute à chercher comment améliorer le monde. Une fois que vous aurez rencontré des idées et thématiques qui résonnent en vous, vous essaierez peut-être de discuter de ces sentiments avec vos amis les plus proches, et/ou avec votre famille. Il est probable que l'une des réponses que vous recevrez ressemblera à « arrête d'être si négatif », ou « tu ne peux pas te concentrer sur des choses plus positives dans la vie ? ».

Nous gardons tous en mémoire un moment où nos pairs ont exigé de nous que nous partagions leur ignorance bienheureuse, puisqu'ils choisissent d'échapper à la réalité. Malheureusement, plus nous ignorons les problèmes auxquels nous sommes confrontés en tant qu'espèce, plus notre situation s'aggrave. De prime abord, ces problèmes peuvent sembler étourdissants et insurmontables, mais les reconnaître constitue la première étape vers la libération de l'esprit et la création d'un monde meilleur pour tous.

Nous avons construit ce livre autour de discussions plus positives, mais nous ne pouvons nier la réalité déplaisante du monde dans lequel nous devons vivre. Si vous étiez atteint d'une maladie débilitante qui pourrait être soignée, n'aimeriez-vous pas connaître le diagnostic et débuter immédiatement le traitement nécessaire pour commencer à guérir ? Préféreriez-vous éviter d'agir, et ignorer cette maladie « négative » ? Nous sommes, malheureusement, conditionnés à considérer l'ignorance comme un bonheur, alors qu'elle est la cause de la majorité des douleurs de l'humanité à travers l'Histoire.

Si nous ne prenons pas conscience du problème, alors nous n'avons aucun moyen d'améliorer la qualité de la vie sur Terre. En vérité, aucune excuse ne justifie d'ignorer des problèmes avérés, qui doivent être réglés, et laisser ces crimes être commis juste devant nos yeux est impensable. Permettriez-vous à un assaillant commettre un meurtre devant vous sans, au moins, appeler à l'aide ? Resteriez-vous en retrait, dans l'attente que quelqu'un d'autre offre son aide, ou prendriez-vous les devants ? La situation dans laquelle nous nous trouvons est identique ; mais ici, l'assaillant symbolise la violence et le vol institutionnalisés, produits de l'étatisme. L'État fait un très bon travail de cloisonnement du vol et de la violence, afin de berner la population. Mais une fois que l'on prend conscience de cette injustice, rester en retrait revient à faire une erreur fondamentale.

À part pour quelques mouvements radicaux inhérents à chaque génération, la majorité de l'espèce humaine est restée réticente ou incapable de défier le statu quo. Pendant des siècles, on a rejeté certaines responsabilités sur les générations suivantes, et notre espèce a continué à se construire sur des montagnes de confusion et d'oppression. Mais à bien des égards, nous en sortons grandis.

Bien qu'une grande partie de la civilisation moderne accepte encore l'esclavage, le racisme, la guerre et l'autoritarisme comme de simples réalités, beaucoup d'entre nous commencent enfin à se défaire de certaines névroses, et à envisager l'existence d'un avenir meilleur. En envisageant de révolutionner les gouvernements et les lois, nous pouvons réussir à nous libérer des chaînes des dogmes du passé. Nous devons maintenant aller plus loin en apprenant, comprenant et enseignant ces concepts, pour tracer le chemin qui nous mènera à construire des communautés, exemples vivants de ces philosophies.

La remise en question du statu quo est considérée comme socialement inacceptable, ce qui amène la population à croire que l'insatisfaction est l'affaire de chacun. Cet isolement peut entraîner un sentiment de faiblesse et d'impuissance. Après avoir été dissuadées de poursuivre le changement, certaines personnes finissent par accepter leurs conditions de vie comme étant l'unique possibilité. Ces individus peuvent aller jusqu'à tourner en dérision quiconque remet en question la façade qu'ils arborent, et qu'ils ont inconsciemment créée. En d'autres mots, la crainte d'être exclu par leurs pairs peut pousser certains à accepter des standards qui ne correspondent ni à leurs besoins ni ne représentent leurs valeurs. Persévérez, ne soyez pas découragé par ceux qui ne sont pas capables d'affronter la réalité.

Il est important de faire preuve de compassion et de se rappeler que c'est la peur qui motive ces individus, qui ne sont pas prêts à faire face. Ils sont comparables à un enfant battu qui pleurerait si on le sépare de ses parents violents, qui incarnent pour lui, en dépit de tout, la sécurité. Peut-être avez-vous appris, par habitude, à vous sentir à l'aise dans des situations inacceptables. Comme cet enfant, nous devons nous libérer des frontières familières de notre maltraitance et de notre oppression. Cette condition est connue sous le nom de « syndrome de Stockholm ».

Le syndrome de Stockholm est généralement évoqué pour expliquer le comportement des otages qui développent des sentiments d'attachement envers leur ravisseur, car c'est de lui que dépend leur subsistance. Lorsque nous appliquons ce concept au macrocosme de notre civilisation, nous constatons que les individus qui vivent à la merci d'un système autoritaire présentent les mêmes caractéristiques. Ce concept fut analysé par de nombreux penseurs, et illustré, notamment, par l'allégorie de la cave de la République de Platon. Il n'y a rien de positif à fuir la liberté et à renoncer à la paix. L'une des résolutions les plus importantes que nous devons prendre est de faire tout notre possible pour apprendre comment résoudre les problèmes de notre monde. Nous protéger de la dureté de la réalité entretient un système toxique d'oppression pour les générations futures. Embrassez l'opportunité de construire, par vos pensées et vos actions d'aujourd'hui, la promesse d'un monde meilleur.

LES OUTILS POUR AGIR
CNV, MÉDITATION, ET AFFIRMATIONS POSITIVES

Dans le premier livre, nous avons brièvement exploré l'idée de « guérison consciente », en utilisant différents outils et exercices pour susciter une introspection et une réflexion profonde. Nous avons évoqué la méditation, les psychédéliques, le caisson de flottaison, le yoga, le langage conscient et les affirmations positives. Notre but était d'encourager le lecteur à approfondir ces différentes modalités et à décider, s'il devait y en avoir une, quelle(s), pratique(s) favorisai(en)t son développement personnel et spirituel.

Dans ce livre, nous avons décidé de développer certaines de ces pratiques pour vous aider à comprendre la manière dont vous pouvez intégrer la pleine conscience dans votre vie quotidienne. Nous explorerons la communication non violente (CNV), la méditation et les affirmations positives. Si ces sujets vous intéressent, veuillez continuer vos recherches pour une guérison individuelle.

Chapitre 15

Qu'est-ce que la méditation, et comment puis-je méditer ?

Comme nous l'avons souligné dans *Réflexions sur l'anarchie et la spiritualité*[1], la méditation est une pratique bénéfique aussi ancienne que la vie humaine. Dès le moment où les êtres humains furent dotés de conscience, ils se sont tournés vers la nature, pour la contempler et réfléchir paisiblement. Comment peut-on définir la méditation, exactement ?

Dans le dictionnaire, la définition du terme est la suivante : « Attitude qui consiste à s'absorber dans une réflexion profonde ».

La mise en pratique, de manière cohérente, de l'attention portée sur le moment présent est la clé de toute forme de méditation. Toute expérience, ou presque, peut donc être méditative. Un trajet à vélo, une promenade sous les étoiles, l'écriture de poèmes ou toute pratique qui offre un temps calme et individuel pour le cœur et l'esprit peut être considéré comme une forme de méditation. Avec le temps, différents professeurs ont organisé leurs pratiques spécifiques de méditation en philosophie et dogmes cohérents, chacun avec ses propres instructions et perspectives. Vers les Ve et VIe siècles avant notre ère, les méditations confucéennes et taoïstes apparurent en Chine, et au même moment, les méditations hindoues, jaïnistes et bouddhistes se développèrent en Inde.

Ces différentes écoles de méditation enseignent différentes méthodes pour

1. Titre original : *Reflections on Anarchy and Spirituality*

se concentrer sur le moment présent, dont le décompte des respirations, la pensée contemplative ou la répétition de mots ou sons sacrés, connue sous le nom de *mantra*. Il y existe également différents types de positions méditatives. Certaines écoles pratiquent assis en tailleur (dans la position du « lotus » ou « demi-lotus »), en marchant, ou allongé. Vous avez peut-être aussi remarqué que certaines traditions impliquent d'effectuer des mouvements et des positions symboliques avec les mains pendant la méditation. Elles sont appelées *mudra,* et sont des pratiques hindoues et bouddhistes. De plus, chacun médite pour des raisons diverses. La plupart des pratiquants diront que la méditation peut être une expérience religieuse ou spirituelle, alors que d'autres considèrent qu'il s'agit d'un temps de relaxation utile et d'un outil de maîtrise de soi. Par exemple, si vous faites face à du stress et que vous cherchez des réponses, vous pourriez choisir de vous concentrer sur la source de ce stress, ou essayer de libérer votre esprit de toute distraction. Différentes situations appellent à différentes solutions.

Aux personnes qui souhaitent apprendre différents types de méditation, nous recommandons la méditation transcendantale, le bouddhisme zen, la méditation de pleine conscience et la prière contemplative. Nous aimerions partager avec vous quelques méthodes que nous avons trouvé utiles pour la méditation en général.

Tout d'abord, il faut vous réserver un moment où vous pouvez méditer une fois par jour, ou par semaine. Plus vous serez cohérent dans votre pratique de la méditation, plus votre conscience sera éveillée dans votre vie quotidienne. Une fois que vous aurez établi votre emploi du temps, décidez si vous voulez pratiquer la méditation assis ou allongé. Enfin, à ceux qui craignent de ne pas parvenir à méditer, soyez patients ! Vous ne pouvez pas vous attendre à passer du mitraillage de stimuli et de distractions qui vous est imposé à un esprit parfaitement tranquille, du jour au lendemain. Essayez de suivre ces quatre exercices pour débuter.

Faire le vide

Si votre objectif est de faire le vide dans votre esprit, commencez en vous asseyant en tailleur avec le dos droit, et ferme. Positionnez vos épaules au-dessus de vos hanches et vos mains ouvertes sur vos genoux. Vous pouvez garder les yeux ouverts et fixer votre regard à environ un mètre devant vous, ou fermer les yeux. Respirez lentement et profondément. Concentrez-vous sur votre respiration. Pendant que vous inspirez profondément par le nez, comptez « un ». Expirez et répétez « un ». Continuez ce processus aussi longtemps que vous le pouvez. Vous vous surprendrez à vous perdre dans vos pensées après quelques chiffres. C'est tout à fait normal, et il n'y a aucune raison de se décourager. Votre esprit tend à penser, il souhaite remplir les espaces silencieux et mornes avec de la logorrhée. Lorsque vous vous rendez compte que vous avez arrêté de compter après trois fois, et commencez à réfléchir au prochain article de votre blog, prenez une grande respiration et recommencez.

Considérez ces pensées comme des nuages qui passent, reconnaissez-les, remerciez-les et reportez ensuite votre attention à votre décompte. Sur une session de cinq minutes, vous ne dépasserez peut-être pas cinq, mais ce n'est pas le but. Vous n'êtes pas en train d'essayer d'étouffer ou d'ignorer vos pensées, mais simplement de vous concentrer sur le moment présent. Le but est simplement d'« être » dans ce moment, sans inquiétude ni stress. Cependant, si une situation, ou une personne, fait sans cesse irruption dans vos méditations, c'est peut-être le signe que vous devez y consacrer votre attention et travailler à la recherche de clarté.

Trouver de la clarté

Pour ce type de méditation, vous pouvez vous installer de la même manière que précédemment. La différence est qu'ici, au lieu de libérer votre esprit, vous vous détendrez et vous concentrerez sur une situation, ou une personne en particulier, qui nécessite votre attention. Il pourrait s'agir d'une relation dont vous doutez, ou d'un ami que vous voulez célébrer. Que ce soit pour éclaircir une situation ou pour affirmer le positif dans votre vie, vous allez vous asseoir et respirer profondément en vous concentrant. Si vous cherchez des réponses, prenez le temps d'imaginer la solution idéale et considérez la situation du point de vue de chaque personne concernée.

Si vous remerciez une nouvelle opportunité ou amitié, focalisez votre esprit sur l'expression de votre gratitude et de votre reconnaissance. Prendre le temps de la réflexion durant certaines périodes incertaines peut aider à développer une prédisposition pour la pleine conscience, plutôt que l'impulsivité.

Se connecter à la Terre

Cet exercice peut être effectué en position allongée ou assise. Dans tous les cas, vous devez commencer par prendre des respirations lentes et profondes. Imaginez que vous êtes connecté à la Terre, physiquement et énergétiquement.

Tout le pouvoir de la planète remonte depuis le sol sous la forme d'une lumière blanche. Imaginez que cette lumière blanche provient de la Terre et arrive jusqu'à la base de votre corps. La lumière monte à travers vos pieds, passe par votre taille, rejoint votre cœur et ressort au sommet de votre crâne.

Alors que la lumière se répand dans chaque partie de votre corps, imaginez-vous purifié. Vous sentez cette lumière blanche éliminer tout le stress présent dans chaque partie de votre être. Lorsque la lumière jaillit du sommet de votre tête, elle monte vers le ciel et redescend sur la Terre pour recommencer une nouvelle fois. Continuez d'imaginer et de sentir cette lumière durant quinze minutes au moins.

Remercier votre corps

Cette forme de méditation se pratique allongé, avec les bras sur les côtés. En commençant par les orteils, remuez lentement chaque partie de votre corps et prenez conscience de chacune de ces parties. Imaginez que votre conscience vit à l'intérieur de vos orteils, et remerciez-les. Pensez à tout le travail effectué par vos orteils et vos pieds pour vous permettre de vivre. Prenez votre temps, en passant lentement de vos orteils à vos pieds, à vos chevilles, à vos tibias, etc. et en remerciant chaque partie de votre corps, distinctement. Reconnaissez le pouvoir de chaque partie de votre être.

Chapitre 16

Communication non violente

Le langage est, sans aucun doute, l'un des éléments de développement les plus importants et les plus profonds de l'Histoire humaine. Il nous permet de décrire le monde dans lequel nous vivons et de communiquer les uns avec les autres. Le langage établit les bases de nos systèmes de croyances, ainsi que de nos idiosyncrasies. Notre vision de l'univers est également modelée par les mots que nous utilisons pour décrire ce que nous voyons, et ce dont nous faisons l'expérience. Le langage écrit est particulièrement important parce qu'il fixe l'information et permet aux êtres humains d'enregistrer les détails l'Histoire. Afin de dépasser la violence systémique qui sévit dans le monde, nous devons étendre les limites de notre vocabulaire. Faire progresser nos compétences en matière de communication est une étape essentielle pour la construction de la paix. Nous pouvons tous contribuer à l'expansion positive du vocabulaire dans nos différentes cultures, et abattre les barrières linguistiques instaurées par ceux qui nous asservissent psychiquement.

Le psychologue Marshall Rosenberg consacra une grande partie de ses recherches à la communication. IL est à l'origine d'une nouvelle manière de communiquer, appelée communication non violente (CNV) ou communication bienveillante. Cette méthode de communication simple a rencontré un grand succès partout dans le monde, des tribus féodales de l'hémisphère Sud aux familles recomposées des États-Unis modernes. Marshall constata que le langage humain, dans sa globalité, est rempli de pièges qui mènent inévitablement au conflit. Ces pièges sont des mots qui déclenchent ce qu'il appelle le « langage chacal ». Le langage chacal est composé de termes induisant la culpabilité, l'humiliation, la honte, le blâme, la contrainte ou les menaces. Marshall affirme que ce type de langage et d'interaction n'est naturel, mais un processus dérivé de la « culture de domination » qui, selon lui, ravage notre espèce depuis des milliers d'années. Nous soutenons cette affirmation. Pour résoudre des conflits, il nous semble nécessaire d'éviter d'utiliser le langage chacal et d'apprendre à être empathiques lorsque nous traitons nos problèmes.

Selon le modèle de la communication non violente, des conflits surviennent entre deux personnes ou plus lorsque l'un des membres de la discussion ne satisfait pas ses besoins. C'est là que réside la source de l'agressivité des humains, et la raison pour laquelle certaines personnes souffrent parfois, voire souvent, des actes des autres. Ces questions ne sont jamais évoquées dans la plupart des conflits. Plutôt que d'identifier les émotions et les besoins de chacun afin de travailler pour trouver une solution, les deux camps se lancent dans une bataille d'accusations, qu'aucun ne peut réellement remporter. La communication non violente est une méthode très facile à aborder, mais difficile à maîtriser. L'un des éléments parmi les plus complexes du processus est la toute première étape : l'observation. Dans les moments de conflits, la majeure partie des individus entre rapidement en confusion entre le jugement et l'observation.

À titre d'exemple, l'observation se manifeste ainsi :« Nous devons rendre ce projet la semaine prochaine ». Dans ce cas, vous annoncez simplement des faits, des conditions ; vous ne procédez à aucun jugement. « Nous devons rendre ce projet la semaine prochaine et tu n'as rien fait. J'ai fait tout le travail, tu es un feignant » est un jugement établi pour cette même situation. C'est l'un des exemples des formes de jugement pouvant entraîner disputes et vices de communication. Il est très courant que les conflits soient construits sur des jugements et des étiquettes, qui donnent à la discussion une tournure encore plus négative. S'il vous est difficile de parler sans juger ou sans utiliser le langage chacal, soyez indulgents avec vous-même : ce sont deux processus très intriqués dans notre façon de communiquer, et pour la plupart des gens, ils semblent naturels.

Une fois qu'une observation est énoncée, les parties concernées se doivent d'exprimer leurs sentiments sur le sujet, pour établir une compréhension mutuelle. On pourrait dire : « Nous devons rendre ce projet la semaine prochaine et je suis très inquiet pour notre note. Que pouvons-nous faire pour être sûrs d'avoir la moyenne ? ».

Dans les situations de conflit, un besoin non satisfait est créateur de mécontentement ; l'objectif de toute conversation est donc d'identifier les besoins à l'origine de ce sentiment. Une fois les besoins de chacun clairement établis, il devient facile d'envisager une solution dans laquelle les besoins de chacun sont satisfaits, et le conflit résolu.

Cette introduction à la communication non violente est simple et rapide, mais Marshall Rosenberg détaille ces théories dans ses ouvrages. Partout dans le monde, des individus se sont également regroupés en associations autour de la CNV, et enseignent cette pratique. Rosenberg est un grand penseur parmi des millions, et il est très probable que d'autres soient prêts à améliorer sa méthode, ou développeront une méthode de communication tout à fait différente. En réalité, chaque génération devrait travailler constamment à l'amélioration du langage, afin qu'il devienne un instrument d'expression plutôt qu'un instrument de répression.

Chapitre 17

Affirmer le positif et prendre conscience de la réalité

Dans notre premier ouvrage, nous avons évoqué la connexion entre la visualisation créative, l'affirmation positive et la prise de conscience. Lorsque vous faites travailler votre imagination et que vous visualisez ce que vous espérez créer ou accomplir, vous attachez un symbole puissant à votre projet. En mettant en place des « tableaux de visualisation », et en associant des mots et des images à nos ambitions, ou en méditant simplement sur ce que nous aimerions voir arriver dans nos vies, nous nous rappelons les mesures que nous devons prendre pour atteindre ces objectifs. En nous installant dans le calme et en laissant nos esprits se détacher de toute distraction, tout devient possible. Grâce à la visualisation, nous pouvons voir, sentir, goûter, entendre et toucher, recréer une situation que nous aimerions vivre, et analyser les problèmes auxquels nous pourrions faire face. Une fois capable de visualiser son chemin, il est important de l'affirmer. C'est là qu'entre en jeu l'affirmation positive.

L'affirmation positive est une méthode d' « auto-programmation » efficace. Chaque jour, nous sommes conditionnés par les médias dominants, par le gouvernement et ceux avec qui nous communiquons. D'une manière ou d'une autre, volontairement ou sous l'influence d'une force extérieure, nous sommes programmés. À l'instar d'un ordinateur, l'esprit peut être conditionné par une variété de programmes. La majeure partie de la population adhère aveuglément à une programmation culturelle et environnementale qui ne nous valorise pas en tant qu'individus, mais nous apprend plutôt à douter de notre potentiel et de nos capacités. Nous devons prendre les mesures nécessaires pour nous affranchir de ce mode de pensée destructeur. Par des affirmations quotidiennes, nous pouvons créer une vision positive et bienveillante de nous-mêmes et du monde qui nous entoure. En utilisant des déclarations affirmatives comme « Je suis… », nous permettons à notre esprit de se libérer de mauvaises habitudes, et nous commençons à réécrire le cheminement de nos pensées.

Vos insécurités peuvent être comparées à une prison permanente, une paralysie qui limite votre vie sociale tout comme votre capacité d'introspection. En changeant votre façon de vous adresser à vous-même, en cessant de vous répéter que vous êtes incapables d'accomplir certaines tâches ou que les autres vous voient sous un jour négatif, et en affirmant « J'en suis capable, je mérite de l'amour et de la compassion », vous pouvez vous affranchir d'une vie entière d'insécurités et de doutes inutiles. À force de la pratiquer, cette reprogrammation de l'esprit devient un réflexe. Plutôt que d'adhérer aveuglément aux pensées restrictives quand elles apparaissent, vous êtes capable de dire « Non merci, je n'ai plus besoin de toi ! » et de vous dire « J'en suis capable, je suis aimé, je deviens plus fort chaque jour et à tout point de vue ».

Cette simple pensée peut changer votre vie et engendrer des effets à long terme. À travers la visualisation créative et les affirmations quotidiennes, nous ne changeons pas seulement notre état d'esprit et notre vision du monde, nous participons activement à l'évolution de nos vies. La réalisation est le pouvoir de considérer le germe d'une idée dans votre esprit, et de le transformer en objectif quotidien, puis en une réalité physique. La réalisation la capacité optimisée d'un être humain autonome qui comprend quels sont ses objectifs, qui procède à un choix conscient pour les poursuivre, qui fait appel à l'univers pour qu'il lui vienne en aide et qui prend les mesures dans le monde réel pour concrétiser ces idées. Ces outils ne sont pas simplement une méthode pour invoquer une résolution miraculeuse de nos problèmes. Il faut être conscient que le pouvoir de l'esprit réside dans sa corrélation avec des actions concrètes. À travers la responsabilité personnelle, et grâce à la détermination et à une éthique de travail attentive, nous pouvons produire les résultats que nous attendons et réaliser nos rêves.

Pour vous aider à débuter dans ce mode de réflexions, nous vous présentons les six affirmations suivantes. Notre expérience montre que répéter ces affirmations à voix haute le matin (avant d'être distrait par le travail, les études ou toute autre obligation) est une excellente façon de commencer la journée en pleine conscience. Avant de commencer, isolez-vous dans endroit calme pour vous détendre. Répéter devant un miroir ou méditer, tous les moyens sont bons pour entamer ce processus. Une fois installé à votre convenance, prenez une grande inspiration, remplissez vos poumons d'air et expirez lentement par le nez. Répétez cette action plusieurs fois, jusqu'à vous détendre complètement. Vous pouvez ensuite commencer à répéter ces affirmations. N'hésitez pas à les adapter à votre situation spécifique. Peu importe où et quand vous décidez d'avoir recours à cette pratique, essayez d'être cohérents. Le faire tous les jours, aussi souvent que nécessaire, favorisera la gratitude et l'autonomisation.

Choisir la maîtrise de soi

Cette affirmation est bénéfique dans les périodes difficiles. Elle vous aidera à vous rappeler d'être reconnaissant. Lorsque vous vous trouvez dans un état d'agitation ou d'énervement, ralentissez et répétez ces mots :

« Aujourd'hui, je remercie le Grand Esprit qui circule dans toute ma vie. Je suis rempli(e) de gratitude à l'idée d'avoir la possibilité de vivre d'autres jours, d'autres suites de moments qui me permettent de créer le monde selon mes choix.

Je suis redevable à mes amis et à ma famille de m'enseigner, constamment, des leçons que je me dois d'apprendre. Aujourd'hui, en ce moment, je deviens plus fort, et à tout point de vue. Ma capacité à affronter des situations difficiles et à en tirer des enseignements grandit sans cesse. Je n'ai désormais plus besoin de m'apitoyer sur mon sort ni d'être rancunier ou en colère. Je choisis de considérer tout ce qu'il m'arrive comme une source de motivation pour mes projets.

Je suis puissant. Je suis libre. Je suis puissant. Je suis libre. Je suis la seule personne capable de dicter mes émotions et mes actes. À partir de ce moment, je choisis de laisser mes pensées, mes mots et mes actes être dictés par l'amour. À partir de ce moment, je choisis de laisser mes pensées, mes mots et mes actes être dictés par l'amour».

Choisir de se pardonner

Nous considérons qu'il est important de se souvenir de se pardonner, et de s'aimer soi-même. Plus vite nous guérirons et nous aimerons, plus vite nous pourrons renforcer cette énergie et la diffuser dans le monde.

Aujourd'hui, en ce moment, je suis rempli de gratitude pour le chemin et les leçons qui m'ont été présentés. Je choisis de considérer toute épreuve comme temporaire, et comme une opportunité de grandir.

Je me pardonne mes défauts et mes erreurs passées. Chaque moment qui passe me rend meilleur, plus fort et plus bienveillant. Je comprends que la vie est l'expérience d'un apprentissage constant. Chaque obstacle sur ma route est une opportunité de créer d'autres issues.

Je reste fidèle à mon chemin en tant qu'être humain beau, libre et indépendant. Je choisis de rester ouvert aux leçons qui se présentent sur mon chemin. Je sais que je suis le maître de ma propre vie et le créateur de mon destin.

« Aujourd'hui, je choisis. » (Quels sont vos objectifs du jour ?)

Vivant aujourd'hui, je suis reconnaissant pour le moment présent, cet infini et incessant « maintenant ». Merci pour ces « maintenant » infinis, qui m'aident à me réaliser et à atteindre un bien-être absolu. Je suis complètement présent dans le temps et dans l'espace. Je choisis d'être « ici et maintenant », dans tous mes actes. Aujourd'hui, je choisis d'être le meilleur secrétaire, le meilleur artiste, le meilleur musicien, le meilleur cuisinier, le meilleur mécanicien, le meilleur mari, la meilleure épouse et le meilleur humain que je puisse être. Je choisis de laisser les distractions de mon esprit, en constante activité, flotter au-dessus de ma conscience comme des nuages qui passent. Je choisis d'embrasser les circonstances présentes et d'être mon propre « Buddha ».

Lâcher prise

Aujourd'hui, à ce moment précis je choisis de réfléchir à toute situation qui ne contribue pas à mon bien-être absolu. Je choisis d'examiner mes conflits, externes et internes, et de décider si je peux rectifier la situation. Je choisis d'entreprendre une démarche d'amour et de compassion, et de prendre la meilleure décision dans l'intérêt de tous les êtres concernés. Si, après avoir examiné la situation, je ne trouve aucune solution, je choisis de lâcher prise. Je choisis de voir les conséquences positives, les leçons apprises de cette expérience et de lâcher prise, pour ma santé physique et mentale. Merci pour ces expériences et les leçons fournies. Je choisis d'être dans le contrôle de ma vie et de mes expériences. Je choisis de rester ouvert aux nouvelles leçons et prêt à lâcher prise lorsque cela s'avère nécessaire.

Trouver l'équilibre

Aujourd'hui, à cet instant précis, je suis reconnaissant pour ma force et mes succès. Je suis reconnaissant pour mes échecs apparents, qui sont autant de leçons apprises sur mon chemin. À cet instant, je choisis l'équilibre. Je choisis de laisser partir, au gré du vent, ce qui me pèse ou ce qui me retient. Je m'efforce d'accepter toutes mes émotions, bonnes ou mauvaises, et toutes celles qui se trouvent dans l'intervalle. J'accepte et je reconnais chacune de mes émotions. Je choisis d'écouter mon corps, mon esprit et mon âme et d'avancer dans une direction qui me stabilise et favorise l'équilibre. Je choisis de me rappeler que l'équilibre doit débuter en pensée, de développer grâce à mes mots, puis à mes actions. Ce n'est qu'ainsi que l'on construit un équilibre durable et authentique. Je reconnais que c'est un processus qui demande un travail constant, et je m'autorise à trébucher, afin de pouvoir me relever plus fort que jamais.

III

MANIFESTE DE L'HOMME LIBRE

Note de Derrick & John

Merci d'avoir pris le temps de lire les conclusions voyage que nous avions commencé en 2015, avec la publication de *Réflexions sur l'anarchie et la spiritualité*[1]. En examinant le lien entre les pratiques spirituelles antérieures aux religions organisées et la philosophie politique appelée « Anarchisme », nous croyons avoir ouvert une nouvelle voie à ceux qui rejettent toute forme d'autorité dans leurs croyances spirituelles et politiques. *Réflexions* constitue le fondement de ce que nous pensons être le début d'un monde plus libre et plus équitable. Nous le considérons comme le « corps » de notre philosophie.

Le second livre, *Trouver la liberté dans une ère de confusion*[2] pourrait être abordé comme le « cœur » de notre idéologie. Dans une série d'essais, nous avons exploré le combat des hommes pour la liberté. Nous avons expliqué comment surmonter la dépression, la confusion et la peur qui accompagnent généralement la compréhension des dures réalités de la vie. Dans cette dernière partie, nous allons nous aventurer dans de multiples recoins de la philosophie anarchiste afin d'offrir des solutions réalistes à la création d'une société libre. Ce livre peut être considéré comme « l'esprit » de notre philosophie. Notre objectif est de fournir à nos frères et sœurs un guide pratique pour leur permettre de guérir, de s'émanciper, de se développer collectivement et, enfin, de se séparer de l'État pour créer de nouvelles communautés.

Dans *Réflexions,* nous avons brièvement retracé l'histoire de la philosophie anarchiste et du mouvement libertarien américain. En fournissant des informations sur l'histoire des penseurs et des idées dont nous nous inspirons, nous avons espéré illustrer l'évolution de concepts connus sous le nom de résistance consciente. Nous nous sommes focalisés sur les mouvements anarchistes et libertariens, car ils furent, très souvent, l'objet d'activisme radical et de propagande. Bien que le sens du mot « libertarien » puisse varier d'un pays à un autre, il demeure un terme fermement ancré dans la philosophie antiautoritaire et antiétatique. En Amérique, la philosophie libertarienne peut être attribuée à Josiah Warren, premier anarchiste individualiste.

Warren vit le jour à la fin du XVIIIe siècle, et contribua à l'élaboration de la doctrine de l'anarchisme individualiste. Il fonda plusieurs « colonies » basées sur le mutuellisme (Utopia dans l'Ohio, et Modern Times à New York) et sur l'idée de la « souveraineté de l'individu », auxquelles nous nous intéresserons dans la troisième partie de ce livre. Warren inspira et travailla avec Lysander Spooner,

1. John Vibes et Derrick Broze, *The Conscious Resistance : Reflections On Anarchy And Spirituality*, CSIP, 2015.
2. John Vibes et Derrick Broze, *Finding Freedom In an Age of Confusion*, CSIP, 2016.

Benjamin Tucker, Voltairine de Cleyre ainsi que d'autres anarchistes américains, dont la plupart étaient connus comme les anarchistes de Boston (pour plus d'informations, nous recommandons de lire *Men Against the State*[1]). Les travaux de ces hommes et de ces femmes influenceront l'économiste autrichien Murray Rothbard, et les jeunes Américains en soif de liberté des années 1960.

Rothbard s'inspira et emprunta des idées des anarchistes de Boston, les mélangeant à la conception subjective de la valeur de l'école autrichienne d'économie pour créer sa philosophie anarchocapitaliste. Peu de temps après, Samuel Konkin appliqua les dogmes de l'école autrichienne à une philosophie plus consciente des classes, mais moins politique, qu'il nomma « agorisme ». Nous considérons notre travail comme la poursuite et l'extension de la tradition de l'anarchisme individualiste, qui a précédé à de nombreuses divisions modernes de l'anarchisme, comme l'anarchocommunisme et l'anarchocapitalisme. Nous espérons également élargir et développer la philosophie agoriste de Konkin.

Les lecteurs doivent garder à l'esprit que le terme « libertarien » désigne le philosophe qui défend la propriété d'un individu sur lui-même, l'anti-autoritarisme et la souveraineté individuelle. Il ne faut pas le confondre avec le parti libertarien américain, que nous considérons comme contraire aux valeurs du libertarianisme et de l'anarchisme. Nous ne cherchons pas à proposer un modèle universel de l'anarchisme, mais plutôt à établir un monde où les hommes et les femmes seront libres de pénétrer ou de quitter des systèmes économiques et politiques en concurrence constante. C'est ce que l'on appelle « panarchie » ou « panarchisme », concept que nous évoquerons plus en détail ultérieurement. La panarchie accorderait aux individus la liberté de quitter un État pour s'autogouverner ou, s'ils le souhaitent, de continuer à vivre sous ses règles insoutenables. Cependant, nous pensons que le peuple choisira librement de s'autogouverner, car une prise de conscience est inévitable et déjà en marche ; elle effacera, d'ailleurs, la place que prend l'autoritarisme dans notre monde.

Enfin, n'oubliez pas que vous êtes forts, merveilleux et libres. Vos actes d'aujourd'hui détermineront le monde de demain. Nous espérons que cet essai inspirera ceux qui souhaitent se joindre au combat pour un monde plus libre.

1. James J. Martin, *Men Against the State,* Ralph Myles Publisher, 1970.

1
UNE STRATÉGIE POUR VAINCRE L'ÉTAT

Chapitre 1

Vaincre la peur de la liberté

Anarchie ! Ce terme est probablement le plus craint et le plus galvaudé dans notre civilisation. La majeure partie de la population a une perception extrêmement biaisée de ce mot, et semble terrifiée à l'idée de se soustraire à l'autorité pour préférer l'autonomie. Il s'avère difficile de discuter sérieusement de ce sujet, car la moindre allusion à la possibilité de vivre dans un monde sans autorité provoque instantanément la méfiance. Cependant, quiconque trouve le courage de s'aventurer au-delà des conventions sociales et de remettre en question les systèmes de contrôle dans lequel il est né, prendra conscience que l'anarchie n'a rien à voir avec l'idéologie présentée dans les fictions apocalyptiques de la culture populaire.

S'intéresser plus profondément à la situation permet de constater que les maux de notre espèce, tels que la guerre, la pauvreté et la destruction de l'environnement, sont exacerbés, voire créés par le monopole de la violence légale des gouvernements. Ces problèmes servent souvent à justifier le besoin de protéger l'État, qui en est pourtant à l'origine. Pendant des siècles, ceux qui ont tiré profit du concept d'autorité ont également travaillé sans relâche pour que cette idée persiste. La classe parasite a combattu la vague grandissante de l'ingéniosité humaine, qui s'était arrachée aux traditions destructrices et aux mécanismes de contrôle du passé. Malheureusement, à chaque fois que l'humanité réussit à se détacher d'une tradition oppressive, la classe dirigeante modifie sa propagande pour justifier son autorité, usant d'arguments toujours plus convaincants.

En Amérique du Sud, de nombreux esclaves, asservis dès leur naissance, étaient convaincus que l'esclavage était le prix à payer pour connaître la « civilisation », mais également qu'il était mis en place dans leur propre intérêt. En lisant *La vie de Frederick Douglass, esclave américain*[1], on ne peut s'empêcher de remarquer les similitudes entre le phénomène de propagande observé chez les esclaves de l'époque et sur le public américain moderne, même si les esclaves, eux, devaient subir une violence physique quotidienne. Dans son autobiographie, Douglass fait remarquer que les esclaves se disputaient souvent pour savoir qui avait le maître le plus riche. Il décrit comment ils avaient fini par croire qu'esclavage signifiait richesse et pourquoi beaucoup d'entre eux, lui y compris, pensaient que les deux allaient de pair, de la même manière que le peuple aujourd'hui

1. Frederick Douglass, *La vie de Frederick Douglass, esclave américain,* Gallimard Éducation, *2006*.

pense qu'il ne peut y avoir ni paix, ni prospérité sans gouvernement. L'ouvrage détaille comment Douglass brisa d'abord les chaînes qui entravaient son esprit, avant de pouvoir échapper à sa servitude. Le passage dans lequel il finit par découvrir la vie dans le nord des États-Unis, et comprend que l'esclavage n'est pas nécessairement lié à la richesse, est l'un des plus signifiants.

Douglass écrit : « J'avais supposé, pendant que j'étais esclave, que le nord ne profitait que de peu de choses qui rendaient la vie agréable et qu'il ne disposait que de très peu d'articles de luxe, contrairement aux propriétaires du sud. J'ai certainement tiré une telle conclusion, car les habitants du nord ne possédaient pas d'esclaves, et qu'ils vivaient donc dans les mêmes conditions que les habitants du sud qui n'en avaient pas non plus. Je savais que ces derniers étaient très pauvres, et j'avais considéré que leur pauvreté était une conséquence directe de l'absence d'esclaves. J'avais, je ne sais comment, la conviction que sans esclaves, il ne pouvait y avoir ni richesses ni raffinements. Je m'étais attendu à trouver, au nord, une population grossière, rude et presque sauvage, vivant d'une simplicité spartiate, ignorant tout du confort, du luxe, de l'apparat et de la grandeur des propriétaires du sud. Or, quiconque connaît l'aspect général de la ville de New-Bedfort peut bien s'imaginer, en sachant qu'elles étaient mes conjectures, combien il me fut aisé de découvrir que j'étais dans l'erreur ».

Durant les heures les plus sombres de l'Histoire de l'humanité, des groupes d'hommes se sont arrogé le droit de prendre possession de la vie des autres, tout en prétendant que ce droit leur avait été accordé par un être surnaturel. Cette version étant devenue irrecevable, les autoritaristes avides de pouvoir n'eurent d'autre choix que de justifier leur autorité d'une autre manière. C'est ce désir des groupes d'élites, de régner sur de larges étendues de terres et de conquérir leurs populations, qui a donné naissance à notre paradigme politique actuel. Selon le mythe populaire, « le peuple » est à l'origine de la création des gouvernements et des armées, compromis mis en place pour garantir la paix dans le monde. En réalité, ces institutions sont le fruit de sophistes et d'aristocrates dont l'objectif est d'asservir des populations entières. À mesure que le public s'éduque, il est nécessaire de maintenir ce contrôle en rationalisant de façon toujours plus complexe le besoin d'avoir recours à des formes de pouvoir autoritaires.

Les concepts tels que le contrat social, l'intérêt national, le bien commun, la règle de la majorité et le gouvernement représentatif ont pris la place du droit divin, des souverains et du privilège aristocratique. La culture actuelle, plus sophistiquée, semble indiquer que le peuple tient les rênes du pouvoir, mais ce n'est qu'un subterfuge pour mieux l'assujettir. Ainsi, la rhétorique des systèmes de contrôle sociaux est constituée d'euphémismes qui dissimulent leur nature violente et oppressive. On qualifie de « défense » le meurtre de foules d'innocents, d'« imposition » les braquages à main armée, de « justice » l'enlèvement et l'extorsion et de « gouvernement » les gangs qui revendiquent le contrôle de zones géographiques spécifiques.

Le mot « gouvernement » fait partie de mots polysémiques, mais après mûre réflexion, il apparaît clair que les institutions agissant en son nom maintiennent systématiquement le monopole de la force sur un territoire spécifique. Cette caractéristique principale étant partagée par tous les gouvernements de l'Histoire, décrire ces organismes autrement que comme le monopole de la violence serait un euphémisme malhonnête.

Notre définition du mot « gouvernement » est erronée, et il en va de même de celle du mot « anarchie ». On nous amène à croire qu'une société civilisée ne peut s'établir sans une forme de gouvernement, mais il s'agit peut-être là de la supercherie linguistique la plus réussie depuis le Moyen-Âge, car elle sous-entend que toute structure et organisation disparaîtront en l'absence de violences institutionnalisées et de planificateurs centraux. Comme tous les gouvernements sont construits selon ce même critère de l'établissement et la promotion de la violence institutionnalisée, nous pouvons affirmer que seule l'absence de gouvernement peut offrir la possibilité de maintenir la paix. En d'autres termes, une société anarchique serait une société paisible fondée sur l'ordre spontané, tandis qu'un gouvernement est une société organisée autour de la menace constante de la violence. Cela ne veut pas dire qu'il n'existerait pas de violence dans une société sans gouvernement, mais plutôt que cette violence ne serait ni justifiée, ni célébrée, et elle ne serait donc ni si puissante, ni si répandue.

Malgré la violence inhérente et manifeste des institutions gouvernementales, la plupart des gens peinent à imaginer un monde libéré d'un tel monopole. Celui qui suggère que l'on élimine ces organismes injustes et inutiles doit généralement faire face à des réactions négatives. La conversation tourne court, car les parties prenantes du débat ont généralement une définition différente du mot « gouvernement ». Une vision globale pourrait admettre que le gouvernement sépare le peuple en deux catégories : les membres du gouvernement et ceux qui n'en font pas partie. À première vue, ces deux groupes de personnes ont des principes et des attentes complètement différentes, bien qu'ils appartiennent à la même espèce et aient les mêmes besoins fondamentaux. Mais, à la lumière d'une analyse poussée, on constate que les lois ne sont pas les mêmes pour tous, et qu'elles profitent, en vérité, davantage aux membres du gouvernement. Cet écart est d'autant plus saisissant lorsque l'on constate que les fonctionnaires et agents de l'État ont l'autorité juridique de nous voler, de nous emprisonner ou de nous tuer.

Cependant, si vous demandez à n'importe qui dans la rue de vous donner une définition du mot « gouvernement », il est probable que l'on vous récite la propagande apprise dans nos écoles, selon laquelle le gouvernement est le fondement de notre civilisation. Grâce à lui, nous pouvons nous réunir pour mettre au point des projets bénéfiques pour tous. Cette image est valorisante, mais ne reflète pas la réalité, car le gouvernement ne produit rien, et ne serait pas en mesure de proposer ses « services » sans la main-d'œuvre et les ressources du reste de la société. On peut donc affirmer que les fonctions de l'actuelle institution connue de tous sous le nom de « gouvernement » pourraient tout aussi bien être assumées par les membres d'une communauté, travaillant dans un but commun, et sans intermédiaires ; car les efforts et les ressources seraient distribués sur des circuits courts et directs. L'échange volontaire, la solidarité, ainsi que des méthodes de communication pacifiques pourraient créer une société bien meilleure que celle dans laquelle nous vivons aujourd'hui.

L'argument le plus fréquemment avancé contre une société sans État soutient que nous serions livrés à nous-mêmes, incapables de construire une simple route, sans que quelqu'un nous mette un pistolet sur la tempe à chaque étape et nous explique en détail comment procéder. Mais si la population n'est constituée que d'ignorants et de sauvages, et que les politiciens en font partie, doit-on en conclure que nous sommes gouvernés par des ignorants sauvages, qui ne devraient pas posséder un permis de tuer ? Si nous sommes tous égaux et prétendument incapables de nous gouverner nous-mêmes, pourquoi devrions-nous faire confiance à d'autres, tous aussi incompétents, pour le faire à notre place ?

Bien sûr, nous savons que cette propagande est le fruit du travail de ceux qui veulent conquérir le pouvoir. Il n'y a rien qu'un gouvernement puisse accomplir, et qui ne soit pas à la portée d'un groupe d'individus déterminés. Le gouvernement ne propose pas de services, il prélève simplement l'argent de tous, et n'en met qu'une petite partie au service du peuple. Il n'est rien de plus qu'un intermédiaire violent qui s'immisce dans le moindre échange entre ses « citoyens ». Tout ce que le gouvernement accomplit consiste à mettre en difficulté ceux qui ne font pas partie de son institution.

En analysant les actions du gouvernent, on constate que ce sont en majeure partie des mesures punitives à l'encontre de ceux qui ne constituent pas l'« élite ». Lorsqu'il agit prétendument dans l'intérêt du peuple, il mobilise des ressources récupérées sous la menace ou la violence. Il n'existe aucun acte vertueux du gouvernement. Cette institution n'a pas pour but de protéger nos droits. En réalité, lorsque le gouvernement intervient et décide d'assurer notre protection, il le fait en nous privant de notre capacité à nous défendre. Si celle-ci dépend du jugement et de la position d'un autre être humain, alors que nous nous en remettons à l'institution, nous devenons son esclave.

Bien que les exemples de sociétés et communautés sans États soient peu nombreux dans l'Histoire (du moins, à notre connaissance), cela ne signifie pas, pour autant, que la philosophie anarchique est un échec. Ce manque d'exemples témoigne davantage de l'état primitif de l'espèce humaine, que de la possibilité de vivre dans une société sans État. L'humanité réalise constamment des exploits jusqu'alors inenvisagés, et renverse régulièrement des systèmes considérés comme inébranlables. Affirmer qu'il est impossible de vivre dans une société dépourvue de violence institutionnalisée, car l'expérience nous manque reviendrait à considérer notre situation actuelle comme l'apogée du progrès humain. Cette vision du monde est, bien entendu, à la fois naïve, arrogante et inexacte. C'est pourtant cette perspective qui est répandue dans le monde entier par les institutions, et par ceux qui revendiquent leur droit de propriété sur des êtres humains libres.

C'est, d'ailleurs, de cette perspective que provient notre conception déformée des mots « gouvernement » et « anarchie ». Nous avons hérité des normes culturelles des pouvoirs en place dans le passé, il est donc naturel que celles-ci soient le reflet des besoins et intérêts des institutions, et non pas du peuple. Par conséquent, la représentation que nous nous faisons du gouvernement et de l'anarchie n'est pas fidèle à la réalité, et correspond à la perception du monde de nos dirigeants. Dans un système gouvernemental, ils disposent des pleins pouvoirs et d'un contrôle absolu. En l'absence de gouvernement, ils seraient forcés de vivre d'appliquer les mêmes règles et principes que le reste de la population. Ceux qui s'imaginent que vivre dans une société anarchique signifie vivre affranchi de toute règle sont mal renseignés, car la véritable ambition d'une telle société est de s'affranchir du pouvoir centralisé.

Selon les tyrans, un monde sans contrôle sur la vie d'autrui engendre criminalité, chaos et désordre. Cette perspective ne reflète pas la réalité, mais l'idéologie décalée de l'État parasite et des entreprises. C'est la raison pour laquelle le terme « anarchie » est tant stigmatisé, alors que le mot « gouvernement » n'est jamais questionné, ni galvaudé. Nous avons adopté le langage et la vision du monde de nos oppresseurs. Il est temps que les cœurs et les esprits libres de ce monde affrontent leur peur de la liberté, rejettent les groupes autoritaires et étatistes, et commencent enfin à s'autogouverner.

Chapitre 2
Qu'est-ce que l'agorisme ?

À la fin des années 1970, Samuel E. Konkin III, militant, anarchiste et écrivain, publia *Le Manifeste Néo-Libertarien*[1] dans lequel il dévoile une nouvelle forme de libertarianisme qu'il appelle « néo-libertarianisme ». Ce mouvement s'appuie sur la philosophie de l'agorisme[2].

Dans son livre, il écrit : « Un agoriste est celui qui agit librement et sans relâche pour la liberté ».

L'agorisme est une philosophie libertarienne radicale visant à créer une société sans rapports de force ni coercition, qui soutient l'« économie souterraine » ou clandestine, construite sur des marchés noirs et gris, dans le but d'affaiblir le pouvoir de l'État. Cette stratégie est désignée par Konkin par le terme de « contre-économie », qu'il considère comme une activité économique pacifique, échappant à la surveillance et au contrôle de l'État. Elle inclut la concurrence monétaire, le jardinage communautaire, la résistance fiscale et l'exploitation illégale d'entreprises. Elle consiste également à créer des programmes d'éducation alternatifs et à mettre en place l'école gratuite, le partage communautaire des compétences ainsi que des entreprises médiatiques indépendantes pour faire barrage à la propagande des médias classiques. Soutenir les entrepreneurs qui travaillent en dehors des réglementations de l'État est l'un de ses enjeux.

Dans son manifeste, Konkin fait part de sa vision d'un monde plus libre et plus juste en décrivant d'abord la condition actuelle de notre société : l'étatisme. Il dépeint, dans les grandes lignes, l'évolution de la pensée humaine, allant de l'esclavage au libertarianisme, et insiste sur l'importance de la cohérence entre fins et moyens. En effet, il est convaincu qu'exposer les incohérences étatiques est « un élément crucial de la théorie libertarienne ». Konkin explique ensuite l'objectif de l'agorisme, et par quels moyens l'atteindre.

Afin de dresser un tableau clair de la lutte agoriste pour un monde plus libre, Konkin décrit une structure en quatre phases permettant de passer d'une société étatique à une société agoriste, ainsi que les différentes actions à mener pour répandre la propagande agoriste et développer l'activité contre-économique. En comprenant la vision du progrès de Konkin, nous pouvons créer un schéma qui illustre l'évolution de la société et la place que nous y occupons en tant qu'individus. Une fois que les étapes à suivre sont définies, il est possible d'identifier les stratégies qui nous permettront de passer de l'une à l'autre.

1. Samuel E. Konkin, *Le Manifeste Néo-Libertarien,* Kopubco, 2006.
2. Le mot « agorisme » vient du terme grec « agora », qui signifie « place du marché ».

Phase Zéro

Konkin commence par la « Phase zéro : la société agoriste de densité zéro ». Cette étape brosse le portrait d'une société sans agoristes, dans laquelle la pensée libertarienne est éparpillée et désorganisée. Selon l'auteur, il s'agit de la description de « l'essentiel de l'Histoire humaine ». Ce n'est que lorsque les libertariens découvrent la philosophie de l'agorisme et commencent à pratiquer la contre-économie que nous passons à la « Phase 1 : société agoriste de faible densité ». Cette étape est marquée par l'apparition des libertariens et des contre-économistes. Konkin considère cette phase comme dangereuse pour les militants, soumis à des arnaques du type « Devenez-Libres-Rapidement ». Il les met également en garde contre les campagnes politiques : « Elles seront vaines, ne serait-ce que parce que la Liberté grandit en chaque individu séparément. La conversion de masse n'est pas possible », écrit-il.

Phase 1

Dans la phase 1, l'objectif des rares libertariens contre-économistes est de recruter de nouveaux collaborateurs et de créer « des « branches radicales », franges subversives ou factions définies comme de « gauche libertarienne[1] ». Konkin note qu'une grande partie de la société agit « sans grande conscience des théories, mais motivée par l'appât du gain matériel pour échapper, éviter et tromper l'État. » « Il y a certainement un espoir potentiel ici », ajoute-t-il.

Konkin insiste à nouveau sur l'importance de l'éducation et de la « sensibilisation des contre-économistes à la pensée libertarienne et au soutien mutuel », pour parvenir à une société libre. Il appelle également à la création d'un mouvement de la gauche libertarienne qui, après s'être suffisamment développée, serait en mesure de « bloquer les actions marginales de l'État ». Ces dernières années, la rencontre des militants est facilitée par l'explosion de réseaux de pairs décentralisés sur Internet, qui permettent notamment de partager rapidement des informations et de lancer des appels à s'organiser. De plus en plus de vidéos circulent, montrant des communautés qui s'unissent pour s'opposer aux arrestations injustifiées commises par les agents de l'État.

À titre d'exemple, les sites Internet et applications FreedomCells.org et NextDoor.com proposent des outils pour renforcer ces communautés, développer la contre-économie et lutter contre l'État. Le réseau *Freedom Cells*[2] permet aux utilisateurs d'entrer en contact avec des individus partageant les mêmes idéaux, résidant dans la même ville, le même état ou pays, en vue de s'organiser dans le monde réel pour contourner le gouvernement. En 2016, nous avons lancé une plateforme en ligne dont le but est de construire des groupes d'entraide mutuelle, également appelés « cellules de liberté », que nous étudierons plus en détail dans le prochain chapitre. Les plateformes *Next Door*[3]

1. Cf Chapitre 5
2. Traduction littérale : « Cellules de liberté ».
3. Traduction littérale : « La porte à côté ».

donnent également à l'utilisateur la possibilité de se connecter à sa communauté locale, dans le monde numérique comme dans le monde réel. L'application propose une option qui permet de se concentrer sur un quartier spécifique et, ainsi, de poster des informations importantes relatives à la sécurité, aux objets trouvés et aux opportunités contre-économiques à l'attention de ceux qui vivent à proximité. Bien entendu, il est conseillé aux utilisateurs de cette application de faire preuve de précaution et de bon sens lors de la promotion de leurs activités, car le réseau est surveillé de près par la police.

Phase 2

Chacun de ces outils fait partie de la technologie de la contre-économie, et a le potentiel de rendre obsolètes l'intervention et la réglementation du gouvernement. Ces plateformes de pairs sont une possibilité dont nous pourrions profiter pour développer les marchés noirs et gris. C'est ainsi que Konkin imagine le passage de la phase 1 à la phase 2. Lors de la « Phase 2 : une société agoriste de densité moyenne », les étatistes prennent conscience de l'agorisme. C'est à ce stade que Konkin estime la contre-économie en mesure de se développer, et que les agoristes représentent « une large sous-société nichée dans la société étatisée ». Bien que les agoristes continuent de vivre sur des territoires contrôlés par l'État, on constate un « spectre graduel d'agorisme chez la plupart des individus ». Il comprend les bienfaiteurs « hyper étatiques » de l'État, ainsi que ceux qui sont « pleinement conscients de l'alternative agoriste », même si la majorité de la société reste toujours engagée au sein d'une économie étatisée.

Selon Konkin, c'est en atteignant cette étape que les agoristes doivent commencer à se réunir dans des districts, des ghettos, des îles ou des colonies spatiales. Nous sommes d'ailleurs déjà témoins de la création de communautés agoristes, en villes flottantes, écovillages, coopératives et espaces souterrains promouvant la contre-économie et la création de contre-institutions étatiques. Konkin pensait que ces communautés pourraient compter sur le soutien du reste de la société pour dissuader l'État de les attaquer. C'est alors que se pose la question de la protection et de la défense de ces groupes. Il existe des alternatives de protection communautaires au monopole exercé par l'État policier (comme le Centre de gestion des menaces de Détroit et les groupes d'autodéfense communautaires au Mexique), mais, jusqu'à présent, aucune d'entre elles ne présentait de caractéristiques agoristes. Ces syndicats de protection communautaire doivent permettre à l'agora de se développer sur le long terme. Cependant, avant cela, « il faut infecter toute la société avec l'agorisme », ce qui rendra possible la création d'un mouvement, souterrain ou non, que Konkin baptise « Alliance néo-libertarienne ». Celle-ci agit comme le porte-parole de l'agora : « chaque possibilité de démontrer la supériorité du mode de vie agoriste aux étatisés locaux permet d'appeler à la tolérance de ceux qui ont des “modes de vie différents” ».

Phase 3

Toutes ces étapes nous conduisent à la « Phase 3 : une société agoriste condensée et à haute densité », dans laquelle l'État est confronté à une période de crise due, en partie, à « l'érosion de ses ressources et de son autorité par la croissance de la contre-économie ». À mesure que l'influence de l'agora grandit, les pratiques de développement économique non viables de l'État lui font perdre son emprise. Konkin prévient à nouveau que les étatistes tenteront de rallier les néo-libertariens par des « anti-principes », et les appelle à « maintenir leur vigilance et leur pureté idéologique ». Les néo-libertariens les plus motivés s'orientent vers la recherche et le développement, pour aider à créer les premières agences de protection et d'arbitrage agoristes, en concurrence avec l'État. À ce stade, le gouvernement n'existe que sous forme de poches d'étatisme principalement concentrées dans un territoire. Ceux qui vivent dans la société étatisée sont conscients de la liberté dont bénéficient leurs voisins agoristes. L'État s'est suffisamment affaibli, permettant à de « larges agences de syndicats de protection du marché » de le contenir et de protéger les néo-libertariens qui adhèrent à une assurance. Konkin était persuadé que « ce niveau marque la dernière étape de la société libertarienne ». La société est alors divisée en grandes zones agoristes, et en secteurs étatisés isolés.

La transition entre les phases 3 et 4 laisse apparaître « la dernière éruption de violence de la classe dominante de l'État ». Selon Konkin, les intellectuels de l'État passent à l'attaque dès lors qu'ils se rendent compte que leur autorité n'est plus respectée. La protection contre l'État ne sera possible que lorsque la contre-économie aura engendré des agences de protection suffisamment puissantes pour repousser ses attaques. L'Alliance néo-libertarienne doit faire en sorte que l'État ne prenne pas la mesure de sa faiblesse avant que le mouvement agoriste n'ait infecté le reste de la société étatisée. Ce n'est que lorsque les communautés agoristes auront résisté avec succès aux attaques de l'État que la révolution agoriste sera complète. Lors du passage de la phase 3 à la phase 4, Konkin note que les trois premières étapes sont des « divisions plutôt arbitraires : il n'y a pas de changement abrupt entre les première, deuxième et troisième étapes ». Cependant, il estime que la transition de la troisième à la quatrième est « particulièrement brutale ».

Phase 4 : société agoriste avec impuretés étatistes

Ce n'est que lorsque l'État aura rendu son dernier souffle que la contre-économie se transformera en marché libre, dont les échanges seront dépourvus de toute coercition. Konkin prédit que « la division du travail et le respect de chaque travailleur-capitaliste-entrepreneur éliminera probablement les modes d'organisation traditionnels, et en particulier la hiérarchie corporatiste, une contrefaçon de l'État et non du marché ». Il imagine que les grandes compagnies deviendront des associations d'entrepreneurs, de consultants et de fournisseurs indépendants. Après l'arrestation et la traduction en justice des derniers vestiges de l'État, la liberté sera le cœur de la vie quotidienne et il ne restera plus qu'à « nous atteler à résoudre les autres problèmes auxquels l'humanité doit faire face ».

Que la vision de Konkin se concrétise ou non, il est indéniable que le monde a légèrement progressé en passant par les étapes énoncées dans le *Manifeste néo-libertarien*. Tout semble indiquer que la contre-économie et la pratique consciente du mouvement agoriste naîtront entre la fin de la phase 1 et le passage à la phase 2. Comme mentionné plus tôt, Internet (et la technologie dans son ensemble) favorise une révolution telle qu'imaginée par Konkin, car bien que l'humanité soit exposée à une vie libre de toute coercition, elle n'a pas encore toutes les cartes en main pour être capable de créer un tel monde. Si le mouvement agoriste et la contre-économie venaient à se répandre aussi vite que les actes de vol et de violence commis par l'État, alors l'apparition d'agences de protection destinées à défendre le peuple ne serait qu'une question de temps. Selon Konkin, le peuple ne gravitera vers la contre-économie qu'après avoir reconnu la faiblesse et le déclin de l'État, transformant ainsi sa vision agoriste en réalité.

Afin de comprendre le potentiel de l'agorisme pour trouver une solution à notre système actuel, non viable et destructeur, nous devons d'abord tourner notre regard vers le reste du monde. Les théories politiques paraissent toutes viables au premier abord, mais ne reflètent pas la réalité du monde. Elles ne sont rien de plus que des exercices de masturbation intellectuelle. Comme Konkin l'écrit dans l'introduction de *Une approche agoriste*[1], « il faut toujours se souvenir que l'agorisme combine la théorie et la pratique. La théorie sans pratique n'est qu'un jeu, qui, pris trop sérieusement, peut mener à une déconnexion de la réalité, au mysticisme, ainsi qu'à la folie… Les agoristes croient qu'une théorie qui ne reflète pas la réalité est soit totalement inutile, soit une tentative délibérée d'intellectuels pour escroquer les non-spécialistes ».

Par conséquent, existe-t-il, en pratique, de véritables exemples de contre-économies ? Si c'est le cas, ces exemples permettent-ils d'atteindre l'objectif d'un monde plus libre et prospère ?

Afin de répondre à ces questions, nous pouvons nous intéresser au « secteur informel » du Pérou, pendant les années 1980 et 1990. Le secteur informel est constitué d'individus dont les activités échappent aux lois et à la régulation de l'État. Elles sont conduites en dehors du système légal, sans égard pour les réglementations gouvernementales. Elles constituent l'économie informelle. Dans son livre *L'Autre Sentier : la révolution informelle dans le tiers monde*[2], paru en France en 1994, Hernando de Soto présente une étude détaillée de

1. Samuel L. Konkin, *An Agonist Primer*, KoPubCo, 2009.
2. Hernando De Soto, *L'Autre Sentier : la révolution informelle dans le tiers monde*, Éditions La Découverte, 1994.

la croissance et du mode opératoire de l'économie informelle péruvienne. Il soutient que les réglementations gouvernementales ayant trait au logement, aux transports et au commerce devraient disparaître, pour permettre aux différentes dynamiques de l'économie informelle de s'imposer. Malheureusement, de Soto et *L'Autre Sentier* mettent le capitalisme et le libre marché sur un pied d'égalité, allant jusqu'à promouvoir des « réformes orientées vers le marché », qui feraient de l'économie informelle la nouvelle économie étatique. Plutôt que d'encourager une libération totale par le biais de l'économie informelle et du libre marché, de Soto et son Institut pour la liberté et la démocratie croient qu'un système capitaliste libérera le peuple. Malgré ses défauts, la lecture de *L'Autre Sentier* est recommandée pour tout étudiant intéressé par l'activité contre-économique.

Autre point important, relatif à l'économie informelle péruvienne : les entrepreneurs des marchés noirs investissent dans la création de nouveaux emplois libres, dans le but d'échapper aux réglementations de l'État et aux violences de l'organisation terroriste communiste « Sentier Lumineux ». *L'Autre Sentier* fut publié pour contrecarrer la propagande marxiste du Sentier lumineux, qui enseignait aux populations rurales le mépris du marché, au lieu d'un outil de libération. Le livre connut un grand succès et permit aux économistes informels de reconnaître le pouvoir du commerce sans entraves et de l'action du marché. Malheureusement, sans mouvement agoriste éclairé et organisé, l'économie informelle fut absorbée par l'économie étatique péruvienne.

Néanmoins, parallèlement au développement de l'économie informelle au Pérou, l'Institut pour la Liberté déclare que les « entrepreneurs extralégaux » et leurs familles représentaient environ 60 à 80 % de la population du pays et exploitaient 56 % de ses entreprises. Dans l'édition de 2002 de *L'Autre Sentier*, de Soto écrit que les économies souterraines de la Russie et de l'Ukraine représenteraient 50 % du produit intérieur brut de ces pays, alors qu'en Amérique latine et aux Caraïbes, 85 % des emplois sont issus de cette contre-économie, ou économie informelle. Bien entendu, elles ont toutes deux atteint le niveau d'importance annoncé par Konkin.

L'Autre Sentier ne met pas seulement en avant l'importance de la contre-économie, il illustre également comment les réglementations restrictives et intrusives de l'État vis-à-vis de l'échange volontaire mènent directement au développement des marchés souterrains. Selon des études menées par l'Institut pour la liberté et la démocratie, un citoyen moyen qui souhaitait ouvrir un marché de détail dans les années 1980 devait affronter treize ans d'obstacles juridiques et administratifs. De plus, vingt-six mois étaient nécessaires pour obtenir l'autorisation de créer un nouvel itinéraire de bus, et presque un an, à raison de six heures de travail par jour, pour obtenir les permis requis pour utiliser une machine à coudre à usage commercial.

« Il est certain que le Pérou est confronté à une lutte des classes. Mais la société péruvienne n'est pas divisée entre les entrepreneurs et les travailleurs. Elle est divisée, d'un côté, par les politiciens, les bureaucrates et les hommes d'affaires qui profitent des faveurs du gouvernement, et de l'autre, par les travailleurs légaux et extralégaux qui ne bénéficient pas de ces faveurs », écrit de Soto en 2002.

Les Péruviens doivent faire face aux actes de violence continus de la rhétorique maoïste du Sentier lumineux, ainsi qu'aux réglementations et aux vols de l'État. C'est la raison pour laquelle a lieu un exode rural destiné à créer des marchés informels, assurant les échanges ainsi que les services de covoiturage et de logement. C'est ainsi que procèdent les libres penseurs, confrontés à la menace permanente du vol et de la bureaucratie. Tôt ou tard, le peuple se lasse de voir tous les aspects de la vie envahis par l'État, et se met à chercher des solutions externes. Elles incluent des projets réformistes comme la politique électorale et le vote, ou des révoltes violentes. La contre-économie et l'agorisme ouvrent une nouvelle voie vers la liberté. Une voie pacifique et cohérente, reflet des réalités modernes.

D'autres exemples de cette réalité contre-économique existent en Chine, en Corée du Nord, à Cuba et dans d'autres pays d'Afrique. En Corée du Nord, la propagande radicale et la presse occidentale sont introduites illégalement sur le territoire, dans des clés USB, alors que partout dans le monde, des vendeurs à la sauvette travaillent sans se soucier d'obtenir une autorisation de l'État. Selon le Bureau national des statistiques du Kenya, le secteur informel a créé 713 000 nouveaux emplois en 2015, ce qui représente 84,8 % des nouveaux emplois créés « en dehors de l'agriculture à petite échelle et des activités pastorales ». Poussant plus loin cet aspect, le livre *Stealth of Nations : The Rise of the Global Informal Economy*[1] de Robert Neuwirth met en évidence l'emprise mondiale de la contre-économie, qu'il nomme plus communément « Système D ». Il parvient à des conclusions similaires aux nôtres : il sera nécessaire pour le peuple de s'organiser hors du carcan de l'État, et la majeure partie de la population préférera la contre-économie, défiscalisée et non réglementée.

Il est clair que les travailleurs du monde entier désirent échanger leurs marchandises et offrir leurs services sans être confrontés aux barrières oppressives et élitistes qui les empêchent d'accéder au marché. Le peuple veut s'associer et échanger librement, sans aucune interférence ou intervention extérieure. Tant que l'économie étatique « traditionnelle » sera l'objet des lubies des marionnettes au pouvoir, ce désir entraînera toujours la création d'une activité contre-économique à travers des marchés noirs et gris. Cependant, chercher à échapper aux réglementations de l'État n'est pas l'unique objectif de notre stratégie de contre-économie agoriste. En effet, il s'agit aussi de parvenir à vivre dans une société affranchie de l'État, où le peuple libre ne sera plus assujetti à la force

1. Robert Neuwirth, *Stealth of Nations : The Rise of the Global Informal Economy*, Anchor, 2012.

et à la coercition du gouvernement parasite et des entreprises.

Bien que très peu évoquée dans les écoles publiques et par les grands médias, l'Histoire compte plusieurs exemples de sociétés et de communautés sans État. Nous recommandons à tous nos lecteurs qui seraient intéressés l'étude de l'Islande médiévale, ainsi que la lecture de *Zomia ou l'Art de ne pas être gouverné*[1] de James Scott, et de *La société contre l'état*[2] de Pierre Clastres. Il convient de souligner que ceux qui sont convaincus que de telles sociétés sont impossibles à mettre en place, en raison du manque d'exemples historiques, se limitent, en réalité, à des barrières préconçues et aux conjonctures relatives au potentiel de l'existence humaine. Si l'esprit et le cœur des peuples du monde entier venaient à saisir une telle opportunité et à faire de la théorie agoriste une réalité, nous assisterions à l'émergence de la contre-économie. Comme nous allons le découvrir dans le chapitre suivant, un mouvement agoriste organisé suffit pour exploiter le potentiel de la contre-économie et affaiblir l'État de façon significative.

1. James Scott, *Zomia ou l'Art de ne pas être gouverné,* Le Seuil, 2013.
2. Pierre Clastres, *La société contre l'état,* Éditions de Minuit, 1974.

Chapitre 3

L'agorisme vertical et horizontal

Alors que nous sommes de plus en plus nombreux à rejeter les mystifications de l'État (nationalisme, pseudoéconomie, fausses menaces, promesses politiques non tenues), la contre-économie se développe verticalement et horizontalement. Horizontalement, car un nombre croissant de citoyens s'investit dans la contre-économie ; verticalement, car on assiste à la création de nouvelles structures (entreprises et services) destinées à servir la contre-économie (liens de communication sécurisés, médiateurs, assurances soutenant les activités « illégales », premières formes de technologie de protection, et même personnel de sécurité). Tôt ou tard, le « monde souterrain » rejoindra celui de la surface, où la majorité de la population sera agoriste, et peu seront restés étatistes. Alors, aucune procédure gouvernementale ne pourra inverser la tendance.

— Samuel E. Konkin, *Applied Agorism, An Agorist Primer*[1]

Nous allons étudier les différents types d'actions contre-économiques qui peuvent être engagées par un grand nombre de personnes, d'horizons divers. Ces stratégies seront classées entre deux catégories : l'agorisme vertical et horizontal. Les définitions de ces deux termes sont complémentaires et donnent une idée précise de la manière de le mettre en place. Elles sont issues de l'extrait précédemment cité de Samuel Konkin III, et de l'essai de l'économiste suédois et autrichien Per Bylund intitulé *A Strategy for Forcing the State Back*[2], parut en 2006. Nous allons comparer ces définitions et déterminer la manière dont elles peuvent nous encourager à nous passionner pour l'agorisme.

Konkin décrit d'abord les étapes du développement horizontal de la contre-économie, lorsque l'ensemble de la population se tourne vers des activités économiques indépendantes de l'État. La croissance verticale implique, selon lui, la création de contre-institutions étatiques. Cela signifie la mise en place d'alternatives, non seulement aux centres de pouvoir économique (comme les monnaies alternatives), mais aussi aux groupes médiatiques morts, aux systèmes commerciaux de production alimentaire, aux centres de formation qui nous

1. Samuel E. Konkin, *An Agorist Primer*, KoPubCO, 2008. Traduction littérale : « Une amorce à l'agorisme ».
2. Per Bylund, *A Strategy for Forcing the State Back*, The Libertarian Institute, 2006. Traduction littérale : « Une stratégie pour forcer l'État à reculer ».

endoctrinent, et à l'industrie à but non lucratif en pleine croissance. (Note : l'industrie que nous nommions précédemment « médias traditionnels » est dorénavant désignée, à juste titre, par les termes « médias morts », car tout ce qui est produit par cette industrie mène à la désinformation, à la prise de décisions inadaptées et, à terme, la mort. Les grands médias sont un flux constant de mensonges et de décadence).

Per Bylund décrit sa vision de l'agorisme vertical comme une stratégie « introvertie », reposant sur les travaux et idées du libertarien radical Karl Hess, orateur et rédacteur éloquent. Conservateur au début de sa carrière, Hess devint anarchiste libertarien, puis militant et organisateur communautaire, orienté à gauche. Dans les années 1960, à l'aube de l'apparition de la Nouvelle Gauche et des mouvements étudiants pacifistes, il fut très impliqué dans l'organisation communautaire sur les campus. Il travailla, entre autres, avec Murray Rothbard, Konkin, Carl Ogelsby de l'organisation « Students for a Democratic Society[1] » pour tenter de nouer des alliances entre la Nouvelle Gauche émergente et les mouvements libertariens. Il est également l'un des rares dont l'entièreté du salaire fut dérobée par le fisc américain, pour avoir contesté le système d'impôt sur le revenu.

Dans les années 1970, Hess se détourna de ses activités de militant pour participer au développement communautaire des quartiers défavorisés d'Adams Morgan, à Washington. Dans ses livres intitulés *Community Technology*[2] et *Neighborhood Power*[3], Hess explique, dans les grandes lignes, comment il a travaillé en coopération avec les habitants du quartier pour construire une communauté autonome, reposant sur la durabilité, ou, telle qu'ils la nommèrent, la « technologie appropriée ». Hess décrit un quartier ayant intégré des systèmes aquaponiques dans ses sous-sols, des jardins sur les toits et des services communautaires destinés à remplacer les possibilités offertes par l'État. Il se montre inflexible : les outils et la technologie contribuent directement à la liberté. En étant capable de partager vos outils avec les autres membres de votre communauté, vous pouvez partager l'accès aux moyens de production et encourager l'entrepreneuriat. Hess qualifie cette vision de la communauté autonome de stratégie verticale, ou introvertie. Ces actions verticales peuvent être considérées comme agoristes, dans le sens où elles permettent aux communautés et aux individus d'être autonomes, plutôt que de dépendre de forces extérieures ; et bien qu'elles ne contribuent pas explicitement à la contre-économie en raison de l'absence de marchés noirs et gris, elles demeurent nécessaires et bénéfiques.

L'agorisme vertical consiste à créer et à participer à des réseaux d'échanges

1. Traduction littérale : « Étudiants pour une société démocratique ».
2. Karl Hess, *Community Technology*, Loompanics Unlimited, 1995. Traduction littérale : « Technologie de communauté ».
3. Karl Hess et David Morris, *Neighborhood Power : The New Localism*, Beacon Press, 1975. Traduction littérale : « Le pouvoir des quartiers : le nouveau localisme ».

communautaires, des activités d'agriculture urbaine, des potagers, des marchés de producteurs, ainsi qu'à soutenir des alternatives à la police et les réseaux de pairs décentralisés. Si chacune de ces étapes nécessite potentiellement l'utilisation de la monnaie de l'État (ce qui ne serait pas, par conséquent, réellement conforme aux règles de la contre-économie), elles restent importantes, car elles remettent en cause la dépendance étatique et celle des entreprises. Celles qui n'impliquent pas l'échange de monnaie fonctionnent dans le même sens. On peut donc y inclure le soutien moral des membres de la communauté entre eux, et la promotion de technologies qui perturberaient le statu quo, et permettraient ainsi établir des relations plus solides entre les membres de la communauté.

Un exemple plus probant de l'agorisme vertical serait l'émergence de médias alternatifs, rendue possible grâce à Internet. Si l'on remonte moins d'une génération en arrière, les grands médias, propriétés des mégacorporations, étaient régulés d'une main de fer par les gouvernements qui contrôlaient la moindre information transmise à la société. Les informations suivaient un circuit hiérarchique du haut vers le bas. Il était donc très facile d'en faire de la propagande, ou de les utiliser pour berner la population. Cependant, l'arrivée d'Internet permit aux militants et aux individus en soif de liberté de créer leurs propres médias, de devenir journalistes et de lutter contre la propagande de l'État. En quelques années seulement, les médias indépendants ont bouleversé le monopole auparavant exercé par les grands médias, en s'appropriant une large portion d'un marché d'audiences jusqu'alors exclusif. C'est la preuve que des systèmes et des institutions alternatifs peuvent être créés pour concurrencer les monopoles de l'État.

Notre objectif est de remettre en question les mécanismes du pouvoir qui cherchent à influencer et diriger nos vies. L'État, et d'autres institutions qui exercent un contrôle ou une influence en font partie. En choisissant, par exemple, de cultiver votre propre nourriture et de soutenir les producteurs locaux, vous passez l'une des étapes « verticales », et vous vous éloignez des entreprises de biotechnologie, qui encouragent l'utilisation intensive de pesticides et de technologies potentiellement dangereuses. De plus, vous ne soutenez plus le transport de produits alimentaires à des milliers de kilomètres aux alentours. Au lieu de cela, tous vos produits proviennent de votre jardin ou d'un marché local. Ces actes sont un gage d'indépendance et impliquent le boycott d'une industrie indéfendable. Ces étapes verticales permettent également de vivre plus facilement en accord avec ses principes. Une fois encore, nous voyons que la cohérence entre les paroles et les actes est primordiale.

Per Bylund explique que la stratégie horizontale, ou extravertie, est plus directement reliée aux idées de Konkin. On parle d'extraversion, car les actions décrites impliquent le choix audacieux d'agir contre l'État, d'une façon que la société considère comme illégale ou immorale. En vous aventurant dans ce terrain inconnu, vous rejoignez les rangs des trafiquants d'alcools, d'armes et de cannabis, des jardiniers-guérilléros, des tondeurs sans permis de travail, des vendeurs de rue ou des barbiers, et des cryptoanarchistes. Un individu qui combinerait les stratégies agoristes verticale et horizontale verrait le monde comme une suite d'étapes, symbolisées par une image représentant un large éventail de personnes vivant dans des conditions de vie et des environnements différents.

En bas, à gauche de cette image, se trouve l'étatisme; et en haut, à droite, l'agorisme. À cette représentation schématique, nous pouvons ajouter des actions verticales qui permettent de libérer l'individu de sa dépendance. Peut-être que votre situation s'accorde mieux avec des actions verticales, comme cultiver votre propre nourriture, utiliser une messagerie cryptée, accueillir des réunions de partage de compétences communautaires chez vous, éduquer vos enfants avec des méthodes pacifiques, fournir des alternatives à l'État providence en ayant recours au financement collectif de projets communautaires, ou en nourrissant les sans-abri, ou simplement en nettoyant le quartier. Chacune de ces étapes fait avancer l'individu (et, à long terme, la communauté) verticalement vers la cohérence et l'indépendance. Les actions de ceux qui sont prêts à devenir contre-économistes, et à prendre le risque d'intégrer les marchés noirs et gris peuvent être, sur notre schéma, à la fois verticales et horizontales. Un agoriste qui suit ce processus est censé s'élever, puis s'éloigner de l'étatisme et de la dépendance jusqu'à atteindre l'agorisme, en haut à droite. Cela signifie que chaque potager planté, monnaie alternative échangée, impôt éludé, compétence partagée, emploi non autorisé et substance illégale vendue, permet de tracer une progression sur le plan: et donc de transitionner de la dépendance à l'autonomie, et de l'étatisme à l'agorisme.

Lorsque Konkin embrassa le concept d'agorisme pour la première fois, les groupes qui pratiquaient la contre-économie en toute conscience étaient sûrement constitués, en majorité, de quelques libertariens radicaux. Or, depuis, les possibilités d'échanges au sein de marchés noir ou gris ont augmenté. Alors que les faiblesses de l'État sont progressivement dévoilées, il est de plus en plus sûr pour les masses de commencer à quitter l'ancienne économie pour rejoindre la contre-économie. On retrouve donc bien la situation de marché réellement libre, ou « agora », décrite par Konkin.

Maintenant que nous avons défini les stratégies agoristes verticales et horizontales selon les travaux de Karl Hess et Samuel Konkin, nous nous devons d'apporter plus de précisions sur un concept que nous espérons voir adopter et adapter, à échelle mondiale, par de nombreuses communautés. Il s'agit du concept des cellules de liberté. Ce sont des groupes de pairs constitués de sept à neuf personnes (idéalement, huit), autogérés et décentralisés. Leur objectif est collectif: il s'agit d'affirmer la souveraineté des membres du groupe, par le biais d'une résistance pacifique et de la création d'institutions alternatives. Les cellules de liberté peuvent être considérées comme une forme particulière de groupe d'entraide, où l'agorisme et la contre-économie jouent un rôle essentiel. Elles furent nommées ainsi en réponse à la propagande de l'État concernant les « cellules terroristes ». Nous avons choisi, en toute connaissance de cause, de nous approprier le terme pour créer des « cellules » qui prônent la liberté. Elles fonctionnent, de plus, comme les cellules du corps humain : elles réalisent, individuellement, des tâches importantes pour le bien de l'ensemble de l'organisme. Selon notre perspective, chacune d'entre elles joue un rôle crucial dans le développement des activités contre-économiques, et dans la propagation de la philosophie agoriste, tout en faisant partie d'un large réseau qui favorisera les échanges d'idées et de produits entre les différentes communautés.

Le nombre exact de 8 participants nous provient de l'étude menée par Bob Podolsky et de son livre *Flourish!: An Alternative to Government and Other Hierarchies*[1]. Podolsky est le protégé du chercheur John David Garcia, qui a consacré vingt ans de sa vie à étudier comment exploiter au maximum la créativité d'un groupe de personnes travaillant ensemble sur un projet commun. Après des centaines d'expériences, il a mis au point un modèle optimisé, basé sur des groupes de huit qu'il a baptisés « Octet » ou « Octologue ». L'idée est qu'un manque d'individus limiterait les capacités d'un groupe, mais qu'avec trop de membres, le groupe se retrouverait embourbé par son manque d'organisation et d'attention. Podolsky recommande la formation d'octologues de quatre hommes et quatre femmes, motivés par des principes éthiques spécifiques.

Bien que les cellules de liberté soient présentées comme des groupes de huit individus travaillant ensemble, elles sont différentes des octologues, car elles se concentrent sur la décentralisation. Même si Bob Podolsky a présenté en détail le fonctionnement d'un octologue, nous espérons fournir des exemples de mise en place de cellules de liberté sans dicter leur organisation à d'autres types de cellules. Le besoin de chaque communauté est naturellement différent. Au-delà d'un consensus selon lequel nous devons respecter le droit de chacun d'être libre de coercition, nous pensons qu'elles ne doivent pas être influencées par les perspectives d'une cellule en particulier. Nous conseillons au lecteur de considérer nos idées comme des lignes directrices, et de garder en mémoire que nous ne prétendons pas définir une unique marche à suivre parmi de nombreuses possibilités.

Au commencement, les membres d'une cellule peuvent travailler ensemble pour atteindre des objectifs communs, comme garantir la subsistance du groupe en fournissant à chacun trois mois de vivres, des moyens de communication chiffrée, un plan d'évacuation, mais également en assurant l'accès à des armes à feu (ou autres moyens de se défendre) et leur utilisation en toute sécurité. Pendant ce temps, les membres de la cellule se rendent disponibles pour apporter leur aide, quelle qu'en soit la forme. Dès que la cellule sera constituée

1. Robert Podolsky et Clyde Cleveland, *Flourish! : An Alternative to Government and Other Hierarchies,* CSIP, 2014.

de sept à neuf personnes, chaque individu devra être encouragé à faire son propre chemin pour fonder sa propre cellule, en particulier si les premiers membres ne vivent pas à proximité. Vivre dans un rayon raisonnable les uns des autres permettra une réponse rapide en cas d'urgence. Nous répétons que tous les membres devraient être encouragés à fonder des cellules additionnelles.

Éventuellement, les membres originaux devraient avoir établi des connexions avec sept à neuf cellules additionnelles, et être donc reliés à un nombre d'environ soixante-dix à quatre-vingt-dix personnes chacun. Imaginez la force qui pourrait être exercée par ces cellules après leur connexion au monde numérique, sur FreedomCells.org, et partout dans le monde réel. La création d'un réseau cellules de liberté peut également être destinée aux agoristes qui voyagent, cherchant à entreprendre dans la contre-économie et à rencontrer ceux qui partagent les mêmes idées. En créant et en s'appuyant sur des alternatives comme les réseaux alimentaires locaux, des services de santé, des groupes de défense mutuelle et des réseaux économiques et de communication entre pairs, les cellules seront en mesure de s'émanciper et de se débarrasser des institutions étatiques, qu'elles estiment indignes de leur soutien. Une fois que ces groupes seront suffisamment étendus, il sera plus simple pour leurs membres de les quitter afin de vivre dans une complète liberté.

C'est ce modèle que nous avons suivi à Houston, avec la communauté militante des « Libres Penseurs de Houston » et « l'espace communautaire de la Maison des libres penseurs ». Tout a commencé lorsque nous avons créé des potagers et vendu leurs récoltes sur *NextDoor*. Nous vendions également du jus de fruits et du thé Kombucha, produits à partir de fruits offerts par des voisins qui soutenaient notre démarche. Au départ, nous n'étions qu'un petit groupe de trois à quatre personnes, nous réunissant et discutant des thèmes et des objectifs de notre cellule, qui consistaient à diffuser les compétences et les connaissances de chacun. Ainsi, une personne quittant la cellule ne la privait pas de son savoir. Il est important de s'assurer que tous les membres d'une cellule soient en mesure d'effectuer les soins de premiers secours, d'utiliser des moyens de communication chiffrés, de tirer au pistolet et de transmettre la philosophie agoriste. Bien entendu, certains individus se révéleront plus compétents ou mieux informés sur certains sujets, mais la plupart de ces compétences et de ces savoirs doivent être partagés par l'ensemble de la cellule.

Les membres de notre groupe ont également entrepris de s'instruire mutuellement sur leurs centres d'intérêts particuliers. Imaginez que votre cellule se réunisse, et accepte d'apprendre tout ce qui concerne la permaculture, ou n'importe quel autre concept, philosophique ou scientifique. Un sujet peut être attribué à chacun des membres, chargé de s'informer et de se renseigner de manière approfondie, puis, au bout de quelques semaines, de transmettre son savoir aux autres. Votre cellule peut également être inscrite sur l'application Cell411, qui intervient, en cas d'urgence, au service de votre communauté.

Grâce à cet outil, plusieurs cellules peuvent se réunir pour effectuer des patrouilles de surveillance, ou même résister et désarmer la répression violente de la police et d'autres agents de l'État. Une cellule de liberté pourrait se connecter à une autre cellule pour organiser, secrètement, une guérilla jardinière. Les médias faisant constamment barrage avec leur « infox », une cellule pourrait se charger de faire des recherches pour discréditer leur propagande. Elles peuvent organiser des réseaux d'échange alternatifs, pour encourager les artisans et entrepreneurs locaux à vendre leurs produits non réglementés, et à accepter les paiements par monnaie alternative. Dans l'éventualité où l'ensemble du système s'effondrerait, les cellules de liberté auraient déjà établi un bunker et amassé une profusion de réserves. Si plusieurs cellules s'avèrent suffisamment bien préparées, leur communauté sera constituée d'individus autonomes, qui ne sont plus obligés de se défendre seuls.

Dans ses écrits, Konkin mentionne l'apparition de « poches » agoristes, au moment où la contre-économie prend le dessus sur l'économie étatique. Bien que Konkin ait décrit, théoriquement, le passage d'une société étatisée à une société agoriste, il ne donne que très peu de détails sur la manière concrète d'atteindre cet objectif. Nous pensons que les cellules de liberté représentent une partie de l'équation. Konkin fut clairvoyant en affirmant que l'État n'hésiterait pas à réprimer tout agoriste infiltré trop brusquement, ou trop hardiment, dans le système de la contre-économie. La punition infligée à Ross Ulbritch, accusé d'être le « génie criminel » à l'origine du cybermarché nommé « Route de la Soie », en est un bon exemple.

Ulbritch permit à des citoyens du monde entier d'échanger sur le marché noir, sans avoir à verser la moindre taxe à l'État dans leur pays respectif. Ulbritch et son bras droit, l'administrateur du site connu sous le pseudonyme « Dread Pirate Roberts[1] », ont tous deux exprimé leur intérêt pour la philosophie agoriste. Lorsqu'il fut condamné à la prison à perpétuité en 2015, la juge en charge de son procès a qualifié son combat contre les restrictions économiques et gouvernementales de « dangereux », et a déclaré vouloir s'assurer que personne ne veut « prendre la relève ». L'État était terrifié à l'idée que la Route de la Soie puisse permettre aux individus de commercer en dehors du système en place. L'État prétend protéger les citoyens de l'innocuité des drogues vendues sur la Route de la Soie, mais la véhémence avec laquelle il a confondu Ulbritch tient avant tout à l'implication de ce dernier dans la contre-économie, qu'il est parvenu à appliquer au monde réel, menaçant ainsi les pouvoirs de l'État. Il s'avère que les drogues vendues sur le marché noir étaient de bien meilleure qualité que celles que l'on retrouve dans la rue, sécurisées, notamment, grâce à un système de notes et d'avis de consommateurs. De plus, la vente en ligne protégeait les acheteurs et les vendeurs de toute forme de violence lors des transactions, danger qu'il est difficile d'éviter lorsque les échanges sont faits en main propre.

1. Traduction littérale : « Le terrifiant pirate Roberts ».

Souvenez-vous que nous ne pouvons vaincre la réserve fédérale (ou toute autre banque centrale) en utilisant la monnaie en vigueur, qui ne fait que les renforcer. Nous devons, au plus tôt, créer et soutenir les alternatives aux monopoles de l'État. Les agoristes les plus courageux devront s'aventurer en terrain inconnu, faire des erreurs, parfois subir les sentences de l'État, et apprendre comment améliorer leur approche de cette philosophie. Nous avons besoin que ces pionniers posent les fondations de notre mouvement, afin que d'autres n'aient plus à faire face aux mêmes difficultés à l'avenir. Alors qu'ils éclairent la voie à suivre, nous attendons à voir croître le nombre de communautés et de réseaux libres partout dans le monde.

Nous imaginons des milliers de communautés autonomes imbriquées entre elles, et constituées d'individus indépendants, aux idées et expressions uniques et variées, témoins de toutes les formes de l'expérience humaine. Ces communautés seront motivées par le commerce et l'échange volontaires, et libérées de la violence inhérente au contexte actuel. Nous croyons que ce monde panarchiste et polycentrique peut devenir réalité, au moyen d'un effort organisé pour répandre la philosophie agoriste et pour développer la participation des citoyens à la contre-économie, grâce aux cellules de liberté et à l'agorisme vertical et horizontal.

Afin de vous aider à créer votre propre communauté, nous souhaiterions vous proposer « dix conseils pour créer des cellules de liberté ». Veillez à les adapter aux besoins spécifiques de votre groupe.

Identifier les candidats potentiels : sont-ils suffisamment équilibrés mentalement, physiquement et spirituellement pour parvenir à vos objectifs ?

Débattre sur des thèmes communs : quelles sont les forces motrices qui vous rassemblent ?

Identifier vos forces et vos faiblesses : portez un regard objectif sur les forces et faiblesses de chaque individu, et du groupe dans son ensemble.

Évaluer le degré souhaité de liberté et de sécurité : chaque individu peut souhaiter acquérir un certain degré de liberté ; aussi, les objectifs de chacun diffèrent. Tout degré de liberté supplémentaire implique une prise de risque.

Fixer des objectifs à court et long terme : qu'aura accompli votre cellule en 3 mois ? Et en un an ?

Entraînement de pleine conscience : intégrez à vos pratiques des formations en techniques de communication non violentes, et des groupes de méditation.

Accomplir des objectifs : documentez chaque objectif atteint par votre cellule ou par un membre.

Formation continue et communication de groupe : enrichissez les connaissances au sein de votre cellule, développez ses compétences et renforcez sa capacité d'approvisionnement.

Promouvoir/Objectifs du marché et accomplissements : utilisez le pouvoir des réseaux sociaux (lorsque vous êtes certains qu'ils sont sécurisés) et du marketing pour montrer au monde à quel point vous prospérez dans la contre-économie.

Identifier des stratégies pour générer du revenu/être indépendants : optimisez le nombre de membres dans votre cellule, ainsi que son pouvoir, pour générer des revenus au sein de la contre-économie, non imposables par l'État.

Chapitre 4

L'ordre spontané

En examinant la plupart des mots utilisés pour décrire notre société, tels que « démocratie », « liberté », « représentativité » ou « capitalisme », nous nous rendons compte que ces derniers ne sont que des euphémismes abstraits, employés pour dissimuler la véritable nature autoritaire de notre civilisation. Tout cela nous amène à penser que nous, « le peuple » sommes représentés par des politiciens corrompus, et que nous sommes « libres », alors même que nous sommes constamment exploités et commandés par les autoritaristes. De la même façon, on nous fait croire que nous sommes « libres » dans notre vie personnelle, comme dans notre vie financière. Rien ne saurait être plus éloigné de la vérité.

Le peuple est toujours confronté à un certain niveau de domination, et ce, quel que soit le système politique mis en place par la classe dirigeante. Le mot « démocratie » porte à croire que ce système politique oppressif est bienveillant et légitime, et le terme « capitalisme » nous donne l'impression que nous sommes dans une économie de « libre marché ». Il n'en est rien.

Malgré ses nombreuses définitions, le capitalisme est généralement associé au droit, à la propriété et à la production de biens privés, ainsi qu'à l'économie de « libre marché », où l'État n'intervient pas. Cependant, bien que les États-Unis et beaucoup d'autres pays occidentaux soient considérés comme capitalistes, le pays n'assure pas le respect de la propriété privée des individus, et prône une régulation étatique poussée des échanges afin de faire des bénéfices, sous couvert d'administrer le service public.

À première vue, il semblerait que les économies capitalistes représentent le « libre marché », mais en s'intéressant aux impôts fonciers, on constate l'existence de subventions gouvernementales pour les entreprises, et de barrières juridiques qui empêchent les plus pauvres de devenir décisionnaires dans leur propre société. Et ainsi, que libre marché n'a jamais existé au sein du système que le peuple nomme « capitalisme ». C'est l'une des confusions les plus fréquentes lorsque l'idée d'un marché décentralisé est associée au système capitaliste.

À ceux qui disent que ce problème tient à l'incompréhension de ce qu'est le système capitaliste, nous souhaitons préciser une fois encore que le capitalisme, comme le socialisme ou le communisme, est associé à l'autoritarisme, et que ce sont des concepts contestés, sans réelle définition objective. Ce détail est important au regard du fait que de nombreux anarchistes sont attachés à ces termes. Certains se sentent proches du « socialisme », car en accord avec ses valeurs, comme la volonté de supprimer la pauvreté. D'autres, quant à eux, préfèrent le concept de « capitalisme », car ils croient en la libre entreprise et en la propriété privée. Cependant, les objectifs de ces deux systèmes sont loin d'être atteints en pratique. C'est pour cette raison, et beaucoup d'autres, que nous devrions renoncer à utiliser ces termes pour désigner de futurs concepts économiques non étatisés.

Le système mis en place aujourd'hui, qu'il apparaisse de façon superficielle comme socialiste ou capitaliste, serait plus justement désigné par les termes « corporatisme », « mercantilisme » ou encore « cartelisme ». Ces mots décrivent un système au sein duquel l'élite utilise le pouvoir du gouvernement pour contrôler le reste de la société et soutenir ses partenaires commerciaux, en évinçant toute concurrence. Les entreprises monolithiques qui existent aujourd'hui n'auraient jamais été en mesure de se développer ainsi sans l'intervention et la protection du gouvernement. Sans cela, les fameux lobbyistes de Washington seraient déchus de leur statut, et perdraient alors leur pouvoir d'influencer et de manipuler le marché, grâce à leurs pots-de-vin ou autres méthodes coercitives. Si les entreprises les plus puissantes et les plus prédatrices ont pu développer des monopoles si importants sans avoir à affronter de quelconques conséquences juridiques, c'est grâce à l'avantage déloyal que le gouvernement leur octroie.

Le système actuel ne permet pas de placer les entreprises indépendantes sur un pied d'égalité. Au lieu de cela, des entreprises au capital immense et des cartels tirent parti de leur pouvoir sur le gouvernement pour conserver leurs monopoles et éliminer leurs concurrents. C'est la définition même du fascisme (la fusion du pouvoir de l'État et des entreprises), et c'est également le modèle économique qui domine partout dans le monde. Notre Histoire montre qu'une classe élitiste et parasite a toujours cherché à tirer profit de la moindre source d'influence, politique ou religieuse, pour profiter du peuple qu'elle prétend vouloir protéger.

La plupart des dirigeants du monde entier ont recours à la propagande pour donner au peuple l'illusion d'une société libre et démocratique. Cette illusion pousse les masses à s'en remettre aux urnes pour espérer voir leurs doléances entendues, comme de bons citoyens, au lieu de manifester dans les rues ou de réfléchir des solutions qui pourraient avoir un réel impact. Actuellement, l'une des nations les plus totalitaires du monde a pour nom « La République populaire démocratique de Corée ». De la même manière, les gouvernements américains et européens comptent parmi les régimes les plus fascistes de l'Histoire, mais prétendent fonctionner selon les lois du système « capitaliste » ou « socialiste démocratique ». Ce ne sont que des jeux de mots politiques destinés à dissimuler la vérité.

À travers le monde, la plupart des analyses politiques sont dictées par les idées de deux aristocrates morts depuis plusieurs décennies : d'un côté, Karl Marx, qui représente la théorie de la valeur du travail et le communisme ; et de l'autre, Adam Smith, qui incarne le capitalisme et « l'économie classique ». Notre façon de commercer n'a pas beaucoup changé depuis l'époque de ces deux théoriciens, et nos problèmes actuels découlent de cette inertie.

Imaginez ce que nous pourrions accomplir, si quelques personnes, partout dans le monde, écrivaient leurs propres manifestes économiques et se réunissaient pour débattre avec respect de leurs idées. Les masses refusent d'acheter les dernières générations d'iPods et de jeux vidéo, mais adoptent des modes de vie séculaires sans se poser de questions. Il est temps que nous travaillions ensemble pour mettre au point des stratégies permettant à chacun de répondre à ses besoins, sans porter atteinte aux droits des autres.

Les termes « capitalisme » et « socialisme » ont été ternis par le gouvernement et l'étatisme. Ils sont galvaudés depuis des siècles, et ont une signification très différente d'une personne à une autre. Ces différences empêchent tout débat (en particulier sur Internet). Nous savons que l'anarchisme ne déroge pas à cette règle, car il est malheureusement associé à la violence. S'il est vrai que certaines écoles de pensée anarchistes considèrent la révolution par la violence comme une stratégie légitime, elles ne sont pas majoritaires. La plupart des anarchistes aiment la liberté et souhaitent voir changer radicalement les systèmes de gouvernance actuels, mais ne cautionnent ni l'utilisation de la force ni la violence dont font preuve ceux qui se font appeler socialistes, capitalistes et communistes.

L'argent collecté par le biais des impôts remplit directement les comptes des politiciens et participe à l'établissement de bureaucraties. Celles-ci renforcent le pouvoir du gouvernement et lui permettent de s'étendre. Seule une petite fraction de cet argent est consacré aux services publics. Il apparaît évident qu'avec l'opportunité de répartir elles-mêmes leurs ressources, les communautés seraient en mesure de proposer des services bien supérieurs à ceux que les planificateurs centraux nous imposent. Notre monde n'a tout simplement pas besoin que des figures d'autorité viennent dicter le cours de l'Histoire humaine.

La brutalité et la dureté des anciens régimes devraient constituer un rappel constant du danger de donner à une petite partie de la population une autorité sur la vie des autres. Les dirigeants du passé se sont attribué le mérite du labeur des peuples ayant bâti des civilisations sous leurs ordres, construisant le mythe selon lequel l'humanité doit toute son évolution aux rois, prêtres, politiciens et autres autoritaristes. En réalité, nous devrions remercier nos ancêtres pour leur ingéniosité, et non les tyrans qui les dominaient. Si les livres d'Histoire glorifient les chefs de guerre, monarques et aristocrates, en les présentant comme les fondateurs de notre mode de vie moderne, c'est simplement parce qu'ils en sont les auteurs.

De nombreuses philosophies éclairantes, inventions révolutionnaires et autres pas de géants en termes de développement humain sont le fruit des travaux de ceux qui vivaient à la merci de l'autorité, et non pas de celui de l'autorité elle-même. Historiquement, les figures d'autorité ont en réalité œuvré pour freiner ce processus, et empêcher les populations de s'affranchir grâce à la technologie et à la philosophie.

Les structures de pouvoir du passé étaient parfaitement conscientes que chaque paysan qui aurait bénéficié de l'avancée de la philosophie et du développement de la technologie aurait été en mesure de les défier. Au Moyen-Âge, les condamnations à mort dans les cas d'accusation de sorcellerie étaient très courantes : développer des connaissances à l'abri des regards des membres du système, ou discuter de n'importe quelle philosophie qui aurait pu porter atteinte aux structures existantes pouvait être fatal. Frederick Douglass a déclaré que, lorsqu'il était esclave au sud des États-Unis, il n'avait pas le droit d'apprendre à lire un calendrier, ni même de savoir l'âge qu'il avait. Les structures de pouvoirs actuelles ont recours à des stratégies similaires. Elles entravent la recherche d'énergies et de traitements médicaux alternatifs, et freinent les avancées technologiques avec des réglementations strictes et des lois sur la propriété intellectuelle.

Au cours de l'Histoire, l'humanité connut des périodes durant lesquelles le gouvernement intervenait peu dans l'économie, sans que ces situations puissent être qualifiées de « libre marché ». Tant que nous resterons soumis aux banques centrales, aux monnaies mandatées par le gouvernement, aux impôts, aux renflouages et aux réglementations, nous évoluerons dans un marché très étroitement contrôlé, et non libre. Le gouvernement fixe le programme scolaire enseigné dans les écoles, et les grands médias nous répètent que les réglementations économiques sont nécessaires pour protéger le peuple du monopole exercé par les entreprises sur l'économie. Ce système est très ingénieux, car la plupart des gens ne prennent pas le recul nécessaire pour prendre conscience que ces entreprises sont, à l'origine, renforcées et protégées par le gouvernement. En réalité, la plupart d'entre elles ne sont pas soumises aux mêmes règles et aux mêmes taxes que les petites entreprises qui essaient d'entrer en concurrence avec elles. Si elles n'en sont pas entièrement exemptées, elles sont assurément en mesure de faire face aux obstacles réglementaires qui empêchent les petits entrepreneurs d'accéder au marché.

Ces mesures ont donné naissance à l'environnement économique injuste et insoutenable qui a plongé beaucoup d'entre nous dans la pauvreté et le désespoir. De grandes entreprises comme Monsanto et Goldman Sachs ne pourraient subsister dans un marché complètement libre, privées de tous les mécanismes politiques qui leur permettent d'écraser la concurrence et de conserver leur monopole. Leurs seules alternatives seraient de dépendre du soutien de la communauté, et donc de l'intégrité de leurs produits. Heureusement, face à des entrepreneurs plus honnêtes et compétents, ces grandes entreprises s'effondreraient. Le concept même d'« entreprise » est créé par le gouvernement, et sert de bouclier juridique aux PDG afin qu'ils ne puissent être tenus responsables personnellement des actions de leur groupe. Ces échappatoires juridiques ont permis la monopolisation de certaines industries, et la création de mégacorporations contre lesquelles aucune petite entreprise ne peut légitimement lutter. Le système éducatif de l'État et les grands médias maintiennent le public dans l'ignorance et refusent de reconnaître que notre modèle économique actuel est le fruit de mesures prises par le gouvernement.

Dans un monde où il serait possible de commercer librement, sans l'intervention d'un tiers, chacun pourrait devenir entrepreneur. Bien sûr, la société aurait toujours besoin des travailleurs, mais nous pensons que, si elle était véritablement libre, la plupart des emplois manuels seraient occupés par ceux qui souhaitent une rentrée d'argent additionnelle (un travail saisonnier, le financement d'une nouvelle entreprise, un premier emploi…). Il semble que le modèle de « l'esclave salarié », enfermé par un emploi sans avenir, est lié au manque de possibilités sur le marché. Acquérir une compétence en l'exerçant en tant que salarié pendant des années est, d'une certaine manière, positif, mais dans une économie véritablement libre et décentralisée, la meilleure solution serait de créer sa propre entreprise et d'employer d'autres personnes.

Les groupes d'entrepreneurs jouiraient également de plus de liberté pour se réunir et former une commune, une coopérative, ou entreprise mutualiste. Nous croyons qu'un libre marché favoriserait l'essor des sociétés coopératives non hiérarchisées. Bien que les gens restent toujours libres de s'organiser comme ils le souhaitent, nous pensons que la majorité préférera ne pas travailler pour un patron autoritariste. Cette préférence les poussera à s'orienter vers des sociétés coopératives, et autres entreprises dirigées « horizontalement ». Au sein des industries actuelles, les entreprises dans lesquelles les employés reçoivent une partie des profits s'avèrent être beaucoup plus productives, et offrent donc un meilleur service client. En effet, les employés sont beaucoup plus motivés à travailler, et ne se lassent pas de voir les journées se succéder. Ces dernières années, les sociétés coopératives sont devenues plus nombreuses que les entreprises mondiales, bien que cette tendance ne soit pas encore très répandue aux États-Unis.

Sans l'intervention de l'État et son soutien aux entreprises, qui ne font que nourrir la frénésie consumériste, le besoin de main-d'œuvre chuterait. Nous sommes contre la notion du travail comme une vertu. Konkin soutient qu'en étouffant toute velléité d'innovation et d'entrepreneuriat, l'État occupe la classe ouvrière à des tâches dénuées de sens. Il qualifie les travailleurs et les paysans d'« embarrassantes reliques d'un autre âge, au mieux. Nous ne pouvons qu'attendre avec impatience le jour où ils finiront par disparaître, à cause d'un manque de demandes du marché ». En effet, la croissance technologique tendant toujours vers l'automatisation, les emplois les plus subalternes pourraient être effectués grâce à l'intelligence artificielle, qui permettrait aux travailleurs de devenir de potentiels entrepreneurs.

Dans le monde que nous décrivons, notre niveau de vie et notre créativité seraient accrus, ce qui donnerait naissance à une civilisation dynamique dotée d'un haut potentiel pour maintenir paix et prospérité. Nous pourrions tester différentes monnaies partout dans le monde, et développer de nouveaux moyens de commercer et de structurer la société à différents endroits, jusqu'à ce que la solution optimale, garantissant la santé et le bien-être de tous, soit découverte.

Aujourd'hui, il *devrait* être évident que la violence réduit de façon significative la qualité de toute situation ou relation. « Violence » peut être un terme fort pour décrire la politique du gouvernement, mais les menaces légitimisées de violence par les armes et l'incarcération constituent des actes violents. Si vous désobéissez depuis trop longtemps au gouvernement ou si vous le faites au vu et au su de tous, la seule issue sera la mort. En enfreignant les lois du gouvernement, vous garantissez votre passage dans ses tribunaux. Si vous refusez, ils enverront chez vous des hommes armés pour vous arrêter, puis vous incarcérer. À ce stade, ils utiliseront la force contre vous si vous refusez d'obtempérer, et vous tueront si vous essayez de vous défendre.

L'État veut faire croire au peuple que seuls les coupables résistent à une arrestation. Mais si celle-ci n'était qu'un enlèvement injustifié ? Qui peut garantir la légitimité du tribunal qui engage les poursuites ? Les tribunaux et les lois de la Russie Soviétique et de l'Allemagne Nazie étaient-ils légitimes ? Ceux qui leur désobéissaient étaient-ils coupables d'un crime ? Porter un uniforme et travailler au service du roi, du shérif ou du président ne vous donne pas le droit de défoncer les portes d'individus non violents ni d'essayer de les enlever.

Cette violence systémique perturbe le processus de l'ordre spontané, en étouffant la volonté et la créativité des hommes. L'ordre spontané décrit le processus de création complexe se produisant partout dans la nature, ainsi qu'au cœur des interactions entre les êtres humains. Dans ce dernier cas, le processus de création est enclenché lorsque les individus essaient de résoudre leurs problèmes et d'améliorer leur qualité de vie.

Les êtres humains sont dotés d'une incroyable capacité de résilience. Comme un fleuve s'écoulerait autour du rocher qui a interrompu son cours, des groupes de personnes volontaires et prêtes à coopérer (organisées en cellules de liberté) trouveront forcément un moyen de contourner n'importe quel obstacle, tant qu'ils en auront la volonté.

L'expression « tant que l'on veut, on peut » est très pertinente dans ce contexte, car elle décrit de façon concise le processus de l'ordre spontané et de l'autogestion. Certains peuvent éprouver des difficultés à imaginer une telle organisation dans la réalité, car notre vie quotidienne est compartimentée et éloignée de nos véritables besoins. Ce compartimentage a poussé beaucoup d'entre nous à croire qu'il n'y aurait plus de nourriture si les supermarchés venaient à fermer, qu'il n'y aurait plus d'électricité sans réseau électrique gouvernemental, et que nous ne serions pas en sécurité si les gardes du roi n'arpentaient pas les rues. Cependant, ces besoins pourraient être plus efficacement satisfaits par le grand cœur et l'esprit fort de chacun des membres de nos communautés. Sans État pour nous retenir, nous serions témoins de l'avènement de l'ordre spontané et de l'autogestion au sein de l'agora.

Chapitre 5
L'agorisme n'est pas l'anarcho-capitalisme

Cet essai a été rédigé avec trois visées distinctes. Dans une première partie, nous identifierons les concepts clés pour introduire la philosophie agoriste et la stratégie de la contre-économie, telles qu'exposées par Konkin dans *Le Manifeste du Néo-Libertarien*[1] et dans *An Agorist Primer*[2]. Dans une seconde partie, nous illustrerons les dérives de la contre-économie, détournée par des radicaux de tous bords n'adhérant pas forcément aux principes de l'agorisme. Enfin, nous expliquerons en quoi l'agorisme diffère de l'anarcho-capitalisme et des autres écoles de pensée. Nous montrerons que bien que la stratégie de la contre-économie puisse être utilisée par tous, l'agorisme en lui-même n'est pas, comme certains le croient, un simple dérivé ou sous-ensemble de l'anarcho-capitalisme ; il s'agit d'une philosophie politique unique, pouvant être appliquée par des anarchistes de tout milieu économique.

Pour introduire ce qui va suivre, permettez-nous de détailler les origines de notre inspiration quant au choix du titre et à l'écriture de cet essai. Comme nous apprêtons à l'expliquer, tout individu en quête d'un monde plus libre, plus juste et plus éthique peut s'identifier au message agoriste. Cependant, nous avons choisi un titre qui illustre son opposition à l'anarcho-capitalisme en raison de l'essor sur les réseaux sociaux des sphères « libertariens de droite », anarcho-capitalistes : des individus qui affirment qu'ils soutiennent les idées de Konkin, ainsi que l'agorisme, tout en manifestant du dégoût pour le libertarisme de gauche. Notre objectif est d'aider les partisans de ce point de vue à comprendre le rôle essentiel qu'ont joué Konkin et son « néo-libertarisme », ou agorisme, dans le développement du mouvement de gauche libertarien états-unien.

L'agorisme en tant que libertarianisme constant

Commençons par expliquer la vision de Konkin. Il appelle à la création d'un mouvement révolutionnaire mené par des travailleurs et des entrepreneurs, coopérant à travers des échanges économiques réalisés indépendamment des réglementations de l'État. Il appelle ce mouvement « l'Alliance néo-libertarienne ».

Konkin appuie ses idées révolutionnaires sur un libertarisme qui s'inscrit dans la lignée de Rothbard, et des anarchistes individualistes états-uniens avant lui.

1. *Le Manifeste du Néo-Libertarien,* Samuel Edward Konkin III, édition inconnue.
2. *An Agorist Primer,* Samuel Edward Konkin III, KoPubCo. Traduction littérale : « Une Approche agoriste ».

Dans *Le Manifeste du Néo-Libertarien, Konkin écrit:*

« Partout où l'État divise et assujettit ses opposants, le libertarisme unit et libère. Partout où l'État obscurcit, le libertarisme éclaire ; là où l'État dissimule, le libertarisme révèle ; là où l'État encourage, le libertarisme condamne.

Le libertarisme développe une philosophie complète à partir d'un seul axiome : l'initiation de violence ou de menace de violence (coercition) est mauvaise (immorale, maléfique, stupide, impraticable, etc.) et interdite ; rien de plus.

Le libertarisme, à ce jour, a découvert le problème et défini la solution : l'État face au Marché. Le Marché constitue la somme de toutes les actions humaines libres. Celui qui agit sans coercition fait partie du Marché. C'est ainsi que l'économie est intégrée dans le libertarisme ».

À partir de là, Konkin développe ses opinions sur la propriété :

« Le libertarisme inspecte la nature humaine pour expliquer ses droits fondamentaux, qui dérivent de la non-coercition. Il en ressort que tout homme (ou femme, ou enfant, ou Martien, etc.) détient un droit absolu et exclusif sur sa vie et tout ce qu'il crée avec (sa propriété). [...]

Tout vol est une incitation à la violence, soit par l'usage de la force pour séparer le propriétaire de son bien contre sa volonté, soit empêchant la réception ou la récupération de biens ayant été prêtés après un accord préalable ».

Konkin commence à s'impliquer dans le mouvement libertarien naissant dès la fin des années 1960. À cette époque, les amoureux de la liberté commençaient à reconnaître le potentiel d'un mouvement national composé de radicaux antiétatistes et promarchés. Durant cette période pavée d'opportunités, Konkin constate que les activistes libertariens sont séduits par des projets visant à « obtenir rapidement la liberté » au nom du pragmatisme, comme les politiques électorales. Dans une contre-attaque aux ennemis de la liberté, Konkin présente une nouvelle philosophie qu'il pense être le simple résultat de l'application des principes libertariens, de la manière la plus cohérente et logique.

« Le principe de base menant un libertarien de l'étatisme à la société libre est le même que celui que les fondateurs du libertarisme ont utilisé pour établir cette théorie elle-même. Ce principe, c'est la cohérence. Par conséquent, l'application cohérente de la théorie du libertarisme à chaque action de l'individu libertarien crée la société libertarienne. Beaucoup de penseurs expriment un besoin de cohérence entre les moyens et les fins, et tous ne sont pas libertariens. Ironiquement, beaucoup d'étatistes dénoncent l'incohérence entre des objectifs respectables et des moyens inadéquats ; pourtant, lorsqu'il s'agit d'obtenir davantage de pouvoir ou de renforcer l'oppression, leurs moyens se révèlent très cohérents. L'incohérence entre les moyens et les fins fait partie de la mythologie étatique ; il est donc essentiel pour les libertariens de dénoncer toutes les incohérences. Beaucoup de théoriciens ont admirablement réussi ; mais chemin faisant, nous oublions de mentionner la cohérence qui existe entre les fins et les moyens des libertariens. [...]

Le néo-libertarisme (agorisme) ne peut être discrédité à moins que la liberté ou la réalité elles-mêmes ne soient discréditées : seule une formulation erronée du néo-libertarisme peut être incohérente. »

Pour Konkin, une société réellement libertarienne est une société agoriste, « théorie libertarienne et marché libre mis en pratique ». Cette société comprendrait le respect pour la propriété légitimement acquise, la coopération volontaire entre les entrepreneurs et les producteurs et le remplacement de tous les « services » de l'État par une concurrence entre individus et collectifs privés.

« L'analyse libertarienne montre que l'État est responsable de tout dommage aux tiers innocents qu'il impute aux « fraudeurs fiscaux égoïstes » ; et que les « services » que l'État « offre » sont tous illusoires. Compte tenu de ce postulat, nous sommes en droit de tenter de mettre en place des mesures plus impactantes que la fraude discrète du fisc. Si la mobilisation d'un parti politique ou le soulèvement d'une armée révolutionnaire demeure inefficace, voire contre-productif ; pour atteindre l'objectif libertarien, quelle catégorie d'action collective peut fonctionner ? C'est bien l'agorisme. »

L'objectif de l'agorisme est de remplacer toute relation non consensuelle et coercitive par des relations volontaires basées sur le bénéfice mutuel, et, au niveau économique, par le dynamisme commercial sur les marchés gris et noir. Ce passage de « larges portions d'humanité d'une société étatique à une société agoriste » constitue une « activité véritablement révolutionnaire ». Selon Konkin, les agoristes ne devraient pas attaquer frontalement l'État. « Nous sommes strictement défensifs », écrit-il dans *An Agorist Primer.*

Dans le même ouvrage, Konkin brosse le portrait d'un agoriste comme « quelqu'un qui vit de manière contre-économique sans se sentir coupable de ses actions héroïques quotidiennes, ayant l'éthique libertarienne séculaire de ne jamais violer la liberté d'une autre personne ni sa propriété. » Le philosophe insiste sur l'importance de passer à l'action. « Un agoriste est quelqu'un qui vit selon les principes de l'agorisme. N'acceptez aucun compromis. Certains agoristes « essaient d'être à la hauteur ». Il y a, bien sûr, des menteurs qui affirmeront être tout et son contraire. Comme le dit, de manière très succincte, le personnage de Yoda : « Fais-le, ou ne le fais pas. Essayer ne compte pas ». C'est cela, l'agorisme ».

La contre-économie définie par Konkin

Si l'agorisme est la première contribution philosophique de Konkin, sa reconnaissance de la contre-économie comme un chemin vers l'agorisme est cruciale. Le terme contre-économie apparaît à l'époque à laquelle Konkin développe ses idées. « La contre-culture était une expression populaire, une des seules victoires durables des « hippies ». La contre-économie impliquait que « la révolution n'était pas terminée » et que le système économique avait besoin de subir le même bouleversement qu'a connu la culture», écrit-il.

Comme mentionné plus haut, les marchés noir et gris font partie de la contre-économie, que Konkin définit comme «Toute action humaine (non coercitive) commise au mépris de l'État». Conformément aux principes de non-agression, Konkin place le vol ou le meurtre dans la catégorie de la violence initiale, tout comme le «marché rouge», seul type d'activité exempt de sa théorie. Konkin explique qu'en réponse à l'augmentation des activités répressives et oppressives de l'État, les individus chercheront des moyens de constituer des réseaux d'économies alternatives à la régulation et l'interférence étatiques. Ce processus constitue une opportunité pour les agoristes avant-gardistes d'ouvrir et de soutenir des commerces et activités de contre-économie. Konkin affirme que la révolution agoriste pourrait être considérée comme achevée une fois que la contre-économie aurait progressé, au point que les entrepreneurs soient en mesure de fournir au public des services de protection et de sécurité qui pourraient rivaliser avec ceux de l'État, et assurer la défense de la population contre lui.

Il écrit: «Lentement mais sûrement, nous irons vers une société plus libre, poussant les contre-économistes vers le libertarisme, et les libertariens vers la contre-économie, pour finalement réunir la théorie et la pratique. La contre-économie grandira et s'étendra vers l'étape suivante, exposée lors de notre voyage à rebours du temps, jusqu'à devenir une sous-société agoriste en croissance constante, nichée à l'intérieur de la société étatisée. Certains agoristes pourraient se condenser dans des districts et des ghettos entiers, et construire des îles ou des colonies spatiales entières. C'est à ce moment-là que la protection et la défense deviendront importantes».

«Un jour, évidemment, à la fin de cette période de transition progressive, le clandestin s'établira et remplacera l'officiel; n'ayant plus aucune utilité, ses contribuables, soldats et membres des forces de l'ordre l'ayant déserté pour le marché, l'État dépérira et nous retrouverons une société libre et agoriste».

La contre-économie comme outil pour tous les radicaux

Konkin imagine un monde de communautés décentralisées, d'échanges libres et volontaires, d'individu égal à individu égal, alimentant la contre-économie afin d'accélérer le déclin de l'État et de libérer le peuple. Les possibilités (et les opportunités) des activités contre-économiques s'étendent avec l'essor d'Internet, et des technologies décentralisées comme les cryptomonnaies. Konkin aborde différentes formes d'activités contre-économiques, y compris l'utilisation d'argent liquide afin de rester discret, le troc, l'investissement dans des métaux précieux, le travail clandestin, l'utilisation de drogues et de médicaments illicites et illégaux, la prostitution, la contrebande, les paris, le trafic d'armes, ou la prestation de services rémunérés en monnaie non officielle.

Les possibilités sont infinies, et devraient être considérées par tous les radicaux qui cherchent des alternatives à l'étatisme et au statu quo. Tout individu ou collectif qui reconnaît le monopole économique maintenu par l'utilisation des billets de la réserve fédérale devrait soutenir des mesures contre-économiques, et s'investir pour mettre en place des solutions. Que l'on parte du principe que la liberté économique se manifeste dans la propriété collective, ou qu'elle est de nature individualiste, on ne peut que constater que l'agorisme constitue l'opportunité de créer des communautés, des banques mutualistes, des magasins et des marchés basés sur la contre-économie. Cela permettra à toutes les entreprises contre-économiques et non étatistes de coopérer pour la conquête d'une société plus libre. Comme nous l'avons mentionné dans notre premier livre, il s'agit de l'occasion de créer une alliance agoriste-mutualiste, voire, selon certaines théories agoristes, une alliance agoriste-syndicaliste. Pour résumer, un changement de paradigme est nécessaire dans le but d'abolir l'État et la classe privilégiée, qui prospèrent dans le contexte actuel. Il faut remplacer les institutions archaïques.

Il est de notre devoir de préciser que Konkin posait un regard critique sur le communisme. Dans un troisième ouvrage intitulé *Notre outil : la contre-économie*, il écrit : « la communauté anti-marché défie l'unique loi applicable, la loi de la nature. La structure organisationnelle au fondement de la société (c'est-à-dire, au-dessus de la famille) n'est pas la communauté (ni la tribu, ni la tribu étendue, ni l'État), mais l'agora. Peu importe le nombre de personnes qui souhaiteraient l'avènement du communisme et s'y consacrent, ce système est voué à l'échec. Il est possible de repousser l'agorisme indéfiniment au moyen de grands efforts, mais au moindre relâchement, un « courant », « une main invisible », « l'une des vagues de l'Histoire », « l'incitation au profit », « la nature » ou « la spontanéité » amèneront inexorablement la société au plus près de l'agora ».

Comprendre l'agorisme selon Konkin

Il est important de savoir différencier une activité contre-économique d'une activité complètement agoriste. Un dealer, travailleur du sexe, marchand d'armes, coiffeur sans licence ou un entrepreneur clandestin ne pratique pas forcément consciemment la contre-économie ou l'agorisme. Généralement, l'activité économique des marchés gris et noir est toujours contre-économique, car elle n'est pas taxée et se déroule hors des limites imposées par l'État. Mais, sans réelle connaissance de la philosophie agoriste, et sans un effort conscient de retirer tout pouvoir économique à l'État, on parle simplement d'infraction à la Loi. Et bien que se révolter contre les lois étatiques qui punissent les « crimes sans victime » soit un acte louable, un criminel n'est pas un agoriste : on peut soutenir des entreprises contre-économiques et en faire partie, sans pour autant adhérer de tout cœur aux idées de Konkin, et donc sans être agoriste.

Quelle est, alors, la différence entre l'agorisme et l'anarcho-capitalisme, ainsi que les autres formes d'anarchisme du marché ?

Comme nous l'avons indiqué, Konkin est un pilier de l'établissement du mouvement libertarien de gauche des années 1960, 1970 et 1980. Le mouvement de la gauche libertarienne (MGL) est né du travail de Konkin aux côtés de Murray Rothbard et de Karl Hess, pour *Left and Right*, un journal destiné à rassembler la droite antiétatique et la nouvelle gauche de la fin des années 1960. Ces expériences influencèrent grandement la pensée et le développement de l'agorisme. Lorsqu'on lui demandait pourquoi il choisissait de s'identifier comme un « libertarien de gauche », Konkin répondait qu'il était « à la gauche » de Rothbard, donc qu'il était devenu naturel de faire référence à son mouvement comme celui d'un libertarien de gauche. Il indiqua également son intérêt pour continuer « l'alliance de Rothbard avec la nouvelle gauche antinucléaire puis antiguerre, de 1960 à 1969 ».

« Parmi les figures importantes du développement du mouvement libertarien moderne, Konkin se démarque par sa conviction que le libertarisme, dans sa forme la plus pure et la plus aboutie, appartient à l'aile radicale gauche sur l'échiquier politique », écrit David S. D'Amato, sur le blog Libertarianism.org. « Son Mouvement de la Gauche libertarienne, fondé en tant que coalition de libéraux de gauche, a résisté à l'association du libertarianisme avec le conservatisme. En se positionnant davantage à gauche, l'agorisme adopte la notion de guerre des classes et conduit une analyse distinctement libertarienne de la lutte et de la stratification des classes ».

Lorsqu'on lui demanda de citer les principales différences entre le libertarianisme de gauche/agorisme et l'anarcho-capitalisme, Konkin répondit :

« En théorie, ceux qui se disent anarcho-capitalistes ne sont pas foncièrement différents des agoristes ; les deux affirment désirer l'anarchie (la non-gouvernance, en accord avec la définition de l'État en tant que monopole de coercition légitimisé que donne Rand, et que soutient Rothbard). Mais dès le moment où nous appliquons l'idéologie au monde réel (ou, comme le disent les marxisants, au « capitalisme réellement existant »), nous divergeons sur plusieurs points ».

Selon Konkin, « les anarcho-capitalistes ont tendance à regrouper l'innovateur (l'entrepreneur) et le capitaliste, à l'instar des marxisants et des collectivistes les plus sommaires. Les agoristes sont des rothbardiens stricts et, j'argumenterai dans ce cas, plus rothbardiens que Rothbard lui-même, encore confus au moment de la mise en place de son raisonnement ». Konkin dit également que les anarcho-capitalistes de son époque avaient tendance à « croire en l'engagement auprès de partis politiques existants » et à utiliser « le complexe de la défense états-unienne pour lutter contre le communisme », le terrorisme ou d'autres causes malavisées. Bien que l'on puisse affirmer qu'en 2017, les anarcho-capitalistes soutenant le département de la défense sont une minorité, ce point marque la première distinction des agoristes du mouvement anarcho-capitaliste.

Une grande partie des anarcho-capitalistes se montrant favorable à la violence étatiste pour renforcer la répression de l'immigration et « protéger » le conservatisme culturel, il est tout à fait logique que Konkin souhaite distinguer son mouvement de telles propositions, et ce malgré les possibles similarités entre les deux philosophies.

Pour faire naître une société libre, Konkin estime nécessaire d'« éliminer bien plus que l'étatisme dans les esprits de chacun ». En s'appuyant sur cette affirmation (et sur d'autres parties de son oeuvre), il semble clair que Konkin embrassait un libertarianisme « fort », luttant pour la libération collective par des moyens individuels. Il ne limite pas son analyse à l'étatisme ni aux droits de la propriété. En effet, il écrivit spécifiquement sur l'oppression menée contre les femmes et la communauté gay, fait souvent ignoré, ou explicitement éludé par nombre d'anarcho-capitalistes. L'une des autres différences entre le libertarianisme de Konkin et les « libertariens de droite » est la question des classes. Alors que la droite évite habituellement les analyses de classes, Konkin permit de développer ce qui s'est popularisé sous le nom de théorie agoriste des classes. La théorie agoriste des classes réfute la théorie des classes de Marx, et reconnaît les différences entre les entrepreneurs non étatistes et les capitalistes étatistes.

Konkin exprime ces idées lors d'une interview, et lors de discussions sur le groupe libertarien de gauche sur Yahoo. Une fois de plus, il insiste sur l'importance de séparer les « non-innovateurs et proétatistes capitalistes » des « non-étatistes capitalistes (au sens de détenteurs de capital, pas nécessairement idéologiquement conscients) », les qualifiant de « non-innovateurs, neutres et semblables à des drones ». Par ailleurs, Konkin émet une opinion favorable aux mouvements des travailleurs. Sur ce même groupe libertarien de gauche, il affirme approuver la tentative des Industrial Workers of the World (travailleurs industriels du monde ou IWW) de recruter des libertariens. Konkin dit souhaiter « rappeler aux anciens membres du MGL et informer les nouveaux arrivants que, tout promarché et pro-entrepreneur qu'ils sont, le MGL soutient les syndicats de souche anarcho-syndicalistes originale, qui refusent de collaborer avec l'État. (Aux États-Unis, il s'agit de l'IWW, le seul à notre connaissance) ». Il indique que l'IWW s'est séparé du Parti socialiste états-unien pour les mêmes raisons que le MGL s'est séparé du Parti libertarien : « un rejet du parlementarisme pour l'action directe ». Konkin refuse également le rapprochement des termes « libre entreprise » et « capitalisme » avec l'expression « libre marché ».

« Le capitalisme signifie l'idéologie (ou l'idéologisme) du capital ou des capitalistes », écrit-il. « Avant que Marx n'écrive, le partisan du libre marché pur Thomas Hodgskin avait déjà utilisé le terme capitalisme de manière péjorative ; les capitalistes essayaient d'user de la coercition, et de l'État, pour restreindre le marché. Le capitalisme ne décrit alors pas un marché libre, mais une forme d'étatisme, tout comme le communisme. La libre entreprise ne peut exister que dans un marché libre. »

Konkin qualifie son mouvement de « révolutionnaire » et « radical », termes généralement utilisés pour décrire des mouvements orientés à gauche, rejetés par les « libertariens de droite » et les conservateurs. L'utilisation d'une terminologie de la nouvelle gauche n'est pas anodine. Konkin fait consciemment l'effort de différencier son concept d'« anarchisme de marché révolutionnaire » du mouvement anarcho-capitalisme grandissant, progressivement associé à l'action politique et au conservatisme culturel. Konkin considère les anarcho-capitalistes de son époque comme des « vendus », évitant toute manifestation d'activité révolutionnaire en raison des risques sociaux et légaux, mais optant pour des modes de vie conventionnels et contraires à leur lutte, plus conformes à la société traditionnelle étatiste.

En conclusion, Samuel E. Konkin III est parvenu à créer une extension de la philosophie libertarienne en utilisant des stratégies cohérentes, de la théorie à leur mise en pratique (comme la contre-économie). Tout en proposant un chemin vers une société plus libre, il s'est efforcé d'identifier les différences entre son mouvement et les autres, reconnaissant que l'attaque contre-économique peut être menée par un large éventail d'antiétatistes. Si nous réussissons à créer une alliance panarchiste de contre-économistes, nous pourrons réellement libérer le marché, autorisant la libre expérimentation et le commerce entre différentes écoles de pensée. Dans cet espace, nous verrons le mouvement agoriste conscient prospérer.

Chapitre 6

Sur le l'abstention

Malgré notre dégoût des politiques électorales, nous ressentons le besoin de rappeler aux électeurs potentiels qu'il existe des occupations bien plus prioritaires et valorisantes que de dépenser de l'énergie et du temps à voter pour un président. Il ne s'agit pas là d'attaques gratuites contre le statu quo, mais d'une partie de notre stratégie pour diffuser la rhétorique anti-État et proautonomisation. Cette stratégie apparaît plus importante que jamais, car les États-Uniens sont (une fois encore) divisés sur la question des candidats à soutenir. Des candidats qui semblent être adversaires, mais recherchent tous deux, en réalité, à conquérir le pouvoir de l'État pour accomplir leurs objectifs.

Chaque cycle électoral voit les médias brasser le même flux de propagande, destiné à convaincre les nouveaux électeurs qu'ils ont le pouvoir de changer le monde. Partout, on peut lire des slogans tels que « Rencontrez la nouvelle génération qui change l'élection présidentielle » et de gros titres similaires. Or, l'exemple le plus récent d'une génération ayant « changé le monde » est celui qui a élu le président Obama, dont les mandats ont vu s'intensifier les guerres, la surveillance, les bombardements par drones et les vols permanents perpétrés par les magnats de la finance sur l'ensemble de la population. Par ailleurs, il semblerait que l'élection d'un candidat démocrate (et plus particulièrement du premier président noir) ait participé à démobiliser le mouvement antiguerre, qui atteignait des millions de partisans au début des années 2000.

Ces considérations ne sont, bien entendu, valables que si l'on admet que les présidents sont élus. Les présidents sont sélectionnés, et non élus. Le choix de notre président n'est en rien une élection. On peut affirmer que le vote populaire ne compte pas, et que c'est le collège électoral qui élit les présidents. Les urnes électroniques sont également facilement piratées et truquées. En outre, étant donné la manière dont les partis établis, républicain et démocrate, traitent les candidats « outsiders », il semble évidemment impossible d'être élu président, à moins d'accepter de rentrer dans les rangs du parti.

Nous prenons la décision de ne pas voter pour l'une de ces deux formations politiques, car il nous semble évident que l'élection est truquée. Tout n'est qu'une façade. Considérez les élections comme un simple divertissement, triste et ennuyeux ; vous ne vous en porterez que mieux.

Nous pouvons déjà entendre réagir nos détracteurs : « Mais si vous ne votez pas, comment faire entendre votre voix ? », « Si vous ne votez pas, vous n'avez aucun droit de vous plaindre ! », « Des gens sont morts pour le droit de vote, si vous ne votez pas, vous renoncez à votre pouvoir ! » ou encore « Ne pas voter est puéril, juste parce que vous n'avez pas ce que vous voulez, vous ne voulez pas jouer ! ».

Nous choisissons de ne pas voter, car il est immoral d'utiliser la force (même déguisée par le gouvernement) pour imposer sa propre vision du monde au reste de la société. Et quand bien même nous n'aurions aucun problème avec le vote en tant que principe, nous ne rencontrons aucun candidat capable de représenter nos valeurs ou nos objectifs. Pourquoi devrions-nous être forcés de participer, ou nous sentir coupables, alors que les alternatives manquent cruellement ?

Nous choisissons de ne pas voter, car le temps nécessaire pour se renseigner sur les candidats puis voter est mieux employé ailleurs, au service de nos communautés. Nous sommes plus productifs lorsque nous consacrons notre énergie à notre passion et à notre communauté locale, et lorsque nous créons des solutions pour nous valoriser, nos proches et nous-même. Même si nous avons des arguments philosophiques contre le vote, nous pensons que ceux qui consacrent leur énergie à la politique, à échelle locale, pourraient s'organiser et voter des mesures pour réduire efficacement l'intrusion gouvernementale dans leurs vies. Cependant, nous pensons que le vote ne devrait en aucun cas être un moyen d'imposer ses propres solutions à d'autres humains libres.

Nous voulons aussi insister sur le fait qu'il n'existe, aujourd'hui, aucune « révolution politique ». L'expression elle-même est un oxymore, et l'idée d'une révolution électorale est grotesque. Cependant, cela ne signifie pas que l'activisme politique est vain. Comme Steven Horowitz l'a brillamment signalé, la politique va au-delà des élections et du vote. Horowitz écrit :

« Lorsque nous écrivons une lettre à un éditeur, partageons une histoire ou une image sur un réseau social, parlons de la politique étrangère des États-Unis avec des amis autour d'un verre ou entrons dans nos salles de classe pour enseigner l'économie à des étudiants, nous devenons politiques. Chaque fois que nous nous impliquons dans une conversation sur ce qui va mal dans le monde dans lequel nous vivons et sur la manière dont nous pourrions le rendre meilleur, plus prospère, plus juste ou plus engagé, nous devenons politiques. Les élections et le vote ne sont pas les éléments premiers de l'acte politique, et leur combinaison ne l'est pas non plus. Cette conception est si réductrice que même des libertariens devraient la rejeter. En réalité, le vote est probablement l'acte politique le plus insignifiant et le moins efficace. »

Une véritable révolution, une évolution qui propulse l'humanité en avant, ne naîtra pas des urnes. L'ordre établi maintient l'illusion que voter pour le président constitue un pouvoir, mais c'est en réalité un acte de renonciation au pouvoir. Nous ne voulons pas transmettre un message tragique ou morose, mais un message valorisant. Vous êtes le pouvoir. Dès lors que nous cessons de renoncer à notre pouvoir et de croire que ce système nous offre l'espoir d'un avenir meilleur, nous nous rapprochons du moment où nous pourrons nous embrasser et nous guérir, nous et nos communautés. Alors, nous nous épanouirons.

Ne croyez pas que l'abstention ou le rejet du système sont synonymes d'apathie ou d'échec. En refusant les systèmes contraires à nos valeurs et en construisant de nouvelles solutions hors de l'appareil de l'État, nous créons le monde que nous voulons. Diffuser ce message est tout aussi nécessaire que créer des alternatives agoristes à l'économie étatiste.

Des campagnes actives de non-conformité/résistance, à tous les niveaux et sur tous les fronts, sont également nécessaires. Nous pensons que les méthodes agoristes, à savoir la création d'agoras et de cellules de liberté, constituent une partie des solutions à envisager pour améliorer notre avenir. Nous ne faisons pas que prêcher derrière l'écran d'un ordinateur. De réelles stratégies existent, nous les avons mises en place, et nous continuerons d'y avoir recours tout au long de nos vies.

Nous pensons que les États-Unis connaissent un moment charnière, où la population doit décider s'il est préférable de se prêter au jeu, et de placer sa confiance en un autre candidat durant une autre élection, ou si elle veut s'engager sur un chemin plus direct vers la libération. Notre objectif n'est pas de blâmer les votants, mais d'encourager chacun d'entre nous à trouver des manières de s'engager directement et de donner du pouvoir à nos communautés, plutôt que d'offrir sa confiance aux politiques. Nous sommes pleinement convaincus qu'il est possible de créer de nouveaux systèmes d'organisation et de production, qui auront le potentiel d'améliorer radicalement notre expérience de la liberté.

2
NOTRE VISION D'UNE SOCIÉTÉ NON GOUVERNÉE

Chapitre 7

Fournir des services publics en toute sécurité

Le temps est venu de commencer à envisager des méthodes non conventionnelles, comme alternative aux méthodes actuelles, afin d'établir des projets communautaires. Dans le contexte existant, l'imposition coercitive contraint les citoyens à financer des projets, parfois contre leur gré. La force et la violence inhérente à la perception des impôts ne sont qu'une partie des conséquences négatives de cette pratique sur notre société. Dans ce chapitre, nous nous pencherons sur les différentes implications de l'imposition.

Puisque le gouvernement est autorisé à prélever l'argent du peuple par la force, il dispose d'office de tous les fonds nécessaires pour accomplir des projets, y compris ceux qui ne rencontrent pas l'enthousiasme des contribuables. Puisque le peuple n'a d'autre choix que de payer des taxes, il n'est pas maître de la manière dont son argent est utilisé. Ainsi, le citoyen qui paie ses impôts (contrairement à l'agoriste) finit par financer sa propre oppression, ainsi que des guerres injustes à travers le monde. Il existe, bien entendu, des programmes d'aides sociales qui viennent en aide aux individus, mais le coût de ces projets ne représente qu'une petite fraction de l'argent perçu par les services d'impôts. La plupart de l'argent volé par le biais des impôts s'insère dans des budgets bureaucratiques, paie la conduite des recouvrements et alimente la gloutonnerie des gouvernements fédéraux et étatiques. Par conséquent, bien qu'une portion du revenu soit utilisée pour des projets bénéfiques, une majorité de l'argent est toujours gaspillée ou utilisée avec fourberie. Imaginez qu'un individu vous offre cinq dollars, tout en en volant cent dans la poche arrière de votre pantalon.

L'une des principales doléances du peuple contre le gouvernement est son manque d'efficacité dans la mise en place de services publics. Les raisons en sont évidentes : le gouvernement perçoit toujours la même somme d'argent, que les citoyens soient satisfaits ou non. Rien ne l'incite réellement à prendre en compte les requêtes du public qui le finance. L'absence d'harmonie entre les décisions de l'État et les désirs des citoyens implique une mauvaise gestion des budgets, de la violence et de la corruption. Par ailleurs, si les projets communautaires étaient financés par des fonds privés, les individus paieraient uniquement pour les services qu'ils souhaitent voir mis en place. Les fonds viendraient à manquer, et cela provoquerait l'effondrement ultérieur des gouvernements autoritaires, à l'heure de choisir entre prélever des fonds au public par la force, ou faire preuve d'adaptation. Dans ces circonstances, des guerres seraient évitées, les petits commerces auraient plus de facilité à rivaliser avec les grandes entreprises sur le marché, et des billions de dollars de frais généraux gaspillés retourneraient à leurs propriétaires légitimes ou bien seraient utilisés dans des projets ou programmes à visée sociale. Si un groupe d'individus montrait l'ambition d'envahir des territoires à l'autre bout du monde, ou de mettre en place une bureaucratie oppressive comme l'est le département de la Sécurité intérieure, il perdrait son financement, car la majeure partie de la population refuserait de soutenir ces dérives autoritaires. C'est là tout l'intérêt des projets communautaires financés sur la base du volontariat : un service d'intérêt commun rencontrera son public, alors qu'un service superflu manquera de financement.

Ce concept effraie la plupart des contribuables, habitués au prélèvement des impôts par la force depuis l'aube de l'Histoire moderne, mue par des dynamiques violentes plus que par un équilibre entre bon sens et compassion. L'évocation de la suppression de l'imposition coercitive provoque généralement huées et moqueries : « si les impôts ne sont plus obligatoires, personne ne les paiera ! S'en suivront le chaos et la mort pour les plus pauvres ». Il est temps de reconnaître que l'imposition forcée n'est pas la solution universelle et que les concepts de « consentement du gouverné » et de « contrat social » sont totalement absurdes.

Force est de constater que le mécontentement grandit parmi les États-Uniens. Les deux partis politiques traditionnels perdent le soutien du peuple, qui ne fait plus confiance au bipartisme lui-même. Peut-on affirmer qu'il choisit de signer un contrat stipulant qu'un tiers de ses gains soit saisi dans le but de financer les actions du gouvernement ? Sinon, alors on ne peut pas qualifier le système d'imposition de relation consensuelle. Et si une relation n'est ni consensuelle ni volontaire, alors elle n'est pas légitime.

Si les taxes servaient des causes chères au cœur du peuple, ce dernier serait plus enclin à y contribuer financièrement. Bien que notre culture nous renvoie une vision lugubre de la nature humaine, le monde compte une multitude d'êtres qui montrent de bonnes intentions et sont attentionnés envers leur prochain. De récentes études montrent même que la compassion pourrait être inscrite dans le génome humain. Einstein affirme que « si les gens sont bons uniquement parce qu'ils craignent une punition et espèrent une récompense, alors nous sommes une bien triste espèce ». Bien que les individus soient naturellement motivés par des incitations, la plupart d'entre nous font preuve d'empathie et sont déterminées à aider ses semblables lorsqu'elle le peut. Le retour émotionnel positif provoqué par un acte altruiste est l'une des incitations qui poussent les gens à se montrer serviables. En 2010, la somme réunie par l'ensemble des œuvres de charité des États-Unis s'élevait à 290,89 milliards de dollars. Ces dons s'ajoutent à la dépense des particuliers déjà privés d'un tiers de leurs revenus par le gouvernement, dans l'un des contextes économiques les plus durs depuis la grande dépression. Imaginez quelle somme aurait été atteinte si les donateurs avaient pu disposer de l'entièreté de leur patrimoine, tout en étant certains que leur argent serait dépensé à de nobles fins. Par ailleurs, imaginez que l'argent public investi dans des campagnes politiques soit employé pour mettre en place des projets visant à satisfaire les besoins de la communauté.

La capacité des œuvres de bienfaisance à contribuer à nos besoins est aujourd'hui fortement mise en doute, et à raison. Beaucoup d'œuvres de bienfaisance sont corrompues par notre culture de domination, et ont rejoint le complexe industriel non lucratif : elles contribuent très peu aux intérêts de leur cause et détournent des sommes folles. À bien des égards, il serait préférable de court-circuiter les intermédiaires pour donner directement aux personnes dans le besoin. Toutefois, ce facteur pris en compte, on constate que le taux de corruption reste inférieur dans les associations par rapport aux gouvernements. Selon des données présentées en 2008 par l'organisme *Charity Navigator*, 80 à 85 % de l'argent collecté par les œuvres de bienfaisance est utilisé à bon escient. Ce même rapport cite plusieurs sources ayant révélé que 70 % des impôts perçus par le gouvernement servent à financer des fonds publics tels que les salaires des fonctionnaires, des projets militaires et des organismes bureaucratiques onéreux. Moins de 30 % des recettes fiscales sont donc dédiées à la dépense publique. La commission américaine Grace de 1984 suggère même que presque chaque dollar collecté grâce à l'impôt sur le revenu aux États-Unis finance la corruption politique et paie la dette du pays à la réserve fédérale. Par conséquent, même si les œuvres caritatives peinent aujourd'hui à accomplir leur mission, elles sont plus efficientes que l'État, pour ce qui est de subvenir aux besoins des plus pauvres.

Il n'est pas nécessaire de forcer tout le monde à faire preuve de compassion, et les donateurs les plus influents ne sont pas forcément ceux qui ont l'intérêt des plus pauvres à cœur. Le mythe selon lequel l'imposition bénéficie à la population n'est qu'un schéma publicitaire élaboré de toute pièce et qui peine à justifier son existence. Même Al Capone, le célèbre gangster, mit en place des soupes populaires à Chicago afin d'encourager le peuple à voir, au-delà de ses agissements criminels, un homme charitable. Le gouvernement adopte la même approche en dépensant une partie de l'argent qu'il collecte dans des programmes de protection sociale et des projets communautaires, mais il ne s'agit que d'une manœuvre destinée à donner l'apparence d'une gestion efficace de l'impôt sur le revenu. Dans une société libre où les services publics et les projets communautaires seraient financés par le volontariat, des groupes communautaires divers et variés pourraient se réunir pour discuter des questions importantes pour la communauté dans son ensemble. Ces réunions seraient ouvertes à tous, et facilitées par un roulement des membres de la communauté. Des réunions pourraient également avoir lieu en ligne, avec des identifiants et des mots de passe pour en sécuriser l'accès. Ces sessions de débats permettraient à la communauté de présenter des suggestions pour l'allocation des ressources. Toutes les suggestions devraient respecter la souveraineté de l'individu. Comme mentionné plus haut, le site FreedomCells.org pourrait aider à l'organisation de ces réunions.

Certains programmes, définis comme essentiels, seraient constamment financés et disponibles à toute personne appartenant à la communauté, donatrice ou non. Le caractère vital de ces services leur assurerait un financement adéquat et régulier. Les stations d'épuration des eaux, les pompiers ou les jardins communautaires n'auraient par exemple aucun problème pour récolter des fonds, car ils répondraient à une demande forte.

Pour assurer la défense de la communauté, le peuple offre généralement une confiance aveugle à la police et à l'armée. À l'instar de tous les autres mécanismes de l'État, ces organisations sont des monopoles gangrénés la corruption et l'incompétence. Malgré ces vérités évidentes, les masses soumises à la propagande continuent d'attribuer du mérite à ces institutions, les considérant comme le ciment de notre société. L'idée la plus répandue est que couper les fonds destinés à la police et à l'armée mettrait la population en péril. Cependant, d'autres modèles de défense communautaire existent, loin des collectes imposées par l'État. Dans le contexte actuel, pour lutter contre la corruption dans la police, un citoyen ne peut simplement cesser de payer ses impôts et chercher un autre garant pour sa sécurité. Plutôt que d'attendre que l'État règle des problèmes si épineux, certain prennent les choses en main et s'organisent pour garantir la sécurité des leurs. Un bel exemple d'alternative à la police est actuellement mis en place à Détroit. Pour contrer la corruption et le délai d'intervention ridiculement long de la police, un citoyen nommé Dale Brown a formé le « Centre de gestion de la menace[1] » dans les zones de la ville où la police ne répond pas aux appels d'urgence. L'organisation de Brown combat le crime, offre une protection gratuite aux victimes de violence domestique et rend régulièrement des services dans les quartiers pauvres, grâce à une formule payante proposée pour assurer la sécurité dans les quartiers les plus riches de la ville.

Parmi les domaines qui remettent en question notre capacité à assurer des services sans taxer les citoyens, on peut citer les infrastructures routières et les procès. La grande majorité des litiges entre civils, en particulier en droit des affaires, sont jugés par des organismes non gouvernementaux. Les affaires criminelles pourraient très bien être gérées de la même manière. La question que l'on pose souvent aux anarchistes qui refusent d'utiliser la force pour réquisitionner de l'argent pour le « bien commun » est la suivante : « qui construira les routes ? ». Il semblerait que certains doutent de la capacité de l'être humain à tracer un chemin de terre, ou à tisser un réseau routier et autoroutier pour relier les États entre eux, sans intervention du gouvernement. Les mêmes

1. En anglais : « Threat Management Center ».

personnes évoquent les routes nationales comme s'il s'agissait d'un cadeau du gouvernement, et non d'un service fourni à la suite de la réquisition de notre pécule par les services des impôts. L'action gouvernementale est en fait de récupérer, moyennant des menaces, l'argent de particuliers, et de l'utiliser pour employer ces mêmes citoyens à la construction des infrastructures. En réalité, le peuple pourrait les construire lui-même, à moindre coût, s'il s'alliait avec ses voisins et d'autres communautés. Il suffirait d'éliminer tous les organismes intermédiaires. Ce scénario s'est déroulé en 2009 sur l'île Kauai d'Hawaii, où des citoyens ont accompli bénévolement, en huit jours, le travail de rénovation d'une route estimé à quatre millions de dollars. Au-delà des infrastructures essentielles, une myriade de programmes et de services secondaires comme les transports, Internet et l'exploration de l'espace pourraient également être financés par des dons de la communauté. Gardons à l'esprit que sans les frais généraux et d'exécution qui font gonfler tous les budgets bureaucratiques, les prix seraient probablement plus raisonnables que ceux des projets publics que nous connaissons.

Beaucoup d'anarchistes de gauche persistent à soutenir l'imposition, seul moyen, selon eux, de réduire les inégalités dans le monde. Mais les taxes renforcent le pouvoir du gouvernement, et non celui des populations pauvres. L'imposition est née avec le gouvernement, mais les inégalités subsistent. Plus encore, elles croissent à un rythme alarmant alors même que l'imposition est de plus en plus stricte. L'argent des taxes est utilisé pour bâtir et préserver des institutions qui maintiennent la structure de classes, et une partie de la population dans la pauvreté. Nourrir, loger les plus pauvres et rétablir l'équilibre dans ce monde sont des objectifs qui devraient être communs à tous les anarchistes, qui ne devraient pas placer leur confiance entre les mains de l'ennemi pour corriger une situation qu'il a lui-même engendrée.

Certains doutent peut-être qu'une société qui s'appuie sur le volontariat puisse atteindre ces objectifs, mais nous sommes persuadés que ce système stimulerait l'efficacité et la valeur des services publics. Combien de fois les gouvernements ont-ils investi dans des chantiers qui n'ont jamais abouti ? Très régulièrement, en période électorale, les gouvernements du monde occidental se lancent dans d'ambitieux travaux autour de projets populaires, afin de gagner le soutien du public. Bien souvent, ces projets sont ensuite avortés, et les fonds détournés pour financer des guerres ou renflouer les caisses de l'État. Ces manipulations sont très courantes. Cependant, lorsqu'un projet rassemble les masses, il récolte suffisamment de soutien financer de la part de particuliers, de commerces et d'organisations caritatives pour être mené à son terme. L'explosion des sites et des campagnes de financement participatif en ligne en est une belle démonstration. Aux États-Unis, en 2011, lorsque le gouvernement mit un terme au financement du programme spatial SETI, alors même que les mesures d'austérité étaient considérablement renforcées et que le pays investissait dans une demi-douzaine de guerres, ce programme, particulièrement cher au cœur du public, reçut plus de deux mille dons en une semaine. Ces dons furent envoyés par des particuliers et des organismes privés pour soutenir la cause : l'objectif de réunir deux cent mille dollars fut facilement dépassé.

Dans la société libre dont nous rêvons, nous pouvons facilement envisager que ces problèmes seraient résolus de manière similaire. Les frais généraux étant moindres, le peuple aurait encore plus d'argent à investir dans les causes qui lui sont chères, améliorant considérablement les chances qu'ont ces projets d'aboutir par rapport à celles dont ils disposent sous le règne de l'État. Si les dons venaient à manquer pour un projet, une collecte de financements supplémentaires serait organisée auprès des plus fervents partisans de la cause. C'est là que réside le merveilleux, dans la manière avec laquelle notre espèce s'auto-organise et utilise son intelligence et ses ressources pour résoudre les problèmes lorsqu'ils apparaissent.

Lorsque le besoin s'en fait sentir dans une communauté, les gens se rassemblent naturellement et spontanément pour prendre en charge ce qui doit être fait. Nul besoin d'un bureaucrate pour les menacer d'un pistolet et leur donner des directives. Pour l'avenir de notre espèce, il est primordial que nous commencions à envisager de nouvelles façons de commercer et de nous organiser. Nous devons cesser de justifier l'usage de la violence en toutes circonstances, ainsi que la violence tacite comme l'imposition, la législation et l'endoctrinement du peuple par le gouvernement.

Chapitre 8

L'intendance de la Terre

Indépendamment de toute réflexion sur la théorie anarchiste ou étatique, tous les êtres humains sur cette planète ont besoin d'eau pure et des produits de la terre pour survivre. La Terre est notre foyer et notre source de vie, et elle n'est ni promise ni garantie. Notre espèce persiste à ignorer cette réalité et à poursuivre des pratiques sans avenir et destructrices pour notre planète, pour le confort d'une minorité de membres de l'élite.

Notre relation avec la Terre mère est complexe. Elle est, sans aucun doute, régie par les structures de contrôle autoritaristes et les systèmes économiques qui dominent le monde. S'il existait un prix des « plus grands pollueurs », il serait décerné aux gouvernements et aux forces armées du monde entier, ainsi qu'aux multinationales, leurs alliées. Et comme si la destruction du monde n'était pas suffisamment dramatique, les gouvernements répriment les technologies d'énergies propres et renouvelables en favorisant l'utilisation de produits malsains, à la fois pour notre corps et pour l'environnement.

Sur la question de l'environnement et le concept de propriété, plusieurs philosophies s'opposent. Notre temps sur cette Terre est incontestablement limité, alors même que la planète abritera encore plusieurs générations. Il devient alors difficile de nous considérer comme propriétaires de terres, de l'eau ou de toutes les autres ressources qui nous précèdent et nous survivront. Nous considérons donc qu'il serait plus correct de parler d'« intendance » de la Terre, et non de « propriété ». Nous sommes tous chargés de prendre soin de la vie sur cette planète, que nous acceptions ce rôle ou non. Cela ne veut pas dire que nous devons renoncer à toutes nos revendications de propriété, mais plutôt que nous devrions tous nous considérer, en partie, comme responsables des conditions de vie des générations futures. Nous devons reconnaître que, ces dernières années, l'humanité n'a pas su prendre soin de la planète comme il le fallait. Néanmoins, nous rejetons la notion selon laquelle seul le gouvernement peut apporter une solution à la destruction de l'environnement.

Ironiquement, les gouvernements et autres organes directeurs internationaux supposés protéger l'environnement sont, en grande partie, responsables des conditions désolantes dans lesquelles nous vivons. L'État et la communauté scientifique diffusent fréquemment l'idée que le citoyen ordinaire doit modifier ses habitudes pour résoudre les problèmes environnementaux. En juin 2015, un groupe de scientifiques issus des universités de Stanford, Princeton, Californie, Berkeley et d'autres ont mis en garde le monde entier en dénonçant, dans le journal *Science Advances*, une sixième extinction de masse. Ils ont appelé à une action rapide pour sauver les espèces et les habitats en voie d'extinction. Les scientifiques ont déclaré que le taux de disparition des espèces était cent fois supérieur aux taux enregistrés lors des précédentes périodes similaires.

À Stanford, les chercheurs ont précisé qu'ils s'étaient montrés prudents lors de leurs estimations et que les chiffres étaient optimistes. « Nous insistons sur le fait que nos calculs minimisent probablement la sévérité de la crise, car notre objectif était d'estimer, de façon réaliste, mais minime, l'impact de l'humanité sur la biodiversité », écrivent-ils. Paul Ehrlich, professeur d'étude des populations au département des sciences biologiques et chercheur à l'Institut Stanford Woods pour l'Environnement, est coauteur de cette étude. Il déclare : « [l'étude] démontre sans le moindre doute que la sixième extinction de masse a commencé ».

Il est évidemment primordial que les cœurs et les esprits libres aspirent à vivre une existence en équilibre et en harmonie avec la planète, et avec toutes les vies qui partagent cette Terre. C'est aujourd'hui loin d'être le cas. L'environnement subit des dégâts considérables, mais l'étude tend à responsabiliser les consommateurs ordinaires sans mentionner l'impact des institutions gouvernementales. S'il est vrai que les citoyens jouent un rôle dans la pollution de l'environnement, il est minime en comparaison avec celui du gouvernement ou des grandes entreprises. De plus, si le consommateur utilise des produits toxiques, c'est avant tout parce que les alternatives plus viables sont retirées du marché.

La participation du Professeur Ehrlich à cette étude devrait attirer l'attention des partisans de l'eugénisme. L'eugénisme est un concept selon lequel les humains peuvent être génétiquement et socialement « améliorés » ou contrôlés. En 1981, Ehrlich publia un ouvrage intitulé *Extinction : The Causes and Consequences of the Disappearance of Species*[1]. Il est également coauteur de *Ecoscience*[2], titre dans lequel il approfondit sa théorie. Ce livre, publié en 1977 en collaboration avec John Holdren, patron de la recherche scientifique de l'administration d'Obama, défend un certain nombre d'idées radicales pour résoudre le problème de la surpopulation. Sont évoqués, notamment, des avortements forcés soumis à la réglementation d'une police mondiale, ce qui priverait l'individu de sa souveraineté. Il s'agit simplement là de convaincre le public que l'humanité est un fléau qui doit être administré, contrôlé ou éliminé.

Les principaux responsables de cette dégradation environnementale créent, dans le même temps, leur couverture grâce à des fondations ou des associations écologiques. Ces dernières amassent des fonds, et répandent certaines idées en accord avec le raisonnement eugénique. La classe dirigeante sait que les êtres humains sont naturellement enclins à protéger l'environnement, et que la plu-

1. Paul Ehrlich, *Extinction : The Causes and Consequences of the Disappearance of Species,* Gollancz, 1981.
2. Paul Ehrlich et John Holdren, *Ecoscience*, W.H.Freeman & Co Ltd, 1977.

part des citoyens n'osent ni mettre en doute ni critiquer les mesures prises dans ce but. Leur dernier complot consiste à exploiter l'écologisme et la peur d'un « réchauffement climatique » pour mettre en place une « taxe carbone ». Cette théorie se justifie par le fait que le dioxyde de carbone utilisé par les hommes est à l'origine de la destruction environnementale ; la solution suggérée est donc de taxer le citoyen ordinaire et de contrôler sa consommation énergétique. Si le réchauffement climatique est bien une conséquence de la production de dioxyde de carbone par les humains, alors la taxation n'est sûrement pas une solution réaliste. Et si l'on en croit les institutions, c'est la seule.

Pourtant, le citoyen ordinaire n'est ni responsable de la majeure partie de la destruction environnementale ni des émissions mondiales de dioxyde de carbone. En réalité, les cinquante plus grandes compagnies de transport maritime produisent plus de dioxyde de carbone que toutes les voitures sur la planète. Il s'agit des navires militaires et de pétroliers, ainsi que d'autres vaisseaux utilisés par les grandes entreprises et le gouvernement.

Dans son incroyable étude intitulée *Une histoire populaire des États-Unis : De 1492 à nos jours*[1], Howard Zinn écrit « en 1992, plus d'une centaine de pays ont participé au Sommet de la Terre, une conférence environnementale organisée au Brésil. Les statistiques montrent que les forces armées du monde entier étaient responsables de deux tiers des émissions de gaz qui appauvrissent la couche d'ozone. Mais lorsqu'il a été suggéré de réfléchir aux effets des forces armées sur la dégradation environnementale, la délégation américaine s'y est opposée et l'idée a été abandonnée ». La population n'est pas à blâmer pour la crise environnementale. Elle est l'héritage des actions de gouvernements et d'entreprises négligents qui répriment toutes formes d'énergies alternatives et qui sont majoritairement responsables de la pollution mondiale.

Les auteurs de ces crimes rejettent leur responsabilité sur le reste du monde, et utilisent leur pouvoir politique pour profiter des conséquences de cette destruction. Al Gore, principal porte-parole de la théorie selon laquelle le dioxyde de carbone serait responsable du réchauffement climatique, est également l'un des principaux défenseurs de la taxe carbone et est étroitement lié à des entreprises qui pourraient tirer un large profit de sa possible mise en application. Il prétend vouloir réduire la consommation d'énergie de la population. Mais, si l'on en croit le Centre pour la recherche du Tennessee, il est également propriétaire d'une villa dans la ville de Belle Meade, qui consomme plus d'électricité en une journée qu'un foyer américain ordinaire en un an.

Lorsque cette information a été rendue publique, il s'est défendu en déclarant payer « une compensation carbone ». Il a pourtant omis le fait qu'il la versait directement à une entreprise qui lui appartient : Generation Investment Management. En d'autres termes, l'argent ne quitte pas ses comptes. Al Gore

1. Howard Zinn, *Une histoire populaire des États-Unis : De 1492 à nos jours*, Agone, 2002.

est devenu un partisan de la taxe carbone grâce à l'influence de l'un de ses amis, Ken Lay, fondateur de l'entreprise « Euron », qui connaît des temps difficiles. Si l'on considère le fait qu'Euron produit et distribue de l'énergie et dispose de liens très étroits avec Washington, et qu'elle est connue pour ses manœuvres frauduleuses comme le détournement de fonds, les faits sont à analyser avec une perspective toute autre.

Comme si cela ne suffisait pas, en fonction des données récoltées, on peut dresser des tableaux différents de ce que seront « officiellement » les conséquences du réchauffement climatique. La température et le climat de la Terre connaissent des changements et des fluctuations depuis la nuit des temps en raison de divers facteurs, comme l'activité solaire. De profonds changements climatiques ont été enregistrés au cours de l'Histoire, et certains diront que ces derniers sont la conséquence d'un phénomène naturel. Cette affirmation défie toute logique. Depuis que le scandale « Climategate[1] » a éclaté, en novembre 2009, la théorie selon laquelle le réchauffement climatique est causé par le dioxyde de carbone a perdu ses défenseurs et est examinée de très près par le public. Bien que les politiciens et les grands médias prétendent qu'il existe une sorte de consensus scientifique, la communauté scientifique est, à raison, sceptique à ce sujet.

Alors que cette théorie est de plus en plus sujette à controverse, d'autres questions environnementales sont ignorées. Nos ressources énergétiques sont mal gérées par les institutions qui les contrôlent. Ces gouvernements et entreprises détruisent la planète et nous en tiennent responsables, pour que nous payions la facture. Le manque de connaissances sur le génie génétique et les pesticides, ainsi que leur utilisation excessive, ont donné naissance à de nouvelles espèces de mauvaises herbes et de parasites qui constituent une menace sans précédent pour notre écosystème. Les radiations toxiques et la pollution font partie de notre environnement et de notre quotidien, et ce, en grande partie à cause de la négligence des entreprises et militaires en exercice. Certains enjeux environnementaux doivent être traités de manière impérieuse, mais la seule restriction d'un composé chimique ou la mise en place d'une taxe pour les consommateurs ne seront pas suffisantes.

Nous savons que la Terre souffre. Elle est ravagée par des désastres environnementaux, par la disparition d'écosystèmes et d'espèces, et par une population grandissante qui ferme les yeux sur les dégâts qu'elle inflige à ce rocher qu'elle considère comme son foyer. Inexorablement, tous les esprits libres devraient s'employer à vivre en harmonie avec la planète et à réduire l'impact de leur existence sur cet endroit magnifique et unique. En parallèle, nous devrions nous interroger sur les raisons qui poussent les gouvernements et les autres classes parasites à affirmer que les humains sont la source de tous les problèmes, et qu'il faut les corriger.

1. Désigne l'incident des courriels du Climatic Research Unit.

En 2016, un problème environnemental a divisé des militants (et particulièrement ceux du mouvement libertarien américain) : le combat contre le projet de pipeline Dakota Access, non loin de Cannon Ball, dans le Dakota du Nord. Le DAPL, également connu sous le nom de Bakken pipeline, est construit par Energy Transfer Partners, une société basée à Dallas, au Texas. L'oléoduc, long de 1886km, est censé transporter le pétrole de la formation de Bakken, dans le Dakota du Nord, jusqu'à Patoka, dans l'Illinois. Il devrait traverser la rivière du Missouri, non loin de la réserve sioux de Standing Rock, dans le Dakota du Nord. Selon la tribu amérindienne, le corps des ingénieurs de l'armée des États-Unis a enfreint la loi sur la conservation des sites historiques en approuvant le projet sans les consulter au préalable. Les Sioux ont donc porté plainte contre le corps de l'armée et, en avril 2016, ils ont fondé le « Camp de l'Esprit de la Pierre Sacrée », quartier général de la résistance contre le pipeline. Les manifestants, leurs alliés et les journalistes sont venus du monde entier pour montrer leur soutien, et des camps supplémentaires ont fait leur apparition, comme celui du « Guerrier rouge », du « Bouton de Rose » et d'« Oceti Sakowin ». Au mois d'août 2016, plus de cinq cents tribus et communautés amérindiennes se tenaient aux côtés des Sioux de Standing Rock. Le rassemblement d'un si grand nombre de tribus, ennemies par le passé, constitue un évènement historique.

Les Amérindiens n'ont, non seulement, pas été consultés, mais les protecteurs de l'eau (expression utilisée par les Sioux et leurs alliés pour se désigner) ont été contraints de lutter contre les revendications de propriété du gouvernement américain. Selon le gouvernement, les protecteurs de l'eau présents au camp Oceti Sakowin, au nord de la rivière Cannon Ball, résident techniquement sur une propriété privée des États-Unis. En octobre 2016, les protecteurs ont installé un nouveau camp, plus proche du site de construction du pipeline. Les Sioux le nomment « Traité » ou « Première ligne » en l'honneur du traité de Fort Laramie de 1851, accord qui leur permit de conserver leurs terres. Ils déclarent vouloir reconquérir la zone grâce au principe d'expropriation, car le gouvernement américain a enfreint les lois qu'il a lui-même établies.

Pour empêcher la construction du pipeline (qui constitue, pour les Sioux et les protecteurs de l'eau, une violation des lois et un attentat contre les ressources en eau de la planète), les résistants sont prêts à risquer la prison. Leurs détracteurs soutiennent qu'ils sont en tort, car ils se réunissent sur une propriété privée, que la police est forcée de défendre par la violence. Nous rejetons complètement cette opinion erronée ; les anarcho-capitalistes, libertariens, conservateurs et autres propriétaristes qui la partagent ne tiennent pas compte de tous les traités, entre les États-Unis et les communautés indigènes de la masse continentale de l'Amérique du Nord, non respectés à travers l'Histoire. Cette position est particulièrement préoccupante chez les partisans de l'économiste autrichien Murray Rothbard. En s'inspirant du proviso lockéen,

Rothbard soutenait que les individus qui développaient leur activité sur des terres non utilisées pouvaient en devenir propriétaires. Dans *Confiscation and the Homestead Principle*[1] (Le Forum Libertaire, 15 juin 1969), il écrit : « Un lieu sans propriétaire peut devenir un bien privé lorsqu'une personne la découvre, l'occupe et la transforme par son travail » ; « C'est évident quand il s'agit de coloniser des terres vierges. Mais que faire en cas de biens volés ? ».

Dans ce dernier cas, Rothbard déclare qu'il est nécessaire de trouver le propriétaire légitime. Il peut s'agir de la personne qui s'est approprié la terre avant toutes les autres, ou de celle qui l'a acquise en la rachetant au propriétaire d'origine. S'il est impossible de déterminer qui est le propriétaire originel, la personne qui s'est approprié la terre grâce à l'aide de l'État en devient le véritable propriétaire. Bien que nous critiquions certaines positions de Rothbard (notamment concernant l'agorisme, les enjeux culturels et, plus tard, son rapprochement avec le paléo-conservatisme), nous le rejoignons sur ce point. Selon nous, il est donc impossible de considérer Energy Transfer Partners, le corps des ingénieurs de l'armée des États-Unis et les citoyens qui ont vendu leur terre pour l'oléoduc comme les propriétaires de la terre en question. D'autant plus qu'elle est depuis longtemps utilisée par les Sioux, et n'a été acquise par les organismes gouvernementaux américains qu'à la suite de guerres violentes et des traités non respectés. Rothbard répond également aux critiques qui pensent que les protecteurs de l'eau devraient respecter le droit à la propriété privée de la compagnie pétrolière et engager une procédure judiciaire.

Il écrit : « Qu'en est-il de toutes ces entreprises qui font partie intégrante du complexe militaro-industriel et qui tirent la moitié, si ce n'est la totalité, de leurs revenus du gouvernement, mais qui participent à des massacres ? Quelles sont leurs connaissances en matière de propriété « privée » ? Elles sont très certainement bien minces. Du fait de leur position de lobbyistes de ces contrats et subventions, ainsi que de cofondatrices de l'État militaire, elles méritent de voir leurs propriétés confisquées et restituées aux particuliers le plus rapidement possible. Affirmer que leur propriété « privée » doit être respectée revient à dire que la propriété volée par un malfrat doit l'être également ».

En toute objectivité, ces entreprises ne devraient pas avoir de droits et ne devraient pas jouir des mêmes protections de leurs biens que le reste de la population. Sans subventions, et sans le privilège qui leur est accordé par l'État, elles ne pourraient conserver leur monopole sur l'énergie. L'industrie pétrolière et ses partenaires étatiques collaborent pour freiner le développement des technologies énergétiques alternatives dont le potentiel peut renverser les barons du pétrole. Le fait que le mouvement de résistance se considère comme défenseur de la Terre mère et de ses ressources naturelles constitue un autre point de discorde autour de la construction du Bakken pipeline. La lutte entre

1. Traduction littérale : *La Confiscation et le principe d'exploitation d'une propriété privée.*

les protecteurs de l'eau et l'industrie pétrolière est perçue comme engagée sur un fossé culturel. Les indigènes ont tendance à réfléchir selon le principe de la « septième génération », qui stipule que nous devons réfléchir aux conséquences de nos actions dans l'intérêt de la prochaine génération, mais aussi pour les sept qui suivront. C'est une perspective bien différente et contraire au point de vue « moderne » ou « occidental », centré, le plus souvent, sur l'instant présent. Ce genre de perspective perpétue l'utilisation du pétrole et des autres produits polluants et non durables.

Les protecteurs de l'eau, et plus particulièrement les communautés indigènes, respectent leur engagement spirituel en défendant la terre et l'eau. La majorité d'entre eux n'ont que faire de savoir si leurs actions s'inscrivent dans une violation des normes de propriété. Ces individus sont prêts à mourir pour défendre la planète. Nous estimons que leur position est honorable ; et nous pouvons la soutenir sans avoir recours à la force ni même enfreindre les droits de propriété. À titre d'exemple, nous pouvons considérer que celui qui cause des dommages irréversibles à une propriété porte en réalité atteinte aux futures générations de propriétaires et à la planète elle-même. De plus, en raison du caractère interdépendant de tous les éléments de l'environnement, tout dommage causé sur une propriété entraîne inexorablement la contamination des propriétés adjacentes. Les pollueurs sont donc les premiers à imposer des contraintes et de la violence, et doivent donc s'attendre à des représailles de la part de leurs voisins.

Si nous nous appuyons sur les droits de propriété, et si nous prenons le parti de défendre l'indéfendable, nous pouvons estimer que la position du gouvernement et des industriels est solide. Dans le premier livre de cette trilogie, nous évoquons comment l'humanité doit revoir sa relation avec la planète et avec les animaux. Nous mentionnons la conscience, les droits des animaux et de l'environnement, ainsi que les bénéfices dont pourrait jouir l'humanité si elle venait à les reconnaître. Certains estiment qu'un animal est incapable de penser de manière rationnelle, et ne peut donc être considéré comme autre chose qu'un bien meuble. Par opposition, nous partons du principe que les animaux méritent le même statut que les enfants, personnes âgées, personnes handicapées mentales ou autres communautés vulnérables qui ne peuvent ni assurer leur défense ni prendre des décisions. On estime généralement que, pour chacun de ces groupes, la désignation d'un tuteur ou d'un responsable est justifiée pour garantir une protection contre l'utilisation de la force. Cette logique peut être appliquée aux animaux et, potentiellement, à la Terre, dans des limites raisonnables.

Imaginez que vous surpreniez votre voisin en train de maltraiter son chien : vous ressentirez peut-être le besoin de lui demander d'arrêter et de ne plus recommencer. Dans le cas échéant, vous pouvez rassembler votre cellule de liberté et lui adresser un avertissement. Si cela ne suffit toujours pas à mettre un terme à la maltraitance, vous pouvez retirer au maître la garde de son chien. Mais, si le maître considère son animal comme sa propriété, il risque de juger votre attitude agressive à l'égard de son droit légitime, et donc de répondre violemment. À ce stade, les deux parties sont persuadées d'avoir raison. Des agences d'assurance concurrentes pourraient servir de médiateurs, mais il est probable que l'une penche pour la reconnaissance des droits de l'animal et que l'autre le prive de telles protections. Tant que nous ne changerons pas radicalement notre rapport avec les animaux, la question de leur statut de simples biens ou d'êtres à part entière restera sans réponse. Nous sommes attirés par l'anarchisme, car nous souhaitons construire un monde dépourvu de violence systémique, publique et socialement acceptée. Considérer les animaux comme des propriétés dont le seul but est de nous divertir nous pousse à les placer en captivité, à l'image des orques enfermées dans le parc aquatique Sea World, ou des animaux détenus dans des conditions misérables dans les zoos. Ne sommes-nous pas censés donner l'exemple, et vivre avec compassion et en harmonie avec les animaux et l'environnement ?

Nous ne préconisons pas la transition vers mode de vie fasciste et végétalien dans lequel l'individu serait forcé à renoncer à la viande. L'un des auteurs de ce livre est d'ailleurs végétalien, alors que l'autre ne l'est pas. Aucun de nous n'a l'intention de faire enfermer son partenaire dans un goulag ou dans un camp de rééducation. Cependant, nous recommandons d'entretenir un rapport conscient avec les animaux et la Terre. Nous appelons également ceux qui sont préoccupés par les dangers qui menacent l'environnement et les animaux à boycotter les entreprises d'élevage industriel, ainsi que certaines grandes chaînes de restaurants qui utilisent leur viande, des produits non locaux qui ne sont pas issus de l'agriculture biologique et des pesticides dangereux. Les élevages industriels constituent une menace pour l'environnement et perpétuent l'esclavage et la maltraitance des animaux, dans le seul but de nourrir la population humaine. Il est également important de souligner que ces élevages sont responsables d'une grande partie des émissions de gaz à effet de serre. Pour lutter contre la déforestation et les émissions de dioxyde de carbone, il est nécessaire de cesser de soutenir l'élevage intensif.

L'étatisme soutient les entreprises qui ont recours à l'élevage industriel et intensif. Sans le soutien du gouvernement, et grâce à la croissance de la contre-économie et à l'adoption de la philosophie agoriste, ces élevages (les dommages qu'ils causent à l'environnement et aux animaux) seraient, pour la plupart, forcés de cesser leurs activités. Investir dans l'agriculture urbaine et les jardins potagers nous permettrait de disposer d'alternatives à ces industries violentes et non durables. Nous ne créerons pas un monde végan et parfait où la viande est proscrite, mais les souffrances infligées aux animaux et à la Terre s'en trouveraient significativement abrégées.

En conclusion, nous souhaiterions déterminer qui serait le mieux placé pour s'occuper de l'environnement à l'échelle locale. La litanie des autorités renforce la thèse selon laquelle le peuple n'est pas en mesure de gérer les ressources locales et la protection de l'environnement. Nous entendons souvent dire que sans le cadre du gouvernement, les ressources naturelles seraient vendues au plus offrant, puis polluées. De récentes études viennent cependant contredire cette hypothèse. Selon un rapport de l'Institut des ressources mondiales et de l'Initiative des droits et des ressources daté du mois de juillet 2014, les communautés autonomes sont plus efficaces dans la gestion des forêts que les gouvernements. Le rapport, intitulé « Garantir les droits et lutter contre le changement climatique », regroupe plus de cent trente études menées dans quatorze pays pour évaluer les conséquences de la gestion communautaire des ressources. Il stipule que le taux de déforestation des zones de la forêt amazonienne qui sont sous le contrôle des populations indigènes est de 0,6 %, alors que celui des zones contrôlées par le gouvernement est de 7 %. Au Guatemala, ce même taux est, dans les zones protégées par le gouvernement, vingt fois supérieur à celui des zones sous contrôle communautaire. Le rapport de l'Institut des ressources mondiales confirme l'analyse de l'Institut d'écologie, qui précise que, de manière générale, les forêts tropicales protégées par le gouvernement sont rasées quatre fois plus vite au moins que celles qui sont gérées par les communautés. Enfin, le travail d'Elinor Ostrom illustre parfaitement les avantages d'une écologie communautaire contre une écologie étatique. Prix Nobel de l'économie en 2009, Ostrom a découvert que les problèmes liés à la gestion des ressources surviennent après l'intervention de forces extérieures, comme les gouvernements, ou les écologistes animés des meilleures intentions.

Il est clair que l'humanité a besoin de réévaluer son rapport avec la planète et tous ses habitants. Plutôt que d'attendre que les élites et les gouvernements sauvent la situation, nous devrions nous focaliser sur les actions qui pourraient être prises pour défendre les moyens de subsistance des générations actuelles et futures. Ces actions peuvent impliquer une remise en question des mécanismes de pouvoir qui tentent de nuire et de contrôler la planète, quitte à affecter notre propre existence. Nous devons rester cohérents dans notre refus d'avoir recours à la violence, mais tenir fermement notre position de défenseurs de la Terre.

Chapitre 9

L'autoritarisme de droite et de gauche

Plusieurs sortes d'échiquiers politiques sont d'usage aujourd'hui. La plupart des Américains représentent les partis et philosophies politiques sur une ligne horizontale, qui va des libéraux aux conservateurs. D'autres imaginent plutôt un carré avec, en haut, le totalitarisme et, en bas, la liberté. En général, nous sommes en désaccord avec la plupart des échiquiers politiques, car leur représentation de cette éternelle lutte entre la liberté et la tyrannie est erronée. De plus, ils portent à croire que la droite ou la gauche peuvent se rapprocher de la liberté, ou que l'une vaut mieux que l'autre. La tyrannie se manifeste sous la forme de communisme forcé, d'étatisme, de fascisme, d'impérialisme et de toute autre forme d'autoritarisme. Le système opposé est l'anarchisme.

Les « fausses dichotomies » sont nombreuses dans les domaines politique, économique et religieux, et elles donnent l'impression que nous n'avons le choix qu'entre deux options. En réalité, les possibilités sont beaucoup plus vastes lorsque l'on regarde au-delà des lignes directrices préautorisées. En d'autres termes, on vous demande de choisir entre « blanc » et « noir », ce qui donne à penser qu'il n'existe que ces deux couleurs, avec peut-être un peu de « gris », alors que la palette des possibles présente une mosaïque de nuances et de teintes différentes, écartées de la discussion. L'expression « Si vous n'êtes pas avec nous, alors vous êtes contre nous » est une fausse dichotomie classique, car elle n'offre que deux options, présentées sous le prisme de la violence, qui supprime la possibilité de rester neutre. De la même manière, le paradigme traditionnel droite/gauche est une fausse dichotomie qui force les gens à choisir entre deux camps tout aussi différents qu'autoritaires.

Les anarchistes ne doivent pas commettre l'erreur de croire qu'ils appartiennent à la « gauche » ou à la « droite ». Ces termes sont extrêmement biaisés, et ont une signification différente d'une nation à une autre et d'un moment à l'autre. Les alliances avec la droite et la gauche se sont toujours soldées par un échec, car les partisans des partis corporatistes étaient trop attachés au paradigme conventionnel. Cela les rendait vulnérables à la manipulation, et à ce que Konkin qualifie d'« anti-principes ». La gauche et la droite traditionnelles trahiront toujours l'anarchiste doté de principes, mais malavisé, qui veut s'allier avec un camp plutôt qu'avec un autre. Nous devons absolument tendre la main à la gauche et à la droite et leur communiquer notre message, dans la mesure du possible, tout en faisant attention à ne pas renoncer à nos principes. Il faut veiller à ce qu'elles partagent notre position. Plutôt que de croire que la réponse réside à une extrémité de l'échiquier politique, les individus en soif de liberté devraient plutôt chercher, dans chaque camp, des alliés aux principes similaires aux leurs. Le véritable danger est de croire qu'un parti mènera à la liberté et que l'autre pose problème. Lorsque nous avons abandonné le paradigme de la gauche et de la droite et la politique traditionnelle, nous cherchions à échapper à cette fausse dichotomie.

Après s'être rendu compte que les partis républicain et démocrate étaient contrôlés par des pouvoirs tiers, de nombreux libres penseurs se sont consacrés au militantisme, avec l'espoir de changer le monde. Mais parmi ceux qui ont su s'arracher au paradigme droite-gauche, beaucoup se laissent séduire par un nouveau modèle, tout aussi inadapté. Celui-ci mène au même cycle de frustration et de division observé jusqu'alors dans l'arène politique traditionnelle. La frustration ressentie par ceux qui cherchent des solutions est légitime, mais elle pousse certains membres de la gauche et de la droite à adopter des dogmes toujours plus extrêmes, et à offrir aux gouvernements un soutien toujours plus accru. Ces individus incohérents sont, une fois de plus, victimes des mensonges de l'État.

L'un des aspects intéressants de l'échiquier politique états-unien est qu'il ne cesse de changer et d'évoluer. Les démocrates et les républicains échangent souvent leurs positions et leurs points de vue sur des questions essentielles. Peu de temps après la fin de la Seconde Guerre mondiale, mais avant les débuts de la Peur rouge et de la Guerre froide, les républicains étaient, par exemple, clairement contre la guerre. La Peur rouge et la Guerre du Vietnam les ont poussés à prendre un chemin plus belliqueux, auquel les démocrates s'opposèrent; ils sont donc devenus le parti le plus pacifiste à l'ère de la nouvelle gauche. En réalité, aucun de ces partis corporatistes n'est opposé à la guerre. Ils ne font qu'adopter cette rhétorique afin d'obtenir le soutien des partisans de la paix. En termes de politique économique, les « libéraux » défendaient le libre marché, mais, aujourd'hui, ceux qui s'identifient comme tels prônent le contrôle de l'économie par le gouvernement. Les conclusions que nous en tirons sont les suivantes : aucun des partis, d'un côté ou de l'autre sur l'échiquier politique ne repose sur des principes ; ils sont constamment manipulés par l'engouement médiatique, les lubies des politiciens et les appels au « pragmatisme » en cas de confrontation avec des ennemis politiques ou culturels, qu'ils soient imaginaires ou pas.

Aux États-Unis, ce paradigme a donné naissance à la « droite alternative » d'un côté, et aux « guerriers de la justice sociale » de l'autre. Ceux qui estiment faire partie de la droite alternative sont principalement issus du mouvement « Tea Party[1] », apparu en 2008, et de l'émergence du parti libertarien américain,

1. Référence au Boston Tea Party, une révolte politique qui a eu lieu à Boston en 1773. Une « tea party » consistait à passer par-dessus bord d'une cargaison de thé.

mené par le candidat à la présidentielle Ron Paul. Cet ancien député du Texas était un étudiant de Murray Rothbard et s'était, d'ailleurs, montré véhément à l'égard de la droite alternative (et des guerriers de la justice sociale). Après l'échec du mouvement libertarien dans sa tentative d'accéder à la présidence des États-Unis et de mettre fin à l'étatisme, de nombreux militants ont été déçus, non seulement par le système politique, mais aussi par les principes de leur propre parti. La question reste de savoir s'ils avaient, eux-mêmes, bien compris les objectifs de leur mouvement, mais c'est cette même part de la population qui offrit finalement son soutien à Trump, et qui cherche à imposer sa vision de la liberté au reste du monde par la violence. La droite alternative est obsédée par l'idée de combattre ses ennemis : les gauchistes, les communistes, les « cocus[1] », les guerriers de la justice sociale et tous ceux qui n'adhèrent pas à leur vision autoritaire de la société. Cette obsession leur a fait perdre de vue l'objectif de devenir libres.

De l'autre côté de l'échiquier politique se trouvent les guerriers de la justice, un groupe très vigilant, qui utilise la politique identitaire comme une arme, et la censure du gouvernement au nom du politiquement correct. Bien entendu, nous nous opposons fermement à toute forme de fanatisme, et un grand nombre des idées présentées dans ce livre soutiennent ce qui pourrait être considéré comme de la « justice sociale », mais nous condamnons la manière dont ces idées sont politiquement exploitées, et la manière dont le mouvement qui les porte prône une réponse agressive à tous ceux qu'il ne considère pas comme ses alliés.

Les origines du mouvement remontent à l'élection de Barack Obama, en 2008, que les progressistes considèrent comme leur « moment de gloire ». Après qu'Obama a passé huit ans à étendre les conflits, à renforcer la surveillance et le régime policier, à cibler les lanceurs d'alerte ainsi qu'à développer le corporatisme, ils ont perdu toute foi en lui. Leur foi fut définitivement brisée lorsque Bernie Sanders, candidat « indépendant », s'est retiré de la campagne présidentielle, libérant ainsi la voie à Hillary Clinton et à l'ancien vice-président Joe Biden pour l'investiture démocrate en 2016 et en 2020. Plutôt que de chercher des solutions à des problèmes facilement identifiables, les progressistes ont préféré se concentrer sur les micro-agressions, la « culture de la dénonciation » et à plaider pour différentes formes d'autorité. Comme la droite alternative, ils ont concentré leurs efforts sur la lutte contre leurs ennemis et ont perdu de vue l'idée de créer des alternatives au bipartisme.

La droite et la gauche sont si effrayées l'une par l'autre qu'elles ont fini par embrasser la rhétorique des dictateurs pour se débarrasser des ennemis politiques, et sauvegarder leur propre vision de la civilisation. Il n'est pas rare que la gauche voie émerger un culte autour de dictateurs tels que Staline et Mao, et que la droite alternative soutienne des meurtriers comme l'ancien dictateur

1. Désigne le parti conservateur.

chilien, Augusto Pinochet. Il est arrivé que droite alternative, alliée à quelques anarcho-capitalistes confus, défende l'idée de jeter les opposants politiques ou « contre-révolutionnaires » à la mer, en plein vol ; cette pratique inhumaine était très souvent utilisée sous le règne de terreur de Pinochet. Ils justifient cet appel à la violence en citant la proposition d'« élimination physique » de l'insidieux espion libertarien Hans Hermann Hoppe. Monarchiste conservateur, il se fit passer pour un anarchiste et qui embrassait des idées autoritaristes en totale contraction avec les véritables valeurs libertariennes. Dans son livre *Démocratie, le Dieu qui a échoué*[1], Hoppe présente sa vision d'une société « libre » :

« On pourrait affirmer d'innombrables choses et défendre pléthore d'idées, mais personne ne peut préconiser celles qui sont contraires à la protection et à la préservation de la propriété privée, comme la démocratie et le communisme. Il ne doit exister aucune tolérance à l'égard des démocrates et des communistes au sein d'un ordre social libertarien. Ils devront être physiquement éliminés et retirés de la société ».

Hoppe continue en exprimant son dégoût pour les modes de vie alternatifs et non traditionnels :

« De la même manière, il ne faut faire preuve d'aucune tolérance envers ceux qui prônent l'adoption d'un mode de vie incompatible avec l'objectif de protéger la famille. Les partisans de tels modes de vie alternatifs et non centrés sur le cadre familial (comme les hédonistes, les parasites, les écologistes, les homosexuels et les communistes) devront être également physiquement éliminés si l'on veut maintenir l'ordre libertarien ».

Bien entendu, dans une société véritablement libre régie par des normes libertariennes, un individu pourrait choisir avec qui il souhaiterait vivre. Ses préférences pourraient même refléter la vision de Hoppe. Ce qu'il décrit n'est rien de plus qu'une dictature. Pourtant, ses partisans restent persuadés que l'utilisation de méthodes agressives contre des ennemis politiques est nécessaire pour sauver la « civilisation occidentale ». Selon eux, Hoppe demeure incompris et ne fait que décrire sa vision d'une communauté idéale, mais il est clair qu'il imagine éliminer des individus de la société, et qu'il ne donne pas simplement sa vision de la propriété.

Il est important de souligner qu'Hoppe a fourni un travail colossal, et que la majorité de ses ouvrages ne prônent pas des stratégies d'exclusion si odieuses. Mais ces quelques passages entachent le reste de son œuvre, et ternissent l'image du libertarianisme dans son ensemble. Nous ne pouvons donc pas, en toute connaissance de cause, faire référence à son travail ou le promouvoir.

La droite alternative répète souvent qu'elle veut préserver la civilisation occidentale, la culture blanche ou les valeurs européennes, tout en dénigrant la « civilisation orientale ». Cette perspective tend à masquer des opinions racistes

1. Hans Hermann Hoppe, *Démocratie, le dieu qui a échoué,* édition indépendante, 2020.

ou extrémistes, et à ignorer la violence de l'Occident et les accomplissements de l'Orient. En réalité, les deux ont accompli de grands progrès et sont responsables de violences systémiques. Comme Gavin Menzie l'évoque dans son livre *1434 : The Year a Magnificent Chinese Fleet Sailed to Italy and Ignited the Renaissance*[1], la Renaissance, qui sert d'exemple aux nationalistes occidentaux pour justifier leur supériorité, est en réalité une conséquence de l'expansion du rayonnement de la Chine. Les concepts et inventions développés en Europe durant cette période ne sont pas seulement le fruit du travail des Européens, contrairement à ce qui est écrit dans les livres d'Histoire. Les Européens, moins avancés, sont entrés en contact avec une culture plus sophistiquée et en ont tiré un précieux enseignement. Pourtant, la droite alternative continue de croire que la culture occidentale est le cœur du monde « civilisé ».

La philosophie de la droite alternative repose majoritairement sur le fait que la violence d'État ou la violence privée sont justifiées et nécessaires pour contrer les opposants politiques dont l'idéologie est jugée menaçante ou dangereuse. Si l'on s'appuie sur cette logique, les idéologies de leurs ennemis politiques, qu'il s'agisse du communisme, de l'écologisme, etc., sont considérées comme des agressions : ils pensent qu'il est de leur devoir de s'en défendre. S'il est vrai que certaines mènent à des actes de violence, une simple idée n'est ni un signe d'agression ni ne mérite une réaction si vigoureuse. Si nous suivons ce raisonnement, nous serions au centre d'un conflit constant et ce serait la fin du progrès qui nous a été apporté par l'avènement d'une société plus libre.

Ce sophisme illogique n'est pas propre à la droite. En effet, les gauchistes justifient régulièrement les actes de violence qu'ils commettent contre des individus soutenant des opinions qu'ils estiment menaçantes, alors même que ces derniers n'ont jamais fait preuve d'agressivité. L'un des exemples les plus clairs de ce processus s'est déroulé pendant les manifestations tenues lors de l'investiture de Trump en 2017, lorsque le suprémaciste blanc Richard Spencer fut frappé, en pleine interview, par un manifestant du « Bloc noir ». Cette attaque fut largement célébrée par les militants de gauche, considérant l'idéologie de Spencer comme acte de violence qui méritait une telle réponse. La droite autoritaire utilise ce même argument pour justifier la violence contre ses ennemis politiques. Les idées de Spencer sont peut-être absolument dégoûtantes, mais si nous utilisons la violence pour les contrer, cela veut dire que tout le monde peut décider qu'une idée menace son existence, et justifier ainsi l'agression de n'importe quel autre individu.

Spencer repousse évidemment les limites de l'éthique lorsque, en plus de chercher à rassembler une communauté séparatiste blanche, il évoque l'idée d'éliminer physiquement ou d'exterminer toutes les personnes de couleur. Sa position est, de loin, la plus agressive. Ce n'est, certes, pas une agression

1. Gavin Menzie, *1434 : The Year a Magnificent Chinese Fleet Sailed to Italy and Ignited the Renaissance*, HarperCollins Publishers, 2009.

physique, mais bien la profération d'une menace. Si quelqu'un annonce clairement son intention de nuire, devons-nous le laisser étendre son influence jusqu'à ce qu'il parvienne à ses fins, sans conséquences ? Ou bien procéder à une attaque préventive pour l'en empêcher ? À quel moment est-il nécessaire d'agir ? Et lorsque les nuisibles sont appuyés par la loi ? Dans ce cas précis, nous affirmons que les criminels ayant conquis le pouvoir, la violence serait justifiée contre eux. Mais puisque nous pensons que cette voie ne peut mener à une société libre et éthique, nous n'aurons pas recours à la force. Certains pourraient penser que l'étatisme est une menace si importante qu'il faut aller jusqu'à s'en prendre aux citoyens qui votent. À l'extrémité de l'échiquier, quelqu'un pourrait déclarer que les anarchistes sont une menace pour l'ordre public, et qu'il serait justifié de les réduire au silence par la force. Comprenez-vous ce mécanisme ? Il constitue la pente glissante qui nous rapprocherait de la barbarie, et réduirait à néant les progrès accomplis par notre espèce. Souvenez-vous, les meilleures idées n'ont pas besoin de la violence. Nous convertissons les cœurs et les esprits avec raison et logique, ainsi qu'en montrant l'exemple.

Après son attaque lors de l'inauguration, Spencer tenta d'infiltrer la conférence internationale des étudiants pour la Liberté, où il fut reçu avec véhémence par les libertariens. Alors qu'il tentait de prononcer son discours, un large groupe de participants à la conférence, dont Jeffrey Tucker et Will Coley, qui questionnèrent vivement ses idées fascistes et lui firent savoir qu'elles n'avaient pas leur place en ces lieux. Spencer demanda une escorte policière et put quitter le bâtiment sans incident.

La droite alternative et les guerriers de la justice sociale ont pour tort de catégoriser leurs ennemis politiques, et de refuser de juger les individus selon leur comportement. Cette division est très claire chez les médias alternatifs et indépendants. Les journalistes qui réalisaient des enquêtes sans complaisance se contentent aujourd'hui de perpétuer l'idée de cette fausse dichotomie, tout en se déclarant anticonformistes. Ils sont, eux aussi, tombés dans le piège de la division. Malheureusement, les médias alternatifs ne sont pas différents des grands médias, qui divisent les masses au moyen de débats interminables entre des opposants issus des extrémités de l'échiquier politique, et ne proposant aucune solution.

Finalement, on peut affirmer que la gauche traditionnelle se soumet à l'idée de compassion, alors que la droite est obnubilée par un désir d'indépendance. Ces deux valeurs sont des qualités admirables, mais elles peuvent être utilisées à tort. La droite considère la compassion comme une faiblesse face à la manipulation, mais elle ne prend pas la mesure que la situation est la même au regard de son besoin d'indépendance. Ce processus est applicable aux deux formations politiques.

Les deux camps servent la cause de la classe dominante en prônant la violence et la division, et malgré leurs différences apparentes, mais superficielles, ils œuvrent dans le même objectif. Les personnes rationnelles peuvent à la fois faire preuve de compassion et d'indépendance, sans pour autant être manipulées par les gouvernements ou subir des divisions dans leurs communautés.

La haine et la division propre aux sphères politiques nous éclairent sur un fait : forcer de larges groupes de personnes à vivre selon les mêmes règles, dans des zones géographiques spécifiques, à adhérer à la même culture et à financer les mêmes projets n'est pas un système probant. Le peuple est constitué d'individus uniques, aux croyances et aux valeurs variées. Pour obtenir la paix et la prospérité, chacun de ces individus doit vivre en accord avec ses croyances et ses valeurs, tant qu'elles n'empiètent pas sur la liberté des autres de faire de même.

Chapitre 10

Identifier l'infection de la droite alternative

L'objectif de cette analyse est d'attirer l'attention sur les individus qui ont contribué à favoriser l'entrisme de la droite alternative, du nationalisme, et même du fascisme dans les mouvements libertariens et anarchistes américains. Nous tirerons des conclusions sur la manière dont ce type d'opinions peut infecter un mouvement pourtant basé sur la propriété de l'individu sur lui-même, l'individualisme, l'anti-autoritarisme, et, enfin, sur le respect de la propriété privée acquise ou exploitée de manière juste.

Avant d'explorer ces tentatives de fusionner le militantisme de la droite alternative avec le mouvement libertarien, il est important de les définir. Lorsque nous évoquons le mouvement libertarien américain, nous faisons aussi bien référence aux conservateurs qui ont des inclinaisons libertariennes et sont susceptibles de voter pour le parti en question (ou même pour le parti républicain), qu'aux anarcho-capitalistes rothbardiens, agoristes, volontaristes et abolitionnistes. Ce mouvement est très disparate, et les chemins qui peuvent mener vers la philosophie libertarienne sont nombreux. Certains s'y sont intéressés, car ils voulaient limiter la présence du gouvernement dans leurs vies. D'autres voulaient complètement l'abolir. Quelques-uns y sont parvenus, par une approche déontologique ou libertarienne des droits naturels. Et d'autres voulaient simplement être laissés en paix. Mais de manière générale, ces individus adoptent une philosophie qui défend la propriété de l'individu sur lui-même, la liberté individuelle, l'anti-autoritarisme et le respect de la propriété privée, justement acquise ou exploitée.

Lorsque nous évoquons la droite alternative, nous faisons référence au fameux secteur politique américain qui rejette la politique de droite traditionnelle, et appelle à « rendre sa grandeur à l'Amérique » en déclarant que la civilisation occidentale, ou la culture blanche, ou encore les valeurs européennes (peu importe leurs définitions) sont en danger et doivent être sauvées. La droite alternative prétend vouloir sauver l'Occident des menaces prétendument terribles du multiculturalisme, du communisme et de l'immigration de masse.

La plupart de ces individus partagent le désir de voir un homme fort au pouvoir (Trump, pour certains) se débarrasser des ennemis de la liberté telle qu'ils la conçoivent, et garantir l'ordre public. Même si ce mouvement est disparate et encore en questionnement, il rassemble, de manière générale, des suprémacistes blancs, des nationalistes, des paléo-conservateurs, des paléo-libertariens, des traditionalistes et d'autres groupes obscurs catégoriquement opposés à la gauche, et se sentant mis au ban ou délibérément ignorés par la classe politique. Parmi eux, certains attribuent tous leurs problèmes à l'immigration, aux musulmans, aux Mexicains et aux juifs, et demandent qu'ils soient déplacés (voire tués).

Il est exact que, comme les médias l'ont mentionné, d'anciens libertariens se sont laissé convaincre par le message de la droite alternative (une simple recherche Internet comprenant les mots-clés « droite alternative » et « libertarisme » vous le confirmera). Cette conversion s'explique par le fait que la droite alternative a repris certaines des principales valeurs libertariennes : la non-intervention, l'antimondialisme et le respect de la propriété privée (pour certains d'entre eux). Elle a ensuite essayé de les lier avec sa rhétorique partisane. Nous ne pensons pas que le libertarisme soit une passerelle vers la droite alternative ou le fascisme, mais que certains individus sont à blâmer pour avoir poussé des libertariens américains (de tous âges) à rejoindre cette collectivité populiste, avant-garde de l'extrême droite.

Walter Block

Pour commencer, Walter Block (un meneur libertarien dont les opinions font polémiques dans plusieurs domaines) s'est mis à considérer Trump comme le candidat le moins néfaste pour le pays, puis à soutenir ouvertement les « libertariens pour Trump ». Block a reproduit le même raisonnement erroné que les médias morts et les militants sans principes : selon lui, mieux valait Trump au pouvoir qu'Hillary Clinton. Si ses mots devaient être pris au pied de la lettre, nous pourrions dire qu'il s'est trompé sur toute la ligne. Pire encore, Block a fondé ce groupe en mars 2016, quelques mois avant l'élection de Trump. Nous pensons pouvoir affirmer que lui, et d'autres penseurs ont influencé les libertariens qui, pour une quelconque raison, hésitaient à voter pour Donald Trump. Nous espérons qu'un enquêteur ou un militant finira par mettre Block face à ses responsabilités dans le soutien de la campagne de Trump, puisqu'il est devenu évident (pour toute personne dotée de sens tels que la vue et l'ouïe) que ce dernier n'est en rien un ambassadeur de la liberté et que, finalement, il importe peu que Biden, Clinton, Bush, Obama ou Trump soient au pouvoir. Block n'est pas idiot, et il est difficile de considérer cette erreur comme une stratégie qui aurait échoué, surtout si l'on considère son travail avec le mouvement libertarien durant les cinquante dernières années.

Stefan Molyneux

Stefan Molyneux est également un personnage capable d'avoir une influence sur ses disciples. Il ne fait aucun doute qu'il défend un message libertarien/volontariste, sur sa chaîne de média et sur son site Internet. Cependant, ces dernières années, il s'est inexorablement tourné vers l'extrême droite. Si Molyneux était partisan d'une éducation pacifique, du débat et de la philosophie comme moyen de répandre efficacement la liberté, il n'est désormais rien d'autre qu'un nationaliste blanc aux propos alarmistes de plus dans la blogosphère. Il aime faire de longues présentations illustrées par des graphiques et des statistiques pour défendre sa position, et réfuter celle de ses détracteurs. Il sait également se montrer particulièrement persuasif, à tel point que son interlocuteur ne doute pas que ses propos puissent être fondés sur autre chose que de la logique pure. Cependant, en étudiant son discours plus en détail, on constate que Molyneux n'est pas un libertarien, et que la liberté universelle ou individuelle ne lui importe guère. Ce qui lui tient à cœur, en revanche, c'est de justifier de façon « rationnelle » ses opinions racistes et extrémistes visant les musulmans, les immigrés, et les autres groupes ethniques que les Américains descendants des Européens devraient, selon lui, craindre.

Cet homme, qui était un fervent anarchiste et volontariste, embrasse aujourd'hui des opinions collectivistes et défend le gouvernement de Trump. Contrairement à ce que certains semblent croire, la perspective collectiviste n'est pas compatible avec les valeurs libertariennes, car elle implique qu'un individu devrait être jugé selon une identité collective (s'appuyant sur la race, le genre, la nationalité, la couleur, l'ethnie, etc.) plutôt que selon ce qu'il est. La droite alternative et les guerriers de la justice sociale sont tout aussi coupables l'un que l'autre de collectiviser leurs ennemis, et de refuser de juger les individus sur leur comportement. Cela ne signifie pas que les humains n'ont pas tendance à constituer des communautés, ou qu'il est immoral que des libertariens se regroupent, mais plutôt que chaque individu mérite d'être libre, indépendamment de son identité collective. Malheureusement, il semblerait que les anciens partisans anarchistes de Molyneux l'aient suivi sur le chemin de l'étatisme et de la haine.

Hans-Hermann Hoppe

L'une des manifestations les plus absurdes de l'entrisme de la droite alternative est l'afflux sur les réseaux de mèmes[1] infantiles et immatures d'un personnage nommé « Pépé la grenouille » issus du site 4chan, ainsi que des injonctions fantaisistes à jeter ses ennemis d'un hélicoptère. Comme nous l'avons mentionné au chapitre précédent, ceux qui s'identifient à la droite alternative trouvent les fondements de leurs idées dans la philosophie de Hans Hermann Hoppe. Son concept d'« élimination physique » est même devenu un mème dans certains milieux de la droite alternative et de l'anarcho-capitalisme, comme sur la page Facebook « HHH Physical Removal Service[2] ». Ce détournement est même parvenu aux oreilles de Hoppe lors du 35e anniversaire de l'Institut

1. Élément culturel (mot, image, vidéo, phénomène) propagé de façon virale sur le Web et les réseaux sociaux, et qui fait l'objet de divers détournements et réinterprétations, souvent humoristiques.
2. Traduction littérale : « HHH Service d'élimination physique ».

Mises, à New York, où il est apparu radieux, un petit hélicoptère à la main. Ses partisans le défendent en prétendant qu'il ne fait que plaisanter, ou, plus aberrant encore, que les gauchistes devraient arrêter de feindre l'étonnement.

Malgré la polémique, les mots de Hoppe sont sans équivoque. Lors de l'anniversaire de l'Institut Mises, il a tenu ce discours, intitulé « Coming of Age with Murray[1] » :

« L'idéal des libertariens de gauche, ou nihilo-libertariens comme les nommait Murray, de vivre et laisser vivre aussi longtemps que vous n'agressez personne séduit les adolescents qui contestent l'autorité parentale et toute forme de convention ou de contrôle social. Mais il n'est efficace que si les gens vivent éloignés les uns des autres, et ne procèdent à des échanges qu'indirectement, et de très loin. Cet idéal ne convient pas à ceux qui vivent à proximité les uns des autres, en tant que voisins, ou cohabitants dans la même communauté. La vie commune entre voisins et les échanges directs entre les individus sur un territoire requièrent des points communs entre leurs cultures : une même langue, une même religion, les mêmes traditions et conventions. La cohabitation pacifique entre différentes cultures est possible si elles se tiennent à distance les unes des autres, mais le multiculturalisme et l'hétérogénéité culturelle ne peuvent exister sur un même territoire sans briser la confiance sociale, accroître les conflits et, finalement, détruire tout ce qui ressemble à un ordre social libertarien. »

Nous ignorons si Hoppe a jamais mis les pieds à Houston, quatrième plus grande ville et ville la plus diversifiée des États-Unis. En quelques générations, les travailleurs blancs de la classe moyenne qui constituaient la majorité de la population furent remplacés par les Mexicains, les Honduriens, les Cubains, les Vietnamiens, les Indiens, les Chinois, les Éthiopiens et tant d'autres ethnies que nous n'avons pas citées. À ce sujet, le *Los Angeles Times* déclare :

« En 1970, près de 62 % de la population de Houston était blanche. En 2010, ce nombre était réduit à 25,6 %. Durant cette période, la population hispanique a augmenté de 10,6 % à 44 %. Les nouveaux arrivants ont toujours fait partie de l'histoire de Houston : ville de migrants, elle est devenue une ville d'immigrés qui a, par la suite, recueilli les enfants de ces derniers. Des années 2000 à 2013, les populations d'immigrés de la région métropolitaine de Houston se sont multipliées deux fois plus vite que dans tout le reste des États-Unis ».

De tels chiffres doivent faire trembler les suprémacistes et nationalistes blancs qui croient en la théorie du « grand remplacement » dû au déplacement des populations. Mais la réalité est que Houston, en tant que ville hautement diversifiée, n'a sombré ni dans le chaos, ni dans le désespoir. Plus de cent quarante langues y sont parlées, et cette diversité de langage n'est source d'aucun conflit. La population de Houston (et des autres localités aux populations aussi

1. Traduction littérale : « Une nouvelle ère avec Murray ».

diverses) se développe alors même que les différentes cultures cohabitent et n'évoluent pas « à distance », comme l'a suggéré Hoppe. Lorsqu'il déclare que « le multiculturalisme et l'hétérogénéité culturelle ne peuvent exister sur un même territoire sans briser la confiance sociale, accroître les conflits et, finalement, détruire tout ce qui ressemble à un ordre social libertarien », il fait fi de toute la diversité des États-Unis. Certes, nous sommes loin d'un « ordre social libertarien », mais vivre dans un monde où nous sommes capables de cohabiter, travailler et commercer avec des individus de nationalités et d'origines différentes ne signifie pas pour autant que nous devrons perdre confiance ou que les conflits vont se multiplier.

Hoppe parviendrait presque à nous convaincre que la diversité nous mènera toujours au désastre. Plutôt que de faire l'effort de tendre la main aux autres et de les aider à comprendre les valeurs libertariennes, il suggère l'élimination physique ou la ségrégation. Certes, cette liberté appartient à tous les libertariens et à tous les hommes libres. Il serait immoral de forcer des individus à s'associer avec des gens qu'ils ne souhaitent pas côtoyer. Cependant, tirer des conclusions sur quelqu'un en fonction de sa nationalité, son origine, sa religion ou tout autre critère est une erreur. Un jugement à court terme, basé sur des différences arbitraires, ne pourrait nous conduire à un monde où la liberté individuelle, la propriété de l'individu sur lui-même et la propriété privée seraient respectées. La pensée de Hoppe nous séparerait des autres êtres humains, nous opposerait les uns aux autres et raviverait l'idée selon laquelle la civilisation a besoin de conflits pour évoluer. Les libertariens devraient rejeter ce point de vue et demeurer cohérents dans leur soutien de l'autonomie et de la liberté individuelle.

Lors de son discours intitulé « Libertarianism and the Alt-Right: In Search of a Libertarian Strategy for Social Change[1] » prononcé en septembre 2017 au cours de la douzième assemblée annuelle de la Société pour la propriété et pour la liberté, à Bodrum, en Turquie, Hoppe confère une plus grande légitimité à la droite alternative (aux yeux de ses partisans, du moins). Il y explique ce qui, d'après lui, relie la droite alternative au mouvement paléo-conservateur des années 1990, auquel Hoppe et Rothbard ont tous deux appartenu :

« La droite alternative est pratiquement l'héritière du mouvement paléo-conservateur qui a émergé au début des années 1990. Le chroniqueur et écrivain à succès Patrick Buchanan en était le représentant le plus emblématique. Le mouvement a ensuite pratiquement disparu à la fin des années 1990, pour finalement refaire surface aujourd'hui de façon beaucoup plus virulente, sous l'étiquette de droite alternative, afin de réparer les dommages infligés à l'Amérique et à sa réputation par les administrations successives de Bush I, Clinton, Bush II et Obama ».

1. Le libertarisme et la droite alternative : à la recherche d'une stratégie pour un changement social.

Hoppe poursuit en traçant la généalogie de la droite alternative, incluant sa propre participation au mouvement et celle de la Société pour la propriété et pour la liberté (qu'il a fondée pour pouvoir exprimer ses opinions conservatrices) :

« La plupart des ténors associés à la droite alternative ont rejoint nos assemblées ces dernières années : Paul Gottfried, à l'origine du terme, Peter Brimelow, Richard Lynn, Jared Taylor, John Derbyshire, Steve Sailer et Richard Spencer. Mon nom et celui de Sean Gabb sont souvent mentionnés lorsque l'on évoque la droite alternative, et mon travail est désormais lié au mouvement néo-réactionnaire conjoint inspiré par Curtis Yarvin (également appelé Mencius Moldbug) et son travail publié sur son site, aujourd'hui supprimé, nommé Unqualified Reservations[1] ».

Nous avons essayé, sans succès, de dénoncer chacune des branches anarcho-capitalistes et libertariennes qui soutiennent Hoppe. Mais toutes refusent d'admettre que les tendances conservatrices de Rothbard et les arguments « rationnels » avancés par Hoppe pour justifier ce type de pensées ont directement influencé les individus comme Curtis Yarvin, fondateur du mouvement pré droite alternative et néo-réactionnaire, connu sous le nom de Mencius Moldbug. Ce dernier est également lié à la campagne électorale de Trump.

Malgré la réticence des partisans de Hoppe à reconnaître son influence sur le mouvement, lui-même se montre plus coopératif. Il admet avoir joué un rôle dans le passage progressif du libertarisme vers la droite. Dans *Démocratie : le dieu qui a échoué*, Hoppe qualifie les libertariens de « conservateurs intransigeants ». Même si Walter Block a soutenu Trump, l'un de ses essais s'intitule « Libertarianism is Unique and Belongs Neither to the Right nor the Left : A Critique of the Views of Long, Holcombe, and Baden on the Left, Hoppe, Feser, and Paul of the Right[2] ». Ce titre, que l'on pourrait traduire par « Le libertarisme est unique et n'appartient ni à la gauche ni à la droite : une critique des pensées de Long, Holcombe, et Baden à gauche et d'Hoppe, Feser et Paul à droite », est en partie autobiographique, et mérite d'être lu afin de comprendre en quoi la philosophie libertarienne n'appartient à aucun échiquier politique.

Autre point pertinent : Hoppe précise que le nationaliste blanc Richard Spencer, qui a déjà pris la parole pendant la conférence, l'a déçu. Il considère Spencer comme une cause perdue ; non pas, car ce dernier a appelé à l'épuration de toutes les ethnies non européennes pour créer un État peuplé par des blancs, mais seulement parce qu'il s'est révélé être un socialiste de l'aile droite.

« Lorsque Spencer s'est présenté ici, il y a quelques années, il montrait de fortes tendances libertariennes. Malheureusement, ce n'est plus le cas, et il

1. Traduction littérale : « Doute absolu ».

2. Walter Block, "Libertarianism is Unique and Belongs Neither to the Right nor the Left : A Critique of the Views of Long, Holcombe, and Baden on the Left, Hoppe, Feser, and Paul of the Right." *Journal of Libertarian Studies 2,* 2010.

dénonce désormais, sans la moindre légitimité, tous les libertariens et tout ce qui se rattache au libertarisme, allant même jusqu'à se rapprocher du socialisme, bien qu'il s'adresse spécifiquement aux blancs et ne soit discuté que par eux. Quelle terrible déception ! » dit Block.

John Hudak, contributeur du site Internet « Being Libertarian[1] », fait un excellent travail en soulignant les éléments les plus obscurs de la pensée de Hoppe : il manque d'empathie et de compassion. Il paraît plus intéressé par le fait de discréditer ses détracteurs que par l'idée de s'engager dans un réel débat.

« Hoppe s'en prend au groupe libertarien des Étudiants pour la liberté, les surnommant « Idiots pour la liberté » critiquant leur devise « paix, amour, liberté » comme si ces valeurs étaient mauvaises, et qu'il ne fallait en aucun cas les défendre », écrit Hudak. « Mais plutôt que de condamner le racisme endémique du mouvement de la droite alternative, Hoppe rejette ces accusations et le considère comme une décision stratégiquement judicieuse. Bien que le contexte lui donne raison, il ne mentionne ni ne reconnaît le fait que le racisme a envahi la droite alternative ».

Si des partisans de la droite alternative lisent ces lignes, il est probable qu'ils pensent « le racisme ne viole pas le principe de non-agression » ou qu'ils sont tout à fait en droit de discriminer ceux qu'ils ne veulent pas côtoyer sur leur propriété privée. C'est exact. Cependant, un individu raciste prend le risque de perdre un certain nombre d'amis et de partenaires commerciaux pour qui ce type de pensée primitive est inacceptable. Le marché laisse aux personnes racistes et aux libertariens la possibilité de se séparer ou de s'intégrer selon leur gré, et de fonder des communautés et des associations autonomes selon leurs préférences. Certains individus se sentiront peut-être tellement opprimés par le racisme qu'ils estimeront qu'il ne doit pas être toléré. Nous n'appelons pas à brutaliser les nazis ou les partisans du racisme. Nous prônons la prise de conscience de l'infiltration de ces idéologies dans le mouvement libertarien américain, visant à détourner le plus grand nombre possible de militants. Ces collectivistes de droite cherchent à créer un mouvement sous couvert des libertariens, ou de tout autre groupe comportant des ressources suffisantes, pour se les approprier. Ne vous laissez pas tromper.

Les dérives moins répandues

Des individus moins connus ont complètement adopté la rhétorique de la droite alternative, et promeuvent sur les réseaux sociaux, véritables caisses de résonance, le « choc des civilisations ».

Chase Rachels, auteur de *A Spontaneous Order: The Capitalist Case for a Stateless Society*[2], n'a pas ménagé ses efforts pour se débarrasser de tous ses anciens principes libertariens, afin d'évoluer progressivement vers le nationa-

1. Traduction littérale : « Être libertarian ».

2. Christopher Chase Rachels, *A Spontaneous Order : The Capitalist Case for a Stateless Society*, CSIP, 2015.

lisme et le fascisme. En 2016, Rachels s'est fait réprimander pour son soutien à l'extrême droite. Il nia les faits, comme il nia être raciste ou promouvoir le nationalisme blanc, jusqu'à l'un des plus récents discours de Hoppe. Il a alors exposé sa pensée publiquement en appelant à l'unification de la droite alternative et des libertariens. Son site Internet « Radical Capitalist[1] » présente des essais frappants, comme *On White Nationalism, White Supremacy, and Genocide*[2] et *Single Mothers and Feminism Ruin Children*[3].

Dans son essai *For a Libertarian-Alt-Right*[4], Rachels plagie Hoppe en décrivant, dans les grandes lignes, comment parvenir à créer une « droite alternative libertarienne ». Les étapes sont les suivantes :

« Un : arrêter l'immigration de masse.

- Deux : cesser d'attaquer, de tuer et de bombarder les habitants d'autres pays.
- Trois : cesser de financer les élites au pouvoir et leurs gardes du corps.
- Quatre : mettre un terme à la Réserve fédérale et à toutes les banques centrales.
- Cinq : abolir toutes les mesures de « discrimination positive » ainsi que les lois et les régulations « anti-discriminatoires ».
- Six : écraser le mouvement « anti-fasciste ».
- Sept : éradiquer les guerres de gangs.
- Huit : se débarrasser de tous les parasites et bons à rien qui veulent une protection sociale.
- Neuf : faire en sorte que l'État n'ait plus la charge de l'éducation.
- Dix : ne pas faire confiance aux politiques et aux partis. »

Selon Rachels, la première étape est indispensable pour atteindre l'objectif d'une droite alternative libertarienne. Les étapes qui suivent ne sont, d'ailleurs, pas incompatibles avec les principes libertariens : faire cesser les guerres, ne plus financer la classe dominante, mettre fin à la réserve fédérale, abolir les régulations… Mais les suivantes, « écraser le mouvement anti-fasciste », « éliminer les criminels de rue et les gangs » et « se débarrasser de tous les parasites et bons à rien qui veulent une protection sociale » semblent être des attaques, à peine dissimulées, à l'encontre des minorités et des immigrés. Et c'est oublier que les Américains d'origine européenne, eux aussi, bénéficient de la protection sociale. Est-il impossible de créer une société libre sans écraser et se débarrasser de tous ceux qui ont besoin d'assistance ? Est-ce là une représentation valable des valeurs et principes libertariens ? Il paraît évident que Rachels et Hoppe

1. Traduction littérale : « Capitaliste radical ».
2. Traduction littérale : « Sur le nationalisme, le suprémacisme blanc et le génocide ».
3. Traduction littérale : « Les mères célibataires et le féminisme causent la perte des enfants ».
4. Traduction littérale : « Pour une droite alternative libertarienne ».

n'incarnent en aucun cas cette philosophie telle que la plupart des libertariens se la représentent.

Rachels, à l'instar de Hoppe, se considère comme quelqu'un d'extrêmement rationnel. Il présente des arguments alambiqués afin de justifier l'utilisation des pouvoirs de l'État contre les immigrés clandestins. Il affirme également que la « propriété publique » appartient, en réalité, aux contribuables et qu'ils devraient donc pouvoir restreindre l'immigration aux États-Unis, ce qui est absolument absurde. Encore une fois, John Hudak rétorque :

« On pourrait argumenter, de manière convaincante, qu'un individu devrait bénéficier de droits sur tout ce qui est payé par ses impôts, mais uniquement si la logistique n'est pas prise en compte. Personne ne peut savoir avec exactitude où va l'argent des impôts. Il est possible que certains contribuables ne financent jamais l'entretien de la propriété publique, et contribuent plutôt aux dépenses militaires, aux allocations et même au remboursement de la dette. Il est également très difficile de déterminer qui est « contribuable », et sa position par rapport aux autres (afin de définir, par exemple, le montant de la compensation due) ».

De plus, une institution centralisée serait nécessaire pour décider qui recevrait quelle somme d'argent. Ce serait la naissance d'un nouvel État. Nous estimons qu'il est temps de cesser de parler de les « fermer » ou d'« ouvrir » les frontières, et de préférer parler de frontières décentralisées. Nous pensons que les individus comme Rachels et Hoppe cherchent à détourner les arguments et les conclusions logiques du libertarianisme pour justifier leur intolérance et leur opinion intraitable à l'égard de personnes issues de cultures, d'ethnies et de traditions différentes.

Rachels a également montré son aptitude à utiliser des symboles et des codes racistes pour faire écho aux convictions des partisans racistes de la droite alternative. Dans une publication de la page Facebook de son site, Rachels a par exemple détourné une expression populaire chez les suprémacistes blancs pour qu'elle corresponde à la droite alternative et à Hoppe : « 1488 ». Quatorze est une référence aux 14 mots « Nous devons préserver l'existence de notre peuple et l'avenir des enfants blancs » formant le slogan du suprémaciste blanc David Lane. « 88 » peut faire référence à une citation de Mein Kampf, ou aux « quatre-vingt-huit préceptes » de Lane. Ces chiffres peuvent aussi désigner la huitième lettre de l'alphabet, « H », pour HH, soit « Heil Hitler ». Rachels l'a modifié en 14888, pour la phrase « Il ne doit y avoir aucune tolérance pour les communistes et démocrates dans un ordre social libertarien » et Hans Hermann Hoppe.

Malheureusement, Rachels (originellement volontariste pur, qui semblait que l'usage de la force était le propre des étatistes, peu importe le contexte) a maintenant rejoint les rangs de la droite alternative.

Conclusion : la liberté n'est possible que par le biais d'actions individuelles.

Toutes les dérives que nous avons mentionnées sont la cause d'une ambiguïté malheureuse, à savoir de la rumeur selon laquelle il existe une quelconque connexion entre la philosophie libertarienne et la droite alternative. Des individus comme Walter Block ont profité de leur crédibilité au sein du mouvement pour soutenir la campagne de Trump, et Stefan Molyneux s'est servi de sa plateforme pour colporter des idées relatives à la « science des races » et pour favoriser l'inévitable choc des civilisations. Stephan Kinsella, Lew Rockwell et Jeff Deist sont également à blâmer, pour avoir gardé face à des propos racistes et pour avoir défendu, de façon tacite, la cause des agresseurs en tournant leurs méfaits en dérision.

Comme nous l'avons déjà mentionné, nous ne pensons pas que les idées de Hoppe de sauver la civilisation occidentale, d'écraser les anti-fascistes et de « se débarrasser des parasites de la protection sociale » devraient être mentionnées sur les plateformes libertariennes. Tous ces hommes sont convaincus que les immigrés leur veulent du mal, ou s'apprêtent à leur dérober leurs emplois, mais ils peuvent également agir sournoisement pour encourager l'étatisme et l'autoritarisme à des fins encore inconnues. Nous ne cherchons pas à spéculer. Nous savons déjà que leur vision du monde mène à la division et à la violence. Leur perspective donne une vision manichéenne de la situation actuelle, la résumant en un conflit entre gauche et droite, ou entre la droite alternative et les anti-fascistes, etc. Ce conflit est essentiel pour eux : c'est ce qui leur permet de répandre leur idéologie et de gagner en notoriété pour se rapprocher du pouvoir. C'est la raison pour laquelle Hoppe, comme beaucoup d'autres, tente de réduire le libertarisme au respect de la propriété privée et au règlement des conflits face à une pénurie de ressources. Si ces conflits peuvent être évités grâce à l'établissement de normes, ce n'est pas là l'essentiel de la philosophie libertarienne. Celle-ci repose d'abord sur la reconnaissance de la propriété d'un individu sur lui-même. À partir de cela, on peut se concentrer sur la propriété des biens et des produits créés ou acquis par un individu. Ceci constitue, avec le refus d'avoir recours à la force, le fondement du libertarisme américain.

Il convient de préciser que l'attachement de la droite alternative à la tradition et au conservatisme ne veut pas dire que les libertariens à tendance conservatrice sont tous racistes, fanatiques ou membres de la droite alternative. Ils sont, au mieux, d'anciens libertariens confus ou, au pire, des autoritaristes et des racistes qui se servent du mouvement comme d'une couverture. Montrez-vous vigilants avant de leur offrir votre soutien.

Nous devons prendre garde aux étatistes et aux autoritaristes infiltrés au sein du libertarisme, et faire en sorte que cette philosophie se concentre sur l'autonomie des individus, afin qu'ils s'affranchissent. Lorsque nous appliquons ces principes dans notre vie quotidienne et refusons de soutenir l'État, ces principes prennent forme. Le libertarisme ne se développera pas grâce à la droite alternative. Cela ne veut pas dire que la situation inverse (une alliance avec l'extrême gauche) est nécessaire, mais plutôt que les libertariens devraient rester fidèles à leurs principes et travailler avec des individus de tous horizons politiques, dès lors que leurs objectifs concordent. Nous pouvons nous allier et collaborer avec des individus aux convictions différentes, sans pour autant renoncer à notre message ou à nos objectifs. La liberté se développe progressivement, au fur et à mesure que les cœurs et les esprits renoncent aux promesses étatiques et embrassent la supériorité de l'ordre spontané, de la propriété de l'individu sur lui-même et de la non-violence.

Chapitre 11

À propos de l'usage de la force

Au cours de cette série d'essais, nous sommes arrivés à la conclusion qu'il n'existe pas qu'un seul chemin menant à l'anarchie. Les différentes stratégies des anarchistes pour devenir libres en témoignent. Ces stratégies sont souvent en totale opposition, c'est pourquoi elles peuvent devenir source de conflits. La plupart des anarchistes sont dogmatiques et pensent que seule leur manière d'agir est juste. La réalité est tout autre : changer le monde une mission complexe, et rien ne peut s'insérer parfaitement dans la philosophie ou le modèle de toutes les communautés humaines.

Les hommes sont si nombreux que pour changer le monde, ils devront déployer une variété considérable de tactiques, induites, parfois, par des groupes que tout oppose. En tant qu'agoristes, nous plaidons pour une transition progressive et pacifique vers une société libre, par le biais de l'émancipation communautaire, de la contre-économie et de l'autoguérison. Cependant, nous ne sommes pas assez naïfs pour négliger le pouvoir d'une approche plus militante, potentiellement plus dangereuse.

C'est un sujet que les grands médias n'ont pas le droit d'aborder. Même durant les combats en faveur des droits civils au siècle dernier, les citoyens ont vu le changement s'opérer à partir de protestations pacifiques. Mais bien que les revendications pacifistes aient eu un effet majeur, des groupes militants comme les Black Panthers[1] et MOVE[2] prirent les armes en promettant de protéger les quartiers des violences policières. Les évasions se succédaient, les Panthers libérant ceux d'entre eux qui avaient été emprisonnés, comme Assata Shakur. Certains policiers furent abattus, victimes collatérales de ces opérations de sauvetage.

Les conditions de vie misérables des populations noires de l'époque étaient, bien souvent, le moteur de ces révoltes.

Bien que magnifiés dans les livres d'Histoire, la Boston Tea Party[3] et le massacre de Boston étaient également des révoltes, aujourd'hui considérées comme un tournant dans l'histoire de la naissance des États-Unis. À cette époque, des groupes agoristes parvenaient à désamorcer le système en place pour investir dans leurs propres communautés. Les Black Panthers étaient, par ailleurs, in-

1. « Panthères noires », en français.
2. « Bougez-vous », en français.
3. Révolte politique de 1773 contre le Royaume-Uni, afin de protester contre la taxe sur la vente de thé aux colonies américaines.

vestis dans des activités agoristes. Le groupe offrait à ses membres de la nourriture, des soins médicaux et une éducation de bien meilleure qualité que ce que le gouvernement proposait. D'une certaine manière, ces efforts ont renversé le cours de l'Histoire. Malheureusement, ces efforts étaient cooptés et la plupart des membres de ces groupes furent éliminés, physiquement et violemment, par la force écrasante du gouvernement.

Hélas, nous vivons sous une pression hiérarchique, et la violence qui en écoule demeure invisible ; elle est même considérée comme « normale », voire immuable. Si cette violence était dirigée vers les tenants du pouvoir, elle serait alors considérée comme « terrible » et « scandaleuse » (même en cas de légitime défense). La politique nationale et étrangère en témoigne. Les pertes civiles causées par les armées et les organismes gouvernementaux d'exécution de la loi sont beaucoup plus importantes que les victimes du terrorisme. La peur du terrorisme et des violences liées aux gangs est considérée comme valable, car ces groupes représentent une menace pour la classe dominante, et non parce qu'ils menacent des innocents. Ces menaces sont réelles, mais ne sont rien comparées à celle qu'induit la violence systémique du gouvernement.

L'usage veut qu'on ne qualifie jamais un individu puissant de « criminel ». La moindre transgression, le moindre acte désespéré commis par des citoyens ordinaires sert d'exemple pour montrer qu'une structure de pouvoir est nécessaire. Mais les personnes aux commandes de cette structure génèrent plus de souffrance et de douleur que les criminels et terroristes contre lesquels cette hiérarchie est censée nous protéger. En réalité, elle ne fait qu'assurer sa propre sécurité, ainsi que renforcer la structure des classes et le statu quo, au détriment de tous les autres pans de la société. En 2014, l'Institut de politique économique déclara par exemple que la somme d'argent dérobée par vol salarial était plus importante que la somme dérobée lors des braquages. Les chercheurs s'intéressèrent aux données de l'année 2012 et découvrirent que 341 millions de dollars furent volés par de petits malfrats, alors que plus 933 millions de dollars furent retenus par les employeurs. Ces chiffres peuvent être revus à la hausse, car toutes les victimes ne portent pas systématiquement plainte. La situation semble encore plus désastreuse lorsque l'on s'intéresse à l'argent volé aux travailleurs par les services d'impôts.

Lorsqu'un individu puissant commet des violences ou des vols, ses actes sont ignorés, pardonnés et excusés ; mais les gens simples doivent respecter les normes les plus strictes et endurer les peines les plus sévères pour des délits mineurs. Le récit culturel selon lequel la violence d'État est sanctionnée et justifiée permet au gouvernement d'avoir recours à des violences extrêmes pour réprimer les groupes révolutionnaires, tout en garantissant le silence des masses. La classe dominante agit à la manière d'un individu narcissique abusif en infligeant des souffrances et en traumatisant le peuple quotidiennement, puis en paraissant extrêmement blessée et offensée lorsque cette violence lui est rendue dans un moment de désespoir et de frustration. Pour beaucoup, la violence systémique de l'État est telle qu'elle affecte le quotidien. La douleur ressentie dans de telles conditions de vie génère de la colère, et cette colère peut se manifester sous forme de révolte. Lorsque l'État va trop loin, le peuple affirme son pouvoir en se rassemblant pour riposter. C'est une relation de cause à effet qui découle de l'action du gouvernement. Si l'on opprime une population, celle-ci trouvera le moyen de s'en libérer.

Comprendre ce qu'est une révolte peut être difficile pour une personne qui a toujours vécu dans le confort de sa communauté. La révolte est une mesure de dernier ressort, qui intervient lorsque le peuple en a assez de combattre la violence et l'oppression à laquelle il est confronté régulièrement. Les émeutes dans les rues apparaissent comme le seul moyen de se faire voir et entendre, même pour quelqu'un qui aurait essayé de lutter contre les injustices d'une manière légale (et illusoire) ou socialement acceptable.

Toutefois, les révoltes ne se résument pas à leurs débordements. Elles sont une réaction naturelle à une oppression tranchante et constante. Et si elles donnent lieu à des pillages, c'est parce que la pauvreté est un grief partagé par l'ensemble de la population. Lorsque l'on est poussé à bout et que l'on entrevoit une opportunité de soulever ces injustices, on la saisit, même si l'on doit hurler dans la rue, mettre le feu à une voiture de police ou piller un magasin.

La classe dominante ne connaît que vol, violence et destruction. Mais ses transgressions sont dissimulées sous le couvert de la loi, et difficiles à identifier. En 2003, alors que l'armée américaine envahissait l'Irak, l'ancien secrétaire à la Défense, Donald Rumsfeld, tint une conférence de presse durant laquelle il défendit les actes de pillage perpétrés pendant la guerre. En effet, selon lui, il ne s'agissait que d'une des étapes d'un processus désordonné pour se débarrasser d'un régime autoritaire. Il a déclaré que de telles actions étaient prévisibles lorsqu'une population cherche à se libérer de l'autoritarisme. Bien entendu, Rumsfeld n'aurait jamais défendu cette opinion si une population s'était soulevée contre son propre régime, mais ses mots sonneraient alors tout aussi juste.

> « La tâche qui se dresse devant nous est compliquée… Ces choses arrivent. La liberté est désordonnée, et les gens libres sont libres de faire des erreurs, de commettre des crimes et de faire de mauvais choix. Ils sont également libres de vivre leur vie et de faire des choses merveilleuses. Et c'est ce qui va se passer ici. Le fait que ces pillages soient devenus la priorité du monde entier est vraiment remarquable. Personne ne cautionne ce type d'agissements, pourtant, on peut comprendre, après des années de répression et après avoir vu des membres de leurs familles mourir des mains du régime, que ces gens se défoulent sur le régime en question. Je pense que n'importe qui sur ces images considérerait cette situation comme le prix à payer pour passer d'un régime autoritaire à la liberté ».
>
> — Donald Rumsfeld, Secrétaire à la Défense américaine, 11 avril 2003

Bien que nous comprenions les motivations et les raisons d'être de la révolte et du pillage, nous pensons que ces stratégies ne sont pas efficaces à long terme. En réalité, l'État infiltre souvent ses agents pour qu'ils provoquent des actes de violence afin de justifier son utilisation contre les manifestants pacifiques. Le problème est bien plus complexe que ce que les anarchistes veulent bien croire. Comme dans chaque situation, il existe des nuances que nous devons analyser avec attention avant de tirer des conclusions.

Les anarchistes de gauche soutiennent généralement tout ce qui cible directement le concept de propriété, comme le pillage, alors que les anarchistes-propriétaristes le considèrent comme moralement répréhensible. Cette division n'est pas surprenante ; la question de la propriété est sujette à débats pour les deux camps. La plupart des anarcho-capitalistes semblent approuver les actes de vandalisme à l'encontre du gouvernement, mais défendront l'opinion inverse si quelqu'un brise les vitres d'un commerce durant la même manifestation. Cependant, ils n'ont pas le moindre scrupule à ignorer les dommages collatéraux lors de manifestations comme celles de Hong Kong, dirigées contre un État communiste, bien plus totalitaire, à leurs yeux, qu'un État policier capitaliste. Les conservateurs traditionnels eux-mêmes ont qualifié les manifestants de Hong Kong de « combattants pour la liberté », bien qu'ils aient mis le feu à des bâtiments et à des voitures de police et tiré des flèches sur les policiers avec des arcs de leur fabrication.

Généralement, les soulèvements violents qui s'opposent à des dictatures oppressives trouvent du soutien auprès de la population, mais les standards pour qualifier la violence sont différents pour chacun d'entre nous, selon nos propres préjugés et croyances. Il est important de reconnaître à quel point notre perspective sur la question est influencée par nos expériences personnelles. Cette généralisation n'est pas universelle, mais contrairement à ceux qui n'ont rien à perdre, les classes les plus aisées ou les plus privilégiées sont plus susceptibles de se sentir menacées par les tactiques militantes (telles que les révoltes).

Les militants qui prônent des stratégies différentes ne le réalisent peut-être pas, mais leurs efforts disparates parviennent à compromettre le pouvoir de l'État, même lorsque les mouvements sont désorganisés. En tant qu'agoristes, nous savons que des actions « illégales » sont parfois nécessaires pour s'affranchir et changer le monde. Nous comprenons le sentiment de ceux qui se révoltent et qui pillent, l'impression d'être enfin entendus après avoir passé trop de temps à être invisibilisés, ou celle de récupérer ce que la société leur a arraché. Nous savons qu'il est important de tenir compte de la manière dont ces mouvements seront perçus par le reste de la population. Si l'objectif est de créer un mouvement massif et inclusif constitué d'abolitionnistes, d'anarchistes, d'agoristes et de rebelles, il faut considérer l'opinion du public dans son ensemble. Nous ne devons pas perdre de vue notre objectif de libérer les cœurs et les esprits de l'humanité, sans jamais renier nos principes. En un instant, nos efforts pour constituer des coalitions peuvent partir en fumée. Comme pour tout le reste, il faut trouver le juste équilibre en répondant avec nuance aux questions controversées telles que celle de l'usage de la force.

Chapitre 12

Expériences panarchistes : les propriétaristes et non-propriétaristes peuvent-ils coexister ?

Il y a plusieurs siècles, la plupart des gens ne pouvaient concevoir que deux personnes de confessions différentes puissent être voisines. C'est pourtant le cas aujourd'hui. En partant de ce postulat, nous pouvons envisager un avenir où parvenir à vivre paisiblement avec notre prochain, doté d'une conception différente de l'économie, de la culture et de la politique, ne serait pas un problème. Si nous voulons créer une société sans État, nous devons comprendre quels sont les obstacles potentiels et les pièges à éviter. Notre étude de précédents mouvements révolutionnaires a mis en évidence plusieurs points préoccupants. Nous espérons remédier à ces problèmes en montrant comment des gens aux croyances différentes peuvent cohabiter dans la même société, en lui apportant une vision équilibrée.

Comme nous l'avons souligné dans les précédents chapitres, nous pensons que la société est capable de s'organiser sans autorité centrale et sans gouvernement. Cependant, les mouvements dits « radicaux » constituent le principal obstacle pouvant nous empêcher d'atteindre ce but, et plus particulièrement, le conflit qui entoure le concept de propriété privée, qui pour certains s'apparente à de la violence ou à du vol et pour d'autres, au contraire, représente le pilier d'une société libre. Ces deux catégories d'individus présentent des idées très différentes en ce qui concerne l'économie et la culture. Malgré leur ennemi commun (l'État), elles sont en désaccord et ne parviennent pas à s'unir. Ces différences ne sont pas pour autant inconciliables, et ces deux groupes pourraient aisément vivre ensemble s'ils se témoignaient un respect mutuel.

Le titre de ce chapitre, « les propriétaristes et non-propriétaristes peuvent-ils coexister ? », ne signifie pas notre intention de statuer en faveur d'une propriété privée complète ou d'une propriété collective qui s'appuie sur les ressources. Notre objectif est de prouver qu'une cohabitation est possible, tant qu'il existe un respect mutuel et une reconnaissance de la souveraineté de chacun. Dans le passé, de nombreux anarchistes ont voulu trancher sur la question des droits de propriété, et sur sa conception la plus morale. Leur contribution est précieuse, mais fut maintes fois sujettes à débat dans différents ouvrages et cercles sociaux. Nous ne souhaitons pas, ici, donner de leçon de morale, mais cherchons à prévoir comment gérer des conflits de la manière la plus civilisée possible, car une résolution pacifique est la seule issue profitable pour tous. Cela ne signifie pas que la moralité est relative, ou qu'elle est seulement une affaire d'opinions, car elle est à la fois réelle et objective, bien que souvent liée à l'usage de la force. Cependant, nous sommes conscients qu'à ce sujet, les points de vue sont divisés ; il est donc important de déterminer comment résoudre ce désaccord paisiblement.

Nous croyons au panarchisme, à un vrai marché des idées, où toutes formes de gouvernance et d'anarchismes qui soient pourraient rivaliser et coopérer quand bon leur semble . Durant la période de transition entre l'effondrement de l'État et l'établissement de communautés et de collectivités libres, il est probable que des groupes rivaux se disputent la place à prendre pour s'implanter dans un nouveau monde, sans État. Cependant, nous estimons que cette période, potentiellement violente, sera raccourcie au fur et à mesure que le peuple réalisera que la paix et la cohabitation serviront au mieux les intérêts de tous.

Si le combat contre l'État venait à dégénérer, il est peu probable que les gens veuillent s'engager dans de nouveaux conflits sanglants. Cela ne veut pas dire qu'il n'y aura plus de conflits pour autant ; mais que le respect mutuel permettra de les résoudre raisonnablement. Rivaliser avec les communistes et les partisans de l'État a, définitivement, causé la perte des anarchistes impliqués dans la révolution espagnole de 1936. Cette leçon ne doit pas être oubliée. Néanmoins, nous devons trouver un terrain d'entente, car c'est la seule alternative à un éternel conflit. Le monde est un lieu merveilleusement diversifié, et il le sera toujours. Si nous sommes incapables de débattre avec humanité de nos différentes opinions, alors nous sommes condamnés à répéter notre passé violent. Comme nous l'avons mentionné dans le chapitre précédent, les autoritaristes de tous horizons sont persuadés qu'ils peuvent forcer le reste du monde à se conformer à leurs valeurs et à leurs points de vue, mais c'est impossible, même si une des parties prenantes du conflit cherche à imposer une morale hégémonique.

Dès lors, comment parvenir à cet esprit de respect mutuel et de résolution saine des conflits ? Nous pensons que la réponse se trouve dans le travail de Josiah Warren, premier anarchiste individualiste et abolitionniste américain, et fondateur des communautés intentionnelles anarchistes. Sous sa direction, la colonie mutuelliste de Modern Times[1], à New York, accueillit des milliers de résidents pendant plusieurs années, sans bénéficier d'aucun service de police ni de système judiciaire.

Cette même communauté demeure unique, non pas parce qu'elle s'est avérée être un échec, mais parce qu'elle fut absorbée par la croissance des États-Unis. Warren embrassait une philosophie basée sur la « souveraineté de l'individu », un principe qui reconnaît la valeur de l'individualisme et souligne le besoin de respecter le droit des individus, libres de vivre sans coercition. Il insiste sur le fait que chaque personne vivant dans une société complexe était liée par ses intérêts et, ainsi, à d'inévitables conflits et compromis. Warren était ca-

1. Temps modernes.

tégorique : les hommes libres n'ont pas à imposer leur volonté aux autres et doivent, au lieu de cela, permettre à la diversité de régner.

Selon Warren, « la liberté est, ainsi, la souveraineté de l'individu. Aucun individu ne connaîtra la liberté tant qu'il n'aura pas reconnu la souveraineté légitime qu'il ou elle exerce sur sa personne, son temps et sa propriété, en vivant et en agissant à ses propres risques ; et pas tant que nous ne vivrons pas dans une société où chacun est libre d'exercer son droit de souveraineté, à tout moment et sans porter atteinte ni violer le droit des autres ».

En gardant ce principe à l'esprit, nous allons examiner plusieurs scénarios impliquant des personnes aux opinions divergentes sur la propriété, et voir si la cohabitation est toujours possible. Ces scénarios mettront en scène les objections les plus courantes et les questions les plus difficiles. Cela ne constitue pas une stratégie qui nous permettra d'instaurer une forme d'anarchie ou de renverser le système actuel (nous en parlerons plus en détail dans les prochains chapitres), mais plutôt une manière d'explorer la question de savoir comment des individus aux idées différentes peuvent vivre en paix dans un même espace, une fois qu'ils s'y sont déjà installés.

Tout d'abord, imaginez que l'État a été dissous et que le peuple est désormais libre de s'organiser et de s'approprier des biens sans son intervention. En l'absence de la structure étatique, un grand nombre d'organisations, des coopératives aux compagnies d'assurance, rivaliseraient pour protéger et assurer la propriété du peuple contre le vol ou les vices. Maintenant, représentez-vous deux parcelles de terrain adjacentes, nommées terrain A et terrain B. Le terrain A est occupé par une famille de fermiers : ils ont acquis leur maison et toutes leurs cultures grâce à leur travail. Ces fermiers soutiennent la propriété privée. Le terrain B est inoccupé. Avant la dissolution de l'État, il avait été vendu à un individu qui est devenu le propriétaire du titre, mais ne s'est jamais approprié la terre ni ne l'a modifiée.

Un jour, un groupe d'anarcho-communistes découvre les deux parcelles et décide de s'approprier le terrain B. Ils plantent leurs cultures, construisent des abris et changent la configuration du terrain. Les fermiers du terrain A sont amis avec le propriétaire du titre du terrain B et interrogent les anarcho-communistes à propos de leur installation. Ces derniers répondent que, de toute évidence, personne ne vit là ou n'utilisait la terre, et qu'ils en sont donc devenus les gardiens. Leur point de vue est-il légitime ?

Si l'ancien propriétaire n'a pas l'intention de revenir ou de contester leur arrivée, et que la souveraineté de chacun a été respectée, nous pensons que le terrain B peut être approprié aux nouveaux arrivants sans entraîner de conflits. De plus, si le propriétaire du titre a obtenu le terrain B grâce au privilège étatique, son acquisition n'est pas juste et sa revendication n'est pas légitime. Pour répondre à cet argument, il faudrait s'efforcer de déterminer si la propriété en question était utilisée. Cela nous amène à un problème majeur lorsque l'on règle des litiges de cette nature : les arguments deviennent arbitraires, et il est donc difficile d'établir des normes. Par exemple, combien de temps faut-il attendre avant de s'approprier le bien inutilisé de quelqu'un d'autre ? Quelle est la définition d'« inutilisé » ? Qui peut déterminer si cette terre est « trop vaste » pour une personne ? Comment répondre à ces questions en respectant la souveraineté de l'individu ?

Il semble opportun de rappeler la nécessité d'un ordre spontané et du principe de discrétion basé sur le respect mutuel. En réalité, dans une société véritablement libre sans autorité centrale, rien ne peut forcer ou convaincre quiconque de vivre selon les normes de propriété d'une autre personne. La grande expérience humaine garantit que nous ne serons pas toujours d'accord en ce qui concerne les questions morales complexes : dans ce cas, il vaut mieux régler ces problèmes sans blesser ou emprisonner qui que ce soit. Bien entendu, les rares personnes qui se montreront violentes ou déraisonnables devront être maîtrisées ou isolées, mais ce serait l'exception à la règle dans un monde où les individus chercheraient à limiter leur usage des stratégies oppressives mises en place à travers l'Histoire. La question des inégalités de notre monde moderne est également importante, et en particulier la manière dont elles seront gérées dans un monde post-étatique. À ce sujet, nous pensons que, sans gouvernement pour la protéger, la structure des classes que nous connaissons aujourd'hui s'écroulera. De plus, la plupart des richesses et une grande partie du pouvoir détenu par la classe dominante dans le monde moderne sont issues des fictions juridiques et des structures sociales que nous avons condamnées dans ce livre. L'effondrement de l'État et de la culture autoritariste ne permettra pas de recommencer à partir d'une page blanche, mais permettra à l'humanité d'approcher au plus près cet objectif.

Nous imaginons un monde où certaines communautés pourront appliquer des normes de propriété privée, alors que d'autres mettront en œuvre des droits de propriété particuliers, comme les biens non appropriés ou communautaires. Comment résoudre tous ces conflits au milieu d'un ensemble de normes si disparate ? Seuls les individus concernés par chaque situation pourront en décider. À moins que les anarcho-communistes/capitalistes soient prêts à utiliser la force de l'État pour s'assurer que leur vision de la propriété devienne le nouveau monopole, nous ferions mieux de nous habituer au respect mutuel et au compromis. Croire qu'il n'existe qu'une seule et unique solution est le point de départ de la plupart des désaccords que nous connaissons aujourd'hui.

Intéressons-nous à un autre exemple de résolution des conflits. Qu'arriverait-il si le propriétaire du titre du terrain B revenait chez lui, et trouvait les anarcho-communistes sur sa terre ? Il leur dirait qu'il attendait le bon moment pour construire sur son terrain. Les anarcho-communistes lui répondraient qu'ils ont trouvé la terre inutilisée et que leurs revendications sont valables, car ils se sont approprié du terrain. Dans ce cas, qui a raison ? Comment résoudre ce désaccord sans avoir recours à la violence ? De nombreux penseurs anarchistes suggèrent de mettre en place des structures d'arbitrage chargées de régler ce type de conflits. Les anarcho-capitalistes utiliseront peut-être des compagnies d'assurance rivales, alors que les anarcho-communistes géreront ces disputes par le biais d'organismes communautaires. Les deux compagnies examineront les revendications de chacun, et tenteront de résoudre la situation comme un tiers impartial. Dans l'hypothèse où elles ne parviendraient pas à régler le problème, ou à choisir un camp, des groupes entièrement impartiaux composés de membres des deux communautés pourraient être constitués, ainsi que d'autres groupes similaires qui seraient contactés pour des décisions plus sérieuses ou importantes. De toute évidence, les risques de conflit seraient accrus, même si, à la fin, nous sommes convaincus que l'absence d'incitations à la guerre suffira à dissuader les individus de suivre cette voie. Et ce, particulièrement si l'humanité vient à reconnaître la souveraineté de chacun. Les entités de résolution des conflits seront influencées par l'opinion publique et la demande du marché afin de régler ces situations aussi paisiblement que possible. En effet, si elles venaient à avoir recours à la violence, leur réputation en pâtirait, tout particulièrement dans le contexte des diffusions en direct et de YouTube.

Les litiges qui prennent place au sein d'une communauté aux croyances homogènes devraient être résolus facilement. En revanche, une situation semblable à celle que nous décrivons dans ce chapitre serait beaucoup plus difficile à gérer, car au-delà du conflit initial, il existe un désaccord concernant des valeurs. Si des communautés aux valeurs différentes vivaient à proximité les unes des autres, elles devraient se mettre d'accord sur un certain nombre de règles relatives à leur qualité de vie, afin de permettre une résolution efficace des conflits. Les spécificités de ces règles seront certainement définies par la culture ou la religion.

Une fois encore, nous souhaitons insister sur le fait que ces situations demeurent théoriques. Rien ne nous permet de savoir si les individus libres choisiront de s'organiser pour régler leurs différends. Les conflits et les différences d'opinions existeront toujours. C'est à nous de donner l'exemple et de faire tout notre possible pour respecter la souveraineté de chacun, et faire preuve de discernement lorsqu'un conflit se présente. Même si la société était forcée d'accepter un dogme spécifique, il y aurait toujours des contestataires, et la seule façon de les arrêter serait d'adopter une emprise totalitaire. Nous avons le choix entre bénéficier de la liberté d'être en désaccord en résolvant les conflits pacifiquement, ou perpétuer un cycle d'éternelle violence et de coercition. Un jour, quelqu'un a dit que les bonnes idées n'ont pas besoin de force ou de violence pour être appliquées. Si nous restons fidèles à nos croyances, nous devrions être en mesure de débattre avec respect des mérites et des défauts potentiels de chaque proposition, sans avoir recours à la violence.

Chapitre 13

Le potentiel révolutionnaire des immigrés « illégaux »

Ce chapitre porte sur une source de conflits récurrents chez les étudiants en philosophie radicale. Après avoir examiné sous différents angles les questions de la propriété et l'environnement, nous estimons qu'il est primordial de nous intéresser aux frontières et à l'immigration. Pour commencer, nous posons des questions clés : à quoi l'immigration ressemblerait-elle sans les réglementations de l'État ? En quoi la perception de la propriété peut-elle influencer la société ? Un changement de vision de la propriété conduirait-il à l'exclusion systématique d'une partie de la population » ?

En ce qui concerne les frontières, les libertariens et les anarchistes privilégient, en général, des « frontières ouvertes », qui s'opposent directement aux « frontières fermées » et aux contrôles d'immigration. Cette idée est en totale adéquation avec l'anarchisme, puisque les anarchistes cherchent à abolir les gouvernements qui dessinent et contrôlent les frontières. Cependant, certains anarcho-capitalistes et libertariens ont récemment plaidé en faveur de la fermeture des frontières. Ils estiment que les normes de propriété justifient le fait de restreindre les déplacements d'individus libres, même au-delà de leurs propres territoires. La droite alternative va plus loin en estimant que l'État est un mal nécessaire pour préserver la « civilisation occidentale » et les « valeurs traditionnelles » d'une « invasion » migratoire.

Le débat sur les frontières est souvent centré sur l'accès potentiel des immigrés à la « propriété publique ». Ceux qui prônent la fermeture des frontières sont persuadés que, dans une société sans État et basée sur des normes de propriété, les immigrés ne seraient pas acceptés sur un territoire sans invitation préalable des locaux, ou tant qu'ils ne répondraient pas à des opportunités d'emploi. Selon eux, sans cela, aucun immigré ne devrait pouvoir occuper une propriété privée. Puisque les partisans de la fermeture des frontières et de la propriété privée nient l'existence de la « propriété publique », même dans une société libre, ils soutiennent que les personnes issues de l'immigration spontanée n'ont pas leur place ; ils seraient des intrus, et pourraient être physiquement éliminés. Nous pensons que sans la structure apportée par l'État, la terre que nous considérons actuellement comme une « propriété publique » (ou contrôlée par le gouvernement) resterait sans propriétaire. Les individus pourraient donc la traverser, et même se l'approprier. Certains affirment que les contribuables devraient en hériter en priorité ; mais la démarche de continuer à financer l'État plutôt que de participer à la contre-économie n'a rien de noble. Les contribuables et les agoristes sont réduits en esclavage par le système étatique, mais une fois ce dernier effondré, ses partisans et ceux qui y ont financièrement contribué ne jouiront plus d'aucune tolérance. Il nous paraît risible que des « anarchistes » puissent prétendre que payer des impôts est un acte honorable, garantissant certains privilèges dans un monde post-étatique. Il est vrai que nous sommes tous contraints et forcés de payer des impôts, et qu'il n'est donc pas nécessaire de reprocher au voisin de s'en être acquitté. Mais, d'un autre point de vue, ceux qui ont pris ce risque méritent tout notre respect et notre admiration.

Le principal obstacle au débat sur les frontières est l'utilisation d'une terminologie inadaptée. L'une des principales objections au principe de propriété publique est qu'elle est fréquemment contrôlée par le gouvernement. Mais cela ne se vérifie pas systématiquement. Dans son essai intitulé *In Defense of Public Space*[1], le libertarien Roderick T. Long examine les problèmes liés à ce débat :

« Lorsqu'on pense à la propriété publique, on l'associe à la propriété gouvernementale. Mais ça n'a pas toujours été le cas. Au cours de l'Histoire, la doctrine juridique a reconnu, parallèlement à la propriété possédée par le public organisé (c'est-à-dire organisé en un État représenté par des responsables gouvernementaux), une autre catégorie de biens détenus par un public non organisé. Le public, dans son ensemble, est censé pouvoir y accéder sans présomption d'implication du gouvernement.

Défendre l'intérêt de la propriété publique, autrement dit celle appartenant à la sphère publique organisée (le gouvernement), ne m'intéresse pas. Je ne considère pas que les propriétés gouvernementale et publique soient les mêmes ; la première est plutôt une forme de propriété privée, appartenant à une organisation connue sous le nom de « gouvernement ». Ce que je veux défendre, c'est l'idée que les droits de propriété sont indissociables du public non organisé ».

Il semble que le moment est venu d'abandonner l'utilisation de termes comme « frontières ouvertes/fermées » pour leur préférer l'expression « frontières décentralisées ». Nous pensons qu'une société libre aux frontières décentralisées serait constituée d'un mélange entre des frontières ouvertes et fermées, de propriétés publiques et privées, et de terres sans propriétaires. Nous estimons également qu'un réseau d'espaces publics et privés en concurrence, garantissant la liberté de déplacement, serait en accord avec la souveraineté de l'individu.

Préoccupations théoriques mises à part, les frontières gouvernementales ne sont rien d'autre qu'une utopie, particulièrement dans des zones aussi vastes que l'Europe ou les États-Unis. Dans la plupart des pays (particulièrement en occident), les gouvernements ne parviennent pas à assurer la sécurité de leurs propres prisons et aéroports, qui ressemblent de plus en plus à des forteresses. De plus, construire un mur suffisamment haut, et engager du personnel pour

1. Roderick T. Long, *In Defense of Public Space, Formulations* (publication de la *Free Nation Foundation*), 1996.

garder la frontière des États-Unis est physiquement et financièrement impossible. En l'espace de trois ans, le gouvernement américain a investi 2,4 milliards de dollars pour construire une barrière de 1878 km le long de la frontière mexicaine. Elle est loin d'être impressionnante. Les États-Unis comptant près de 10 000 km de frontières internationales, il leur faudrait dépenser 19 milliards de dollars pour construire une barrière, si fine soit-elle, le long de l'ensemble de leurs frontières. Et cela, sans compter le salaire du personnel de sécurité ni le coût nécessaire pour sécuriser la barrière (les barbelés, les armes et la zone tampon). Ces frais supplémentaires pourraient doubler, voire tripler le coût total du projet.

Sans oublier que cette frontière militarisée nécessiterait l'expansion de l'État policier et des dispositifs de surveillance. À l'heure actuelle, alors que la barrière ne couvre pas l'ensemble de la frontière et ne dispose d'aucune protection militaire, aucune catastrophe majeure n'a été signalée. Certains diront que la violence aux frontières, en particulier celle entre les États-Unis et le Mexique, est un exemple de catastrophe majeure qui pourrait être évitée par des contrôles frontaliers plus stricts. Cependant, c'est l'État qui prend la décision d'intervenir dans le déplacement libre des êtres humains et dans les échanges transfrontaliers de marchandises qui alimentent les cartels et les gangs, agglomérés autour des points d'entrée de la frontière. Le blâme revient aux restrictions de déplacement accompagnant la fermeture des frontières, et non sur le manque de contrôles frontaliers. Si un mur immense était construit et sécurisé par des moyens militaires lourds, les demandes liées à l'immigration augmenteraient. Les soldats et les fonctionnaires seraient incités à user de leur position pour faire passer des clandestins, en échange d'une compensation financière. C'est cette corruption qui permet la circulation de drogues et le développement de réseaux de contrebande dans les prisons, derrière les murs et barbelés. Il demeure même possible d'introduire des armes (ou d'autres objets prohibés) à bord d'un avion, alors que les aéroports sont, aujourd'hui, sécurisés comme les prisons.

Les fascistes, jadis prétendument anarchistes, affirment qu'ouvrir les frontières laissera entrer une vague d'étrangers, ignorant tout des normes culturelles de l'État-nation. Même si le statut fictif de cette institution n'a jamais été reconnu, la peur de la perte de nos privilèges ne doit pas nous détourner de nos valeurs humaines. Les défenseurs de la fermeture des frontières s'opposent à l'immigration, car ils craignent que les descendants des migrants soutiennent l'étatisme et l'État providence. Selon les fascistes, les autoriser à entrer contribuerait au développement de l'étatisme et à la disparition du libertarisme. Les soi-disant libertariens profrontières veulent appliquer des lois de précrime et de fichage afin de protéger les limites de leurs territoires, ce qui est en totale opposition avec les valeurs libertariennes. Paradoxalement, la plupart des libertariens modernes qui appellent à la fermeture des frontières font partie de l'Institut Ludwig Von Mises, une institution universitaire créée pour poursuivre le travail de cet économiste, fondateur de l'école autrichienne d'économie. Mises était juif, et serait mort pendant la Seconde Guerre mondiale si les frontières avaient été fermées.

Si les étatistes prônent un État policier pour se protéger du terrorisme, les partisans du renforcement des frontières souhaitent bannir les déplacements pour sauver la « civilisation occidentale ». Peu importe que l'argument pour la fermeture des frontières vienne de droite ou de gauche, il est avancé par des planificateurs centraux qui ne croient pas en la capacité d'organisation des individus.

Notre dernière suggestion sur le sujet de l'immigration et des frontières sera peut-être une hérésie pour certains. Pourtant, à nos yeux, elle seule peut garantir l'harmonie entre les êtres humains libres et favoriser les opportunités de création d'un monde sans État : il s'agit du dialogue. Le dialogue et la communication basée sur la compassion sont nécessaires de la part des populations locales et des migrants. Nous devrons nous opposer au contrôle des frontières par l'État, même s'il contrôle le monde. Ceux qui s'opposent à l'ouverture des frontières sont convaincus que les immigrés provenant de pays non occidentaux (et qui ont majoritairement une peau brune) s'avéreront être des étatistes, des gauchistes et des sangsues de l'État-providence, à tel point qu'ils préféreront soutenir l'État pour qu'il renforce les frontières. Ils refusent de trouver un terrain d'entente avec leurs frères et sœurs nés sur une autre terre.

En tant qu'anarchistes, nous devrions nous opposer aux frontières fermées, comme à celles que les gouvernements contrôlent. En tant qu'agoristes, nous devrions chercher à nous allier avec les immigrés, ainsi que leur présenter les avantages à ne pas être enregistré par l'État, et à prendre part à la contre-économie. Pour illustrer le potentiel des immigrés « illégaux » convertis à l'agorisme, nous pouvons réexaminer le cas de l'économie informelle du Pérou, mentionnée au chapitre 2. Dans son ouvrage *L'autre sentier*, Hernando de Soto évoque l'exode rural des années 1970. Les migrants rejoignirent massivement les villes, et on dénombra 1,9 million d'entre eux à Lima en 1981, contre 300 000 en 1940. Les migrants quittèrent la campagne pour échapper à des conditions de vie difficiles et chercher des opportunités financières dans les grandes villes. À leur arrivée, ils furent accueillis avec hostilité par les habitants de leur propre pays.

De Soto remarque que « le système juridique était, de loin, l'institution la plus hostile à leur arrivée ». Les obstacles auxquels les migrants devaient faire face étaient une conséquence de l'étatisme et des ingérences systémiques du marché, mais également des mesures discriminatoires contre la population rurale et indigène du Pérou. « Les institutions juridiques péruviennes s'étaient développées pour répondre aux besoins et renforcer les privilèges de certains groupes dominants dans les villes, tout en isolant géographiquement les paysans dans les zones rurales », écrit-il. Finalement, la population jadis rurale a pris conscience que le système essayait de la mettre à l'écart et a « découvert qu'elle se devait se confronter non seulement au peuple, mais au système tout entier. »

Ces obstacles créés par l'État pour empêcher les migrants d'entrer sur le marché les ont amenés à se tourner vers « l'économie informelle ». Ils ont, en connaissance de cause, décidé d'enfreindre la loi pour gagner de l'argent et obtenir de meilleures conditions de vie. Imaginez que plusieurs cellules de liberté consacrent leurs efforts à accueillir et à s'allier avec des immigrés « illégaux », pour les aider à comprendre les avantages de la contre-économie ou de l'économie informelle. Ce « comité d'accueil agoriste » permettrait de connecter les immigrés à un réseau souterrain de marchés noirs et gris, leur garantissant un accès aux soins et la possibilité d'effectuer un travail non déclaré. En renonçant à la xénophobie induite par la peur, le « mouvement conscient agoriste » pourrait rassembler des immigrés agoristes conscients de leur situation, et capables de brandir leur pouvoir économique collectif. Les individus sont imprévisibles, et rien ne nous permet de prévoir leurs réactions ou leur comportement dans un nouvel environnement. Cette peur de l'inconnu est la conséquence des préjugés sur les étrangers. Nous avons le pouvoir d'influencer les nouveaux arrivants dans nos communautés qui, dans le cas des immigrés, ont tendance à se tourner vers des activités contre-économiques, car de nombreuses restrictions juridiques les empêchent de rejoindre l'économie étatique. La révolution naîtra du dialogue, et nous devrions saisir chaque opportunité de nous allier aux immigrés pour renverser les frontières étatistes et autoritaires.

3
LA CRÉATION D'AGORAS CONSCIENTES

L'objectif de cette dernière partie du manifeste des hommes libres traite de notre mode d'organisation social de prédilection, à savoir une agora consciente ordonnée en société, sans État. Nous tenons à rappeler que nous ne croyons pas en un modèle universel, et que notre but n'est pas de contraindre les agoras libres et conscientes à s'organiser selon le schéma que nous allons décrire dans les prochaines pages. Les acceptions présentées dans ces chapitres sont bien entendu subjectives, mais notre idéal de communauté intentionnelle est la combinaison d'une multitude de communautés uniques et diverses, se développant au sein d'un marché d'idées affranchi de tout dictat. Nous encourageons le lecteur à réfléchir à nos propos, et à les envisager conjointement à ses propres valeurs et principes. Nos idées sont-elles à la hauteur de votre vision du monde ? Si ce n'est pas le cas, utilisez notre travail et adaptez-le aux besoins spécifiques de votre communauté.

Nous croyons à la liberté, et, par conséquent, à la diversité. La communauté intentionnelle que nous imaginons ne constitue qu'un moyen parmi tant d'autres de s'organiser, tout comme la cohabitation, les micro-États, les communes et les quartiers. Sa formation est prévue pour le début de l'année 2020. Nous avons quatre ans pour nous rapprocher de notre objectif, en utilisant le mouvement des cellules de liberté. Alors que le système politique ne cesse de décevoir le peuple, les cellules de liberté et l'agorisme offrent la possibilité d'un avenir brillant.

Dans les trois chapitres suivant cette introduction, nous expliquerons les points d'unité qui permettront de mettre en place notre communauté intentionnelle : la souveraineté de l'individu, la « PermAgora » et la pleine conscience. Le triangle que nous évoquons dans les prochaines pages représente la culmination de ces trois principes fondamentaux. Instaurés conjointement à la contre-économie, ils nous permettront de fonder une agora consciente.

Chapitre 14

Souveraineté de l'individu

Lorsque l'on imagine notre communauté idéale, plusieurs éléments sont à prendre en compte. Comme nous l'avons évoqué, les opinions concernant la propriété, l'environnement, l'immigration et la structure organisationnelle de la société sont très variées. Quelle que soit la marche à suivre, la première question que l'on doit poser est : « Cette action entrave-t-elle le droit d'une personne libre de vivre sans contrainte ni violence ? » Ceux qui défendent les droits des animaux pourraient même élargir la question : « Mes actions empêchent-elles n'importe quel type d'être vivant de vivre sans contrainte ni violence ? ».

L'ordre dans lequel vous tâcherez de mettre en place ces principes importe peu, l'objectif étant de réduire la violence et l'oppression endurées quotidiennement. C'est là le principe fondamental de la création de toute agora consciente. Nous l'avons déjà évoqué sous le nom de « souveraineté de l'individu », tel qu'il a été invoqué par Josiah Warren, dans les années 1840. Dans son livre intitulé *Partisans of Freedom : A Study in American Anarchism*[1], William O. Reichert décrit Warren comme l'« architecte en chef du libertarisme ». Malgré ses efforts, beaucoup d'anarchistes modernes ont oublié son travail remarquable.

Warren était absolument convaincu que toute action limitant les droits des individus était immorale, et source de conflit. Dans son manifeste, il écrit :

« La création de sociétés, ou de toute autre organisation artificielle, est la première, la plus grande, et la plus fatale erreur jamais commise par les législateurs et les réformistes. Toutes ces combinaisons requièrent la reddition de la souveraineté naturelle de l'individu sur sa personne, son temps, sa propriété et ses responsabilités, en faveur du gouvernement issu de cette organisation. Ce système tend à écraser l'individu, à le réduire au rôle de simple rouage d'une machine, impliquant les autres dans la responsabilité de ses actes, et étant impliqué dans les responsabilités des actes et sentiments de ses semblables ; il vit et agit sans contrôle propre sur sa situation, sans certitude quant aux résultats de ses actions, et presque sans oser utiliser son intelligence dans son propre intérêt ; et ne réalise, par conséquent, jamais les grands projets auxquels la société est ostensiblement destinée. »

Warren parvint à ces conclusions après avoir conduit des expériences aux côtés

1. William O. Reichert, *Partisans of Freedom : A Study in American Anarchism*, Bowling Green University Popular Press, 1976.

de Robert Owen, un militant britannique pour les réformes sociales ayant fondé une communauté utopique en Écosse, après quoi il s'installa aux États-Unis afin d'en créer une nouvelle, à New Harmony, dans l'Indiana. Warren vivait à Cincinnati, dans l'Ohio, jusqu'à ce qu'il décide de faire déménager avec toute sa famille pour rejoindre la communauté d'Owen. Cette décision eut un impact conséquent sur son parcours philosophique. Warren expliquera plus tard que l'échec de New Harmony s'explique par le fait que la communauté ait préféré son propre intérêt à celui de l'individu. Sa fascination pour l'individualisme finit par le pousser à quitter New Harmony en 1927, puis à retourner vivre à Cincinnati pour y développer ses théories. En 1847, il fonda une colonie mutuelliste du nom d'Utopia à cinquante kilomètres de Cincinnati. En 1850, il se rendit à New York pour créer une communauté du nom de Modern Times, sur l'île de Long Island. Pendant plusieurs années, sous la direction de Warren et suivant les principes dictés dans ses théories, cette communauté prospéra. Elle devint ensuite la ville de Brentwood, décrite comme une collectivité florissante, dotée d'une imprimerie et d'une manufacture de carrosserie et de meubles. Chaque maison avait son propre jardin, chaque individu était libre de vivre comme bon lui semblait, il n'y avait ni police, ni tribunal, ni prison, et aucun crime n'était même signalé. Ses habitants déclaraient que les conflits étaient résolus en privé, ou par le refus de faire affaire avec ceux qui entravaient la souveraineté d'autrui.

Tout cela fut possible parce que Josiah Warren avait fondé la communauté en prenant en compte le fait que la propriété d'un individu sur lui-même doit être respectée. « Le grand principe de l'élévation humaine est perçu comme la *souveraineté de l'individu sur lui-même,* son temps, ses biens et ses responsabilités », écrit-il. Warren croyait également que seul un procédé de « séparation » permettrait à un quelqu'un de dénouer ses liens avec d'autres êtres humains, et de véritablement respecter la souveraineté individuelle. Warren étendit sa philosophie individualiste au domaine de l'économie, déclarant que sa version de la théorie de la valeur du travail, qu'il appelait « commerce équitable », garantirait des échanges justes. Ainsi, Warren peut être considéré comme le premier porte-parole du mutuellisme. Bien que nous adhérions davantage à la conception de la valeur subjective, nous reconnaissons l'intérêt des concepts qu'il expose, comme celui de la « monnaie basée sur le temps » et des « heures de travail », développés parallèlement à la théorie du commerce équitable. En définitive, nous acceptons le libre choix de chaque individu d'organiser ses transactions économiques comme il le souhaite, en dépit de nos préférences personnelles.

C'est cette souveraineté de l'individu qui guidera les communautés internationales que nous cherchons à établir. Pour ce faire, il faudra, malheureusement, acheter des terrains et payer des impôts. Bien entendu, les agoristes devraient toujours chercher à éviter cette démarche. Cependant, dans le contexte politique actuel, il semble inéluctable que l'intérêt des hommes libres sera mieux servi après l'achat d'un terrain, sur lequel ils pourront construire, et diffuser le message de la liberté. En achetant une terre avant l'effondrement ou la défaite de l'État, nous espérons faire preuve d'anticipation dans notre effort de développer la contre-économie et l'agora. Il est devenu difficile de ne pas agir et de vivre dans la société « traditionnelle », en contribuant à des systèmes insoutenables, incompatibles avec l'harmonie des relations entre chaque habitant de cette planète.

Nous espérons nous implanter sur un terrain et continuer à propager le message agoriste, jusqu'à ce que l'État soit suffisamment faible (et l'agora suffisamment puissante) pour que notre communauté estime que la menace nous forçant à payer nos impôts n'existe plus – nous reviendrons plus tard sur cette stratégie. Les cellules de liberté pourront également installer des cultures, entériner leur indépendance grâce à des activités contre-économiques, et maintenir un niveau de confidentialité suffisant pour les protéger des gouvernements et de leurs partisans. Elles pourront construire des centres communautaires pour organiser des rencontres, des festivals de musique, accueillir des marchés contre-économiques, partager des compétences et assurer le développement de la cellule.

Dans cette agora libre, tous les membres de la cellule pourront gagner leur vie comme ils l'entendent (tant qu'ils respecteront la souveraineté individuelle), utiliser la monnaie de leur choix, cultiver les produits qu'ils préfèrent et construire la maison de leurs rêves. Bien sûr, une communauté pourrait, par exemple, décider d'accepter seulement des végans, ou de n'autoriser que l'utilisation de matériaux durables pour la construction de bâtiments ; mais chaque individu sera pleinement informé de toutes les conditions contractées par sa communauté avant de décider d'en devenir membre. Notre principal objectif est que toute personne vivant au sein de notre communauté soit consciente de pouvoir vivre selon ses souhaits, dans la mesure où il ne nuit à personne. La communauté intentionnelle fondée en 2020 n'aura que deux exigences vis-à-vis de ses potentiels membres, et ces deux principes viendront compléter notre triangle.

Chapitre 15

PermAgora

L'une des principales conclusions de cet ouvrage est que l'humanité doit redéfinir la nature de ses relations et de ses liens interpersonnels. Il ne s'agit pas uniquement de ses rapports avec autrui, mais également de ses rapports avec les animaux et la planète elle-même. Il faut réévaluer ces relations ; c'est même une obligation, si nous voulons continuer à vivre avec l'espoir de prospérer. Si le mot d'ordre est la cohérence, nous devons prendre le temps d'examiner toutes les idées préconçues qui jalonnent notre rapport au monde. Tout se résume, finalement, au choix d'un individu de reconsidérer et d'ajuster son comportement et ses actes, non seulement au regard de l'impôt et du vote, mais également des petites habitudes quotidiennes qui sont en opposition avec nos principes.

Lorsque nous imaginons notre communauté idéale, nous voyons une terre qui n'est ni exploitée, ni polluée, ni dépouillée de ses ressources limitées. Notre intention n'est pas de vivre dans une communauté pour qui la Terre n'est rien de plus qu'un objet à dominer, un tremplin, ou le décor d'une vie consumériste. Le refus d'avoir recours à la violence devrait s'appliquer dans chacune de nos relations, dont celle que nous entretenons avec la planète. Ce constat nous amène au premier sommet du triangle : la *PermAgora*, ou le développement durable. Nous voulons créer une communauté intentionnelle qui honore la souveraineté de chaque individu, c'est-à-dire son droit d'être libre de faire ses propres choix, dans la mesure où il ne fait de mal à personne. Nous étendrons ce principe à l'environnement. Les résidents permanents, ou même les simples visiteurs devront donc choisir, en toute connaissance de cause, de vivre en harmonie avec l'environnement et avec la communauté dans son ensemble. La perspective de forcer un individu libre, se trouvant à l'extérieur de notre communauté, à vivre selon cet idéal nous semble inutile. Au lieu de cela, nous espérons montrer le potentiel dont peut disposer une communauté dont les membres décident de modifier leur comportement indépendamment de la menace de l'État ou de toute autre contrainte.

Rob Greenfield est aventurier, et un militant de l'environnement. Il est le parfait exemple d'un mode de vie à faible impact, non dicté par la loi. Il est connu pour dénoncer les dommages causés à l'environnement et le gaspillage, en prenant part à des aventures extrêmes. Il a parcouru les États-Unis à vélo à plusieurs reprises, fouillant dans les poubelles des villes qui se trouvaient sur son passage. Greenfield estime avoir ainsi inspecté plus de deux mille poubelles, dans vingt-trois états. En 2016, il lança le projet « Trash me[1] » en portant sur lui, pendant un mois, tous les déchets qu'il produisait. À l'aide d'une combinaison spécialement conçue pour, il s'est promené, trente jours durant, couvert de sacs de déchets, tous attachés à son corps. L'objectif était de sensibiliser les populations aux principaux enjeux du combat pour la sauvegarde des espèces et de l'environnement. L'aspect le plus frappant de cette expérience est que Greenfield n'appelait à aucune intervention gouvernementale. Il savait que seules la prise de conscience et l'action individuelles permettraient de guérir la planète. On ne peut qu'espérer que des individus comme lui inspireraient notre espèce, et seraient capables de la convaincre d'agir pour la planète avant qu'il ne soit trop tard.

Dans notre communauté intentionnelle, nous envisageons d'utiliser des méthodes durables pour la construction d'abris, la culture de la terre et le travail avec les animaux. Par « durables », nous entendons qu'elles n'impliqueront pas l'utilisation de technologies ou de pratiques susceptibles d'épuiser les ressources, et qu'elles seront conçues pour limiter le gaspillage autant que possible. Nous imaginons une communauté vivant en harmonie avec l'environnement, et dont le mode de vie ne laissera que très peu de traces. Certains militants ont également appelé à la mise en place de pratiques « régénératrices », qui, en plus de préserver l'environnement, permettront de régénérer les sols pour leur rendre leur état d'origine. Ainsi, nous pouvons considérer ces pratiques comme des actions visant à maintenir et améliorer la santé des individus et de la communauté. Au cours de nos recherches de méthodes durables et de notre expérience de l'agriculture urbaine, nous avons régulièrement rencontré des références à la permaculture.

Le terme « permaculture » est un mot-valise, formé à partir de l'expression américaine « permanent agriculture[2] » et du mot « culture ». Il fait référence à une approche agricole inspirée de la nature et de son fonctionnement, visant à concevoir des communautés ainsi que des systèmes de cultures pérennes. Le concept a également évolué en une philosophie de notre manière d'interagir avec le monde. Les systèmes de permaculture ont le potentiel de devenir beaucoup plus productifs et moins énergivores que l'agriculture traditionnelle. Hepp Holzer, fermier autrichien, fut l'un des premiers à développer la permaculture et à l'appliquer, au début des années 1960. Le concept fut ensuite théorisé par les Australiens Bill Mollison et David Holmgren, dans les années 1970. L'idée que l'entretien des systèmes agricoles ne devrait pas exiger un travail considérable est essentielle à la permaculture ; ces systèmes doivent améliorer la terre et fournir aux humains, aux animaux et aux autres écosystèmes de quoi se subsister.

La philosophie de la permaculture s'appuie sur une éthique pouvant être ré-

1. Traduction littérale : « Jette-moi ».
2. Traduction littérale : « Agriculture permanente ».

sumée en trois points : prendre soin de la nature, prendre soin des humains, et partager équitablement. Le premier point implique de régénérer le capital naturel de l'environnement et de prendre soin des sols. Le deuxième point revient simplement pour un individu à prendre soin de sa famille, de sa communauté et de lui-même. Pour ce faire, il est nécessaire de faire preuve d'autonomie, et de chercher à réduire la production ainsi que la consommation inutile de ressources matérielles. Le troisième point implique d'établir volontairement des limites à la consommation, et de redistribuer les surplus à l'ensemble communauté. Il ne s'agit pas de gérer les ressources de manière centralisée, mais plutôt de reconnaître le besoin d'individus souverains de s'auto-organiser. Au sein d'un véritable marché libre, chacun préférera échanger avec des communautés soucieuses de l'environnement. Ceux qui pratiquent des activités non durables et détruisent l'environnement perdront tout soutien et pouvoir économique.

Dans son livre intitulé *Permaculture : Principes et pistes d'action pour un mode de vie soutenable*[1], David Holmgren ajoute douze autres principes à la philosophie de la permaculture. Nous n'examinerons pas ces principes les uns après les autres. Nous tenons cependant à les citer, afin de mettre en avant l'état d'esprit des disciples de la permaculture.

1. Observer et interagir
2. Capter et stocker l'énergie
3. Obtenir une production
4. Appliquer l'autorégulation et accepter la rétroaction
5. Utiliser et valoriser les ressources et les énergies renouvelables
6. Ne produire aucun déchet
7. Assurer la conception de toute forme de produit, des motifs aux détails
8. Intégrer au lieu de ségréguer
9. Utiliser des solutions lentes et des circuits courts
10. Se servir de la diversité et la valoriser
11. Valoriser les marges
12. Être inventif face au changement

La permaculture peut être considérée comme une approche plus modérée et respectueuse de l'exploitation de la terre pour vivre. Il en va de même pour l'agorisme dans les domaines de l'économie et des échanges. Les deux philosophies encouragent la création et la construction. Ensemble, elles forment la « PermAgora » : la synthèse de la permaculture et de l'agorisme par leur application simultanée. La PermAgora est un courant de pensée en plein développement qui s'appuie sur les travaux d'Éric McCool. Selon lui, « l'objectif est de restaurer les systèmes naturels de la planète, et de changer notre façon de vivre pour ne plus avoir à subir la violence et la coercition ». Pour y parvenir, nous

1. David Holmgren, *Permaculture : Principes et pistes d'action pour un mode de vie soutenable,* Rue de l'échiquier, 2017.

devons changer notre manière de percevoir l'environnement. L'agora consciente que nous créerons prochainement bénéficiera d'une alliance entre plusieurs cellules de liberté appliquant la PermAgora. Nous espérons servir d'exemple.

Chapitre 16

Des cœurs vaillants et des esprits révolutionnaires

Le dernier angle, tout aussi essentiel, de notre triangle de la libération, est celui qui correspond au concept de la « pleine conscience », que l'on peut également désigner par les expressions « conscience en éveil », ou « conscience ». Ce concept implique que chacun de nos actes soit guidé par une conscience accrue et constante, afin de perpétuer l'évolution spirituelle de notre espèce. Tout au long de notre ouvrage, nous avons insisté sur le fait que le maintien de la paix et l'instauration de la liberté exigeront davantage que du bon sens et des connaissances. La communication et la compassion sont essentielles à toute évolution positive du monde. Jadis, les individus qui s'opposaient sur les plans politiques et religieux se considéraient comme des ennemis mortels. Ce comportement eut des conséquences dévastatrices sur les conditions de vie des populations (contrairement à celles des classes dirigeantes). Lorsque des groupes aux opinions divergentes parviennent à faire abstraction de leurs différences, les conditions de vie s'améliorent pour tous. À l'inverse, les guerres et les conflits nuisent au bien-être de chacun, à l'exception, une fois encore, des dirigeants. Généralement, les querelles et les combats sont entretenus par l'influence de la classe dominante. Souvent, l'ego surdimensionné des parties prenantes des conflits constitue le fondement de leur désaccord. Dans la plupart des cas, les individus se soucient davantage de leur honneur que de la mise en place de solutions. Nous nous efforçons de faire évoluer ce type de mentalité.

L'expression « résistance consciente » est née de la prise de conscience du fait que la société est en déséquilibre à cause de l'influence de petits groupes élitistes, qui tirent profit du pouvoir de l'État et des entreprises pour vivre du fruit du labeur du reste du monde. Cette locution a également vu le jour après que nous nous sommes rendu compte que ceux qui cherchaient à manipuler ou à contrôler les autres agissaient ainsi guidés par leur propre souffrance. Cette souffrance est intégrée par la population, et se manifeste ensuite sous forme de peur ou de colère. Elle est à l'origine de l'anxiété et de la disharmonie qui permettent à l'élite, redoutée, de manipuler les foules. Nous avons pour ambition de servir d'exemple en nous montrant vulnérables et accessibles face à nos propres difficultés et à nos triomphes. Cela implique, pour nous deux, d'inclure la méditation, les pensées positives, la visualisation ainsi que d'autres pratiques dans notre message anarchique. Notre choix de nous concentrer sur la guérison et les relations interpersonnelles permet à la résistance consciente d'être qualifiée d'anarchisme holistique.

Cette expression est dérivée d'une théorie connue sous le nom d'holisme, selon laquelle « l'univers et la nature devraient être considérés comme des ensembles (dans le cas des organismes vivants) supérieurs à la somme de leurs parties ». Le terme « holistique » est défini comme « relatif à un objet lui-même considéré comme un ensemble, ou un tout, et non pas par son analyse, son traitement ou sa division en plusieurs parties ». Par exemple, la médecine holistique examine l'ensemble du corps et de l'esprit afin de traiter les véritables causes d'une maladie, plutôt que d'en guérir seulement les symptômes. L'écologie holistique considère l'humanité et l'environnement comme un seul système. En analysant des systèmes entiers plutôt que des parties d'un même ensemble, il est possible d'adopter une tout autre perspective et, ainsi, de parvenir à une solution différente.

Du point de vue de l'anarchisme holistique, l'étude des théories politiques et économiques ne suffira pas à mettre fin à l'étatisme et à l'autoritarisme. La lutte contre l'État doit se faire par une approche holistique, c'est-à-dire prenant en compte l'ensemble des systèmes lors de l'examen du problème. Cela implique de traiter les formes d'oppression auxquelles font face tous les êtres libres de ce monde, mais également de reconnaître que nos préjugés et habitudes individuelles alimentent ladite oppression. En comprenant que la bataille contre l'État aura lieu sur plusieurs terrains, et en réfléchissant aux mesures que nous pouvons prendre individuellement, nous appliquerons l'anarchisme holistique. Les tyrans au pouvoir, et le détournement de nos ressources par les impôts ne sont pas les seuls obstacles à notre liberté. Nos pensées et nos actions limitantes nous retiennent.

Dans le titre *Finding Freedom in an Age of Confusion,* nous avons exploré le concept de la communication non violente (CNV), une technique de résolution des conflits promue par le psychologue et militant Marshall Rosenberg. Son principe est simple : plutôt que de déterminer qui a raison et qui a tort, qui gagne ou qui perd, il vaut mieux chercher à répondre aux besoins de chaque individu pour créer des échanges aux bénéfices mutuels. L'objectif est de résoudre des problèmes en satisfaisant les besoins de toutes les parties prenantes. Une fois encore, d'un point de vue anarchiste et holistique, notre façon de communiquer avec d'autres êtres libres est aussi importante que de s'assurer de la solidité de nos arguments. Il est difficile de tenir une conversation rationnelle si les deux participants au débat ont l'impression de ne pas être écoutés. Un tel climat d'insécurité ne peut aider les individus à mieux se comprendre. Comment espérer avoir une quelconque influence sur les autres s'ils décident de communiquer avec colère, violence ou impatience ? Les rapports humains sont essentiels pour atteindre la liberté. Nous devons donner l'exemple et apprendre à communiquer sans violence, sans condescendance et loin de toute autre tendance passive agressive.

Daryl Davis illustre parfaitement comment le pouvoir de l'amour, de la compréhension et de la compassion peut vaincre les forces obscures de la haine et de l'intolérance. Davis est un musicien et un auteur noir de cinquante-huit ans, qui a convaincu des centaines d'individus racistes de quitter le Ku Klux Klan (KKK). Depuis une trentaine d'années, il infiltre les lignes ennemies, des rassemblements aux réunions de suprémacistes blancs, cherchant à se lier d'amitié avec ceux qui le haïssent. Il serait même à l'origine de la dissolution du Klan au Maryland. Il y a quelques années, Davis a tenté d'entrer en contact avec des membres du Ku Klux Klan pour en apprendre davantage sur le racisme. Initialement, il souhaitait seulement comprendre les raisons qui poussent une personne à devenir raciste. À deux reprises au moins, il a dû faire face à la violence des membres du Klan, alors que ces rassemblements se déroulent généralement sans incident. Malgré quelques moments de tension, ses échanges avec les racistes s'avèrent étonnamment aimables. Plutôt que de se concentrer sur les questions de race ou les autres points sujets à discorde, Davis préfère évoquer les éléments de convergence pour que la conversation prenne une autre tournure.

« Si vous passez cinq minutes de votre temps avec votre pire ennemi, vous découvrirez que vous avez un point en commun ; si vous en passez dix, vous en trouverez un autre », affirme-t-il.

Davis possède un placard rempli des costumes du Ku Klux Klan, offerts par des amis ou d'anciens membres, après que leur amitié les ait convaincus de quitter cette secte raciste. Avec sa tenue, un ancien membre du Klan et officier de police de Baltimore lui a même offert son uniforme. L'approche de Davis, qui consiste à se lier d'amitié avec des racistes, est celle que les anarchistes peuvent utiliser pour convertir les étatistes et les convaincre de devenir des êtres humains libres.

Sterlin Lujan est l'un de ceux qui suivent cet exemple. Plutôt que d'utiliser une approche holistique ou consciente de l'anarchisme, il préfère parler de « relationnisme » ou d'anarchisme relationnel. Lujan, également connu comme « l'anarchiste psychologue », est écrivain et éditeur, assistant de recherche et futur détenteur d'une licence de psychologie. Dans son essai intitulé *Anarchy and Emotion Pt. 2*[1] Lujan détaille ses convictions :

« J'appelle cela le relationnisme. C'est une philosophie qui prône l'absence de dirigeants et la liberté totale par le biais de nos relations et de la réconciliation, plutôt qu'en empruntant les routes traditionnelles de l'argumentation, la persuasion ou la théorisation de l'économie. Les conceptions actuelles de l'anarchisme se concentrent sur l'axe « LEM ». Elles cherchent à résoudre les problèmes logiques, économiques et moraux de la société et des gouvernements ».

1. Sterlin Lujan, *Anarchy and Emotion Pt. 2*, sterlinlujan.com [en ligne] (publié le 13 avril 2016).

Au lieu de cela, Lujan recommande de faire preuve d'empathie lors de nos rapports avec les autres.

« Si les gens étaient plus à l'écoute des sentiments des autres, le risque de violence diminuerait. Il s'agit d'une application de l'alliance thérapeutique à la société dans son ensemble, afin de créer un monde plus libre et psychologiquement stable. Afin de fonder un ordre social basé sur des vérités logiques, morales et économiques, les êtres humains doivent d'abord faire face à leurs émotions et comprendre comment s'identifier et interagir avec les autres. Ils doivent apprendre à se guérir les uns les autres en s'unissant et en se rassemblant, de la même manière qu'un thérapeute aiderait son patient grâce à leur alliance, dont ils auraient convenu mutuellement. Ainsi, la philosophie du relationnisme considère l'anarchiste comme un guérisseur social qui fonde des communautés et nourrit l'amour ».

Le relationnisme de Lujan s'inscrit parfaitement dans notre message d'anarchisme holistique. Nous saluons ses efforts d'explorer les points d'intersection entre l'anarchisme et la psychologie, comme nous avons exploré l'anarchisme et la spiritualité. Nous espérons que ce message de liberté et d'émancipation continuera de se propager, jusqu'à ce que les anarchistes se distinguent dans différents domaines de recherche, essayant d'atteindre la véritable liberté à travers le prisme de leur propre domaine d'expertise.

Afin d'acquérir une liberté véritable et durable, il est absolument nécessaire de faire évoluer les consciences. Nous défendons courageusement les positions et les arguments que nous avons avancés dans cette trilogie, mais la vérité est qu'aucune de ces solutions ne saurait être efficace tant que les « abîmés » de ce monde refuseront d'effectuer un travail de guérison individuelle.

Chaque individu devra affronter des insécurités, des doutes et des craintes différentes, et il sera nécessaire d'avoir recours à une auto-évaluation holistique pour débuter le processus de guérison. Si nous souhaitons traiter le problème de la violence à la racine, nous devons être prêts à nous confronter à ce que nous sommes. En ne reconnaissant pas l'importance de la guérison et du développement personnel pour l'établissement d'un monde plus libre et éthique, nous courrons droit à l'échec. Notre seul espoir est de fonder une société qui s'appuie sur l'entraide mutuelle, l'association volontaire et la souveraineté individuelle, pour nous engager sur la voie de la pleine conscience, la réflexion, le pardon, l'acceptation, la guérison, l'émancipation et, finalement, l'acceptation de soi. Ces sept étapes nous mèneront tout droit vers la résistance consciente.

Chapitre 17

La mobilité en opposition à l'appropriation des terres

Quelle incroyable expérience que d'observer l'épanouissement de ces magnifiques formes de diversité, alors même que chaque individu poursuit son propre idéal de liberté ! Il s'agit, après tout, d'une expérience personnelle et individuelle. Il n'existe pas de modèle ou de chemin unique vers la liberté ; l'issue dépend de préférences et de circonstances propres à chacun. Ce principe s'applique également au mode de vie agoriste et à l'engagement dans la contre-économie. Bien que nous décrivions le projet d'une communauté intentionnelle telle que nous la concevons, certains considèrent la mobilité comme l'expression ultime de la liberté, et choisiront peut-être un mode de vie nomade. Ils pourraient alors décider de quitter la vie de communauté, ou la vie de quartier, et devenir des ermites. Chacune de ces voies est légitime et compatible avec l'agorisme.

De nombreux facteurs doivent être pris en compte dans le processus de création d'une vie idéale. Où souhaitez-vous vivre ? Avec combien de personnes ? Quel type de communauté recherchez-vous ? Où trouverez-vous de la nourriture ? Comment comptez-vous gagner votre vie ou subvenir à vos besoins de base ?

Pour certains individus, l'organisation en cellules de liberté conduira naturellement à la formation d'un mode de vie communautaire. Beaucoup décideront de vivre dans les mêmes villes ou quartiers, comme dans les « Texas Freedom Grounds[1] », et d'autres choisiront de partager des terres. Mais qu'en est-il de ceux qui ne veulent pas d'une vie sédentaire ? De ces voyageurs infatigables, nobles nomades, qui préféreraient vivre sur les routes ? Choisir d'habiter à la fois partout et nulle part, n'est-ce pas la meilleure opportunité d'assurer sa liberté et celle de sa famille.

La raison pour laquelle nous défendons la création d'une communauté avec des terres à entretenir et à défendre est qu'elle permet de cultiver sa propre nourriture et ses propres produits, étape importante sur le chemin vers l'indépendance. Si certains individus créatifs ont réussi à faire pousser de la nourriture sur des voitures, il demeure difficile d'assurer sa subsistance grâce à de tels systèmes. De plus, posséder une terre permet la construction d'abris et de structures adaptées pour stocker du matériel, de la nourriture et tout le nécessaire pour faire face à une urgence. Bien entendu, il est possible de louer

1. Traduction littérale : « Terres libres du Texas ».

un espace de rangement et d'y entreposer ces objets jusqu'au moment venu, mais qu'arriverait-il en cas d'accident sur la route, à des milliers de kilomètres de toutes provisions ?

Nous pensons qu'il est nécessaire que les cellules de liberté envisagent de fixer un point d'ancrage pour les cas d'urgence. Si vous vivez en ville, deux peuvent être nécessaires : un point de rencontre dans la ville et un autre à l'extérieur, sur un terrain où seront stockés des vivres. Si un problème survenait sur la route, il serait difficile de trouver un endroit pour sûr pour s'abriter, et des réserves pour répondre à vos besoins. On ne peut qu'espérer le tissage progressif d'un réseau mondial de cellules de liberté, pour garantir que nos confrères et consœurs bénéficient de toute l'aide dont ils ont besoin. Dans le cas où votre famille et vous vivez dans un bus, un camping-car ou dans une petite maison mobile, vous serez, d'un certain point de vue, plus libre que les propriétaires de terrains. Nous connaissons deux exemples de familles anarchistes nomades : les Blushes, à Austin, au Texas, et les Undocumented Humans[1] en Arizona. La plupart des familles et des individus qui mènent une vie de nomade apprécient la liberté qu'elle leur confère, inaccessible lorsqu'ils louaient des terrains, des maisons ou des appartements. Posséder un véhicule qui fait également office d'habitat est sans nul doute un avantage. Les nomades qui en sont propriétaires transportent leurs biens les plus précieux avec eux, sans avoir à choisir quoi emporter.

Certains êtres libres préféreront voyager seuls, en voiture ou à pied, tout en dépendant de la contre-économie. D'autres souhaiteront s'isoler et s'approprieront des terres sauvages, loin des habitations et des autres communautés. Ces derniers préféreront peut-être le sentiment d'indépendance que procure une vie isolée, ou seront poussés à se retirer du monde par une phobie sociale. Si les ermites ne sont pas directement connectés à une communauté par la proximité géographique, ils peuvent l'être grâce à des outils numériques, sur FreedomCells.org ou sur d'autres groupes en ligne leur permettant de s'organiser et d'échanger avec d'autres individus en soif de liberté.

Peu importe que le chemin que vous suivez vous mène à vous cacher dans une cave, à naviguer sur des cours d'eau, à voyager dans un bus, à vous détendre dans votre quartier ou à vivre dans une communauté composée de milliers de personnes, l'objectif demeure inchangé : la liberté. Le mode de vie choisi n'aura pas d'incidence, car des dizaines de méthodes permettent de participer à la contre-économie. La façon de vivre que nous privilégions ne devrait pas nous empêcher d'établir une alliance puissante entre cellules de liberté et communautés libres, interconnectées et imbriquées entre elles.

1. Traduction littérale : « Humain sans-papiers ».

Chapitre 18

Se libérer des mailles du filet et défendre l'agora

La question la plus fréquente lorsque l'on aborde le sujet d'une société libre est de savoir comment y parvenir. La transition entre l'ancien et le nouveau monde est l'étape la plus délicate qui se dresse devant nous sur le chemin de la liberté. Cependant, tout au long de ce livre, nous avons posé les fondements d'un avenir possible. Nous conclurons ce périple après avoir étudié comment se libérer définitivement de toutes les entraves que l'État nous impose. Notre objectif est d'établir des modes de vie alternatifs avant de s'affranchir du gouvernement. Ces alternatives représentent les canots de sauvetage qui nous permettront d'échapper au naufrage. C'est là que l'importance des cellules de liberté, de la contre-économie et de la concurrence avec les services de l'État entre en jeu.

Alors que des libres penseurs commencent à fonder des communautés libres dans des régions géographiquement disputées ou revendiquées par les gouvernements, savoir se défendre devient une nécessité. Certains chercheront même à soulever le gouvernement actuel dans l'espoir de l'affaiblir ou de le mener à sa perte. Le développement de la contre-économie et de l'agora doit être notre priorité, et cela ne sera possible qu'en réduisant notre dépendance et notre soutien au gouvernement. Une campagne de « non-coopération », coordonnée et durable, ainsi que la résistance fiscale, l'activité contre-économique et le retrait massif des structures dirigées par le pouvoir étatique et corporatif sont nécessaires. Toutes ces dispositions devront être mises en place conjointement à la guérison individuelle, au développement communautaire et au militantisme compatissant.

Nous pensons que la résistance fiscale est essentielle à l'affaiblissement de l'État. Ceux qui investissent dans la contre-économie privent déjà l'État de la taxe sur la valeur ajoutée. Il ne faut pas hésiter à travailler de manière « non déclarée » ou « au noir ». Cette méthode sera d'autant plus efficace si l'on vous paie en monnaie alternative. Chaque centime que vous gagnerez sera une victoire de plus sur le chemin vers une agora consciente. En attendant que l'État soit trop faible pour les poursuivre, ou qu'elles soient capables de se défendre contre les percepteurs d'impôts, certaines cellules de liberté choisiront peut-être de continuer à les payer, ou éviteront l'impôt sur le revenu ou la taxe sur la valeur ajoutée lorsque cela leur sera possible. Des cellules interconnectées et des communautés peuvent se réunir pour coordonner une campagne de résistance fiscale, organisée dans le but de soulever puis d'affaiblir l'État.

Si nous travaillons diligemment, cette campagne pourrait se répandre parmi les cellules de liberté et, plus tard, à travers les États-Unis. Nous estimons que l'État finira par prendre conscience du déclin de son influence et de son pouvoir lorsque nous l'empêcherons d'avoir accès à des fonds équivalents au budget annuel de la Défense.

Le gouvernement américain aurait touché 7000 milliards de dollars de revenus fédéraux, étatiques et locaux en 2016. 4600 milliards de dollars sont générés par l'impôt sur le revenu et les cotisations sociales, auxquels il est possible d'échapper en rejoignant la contre-économie. En 2016, le budget attribué au département de la Défense (qui est responsable de l'armée américaine) était de 582 milliards de dollars. Comme le montrent ces chiffres, soustraire un peu moins de 1000 milliards de dollars aux recettes des impôts sur le revenu et des cotisations sociales suffirait à bloquer ce budget. L'État éprouverait des difficultés (qui ne seraient pas, pour autant, impossibles à surmonter) à mener des combats dans les zones de conflits, et le peuple ferait savoir qu'il prend ses dispositions. L'État se verrait contraint de faire imprimer d'importantes sommes d'argent par la réserve fédérale, ce qui entraînera une hyperinflation et un véritable chaos économique. C'est ce moment que les agoristes choisiront pour passer à l'action, et offrir les services et l'assistance de la contre-économie à ceux qui ont choisi de ne pas se préparer. L'État pourrait également réquisitionner l'argent des services gouvernementaux populaires, comme la sécurité sociale, l'aide aux anciens combattants, etc., et le rediriger vers l'effort de guerre ; mais cette décision sera probablement très impopulaire. Le peuple permettra-t-il au gouvernement de lui retirer des services qu'il est en droit de recevoir, pour investir dans les guerres ? Nous sommes convaincus du contraire. Dans tous les cas, ce processus permettra d'affaiblir la puissance et l'influence de l'État.

Alors que le pouvoir et le soutien économique du gouvernement disparaîtront, il lui sera plus difficile d'embaucher des agents pour exécuter ses ordres arbitraires, et ceux qui, jadis citoyens, respectaient fièrement les lois et payaient leurs impôts se dirigeront vers l'économie souterraine. Durant la mise en place de ce processus, les rôles s'inverseront, et le pouvoir changera de camp. En ce qui concerne la force répressive, l'État n'aura plus l'avantage. Les tyrans ne pourront plus s'offrir de drones, de tanks, ni d'autres machines de guerre une fois que les contribuables se seront échappés du système en le privant de leur soutien. Les soldats et les forces de police qui défendent l'oppression et répriment les révoltes n'auront également plus aucun intérêt à suivre les ordres de l'État. Il s'avère que dans le contexte politique actuel, le gouvernement éprouve déjà des difficultés à recruter des individus prêts à utiliser ses drones ou à porter l'uniforme. En date du 4 janvier 2015, le chef d'état-major de l'armée de l'air américaine Mark Welsh a fait parvenir une note interne au général Herbert

Carlisle, surnommé « Hawk[1] », mentionnant des démissions massives de pilotes de drones. Welsh craignait que ces départs puissent invalider « l'aptitude au combat » des prochains pilotes pour les années à venir. En effet, les forces armées et la police ne cessent d'assouplir leurs exigences et d'augmenter les salaires pour convaincre des recrues de les rejoindre dans leur lutte pour l'obéissance. Aussi, imaginez l'impact que pourraient avoir des centaines d'individus s'ils rejetaient la légitimité du gouvernement, et s'organisaient pour renverser le système dont il est à la tête.

L'Histoire démontre que les résultats d'une telle stratégie sont réels. Si un nombre suffisant d'individus y prennent part, la contre-économie peut renverser l'État ; c'est même là une certitude. La chute de l'Union soviétique en est un exemple flagrant. L'effondrement de ce gouvernement est une conséquence de la contrebande généralisée, de l'évasion fiscale et d'autres activités menées sur le marché noir. L'économie souterraine faisait partie de la vie quotidienne de la plupart des habitants de l'Union soviétique, et, dans la plupart des cas, était même essentielle à leur survie. Les contraintes toujours plus sévères et les rations que le gouvernement imposait au peuple ont favorisé l'émergence de la contre-économie, et les gens se sont mis à échanger des biens et des services non taxés, jusqu'à dépouiller l'État de ses ressources. À l'époque, Gérard Roland, économiste de Berkeley, remarqua que dans l'Union soviétique « la logique derrière la seconde économie a, au fil du temps, affaibli celle du système de commandement et mené au développement des marchés noirs ».

Ce constat sera par la suite confirmé par Vladimir G. Treml et Michael V. Alexeev dans leur étude intitulée « The Second Economy and the Destabilization Effect of Its Growth on the State Economy in the Soviet Union : 1965-1989[2] ». Cette étude démontre une disparité entre les revenus et dépenses légaux, augmentant de façon significative entre 1965 et 1989. En d'autres mots, le peuple dépensait plus d'argent qu'il n'en déclarait, ce qui laisse penser que les activités de marchés noirs s'étaient particulièrement répandues. Treml et Alexeev concluent que la contre-économie est en grande partie responsable de la chute de l'Union soviétique.

Ce processus étant entièrement motivé par l'instinct de survie, rien de tout cela ne fut préparé, pourtant le gouvernement s'est effondré. Mais sans les conditions induites par la philosophie agoriste, anarchique ou libertarienne, le peuple opprimé de l'Union soviétique permit à un autre gouvernement de se former, et fut une nouvelle fois réduit en esclavage. La chute de l'Union soviétique nous montre que la contre-économie peut affaiblir, voire renverser des gouvernements très puissants, mais que cette victoire sera de courte durée

1. Traduction littérale : « Le faucon ».
2. Vladimir G. Treml et Michael V. Alexeev. « The Second Economy and the Destabilization Effect of Its Growth on the State Economy in the Soviet Union : 1965-1989 ». 1993. Traduction littérale : « La seconde économie et l'effet de déstabilisation de sa croissance sur l'économie de l'État en Union soviétique : de 1965 à 1989 ».

si le peuple ne mène pas le processus à son terme en appliquant l'agorisme à son activité contre-économique.

Lorsque l'État est suffisamment faible, combattre ses agents devient beaucoup plus facile. Il est alors possible de les repousser hors des territoires revendiqués par l'agora. Cette situation est visible dans de nombreux pays en développement, où les gouvernements centraux sont plus fragiles. Si ces derniers sont confrontés à des manifestations ou des révoltes, il n'est pas rare que des agents gouvernementaux, lourdement armés et équipés, se replient face à des groupes de manifestants largement supérieurs en nombre. Si cela demeure impossible aux États-Unis à l'heure actuelle, un changement est à prévoir lorsque la contre-économie aura suffisamment dépouillé l'État de son pouvoir.

Nous tenons tout de même à rappeler que notre objectif n'est pas d'initier la violence contre l'État ni de lancer une révolution, violente ou non. Cela reviendrait à tourner en rond ; ce à quoi nous pouvons nous attendre si nous nous montrons violents. Comme l'a souligné Samuel Konkin dans son *Manifeste néo-libertarien,* « n'initiez jamais la violence, quel que soit le résultat « libertarien » attendu. Cela reviendrait à vous investir dans l'étatisme. Il n'y a aucune exception à cette règle. Restez parfaitement cohérent, ou vous ne le serez pas du tout ».

Nous voulons abolir l'État et créer un monde libre de toute oppression et de toute violence, mais la poursuite de ce but ne justifie pas de perdre de vue ce que nous sommes. À travers l'Histoire, tous les révolutionnaires ayant fait le choix de la violence sont devenus des monstres, et l'ombre de ceux qu'ils aspiraient à être. Ayez du cœur, peu importe à quel point l'État se montre violent, ou si le contexte politique est divisé. Nous aspirons à une évolution du cœur et de l'esprit. Pour assurer un changement à long terme (que ce soit dans le cadre d'un combat contre les oppresseurs ou d'une bataille de cœurs et d'esprits), nous devons cultiver la force et la conscience physiques, mentales et spirituelles. Nous espérons que les idées présentées dans cette trilogie serviront de guide sur le chemin de la liberté et de l'autonomie. Enfin, nous ne prétendons pas être des maîtres éclairés qui évoquent la paix sans parvenir à incarner ses principes. Nous avons tous deux fait des erreurs, et avons encore beaucoup à apprendre. Cependant, nous pensons que les principes et modes de vie que nous prônons dans nos livres représentent les idéaux auxquels nous devons aspirer. La résistance consciente est la méthode la plus rapide pour parvenir à un monde plus libre, éthique et spirituellement autonome.

4
COMPRENDRE L'ANARCHISME HOLISTIQUE

Ces deux derniers essais constituent pour nous une introduction plus détaillée à ce que nous appelons l'agorisme holistique et le militantisme holistique. Nous espérons que les principes que nous avons énoncés permettront au mouvement anarchiste holistique de se développer.

Chapitre 19

Définir l'anarchisme – le militantisme holistique

L'essai qui suit constitue une amorce au nouveau domaine du militantisme holistique. Il permettra de présenter plus précisément les concepts sur lesquels s'appuie l'anarchisme holistique.

Le processus pour devenir un militant débute, de manière générale, par la prise de conscience d'un individu qui prend connaissance d'une injustice qui le frappe en plein cœur, et le pousse à agir en conséquence. Dès lors qu'un problème est identifié, certains recherchent les personnes et institutions tenues pour responsables. Ces individus ont certes approfondi leurs connaissances sur un domaine d'expertise particulier, mais leur récente prise de conscience leur a également procuré une sensation d'inconfort, à tel point qu'ils ont décidé de réfléchir à des mesures concrètes pour s'attaquer au problème en question. Ces mesures peuvent prendre la forme de manifestations avec pancartes, de lettres, de campagnes de courriels ou d'appels téléphoniques, de rédaction d'articles sur Internet, de confrontations avec les responsables du problème, ou de formes plus extrêmes de lutte contre le pouvoir.

En appliquant une perspective holistique au militantisme, l'objectif est d'aller au-delà de l'identification des problèmes dont nous sommes témoins et de passer à l'action, tout en prenant conscience de la manière dont nos actes et habitudes individuels contribuent à alimenter les crises en cours. Il est très simple de pointer du doigt la moindre action épouvantable et immorale qui se déroule dans le monde. Il serait plus gratifiant d'examiner nos actions individuelles. Ce n'est qu'en prenant nos responsabilités et en nous demandant « comment puis-je contribuer à X? » que nous ferons des progrès et que nos paroles et nos pensées finiront par correspondre à nos actes.

Pour cela, il faut choisir d'aller au-delà des interprétations superficielles des crimes politiques, de la destruction environnementale, de la surveillance généralisée, de la perte progressive des libertés individuelles, des extinctions de masse, et de beaucoup d'autres sources de préoccupation pour les militants. Un militant holistique identifie une injustice et cherche ensuite des indices (comme le ferait un inspecteur) permettant de mieux comprendre le crime commis. Il porte une attention particulière aux preuves liées à son comportement et à ses habitudes. Plutôt que d'abandonner tout espoir de rendre le monde plus juste et moral après avoir identifié le problème, le militant holistique ne s'arrête pas tant qu'il n'a pas compris en quoi il y participe ou y contribue. Nous allons nous intéresser à deux mouvements militants spécifiques, et les étudier d'un point de vue holistique.

« Éliminer la Fed[1] » et la Marche contre Monsanto

Officiellement, la Réserve fédérale est la banque centrale des États-Unis, chargée de réguler la politique monétaire. En réalité, par ses pratiques inflationnistes, la « Fed » est à l'origine de la dévaluation constante du dollar américain (le fameux billet de banque). Ces dernières décennies, des millions de personnes ont pris conscience de la véritable nature du système bancaire central et s'y sont directement opposés. À partir de 2008, des militants ont organisé, à travers les États-Unis, des rassemblements annuels autour du slogan « Éliminer la Fed », afin de sensibiliser contre le vol économique et la dette créée par la réserve fédérale.

Les militants se sont réunis devant les douze succursales et sous-branches de la réserve fédérale pour y prononcer des discours, organiser des ralliements et des manifestations, et pour diffuser leur message. Les organisateurs ont consacré beaucoup de temps, d'énergie et dépensé beaucoup d'argent pour payer les porte-parole du mouvement et les permis municipaux, louer des tribunes et des stands, ainsi que pour promouvoir ces évènements. Les militants ont identifié la source du leurs problèmes (à savoir le vol et la dette économique) et l'institution qui en était responsable (la réserve fédérale). Ont-ils pris le temps d'examiner la situation de manière plus approfondie (donc de manière holistique) ? À première vue, il semblerait que non. Les organisateurs et les militants ont planifié ces évènements pendant des mois, et ils n'ont duré que quelques heures. On peut en déduire que leur objectif était de sensibiliser le peuple aux problèmes créés par la Réserve centrale, et de le dissuader de soutenir cette institution. Cependant, ces mêmes militants ont dû payer leurs porte-parole et vendre des t-shirts à l'effigie du mouvement « Éliminer la Fed » en utilisant des billets de la réserve fédérale.

C'est là une véritable incohérence, tant au niveau du fond et du discours que des actions mises en place par le mouvement. Pour un militant holistique, il est impossible de changer ou de résoudre un problème en y contribuant. Si l'objectif est d'« éliminer la Fed », il ne sera jamais atteint en continuant d'utiliser sa monnaie, en contribuant au système et en lui apportant un soutien tacite. Autrement dit, la réserve fédérale ne disparaîtra pas tant que des individus

1. Abréviation de Réserve Fédérale des États-Unis.

continueront à perpétuer son modèle. Une fois qu'il aurait pris conscience de sa contribution au maintien de la réserve fédérale, un militant holistique chercherait donc immédiatement un autre moyen d'échange viable.

Les actions de la plupart des participants à la marche contre Monsanto sont également déconnectées des objectifs qu'ils se sont fixés. Le 25 mai 2013, plus de trois cents villes dans le monde se sont mobilisées, se rassemblant et manifestant pour la campagne de la marche contre Monsanto. La campagne est nommée en référence au géant de la biotechnologie « Monsanto », mais le mouvement est formé d'une coalition entre des défenseurs de l'agriculture biologique, des militants pour la liberté alimentaire et des écologistes. Ceux qui participèrent à la marche s'opposent également aux liens étroits qui unissent le gouvernement américain et Monsanto, ainsi qu'aux aliments composés d'ingrédients génétiquement modifiés et à l'utilisation abusive de pesticides. Certains manifestants étaient présents, car ils sont inquiets pour l'environnement dans son ensemble.

Malheureusement, les mesures qui furent prises étaient davantage liées à la logistique entourant le rassemblement d'un grand nombre de personnes dans les rues, plutôt qu'à l'éducation et la recherche de solutions. Au lieu de descendre dans les rues pour sensibiliser la population, un militant holistique aurait également pris le parti de présenter des concepts et des idées à défendre.

Dans cette situation, on aurait pu imaginer créer des jardins communautaires s'appuyant sur le partage de compétences, où chacun pourrait apprendre à cultiver ses propres produits, sans pesticides ni OGM, ou bien se porter volontaire pour travailler dans une ferme urbaine locale. Ces solutions proposées sont des liens permettant d'établir une cohérence entre les objectifs que l'on souhaite atteindre (sensibiliser le peuple aux problèmes causés par Monsanto) et nos propres actions et nos habitudes.

Revoir sa propre alimentation serait également une démarche holistique. Manifester contre Monsanto dans le but d'affaiblir l'industrie biotechnologique, les fabricants de pesticides et/ou le gouvernement corporatiste implique logiquement que vous limitiez votre propre consommation de produits issus de ces industries. Cette démarche inclue de renoncer à l'achat de produits génétiquement modifiés, en magasins comme dans les restaurants. Mais elle implique aussi de s'engager à n'acheter plus que des aliments biologiques. Un militant holistique devrait, de plus, réduire sa consommation de produits exotiques et préférer consommer des produits issus de l'agriculture locale. Il s'agit là d'une manière efficace de contourner Monsanto, tout en s'affranchissant du système de distribution de produits alimentaires non durables.

C'est ainsi que l'on peut décrire le militantisme holistique. Si nous soumettons nos propres comportements à une analyse holistique, et examinons nos actions avec précision, nous pourrons nous apercevoir de quelle manière, dans une moindre mesure, nous contribuons à des injustices. Plus simplement, lorsque nous faisons abstraction de nos propres incohérences, nous sabotons nos propres efforts visant à créer un monde libre, juste et éthique. C'est pour cela que le militantisme holistique est essentiel dans la transition vers la prochaine phase de l'évolution, et du développement de l'humanité. L'introspection nous permettra d'acquérir la sagesse. En tant que collectif d'individus autonomes, nous détenons le pouvoir de libérer les hommes de leurs chaînes.

L'anarchisme holistique

L'anarchisme est une philosophie politique et sociale qui rejette l'existence des gouvernements et des dirigeants pour des raisons d'ordre moral, économique et religieux. C'est une philosophie très diverse, composée de plusieurs écoles de pensée, souvent en conflit les unes avec les autres. Mais de manière générale, les anarchistes sont convaincus que les relations humaines devraient être exemptes de contraintes, de force et de violence. Les anarchistes savent que tous les êtres humains sont parfaitement capables de diriger et d'organiser leur propre existence. Ils comprennent que chaque communauté dépend davantage de ses voisins que d'un gouvernement central.

La perspective holistique s'applique au domaine de l'anarchisme dès lors que l'on admet que l'étude des théories politiques et économiques ne suffira pas à provoquer la chute de l'étatisme et de l'autoritarisme. Les anarchistes tendent à concentrer leurs efforts sur la conversion du peuple par le biais de débats s'appuyant sur la logique de l'anarchisme, les avantages que peut apporter un système économique libre, et/ou les raisons morales qui justifient leur combat. Sterlin Lujan, écrivain et étudiant en psychologie, est l'un des militants anarchistes qui soutiennent des méthodes différentes des débats. Selon lui, « les conceptions actuelles de l'anarchisme se concentrent sur l'axe LEM. Elles cherchent à résoudre les problèmes logiques, économiques et moraux de la société et des gouvernements ».

Pour nous détacher de cet axe, nous devons analyser notre lutte pour la liberté à travers le prisme holistique. En examinant nos actions et notre comportement personnel, nous pourrons commencer à revoir l'utilité et à nous libérer des systèmes contraires à nos valeurs et à nos principes. La méthode la plus efficace pour y parvenir dépendra de notre habileté, en tant qu'individus et communautés, à évaluer notre vie avec honnêteté et à identifier les causes de nos incohérences.

La démarche d'analyse anarchique holistique concerne six aspects de la vie : l'économie, l'éducation, l'énergie, la communication et les relations. Dans le schéma présenté ci-après, chaque section représente l'un de ces aspects, et les deux sections comprises dans le « A » peuvent représenter votre monde intérieur. Ce processus vous permettra peut-être de déceler des incohérences dans votre mode de vie. Mais il est important de se concentrer sur un seul aspect, et une seule incohérence à la fois. Soyez patient avec vous-même. Devenir « la personne que l'on souhaiterait être » n'est pas une tâche aisée, car elle nécessite de la discipline et de la volonté. Si votre objectif, en tant qu'anarchiste, est de mettre un terme à la mentalité étatique ou autoritaire, vous devez rester cohérent avec les objectifs que vous vous êtes fixés. Prenez le temps d'étudier ces six aspects (et plus particulièrement votre monde intérieur) pour découvrir en quoi vos actions profitent à l'étatisme ou à l'autoritarisme, et comment vous retirer de cette équation.

D'un point de vue économique, l'idée de soutenir ou de diriger les banques de Wall Street à l'origine de la crise financière de 2008, et de beaucoup d'autres crises survenues ce dernier siècle, vous rebute peut-être. La réserve fédérale est responsable de la baisse de la valeur du dollar américain par l'inflation. Payer avec l'un de ses billets provoque peut-être en vous un sentiment de dégoût. En tant qu'anarchiste holistique, pour cesser d'investir au profit des banques, vous pouvez préférer une coopérative de crédit, ou même cacher votre argent dans un coffre ou sous votre matelas. En allant plus loin, vous pourrez même participer au commerce d'objets en argent, à un réseau de troc local, et à la cryptomonnaie. Chacune de ces options constitue une opportunité d'échanger sans soutenir le système des banques centrales de l'État. Identifier les incohérences du système économique et opérer changements adéquats sont les principes mêmes de l'établissement de la contre-économie. Comme nous l'avons démontré dans cet ouvrage, la contre-économie se résume à choisir d'échanger, autant que possible, hors du réseau économique traditionnelle, et d'ainsi s'émanciper du régime fiscal et du financement de l'État.

Du point de vue de l'éducation, il est important de reconnaître que nous vivons dans une ère de profusion de l'information, où les grandes universités et les institutions éducatives ne constituent plus l'unique source de connaissances. Personne ne devrait contracter de dette de plusieurs milliers de dollars pour recevoir une éducation. Comment réfléchir, de façon holistique, au moyen de recevoir l'éducation que nous méritons ?

L'analyse holistique de nos modes de consommation alimentaire nous pousse à examiner l'origine, le coût et les différents types d'alimentation, ainsi que les industries qui profitent des régimes spécifiques de certains individus. Concernant notre consommation d'énergie, il est également important d'en identifier la source. Êtes-vous (à l'instar de la plupart des humains modernes) dépendant des grandes entreprises et de la municipalité qui vous distribuent de l'électricité ? Quelles mesures pouvez-vous prendre pour vous libérer de ce système ?

L'analyse de nos modes de communication passe par la remise en question des dispositifs et des entreprises qui tirent profit de notre besoin de communiquer numériquement. Les réseaux sociaux sur lesquels vous êtes inscrit vendent-ils vos données à des agences qui vous espionnent ? Les opérateurs téléphoniques dont vous dépendez utilisent-ils des fonctions incluses dans vos appareils pour mieux vous surveiller ? Les militants et les anarchistes doivent reconsidérer leurs moyens de communication et éviter d'utiliser des portails liés à l'État. Aussi, nous nous efforçons de soutenir et d'utiliser des plateformes cryptées, et de promouvoir une culture de la sécurité.

Enfin, l'anarchisme holistique implique de mieux comprendre l'imbrication de nos mots, nos pensées et nos actions au sein de nos relations personnelles. Pour beaucoup d'anarchistes, cet aspect peut sembler banal, mais nous tendons tous vers l'objectif de devenir de meilleures versions de nous-mêmes. Chacun d'entre nous se trouve à une étape différente de ce processus, et bien que certains ne l'aient peut-être pas encore réalisé, nous devenons autonomes. Et dans ce but, il est nécessaire de mettre fin aux comportements étatiques et autoritaires qui accablent nos relations professionnelles, amoureuses, familiales, ainsi que celles que nous entretenons avec notre cœur et notre esprit. Pour nous débarrasser de ces comportements et de notre soumission aveugle, nous devons affronter nos doutes, nos peurs et nos insécurités. Nous devons également valoriser nos confrères et consœurs, en les aidant à reconnaître leur pouvoir et leur potentiel. Cet intérêt particulier pour les relations interpersonnelles est au cœur de l'anarchisme holistique et relationnel, et nous l'étudierons au chapitre suivant.

Le fondement de l'anarchisme holistique est le fait de reconnaître que la compréhension des rouages du système politique et la maîtrise de la théorie économique ne suffiront pas à rendre le monde plus libre. Il est également nécessaire de tenir compte de notre dialogue interne, de nos actions concrètes et de nos habitudes de vie. En portant autant d'attention à ces aspects qu'à l'axe LEM, nous adoptons une approche équilibrée et holistique visant à nous libérer et devenons, finalement, souverains de notre propre existence, comme nous sommes censés l'être.

L'anarchisme holistique parmi les autres écoles de pensée anarchistes

La plupart des écoles de pensée anarchistes se définissent selon le modèle économique qu'elles souhaitent mettre en place dans leur société idéale. Puisque les anarchistes holistiques n'appliquent pas l'axe LEM, le nom de notre école ne peut s'appuyer sur l'économie. Cela ne signifie pas pour autant que nous renonçons à l'étudier, mais plutôt que nous encourageons chaque individu à tirer ses propres conclusions à partir de son analyse holistique. Nous préférons la contre-économie, bien que certains estiment que l'abandon de toute forme de monnaie est la solution préférable. Chacun est libre de choisir sa voie, c'est ce qui fait la beauté de l'anarchisme.

En nous concentrant sur l'action individuelle, nous nous plaçons sous l'égide de l'anarchisme individualiste. Cependant, nous n'ignorons pas le besoin de la communauté. Nous reconnaissons que le « collectif » dans son ensemble est mieux servi lorsque les individus peuvent choisir de s'organiser volontairement, spontanément et selon leur convenance. L'anarchisme holistique renonce également à toute violence pour créer un monde plus libre. Nous croyons au droit de se défendre et de défendre sa propriété, mais pas à l'insurrection ou à la violence gratuite. Initier la violence, même contre un oppresseur, fait de nous des monstres semblables à ceux dont nous voulons nous protéger.

Si, en tant que militants/anarchistes, nous espérons réellement atteindre nos objectifs, nous devons prendre des mesures concrètes pour transformer nos vies. Nous ne pouvons pas nous focaliser sur le militantisme sur les réseaux sociaux ou attendre qu'un « meneur » émerge pour nous sauver. Nous devons tous prendre la responsabilité de nos pensées, de nos mots, de nos actes et, enfin, de notre propre guérison. Mais nous ne pouvons pas le faire seuls. En choisissant d'examiner chaque aspect de notre vie et en rectifiant chacune de nos incohérences, nous pouvons favoriser l'application cohérente de l'anarchisme. Nous pouvons créer des communautés, rassemblées autour de l'empathie et la compassion, constituées d'individus capables de reconnaître leur valeur, et insensibles à la propagande de l'État et aux caprices du premier aspirant autoritariste venu. Cette démarche commence par la manière dont nous communiquons avec nous-mêmes et avec nos proches, et se développera à mesure que nous diffuserons le message holistique. Lorsque l'anarchisme holistique aura enfin atteint les quatre coins du monde, l'autogouvernance, la remise en question individuelle et l'introspection prendront la place qu'elles méritent dans nos vies.

Chapitre 20

Les points de convergence entre les anarchismes holistique et relationnel

L'objectif d'un militant holistique est d'aller au-delà des combats individuels auxquels il doit faire face, et de prendre du recul en adoptant une approche holistique. Au lieu de nous contenter d'identifier les problèmes qui accablent ce monde, nous devons donc chercher à comprendre comment nos actions individuelles et nos habitudes contribuent aux crises dont nous sommes témoins. En prenant nos responsabilités, nous avancerons à grands pas dans l'alignement de nos paroles et nos actes. Lorsqu'il est question d'anarchisme, la perspective holistique reconnaît non seulement la capacité de tous les êtres humains à gérer leur vie et leurs affaires personnelles, mais également que l'étude des théories politiques et économiques ne peut aboutir à la fin de l'étatisme et de l'autoritarisme. La pensée anarchiste holistique est similaire à ce que Sterlin Lujan appelle l'anarchisme relationnel, ou relationnisme. Ses études sur le sujet sont centrées sur l'intégration des découvertes psychothérapeutiques à la philosophie politique anarchiste. Selon Lujan, « l'anarchisme relationnel est un vecteur autonome ou un champ de réflexion dans l'éventail des différents anarchismes. De ce point de vue, les relations déterminent le niveau de liberté humaine. L'interaction en elle-même est plus importante que son contenu ».

Dans l'anarchisme relationnel, la manière dont les individus communiquent est également un facteur crucial de la création d'un monde libre, dépourvu de gouvernements et de dirigeants. Les anarchistes sont convaincus que les relations et la guérison sociales sont une alternative au besoin de dirigeants. Lujan parvient à la même conclusion qu'eux: « les êtres humains doivent d'abord faire face à leurs émotions », et apprendre à se guérir, pour permettre à l'anarchisme et à l'autogouvernance de prospérer. Il considère l'anarchiste relationnel comme un « guérisseur social qui fonde des communautés et nourrit l'amour ». Alors que certains d'entre eux pourraient réprimander sévèrement leurs semblables ou les qualifier d'imbéciles, Lujan déclare que les anarchistes relationnels/spirituels/holistiques/doux/compatissants veulent « rassembler les individus et pallier les disparités économiques ».

Lujan s'efforce de différencier le relationnisme de l'abandon irresponsable de toute logique en faveur de réponses strictement émotionnelles. Dans un article intitulé « Anarchy and Emotion : A Heart-Based Philosophy for Transforming

Society[1] », il écrit :

« En outre, le relationnisme ne tend pas à faire appel aux sentiments d'un point de vue faussement logique, et n'est pas non plus une invitation à se laisser envahir par l'émotion au détriment des fonctions cérébrales supérieures. Il s'agit simplement d'affirmer que les interactions anarchistes devraient reposer sur le dialogue et les relations. L'idée consiste littéralement à exercer nos facultés rationnelles, tout en restant en accord avec nos émotions et notre attachement envers nos semblables ».

Lujan déclare que, bien que l'anarchisme relationnel « comporte un grand nombre de théories et de spéculations », sa philosophie repose sur des preuves rassemblées par la théorie psychologique de l'attachement.

« Dans la psychologie du conseil, des pratiques vérifiées suggèrent que les individus sont plus susceptibles de guérir, non pas à l'issue d'une stratégie ou d'une intervention rhétorique utilisée par le psychologue, mais par le lien qui s'est développé entre lui et son patient. »

Laurie Meyers, qui écrit pour le magazine américain *Counseling Today*, confirme l'importance de cette alliance thérapeutique, ou de la « relation de conseil » :

« En 2001, le résumé d'une recherche approfondie qui a été publiée dans le journal *Psychotherapy* a mis en évidence le fait qu'une forte alliance thérapeutique donnait de meilleurs résultats chez les patients que n'importe quel autre traitement. »

Lujan considère également la théorie de l'attachement comme une preuve de la valeur de l'approche relationnelle. Cette théorie stipule que les êtres humains prospèrent quand leurs liens avec d'autres individus sont forts. « Ils peuvent non seulement s'épanouir, mais également apprendre à communiquer avec les autres et à gérer leurs problèmes », écrit Lujan. Si nous encourageons des relations aimantes et harmonieuses, nous soutenons l'effort qui permet aux adultes de devenir plus fiables et équilibrés. Ces efforts permettraient à la société de se restructurer autour de principes et de valeurs qui émanciperont et élèveront les individus par la guérison sociale.

La dynamique holistique et relationnelle de l'anarchisme

Les écoles de pensée anarchistes et holistiques ont de nombreux points communs. Il est pertinent de s'interroger sur leurs avantages, en particulier pour ceux qui recherchent une approche plus compatissante et émotionnellement consciente de l'émancipation des individus, pour parvenir à se débarrasser de l'autoritarisme.

Tout d'abord, l'anarchisme relationnel et holistique encourage les individus

1. Sterlin Lujan. « Anarchy and Emotion : A Heart-Based Philosophy for Transforming Society », sterlinlujan.com [en ligne] (publié le 13 avril 2016). Traduction littérale : « Anarchie et émotion : une philosophie qui s'appuie sur l'amour pour transformer la société ».

à aller au-delà de l'argumentation et de la théorie économique pour répandre le message anarchiste. Comme nous l'avons mentionné, Lujan déclare que la plupart des anarchistes « se concentrent sur l'axe LEM. Ils cherchent à résoudre les problèmes logiques, économiques et moraux de la société et des gouvernements ». Or, l'anarchisme holistique implique de dépasser cet axe pour préférer s'engager dans l'introspection et la responsabilité personnelle. En reconnaissant la manière dont nous contribuons à l'étatisme et à l'oppression, nous pourrons échapper aux systèmes qui sont incohérents avec nos valeurs et nos principes.

Mais ce ne sont pas les seules valeurs qu'encourage l'anarchisme holistique. Les deux écoles de pensée se concentrent aussi sur les outils dont doit disposer un individu pour pouvoir se libérer, offrant une importance particulière à la conscience de soi ainsi qu'à la conscience en éveil. Il est possible d'y parvenir après une séance de thérapie avec un professionnel ou un ami, après avoir passé du temps dans la nature, après avoir pris part à des exercices de méditation (seul ou en groupe), après avoir consommé de la MDMA ou de la psilocybine avec un proche, ou simplement en écoutant nos propres pensées. Chacune de ces pratiques nécessite du temps, mais l'effort en vaut la peine. Bien que nous comptions surtout sur des stratégies individuelles pour nous libérer, ces écoles reconnaissent le potentiel des groupes d'entraide mutuelle (cellules de liberté, alliances thérapeutiques) pour établir des communautés constituées d'anarchistes bienveillants.

S'il existe une différence entre ces deux écoles, elle réside dans le fait que la vision de l'anarchisme holistique est plus large que celle que proposent Lujan et son anarchisme relationnel. En effet, l'anarchisme holistique se focalise sur les relations, mais également sur la manière dont les individus dépensent leur monnaie (ainsi que du type de monnaie qu'ils utilisent), sur l'origine de la nourriture qu'ils consomment, sur le lieu où ils ont étudié, sur leur consommation d'énergie et la source de leur pouvoir, et sur toutes les institutions qui ont bénéficié de ces choix. On peut affirmer que cela concerne les relations souhaitées d'un individu, et que ces facteurs sont donc conformes à l'anarchisme relationniste. Nous ne le nions pas, mais insistons sur le fait que l'approche holistique nous pousse à examiner tous les aspects de notre vie, à éliminer l'étatisme, l'autoritarisme, et le soutien aux institutions oppressives et destructrices qui ne s'alignent pas avec nos principes et nos objectifs.

Des relations saines pour accéder à la liberté

Les anarchistes relationnels et holistiques reconnaissent que, tant que chaque individu ne se sera pas focalisé sur la création de liens et sur le maintien de relations saines avec lui-même, les humains peineront à établir des relations saines et équilibrées entre eux. C'est pourquoi Lujan considère qu'être anarchiste constitue déjà un choix révélateur du type de relations que nous voulons entretenir : des relations volontaires, consenties, et dépourvues de contraintes.

Dans son article intitulé « The Relational Anarchist Primer[1] », il écrit :

« Selon les anarchistes relationnels, plus la connexion établie entre les humains sera forte, plus la paix et la compréhension mutuelle seront possibles. Si une relation est suffisamment solide, le besoin d'être dirigé se fera moins ressentir, et pourrait même ne pas émerger. »

« Anarchisme signifie "absence de règles". Il s'agit non seulement d'une affirmation politique, mais aussi d'une préférence psychologique et relationnelle. Elle est apolitique et basée sur des normes relationnelles choisies. Plutôt que d'éliminer la violence, ces anarchistes répandent la compassion. »

« La définition "absence de règles" désigne un état de l'interaction humaine. C'est ainsi que la plupart des individus préfèrent entrer en contact avec autrui, et ainsi qu'ils se rapprochent quand certaines compétences et formes de communication sont employées. La majorité des gens ne veut pas être dirigée. Pourtant, les interactions aboutissent souvent à une dynamique entre dirigeants et esclaves. C'est une conséquence des modes d'interaction et d'attachement culturels, qui sont souvent apathiques et détachés ».

En revanche, nous reconnaissons que la mise en pratique de techniques de communication non violentes, la connexion de notre cœur et de notre esprit, ainsi que la capacité de ressentir de l'empathie envers nos détracteurs permettront de poser les fondations d'un dialogue sain et prodigueront un sentiment d'acceptation de nos semblables. Et c'est grâce ce principe d'acceptation que nous avancerons vers un monde dépourvu d'autorité et de pouvoir centralisé.

« Au lieu de lutter éternellement pour décider de la meilleure solution économique pour la société », écrit Lujan, « l'anarchiste relationnel demandera à chacun de s'asseoir à sa table et de réfléchir à une manière de coexister et de collaborer dans un état anarchiste. Il s'avère que la lutte actuelle entre la droite et la gauche est, parmi d'autres, l'une des raisons qui permettent au gouvernement de maintenir son pouvoir. »

Nous espérons trouver un terrain d'entente, car la seule alternative serait une lutte sans fin. S'il est impossible de débattre de nos opinions différentes avec bienveillance, nous sommes condamnés à répéter notre passé violent. Les autoritaristes de tous bords imaginent qu'ils peuvent forcer le reste du monde à se conformer à leurs conceptions de la vie et à leurs valeurs. C'est certes immoral, mais également impossible. Les individus ne changeront pas leurs habitudes et ne renonceront pas à leurs philosophies sous la violence ou le flot des critiques. De plus, notre objectif n'est pas seulement de faire entendre nos idées et nos désirs ; il est aussi de comprendre ceux des autres. Alors, comment parvenir à cette situation de respect mutuel et de résolution saine de nos différends ?

La communication non violente et les alliances thérapeutiques constituent

1. Sterlin Lujan. « The Relational Anarchist Primer », sterlinlujan.com [en ligne] (publié le 14 décembre 2016). Traduction littérale : « L'approche anarchiste relationnelle ».

de bons points de départ pour dialoguer et résoudre les conflits. En suggérant que la coopération et la cohabitation avec ceux qui ont une vision différente sont possibles, nous pourrions amener certains de nos lecteurs à croire que nous avons perdu l'esprit. Cependant, l'Histoire offre de nombreux exemples de coopération entre individus aux croyances politiques et religieuses différentes. D'innombrables situations démontrent évidemment le contraire. Mais ces dernières ne peuvent-elles pas être expliquées, souvent, par un manque de maturité émotionnelle et de compétences en communication, un esprit étroit et un instinct de survie primitif? À quoi ressemblerait le monde si nous avions tenté de mettre en pratique ces stratégies holistiques et relationnelles dans notre vie de tous les jours?

La mise en pratique de l'anarchisme holistique et relationnel

Il est important de rappeler qu'un ordre spontané et une capacité de discernement s'appuyant sur le respect mutuel sont nécessaires. Dans une société véritablement libre, sans autorité centrale, rien ne pourra forcer ou contraindre qui que ce soit à vivre selon des normes de propriété choisies par quelqu'un d'autre. La grande expérience humaine nous confirme que nous ne serons pas toujours d'accord sur les questions d'ordre moral et que, par conséquent, il vaudrait mieux chercher à régler ces différends sans blesser ni emprisonner personne. Bien entendu, les rares personnes qui se montreront violentes ou déraisonnables devront être maîtrisées ou isolées, mais ce serait l'exception à la règle dans un monde où les individus chercheraient à limiter leur usage des stratégies oppressives mises en place au cours de l'Histoire.

Nous imaginons un monde où certaines communautés appliqueront des normes relatives à la propriété privée, et d'autres au sein desquelles les mêmes normes reposeront sur des accords, à l'instar des propriétés sans propriétaires ou collectives. Avec une telle variété de normes, quelles seront les conséquences des conflits? Seuls les individus impliqués dans la situation concernée pourront le décider. À moins que chaque camp soit préparé à user de la force de l'État pour faire de ses normes spécifiques un nouveau monopole, nous devons nous habituer à faire preuve de respect et à rester ouverts aux compromis. Les problèmes que nous rencontrons aujourd'hui sont causés par la croyance qu'une seule et unique solution est valide. C'est à nous de donner l'exemple et de faire tout notre possible pour respecter la souveraineté de chacun et de faire preuve de discernement pour traiter chaque conflit. Même si la société était forcée d'accepter un dogme spécifique, il y aurait toujours des contestataires, et la seule façon de les arrêter serait d'adopter une emprise totalitaire. Nous avons le choix entre bénéficier de la liberté d'être en désaccord et de résoudre les conflits pacifiquement, ou de perpétuer le même cycle d'éternelle violence et de coercition.

Un jour, quelqu'un a dit que les bonnes idées n'avaient pas besoin de force ou de violence pour être appliquées. Si nous restons fidèles à nos croyances, nous devrions être en mesure de débattre avec respect des mérites et des défauts potentiels de chaque proposition, sans avoir recours à la force. Les écoles de pensée de l'anarchisme holistique et relationnel sont propices à la création d'un monde dépourvu de violence. Appliquer ces principes peut non seulement contribuer à l'évolution des cœurs et des esprits, mais également au développement du mouvement anarchiste basé sur la compassion.

En route vers un futur holistique et relationnel !

À PROPOS DES AUTEURS, REMERCIEMENTS ET CONSEILS DE LECTURE

Derrick Broze

Derrick Broze est un activiste, journaliste d'investigation, auteur et réalisateur de films documentaires. Depuis 2010, Derrick s'est engagé dans diverses formes d'activisme à Houston, au Texas, et autour des États-Unis. Il a cofondé la communauté militante des Houston Free Thinkers[1] en 2010, et la chaîne de médias The Conscious Resistance Network[2] en 2013. Depuis 2012, Derrick rédige des articles pour différents sites Web de médias indépendants et travaille également à son compte pour des magazines. Depuis 2015, il a publié trois ouvrages avec John Vibes, ainsi que quelques-unes de ses propres oeuvres, notamment *The Holistic Self-Assessment*[3] et *How to Opt Out of the Technocratic State*[4]. Derrick a écrit et monté cinq mini-documentaires et deux longs métrages documentaires. Son prochain projet est une série documentaire en douze épisodes, intitulée *The Pyramid of Power*[5]. Il envisage également d'écrire une biographie de Samuel E. Konkin III, ainsi qu'une autobiographie relatant son expérience des drogues, de l'addiction, de la dépression et de la prison.

John Vibes

John Vibes a débuté son parcours d'activiste par l'organisation de raves clandestines entre 2008 et 2011, mais cette période lui a également permis de se consacrer à l'écriture. Après avoir publié son premier livre, John a été contacté par de nombreuses organisations médiatiques indépendantes l'invitant à devenir un rédacteur. Depuis 2011, John travaille comme journaliste indépendant et couvre des sujets tels que les violences policières, la corruption gouvernementale et la guerre contre la drogue. Après la publication de *Du réveil des consciences à la résistance civile*, John prévoit de travailler sur différents projets de fiction, porteurs de messages semblables à ceux que nous transmet cet ouvrage. L'histoire complète des origines de John est relatée dans son livre *Paper Squares and Purple Stars: My Life as a Rave Outlaw*[6].

1. Traduction littérale : « Libres penseurs de Houston ».
2. Traduction littérale : « Le réseau de résistance consciente ».
3. Traduction littérale : « L'auto-évaluation holistique ».
4. Traduction littérale : « Comment sortir de l'État technocratique ».
5. Traduction littérale : « La pyramide du pouvoir ».
6. Traduction littérale : « Les carrés de papier et les étoiles violettes : Ma vie en tant que fêtard hors-la-loi ».

Remerciements

Nous tenons à remercier tous ceux qui ont soutenu notre militantisme, notre activité de journaliste et nos livres. Ces essais furent écrits dans l'intention d'inspirer les gens à changer le monde en se changeant eux-mêmes. L'achèvement de cet objectif dépend de la manière dont les lecteurs intégreront, individuellement, les informations présentées dans ces ouvrages. Si nous réussissons à atteindre notre but, nous espérons constater une augmentation du nombre d'antiétatistes conscients dans les prochaines décennies. Ce livre est destiné à ceux qui sont prêts à changer, et à ceux qui vont naître dans un monde plus libre.

Merci.

Suggestions de lectures

Nous aimerions proposer une liste de « lectures recommandées » à ceux qui souhaitent approfondir l'étude des documents sur lesquels s'appuie notre raisonnement. La liste comporte des essais politiques, philosophiques, de psychologie, et sur la spiritualité. Nous estimons que chacun de ces domaines de recherche est un prisme précieux au développement de l'anarchisme holistique.

Titres disponibles en français :

- *Zomia ou l'Art de ne pas être gouverné*, James C. Scott
- *La Société contre l'État*, Pierre Clastres
- *De la désobéissance et autres essais*, Erich Fromm
- *L'entraide : un facteur de l'évolution*, Pierre Kropotkin
- *L'action humaine, traité d'économie* Ludwig Von Mises
- *De tragédies en espérances*, Carroll Quigley
- *La communication non violente au quotidien*, Marshall Rosenberg
- *Les quatre accords toltèques,* Don Miguel Ruiz
- *L'Âme délivrée : Un voyage par-delà vous-même,* Michael A. Singer
- *Élan noir parle*, James G. Neihardt
- *Le Serpent cosmique*, Jeremy Narby
- *Plus bêtes nous serons, le programme caché de l'école*, John Taylor Gatto
- *Comment je suis devenu 10 % plus heureux*, Dan Harris
- *Mémoires vives*, Edward Snowden
- *La brimade des stups*, Johann Hari
- *Une Histoire populaire des États-Unis*, Howard Zinn

Titres non disponibles en français :

- *New Libertarian Manifesto (Nouveau manifeste des libertariens)*, Samuel Konkin III
- *An Agorist Primer (Une introduction à l'agorisme)*, Samuel Konkin III

- *The Last Whole Introduction to Agorism (La dernière introduction complète à l'agorisme)*, Samuel Konkin III
- *Agorist Class Theory (Théorie de la classe agoriste),* Samuel Konkin III & Wally Conger
- *Men Against the State (Les hommes contre l'État)*, James J. Martin
- *The Other Path (L'autre chemin)*, Hermando De Soto
- *Neighborhood Power (Le pouvoir du quartier)*, Karl Hess
- *Community Technology (Technologie communautaire)*, Karl Hess
- *Stealth of Nations (La furtivité des nations)*, Robert Neuwirth
- *For a New Liberty (Pour une nouvelle liberté)*, Murray Rothbard
- *A Beautiful Anarchy (Une belle anarchie)*, Jeffrey Tucker
- *Right-Wing Collectivism (Le collectivisme de droite)*, Jeffrey Tucker
- *Markets Not Capitalism (Les marchés, pas le capitalisme)*, Edited by Gary Chartier and Charles W. Johnson
- *No Treason : The Constitution of No Authority (Pas de trahison : La constitution de l'absence d'autorité)*, Lysander Spooner
- *The Individualist Anarchists* : An Anthology of Liberty (Les anarchistes individualistes : Une anthologie de la liberté), Frank H. Brooks
- *Dark Alliance (Une sombre alliance)*, Gary Webb
- *The Devils Chessboard (L'échiquier des diables)*, David Talbot
- *The Terror Conspiracy (La conspiration de la terreur)*, Jim Marrs
- *Spirit and Resistance (L'esprit et la résistance)*, George Tinker
- *Science Set Free (La science libérée), Rupert Sheldrake*
- *Sailboat Dairies (Laiteries de voiliers)*, Michael Fielding
- *The New Jim Crow (Le nouveau Jim Crow)*, Michelle Alexander
- *Acid Dreams (Rêves acides)*, Oliver Wyman
- *Fool's Errand (L'erreur du fou)*, Scott Horton
- *Raven Rock (Le rocher du corbeau)*, Jacques Roy
- *Them : Adventures with Extremists (Ce sont eux : Aventures avec les extrémistes)*, Jon Ronson
- *Smuggler Nation (Nation de contrebande)*, Peter Andreas
- *Killer High (Un tueur en série)*, Peter Andreas
- *White Trash (Les déchets blancs)*, Nancy Isenberg
- *Untrue (Incorrect)*, Wednesday Martin
- *A Renegade History of the United States (Une histoire de renégats aux États-Unis)*, Thaddeus Russell
- *The Color of Law (La couleur de la loi)*, Richard Rothstein
- *Eyes in the Sky (Les yeux dans le ciel)*, Arthur Holland Michel
- *1434*, Gavin Menzies

Ce livre est dédié à Samuel Konkin III et à Karl Hess.

• • •

Pour en savoir plus sur la résistance consciente, veuillez consulter le site

TheConsciousResistance.com

Les Éditions **Discovery** est un éditeur multimédia dont la mission est d'inspirer et de soutenir la transformation personnelle, la croissance spirituelle et l'éveil. Avec chaque titre, nous nous efforçons de préserver la sagesse essentielle de l'auteur, de l'enseignant spirituel, du penseur, guérisseur et de l'artiste visionnaire.

www.ingramcontent.com/pod-product-compliance
Lightning Source LLC
Chambersburg PA
CBHW010728270326
41930CB00016B/3405

9781788945653